예기천견록 5

권근의 『예기』 풀이
예기천견록禮記淺見錄 5

초판 1쇄 인쇄 2021년 12월 25일
초판 1쇄 발행 2021년 12월 30일

지은이| 권근
옮긴이| 이봉규
펴낸이| 이요성
펴낸곳| 청계출판사
출판등록| 1999년 4월 1일 제1-19호
주   소| 경기도 파주시 교하읍 문발리 560번지 301-501
전   화| 031-922-5880   팩 스| 031-922-5881
이메일| sophicus@empal.com

ⓒ 2021, 이봉규

ISBN 978-89-6127-088-5 94150
ISBN 978-89-6127-083-0 (세트)

권근의 《예기》 풀이

# 예기
# 천견록

禮 記 淺 見 錄

**권근**權近
지음

**이봉규**
역주

청명국역총서 3

5

청계

『예기천견록』의 역주는 2001년에 시작되었다. 청명문화재단의 후한 지원을 받아 김용천, 이봉규, 이원택, 장동우 박사 등 네 연구자가 공동 강독을 함께해 나가면서 처음에는 3년 계획으로 진행하였다. 『예기천견록』은 진호陳澔의 『예기집설禮記集說』을 저본으로 일부 항목의 배치를 재조정하고 주석을 부가한 체제이다. 따라서 『예기천견록』을 역주하기 위해서는 먼저 『예기집설』의 완역이 필요하였다. 역주팀에서는 먼저 『예기집설』 49편을 역주하면서, 한 편을 마칠 때마다 『예기천견록』의 해당 편을 역주하는 형태로 진행하였다. 중간에 박례경 박사가 공동연구원으로 역주에 합류하였다. 여러 사정이 있었지만, 역주 책임자였던 필자의 운영 미숙과 역량 부족으로 역주의 과정이 계속 더뎌졌다. 역주의 초고는 2008년에 가서야 겨우 완성되었다. 그리고 다시 교정과 보충, 교열 작업을 장동우 박사와 필자가 맡아서 진행하였다. 시간을 내지 못하다가 2012년 가을부터 2013년 봄까지 연구년 기간을 이용하여 교정과 교열 작업에 집중하였지만, 완결하지 못하고 이후 더디게 진행되다가 이제 와서 완료하였다. 역주 내용 가운데 보완해야 할 점이 아직 많지만, 재단과 상의하여 일단 출판하기로 하였다. 크고 작은 여러 오류들은 이후 계속해서 보완해나가겠다.

『예기천견록』의 역주와 관련하여 청명문화재단에서는 역주자들의 의견을 매번 아무 조건 없이 들어주면서, 격려만 계속해주었다. 역주팀에서는 한편으로 고마웠지만, 한편으로 내내 마음이 무거웠다. 청명문화재단에서는 초고가 완성된 뒤에도 기초 교정비와 출판시 전문 교정과 편집비까지 지원해주었다. 융성한 지원에 감사드리면서, 너무 오랜 기간 지체시킨 것에 대하여 재단과 학계에 깊이 사과드린다. 이는 오로지 역주 책임자의 미숙한 역량으로 인해 일어난 일이다. 다만 재단에서 오래 참아주신 덕에 필자를 비롯하여 역주에 참여하였던 연구자들은 예학에 조금 더 전문적인 안목을 갖춘 연구자로 성장할 수 있었고, 우리 역주팀을 바탕으로 학계에 예학을 연구하는 연구자들이 협력하면서 관련 분야의 학문적 역량을 축적해갈 수 있었다. 이 모두 청명문화재단이 우리 역주자뿐 아니라 학계에 기여한 숨은 큰 공로로 후일 기억되리라 생각한다.

『예기천견록』과 『예기집설』을 역주하는 동안, 많은 선후배 동료 학자로부터 도움을 받았다. 김유철 교수와 함께 이십오사의 『예악지』를 연구하고 정리, 역주하였던 김선민, 문정희, 방향숙, 최진묵, 홍승현 박사 등 여러 선생님들로부터 배운 바가 많았다. 또한 복식과 관련하여 최연우 교수의 설명은 「심의深衣」의 역주 과정뿐 아니라 기타 복식과 관련해서 큰 도움이 되었다. 아울러 예학 연구에 줄곧 동행해온 한재훈, 전성건, 김윤정, 정현정, 박윤미, 차서연 박사와 남경한 동학 등 『가례대전』 연구팀에게도 항상 힘이 되어준 것에 감사드린다. 전 권을 시종 치밀하게 교정해주신 송경아 선생에게 깊이 감사드리고, 또한 어려운 여건 속에서도 선뜻 출간을 맡아준 이요성 청계출판사 사장님께 진심으로 감사드린다. 이 외에도 많은 분들의 도움이 있었지만 일일이 기억하지 못하여 다 적지 못한다. 이분들에게도 부끄럽지만 또한 감사드린다.


2021년 봄 역자를 대표해서 이봉규 삼가 적는다.

차례

○ 번역 대본은 규장각소장본(奎5128-v.1-11)의 영인본(경문사, 1982) 『예기천
견록禮記淺見錄』(상·하 2책)이다. 규장각본은 1706년 제주판관 송정규宋廷
奎가 향교에 보존되어 있던 1418년 간본을 복각한 것이다.

○ 『예기집설禮記集說』에 대하여 1390년 무렵 김자수金子粹(1350~1405)와 민
안인閔安仁(1343~1398)의 건의에 따라 상주목사尙州牧使인 이복시李復始가
중간重刊하였다는 기록이 있지만 전하지 않는다. 『사서오경대전四書五經
大全』이 영락永樂 13년(1415)에 간행되고 세종 1년(1419) 조선에 수입되어
간행되면서 『예기집설대전』이 조선에서 『예기집설』의 주요 판본이 되
었다. 본 번역에서 교감과 조목 구분의 저본으로 삼은 것은 『예기집설대
전』 영인본(보경문화사, 1984)이다.

○ 『예기집설대전』은 본문 절節 아래 진호의 집설을 단행으로 기록하고, 집
설 아래 쌍행으로 세주를 부가하였다. 『예기천견록』은 진호의 『예기집
설』에서 49편의 체제는 유지하면서 각 편 내에서 조목을 주제별로 재배
치하였다. 『예기천견록』 체제를 시각적으로 보여주기 위하여 본 번역에
서는 다음과 같은 원칙에 따라 장과 절을 구분하였다.

　　첫째, 분장分章에 관한 권근의 언급이 있거나(①) 안설按說을 통해 확인
할 수 있는 경우(②), 장의 첫머리에 '1', '2', '3' 등의 숫자를 붙이고 ①과
②를 구분하는 주석을 달았다. 특히 권근이 본문을 경문經文과 전문傳文
으로 나눈 곡례, 예운, 악기 등편의 경우 '경經 1', '전傳 2'라고 표시하였다.

둘째, 『예기집설대전』의 분절分節 방식에 따라 『예기집설』의 주석이 있거나 권근의 안설인 '근안近按'이 기록된 곳에서 절節을 나누고 장章을 단위로 일련번호를 '1-1', '1-2' 등으로 표시하였다.

셋째, 『예기집설대전』의 편차編次에 따라 일련번호를 붙이고 이를 번역문의 위쪽에 기록하였다.

사례 1) '<sup>전</sup>1-1[곡례상 2]'는 『예기천견록』「곡례상」편 전傳 1장章의 첫 번째 절이자, 『예기집설대전』「곡례상」의 두 번째 절을 뜻한다.

사례 2) '1-<sup>역</sup>단궁상 3]'은 『예기천견록』「단궁상」편 1장의 두 번째 절이자, 『예기집설대전』의 세 번째 절을 뜻한다.

○ 번역에서 경전이나 제자서 등을 인용한 경우에는 인용문을 번역하고 괄호 안에 원문을 수록하였다.

○ 각주에 수록된 도상 자료는 송宋 섭숭의聶崇義의 『삼례도三禮圖』, 청淸 『흠정의례의소欽定儀禮義疏』 「예기도禮器圖」, 청淸 황이주黃以周의 『예서통고禮書通考』, 전현錢玄의 『삼례사전三禮辭典』(江蘇古籍, 1998)에서 해당 도상을 찾아 수록하였다.

○ 용어의 번역은 가독성을 높이기 위해 가능한 우리말로 번역하고 괄호 안에 원문 용어를 병기하는 것을 원칙으로 하였다.

# 방기
## 坊記

양촌에 사는 후학 권근 지음

살펴건대, 이 편은 기록자가 공자의 말을 인용하면서 장마다 『시』·『서』·『주역』·『춘추』를 인용하여 밝힌 것이다. 그러나 '공자가 말하였다'고 한 것은 반드시 모두 공자의 말은 아니고 인용한 다른 책의 글 또한 범연하고 절실하지 않은 것이 많다.

近按, 此篇記者引孔子之言, 而每章雜引『詩』·『書』·『易』·『春秋』以明之. 然其稱'子云'者, 未必皆孔子之言, 而其所引他書之文亦多泛而不切.

1.¹⁾

[방기 1]

공자가 말하였다. "군자의 도는 비유하자면 제방과 같아, 백성들이 부족한 부분을 방지한다. 크게 제방을 쌓아도 백성들은 오히려 그것을 넘어선다. 그러므로 군자는 예禮로써 덕을 지키고 형벌로써 음란함을 방지하며 명命으로써 욕망을 막는다."

子言之. "君子之道, 辟則坊與, 坊民之所不足者也. 大爲之坊, 民
猶踰之. 故君子禮以坊德, 刑以坊淫, 命以坊欲."

**集說** '벽辟'은 비유하다로 읽는다. '방坊'은 방지한다는 뜻과 같다. 군자는
도道로써 백성들의 잘못을 방지하는데 이는 물이 흐르는 것을 제방으로 막
는 것과 같다. ○ 응씨應氏(응용應鏞)는 말한다. "천리와 인욕은 서로 소장消
長 관계에 있다. 인욕이 번성하여 남음이 있으면 천리는 소멸하여 부족하
게 된다. 예는 그 부족한 것을 방지하고 그 남는 것을 통제한다. 본성의
선함은 덕과 예를 행하여 지키면서 그 근원을 기른다. 정욕의 동탕은 무거
운 형벌을 행하여 방지하면서 그 유폐流弊를 차단하니, 성인이 백성들을 방
비하는 장치가 지극하다. 그러나 사람의 욕망은 끝이 없어 방비하고 금지
한다고 해서 다 막을 수 있는 것이 아니다. 성인은 이 때문에 명命(명령)의
설을 세웠다. 명命은 하늘로부터 나오며 각각 한계가 있어 결코 넘어설 수
없다. 하늘의 명령은 사람의 힘으로는 시행하지 못하지만, 이것으로 막으
면 분수를 벗어나 추구하는 자들은 막히고, 부러워 탐내는 자들이 그쳐,
욕망을 멋대로 추구할 수 없게 된다." '辟', 讀爲譬, '坊'與防同. 言君子以道防民
之失, 猶以隄防遏水之流也. ○ 應氏曰: "理欲相爲消長. 人欲熾盛而有餘, 則天理消滅而
不足. 禮則防其所不足, 而制其所有餘焉. 性之善, 爲德禮以防之而養其源. 情之蕩, 爲淫
刑以防之而遏其流, 聖人防民之具至矣. 然人之欲無窮, 而非防閑之所能盡也. 聖人於是
而有命之說焉. 命出於天, 各有分限, 而截然不可踰也. 天之命令, 人力莫施, 以是防之,
則覬覦者塞, 羨慕者止, 而欲不得肆矣."

**權近** 살피건대, 이는 전 편의 대지이다. 이하 여러 장은 모두 본 장의 의
미를 풀이한 것이다. 近按, 此一篇之大旨. 其下諸章, 皆釋此章之義.

## 2.

### 2-1 [방기 2]

공자가 말하였다. "소인은 가난하면 막히고 부유하면 교만하다. 막히면 도적질하고 교만하면 어지럽힌다. 예禮는 사람의 정情에 따라 절도節度와 문채文采를 세워서 백성의 제방으로 삼는 것이다. 따라서 성인은 부귀를 절제시킬 때, 백성들에게 부유하더라도 교만하지 못할 정도로 하며, 가난해도 곤궁하여 막히는 데 이르지는 않게 하며, 귀하더라도 윗사람에 대해 욕심 부리지 못하게 한다. 따라서 분란은 점점 더 사라지게 된다."

子云: "小人貧斯約, 富斯驕. 約斯盜, 驕斯亂. 禮者, 因人之情而爲之節文, 以爲民坊者也. 故聖人之制富貴也, 使民富不足以驕, 貧不至於約, 貴不慊於上. 故亂益亡."

**集說** 방씨方氏는 말한다. "소인은 도道에 의지하여 가난을 편안히 여기는 바가 없기에 가난하게 되면 막히게 되고, 덕으로 부유함을 지키는 바가 없기에 부유하게 되면 교만하게 된다. 막힌 자는 마음대로 할 수 없게 되면 다른 사람의 것을 탐내는 마음을 가진다. 그러므로 막히면 도적질하게 된다. 교만한 자는 겸손할 수 없으면 윗사람을 범하려는 마음을 가진다. 그러므로 교만하면 어지럽히게 된다. 무릇 이 모두는 사람의 정情이다. 예禮는 그 정情을 따라 절도節度와 문채文采를 세우는 것이다. 부유한 자가 여유가 있다고 남을 업신여기지 않으며, 가난한 자가 부족하다고 자신을 막히게 하지 않으며, 존귀한 자가 윗자리에 있다고 재화에 끝없이 욕심을 부리지 않는 것은 모두 예가 있기 때문이다. '가家의 재산은 백승百乘을 넘지

않게 한다'2)는 것은 부富를 제약하여 교만하지 않게 하는 것이다. '한 사내가 100무畝의 토지를 받게 한 것'3)은 가난을 통제하여 막히지 않게 하려는 것이다. '얼음을 채취하는 집안에서는 소와 양을 기르지 않는다'4)는 것은 신분의 귀함을 제약하여 욕심 부리지 않게 하려는 것이다." 方氏曰: "小人無道以安貧, 故貧斯約, 無德以守富, 故富斯驕. 約者不獲恣, 則有羨彼之志. 故約斯盜. 驕者不能遜, 則有犯上之心. 故驕斯亂. 凡此皆人之情也. 而禮則因而爲之節文. 富者不以有餘而慢於人, 貧者不以不足而窮其身, 貴者不以在上而慊於物, 皆由有禮故也. 若'家富不過百乘', 所以制富而不使之驕也. '一夫受田百畝', 所以制貧而不使之約也. '伐冰之家, 不畜牛羊', 所以制貴而不使之肆5)也."

**權近** 살피건대, 이 장에서는 가난함과 귀함을 함께 말하였으나 아래 문장에서 '성인이 부귀富貴를 제어함'은 언급하면서도 가난함에 대해서는 언급하지 않았는데, 이는 제어하기 어려운 것을 말한 것이다. 近按, 此章兼言貧富, 而其下文言'聖人之制富貴', 不及貧者, 以難制者言之也.

## 2-2[방기 3]

공자가 말하였다. "가난하면서도 악樂을 좋아하고, 부유하면서도 예를 좋아하며, 식구가 많고 번성하면서 편안한 경우는 세상에 드물다. 『시詩』에 '백성들이 정치의 혼란에 궁박해져, 괴롭고 해가 되는 행동을 거리낌 없이 하네'라고 하였다. 그 때문에 국가의 규모를 제약하여 천승千乘을 넘지 않게 하고, 도성都城은 백치百雉를 넘지 않게 하며, 가家의 재산은 백승百乘을 넘지 않게 한다. 이것으로 백성들을 악행을 못하게 방지해도, 제후들은 여전히 배반을 하는 경우가 있다."

子云: "貧而好樂, 富而好禮, 衆而以寧者, 天下其幾矣. 『詩』云, '民之貪亂, 寧爲荼毒.' 故制國不過千乘, 都成不過百雉, 家富不過百乘. 以此坊民, 諸侯猶有畔者."

**集說** '많으면서도 편안하다'는 것은 가족이 많고 번성하면서 분란으로 재앙을 초래하지 않음을 가리킨다. '세상에 드물다'라는 말은 이 세 가지는 많이 볼 수 없음을 뜻한다. 『시詩』는 「대아大雅·상유桑柔」이다. '탐貪'은 궁곤窮困하다는 뜻과 같다. '도荼'는 씀바귀이다. '독毒'은 독충이다. 여왕厲王을 풍자하면서 '백성들은 고통 받고 정치는 어지러워 혼란으로 망하기를 바라므로 오히려 괴롭고 해가 되는 행동을 하여 서로 침탈하고 포악하게 굴면서 구제하지 않는 것이다'라고 말한 것이다. '천승千乘'은 제후의 나라이다. 그 영토가 병거兵車 천 대를 낼 수 있는 규모다. '도성都城'은 경과 대부의 도성都城 또는 읍성邑城이다. '치雉'는 도량형의 명칭이다. 높이 한 길(丈), 길이 세 길이 '치雉'이다. '가家의 재산'은 경과 대부의 재산을 말한다. '백승을 넘지 않는다'는 것은 채지采地에서 징발하는 병거가 이 수를 넘을 수 없다는 것이다. ○ 석량왕씨石梁王氏는 말한다. "가난하면서도 예를 좋아한다고 하여 '호好' 한 자를 더 첨가하였는데, 아마도 공자의 말은 아닌 듯하다." '衆而以寧', 謂家族衆盛, 而不以悖亂致禍敗也. '天下其幾', 言此三者不多見也. 『詩』, 「大雅·桑柔」之篇. '貪', 猶欲也. '荼', 苦菜也. '毒', 螫蟲也. 刺厲王, 言民苦政亂, 欲其亂亡, 故寧爲荼苦毒螫之行, 以相侵暴而不之恤'也. '千乘', 諸侯之國. 其地可出兵車千乘也. '都城', 卿·大夫都邑之城也. '雉', 度名也. 高一丈長三丈爲一雉. '家富', 卿大夫之富也. '不過百乘', 其采地所出之兵車不得過此數也. ○ 石梁王氏曰: "貧而好樂, 添一'好'字, 恐非孔子語."

**權近** 살피건대, 음악을 좋아하는 것은 예를 좋아하는 것과 대조를 이루고 있으니 소리가 있는 음악으로 보면 잘못이다. 이는 기록자가 깨우치는 말을 빌미로 '호好' 한 글자를 첨가한 것이다. 『시』를 인용한 부분부터 '이것으로 백성들을 막는다'고 한 부분까지의 말은 모두 기록자가 위 문장에서 공자가 한 말을 풀이한 것이다. 뒤는 모두 이를 따른다. ○ 이상 한 절은 교만함과 곤궁困窮함을 제어하지 않으면 반드시 반란에 이르게 됨을 말한다. 近按, 好樂與好禮對, 以爲聲樂之樂則非矣. 此記者因論語之言, 而添一'好'字. 自引『詩』, 至'以此坊民'等語, 皆記者釋上文孔子之言者. 後皆倣此. ○ 右一節, 言驕約不制, 必至於畔亂.

---

**2-3[방기 4]**

공자가 말하였다. "예란 의심스러운 것을 밝혀주고 숨겨져 있는 것을 드러내 분별해주어 백성들의 제방이 되는 것이다. 따라서 신분에 등급이 있고 의복에 구별이 있고 조정에 지위의 구별이 있으면, 백성들이 겸양하는 바가 있다."

子云: "夫禮者, 所以章疑別微, 以爲民坊者也. 故貴賤有等, 衣服有別, 朝廷有位, 則民有所讓."

**集說** '의疑'는 의혹을 가지고 있어 결정하지 못하는 것이다. '미微'는 숨겨져 있어 분명하지 않은 것이다. 오직 예禮만이 명확하게 드러내고 분별할 수 있다. '疑'者, 惑而未決. '微'者, 隱而不明. 惟禮足以章明之, 分別之也.

공자가 말하였다. "군자가 귀貴함을 사양하고 천賤함을 사양하지
않으며, 부유함을 사양하고 가난함을 사양하지 않으면, 분란이 더
욱 감소된다. 그 때문에 군자는 봉록(食)이 자기의 재덕才德보다 높
게 하기보다는 오히려 재덕이 봉록보다 높게 한다."
子云: "君子辭貴不辭賤, 辭富不辭貧, 則亂益亡. 故君子與其使
食浮於人也, 寧使人浮於食."

**集説** '식食'은 봉록俸祿이다. '부浮'는 위에 있는 것이다. 재덕은 박한데 받
는 봉록이 후하면 이는 봉록이 사람보다 위에 있는 것이다. '食', 祿也. '浮',
在上也. 才德薄而受祿厚, 是食浮於人也.

공자가 말하였다. "한 잔의 술과 한 그릇의 고기도, 사양해서 나쁜
것을 받으면, 백성들은 오히려 나이를 침범하여 행한다. 연석燕席
의 자리도 양보해서 아랫자리에 앉으면, 백성들은 오히려 신분을
침범하여 행한다. 조정의 지위도 양보해서 낮은 자리로 가면, 백성
들은 오히려 군주를 침범하여 행한다. 『시詩』에 '백성들 가운데 선
량하지 않은 사람들, 서로 상대방을 일방으로 원망하네. 술잔 받을
때 사양하는 의절 어기었다가 자신이 망치는 지경에 이른다네'라고
하였다." 공자가 말하였다. "군자가 남을 귀하게 대하고 자신은 천

하게 대하며, 남을 앞세우고 자신은 뒤로 하면, 백성들에게 양보하는 기풍이 일어난다. 그러므로 다른 사람의 군주를 일컬을 때에는 '군君'이라 말하고 자신의 군주를 일컬을 때에는 과군寡君이라고 말한다."[이 두 구절이 구본에는 '得同姓以弒其君' 아래 배치되어 있다]

子云: "觴酒豆肉, 讓而受惡, 民猶犯齒. 衽席之上, 讓而坐下, 民猶犯貴. 朝廷之位, 讓而就賤, 民猶犯君. 『詩』云, '民之無良, 相怨一方. 受爵不讓, 至于己斯亡.'" 子云: "君子貴人而賤己, 先人而後己, 則民作讓. 故稱人之君曰'君', 自稱其君曰寡君."[此兩節舊在'得同姓以弒其君'之下]

**集說** 『시詩』'는 「소아小雅 · 각궁角弓」이다. '작爵'은 술잔이다. 엄씨嚴氏는 "형제가 몇 잔 술 때문에 죄를 얻어 원망한 경우가 있어, 여기에서 공평한 마음을 가져야 한다는 논의를 하여 풀어준 것으로, 그 뜻은 '평범한 사람 가운데 선량하지 않은 자는 서로 원망할 때는 각각 하나의 치우친 입장만을 고집하고 서로간의 잘잘못을 두루 참작하지 못한다. 그러므로 윗사람을 원망할 줄만 알고 자신의 과실은 생각하지도 않는다. 그러나 그 단서는 매우 세세한 것이어서 단지 잔을 받을 때 겸손해야 하는 예절을 잃는 데 그치기도 하지만 어떤 때에는 자신의 몸을 망치는 데까지 이르니 또한 유념할 필요가 있다'고 하는 것이다." ○ 방씨方氏는 말한다. "예에 따르면 60이상의 노인에게는 음식을 더해준다. 그 때문에 술과 고기의 경우는 나이를 침범하여 행한 것으로 말하였다. 삼명三命의 경우는 나이를 따지지 않고 존귀한 이의 동쪽 자리를 차지한다. 그러므로 자리의 경우는 신분을 침범하여 행한 것으로 말하였다. 친족은 군주를 친척으로 대하지 못한다. 그러므로 조정의 경우에는 군주를 침범하여 행한 것으로 말하였다." 『詩』', 「小

雅·角弓」之篇. '爵' 酒器也. 嚴氏云: "兄弟有因杯酒得罪而怨者. 此爲持平之論以解之, 言'凡人之不善者, 其相怨, 各執一偏, 而不能審6)彼己之曲直. 故但知怨其上, 而不思己 過. 然其端甚微, 或止因受爵失辭遜之節, 而或至於亡其身, 亦可念'矣." ○ 方氏曰: "禮 六十以上, 籩豆有加. 故酒肉以犯齒言. 三命不齒, 席于尊東. 故袒席以犯貴言. 族人不得 戚君位. 故朝廷以犯君言."

공자가 말하였다. "하늘에 두 개의 태양이 없고, 땅에 두 명의 왕이 없으며, 집안에 두 명의 주인이 없고, 존귀한 대상에 두 명이 윗사람이 없는 것은 백성들에게 군주와 신하의 구별을 보이려는 것이다. 『춘추春秋』에서 초楚나라와 월越나라 왕의 상喪을 일컫지 않았다. 예禮에 따르면, 군君은 천天이라 칭하지 않고, 대부大夫는 군君이라 칭하지 않는데, 이는 백성들을 미혹시킬까 염려해서이다. 『시詩』에 '저 합단鶷旦을 보라, 사람들은 그 새를 오히려 미워한다'라고 하였다." 공자가 말하였다. "군주는 동성同姓인 사람과 함께 수레를 타지 않고, 이성異姓인 사람과 함께 수레를 탈 때는 같은 복장을 하지 않는다. 이는 혐의를 만들지 않음을 백성들에게 보이는 것이다. 이것으로 백성들을 막아도 그들 가운데는 여전히 동성同姓으로서 군君을 시해하는 자가 있다."【구본에는 '民有所讓' 아래 배치되어 있다】

子云: "天無二日, 土無二王, 家無二主, 尊無二上, 示民有君臣之 別也. 『春秋』不稱楚·越之王喪. 禮君不稱天, 大夫不稱君, 恐民

之惑也. 『詩』云, '相彼盍旦, 尙猶患之.'" 子云: "君不與同姓同車,
與異姓同車不同服. 示民不嫌也. 以此坊民, 民猶得同姓以弑其
君."【舊在'民有所讓'之下】

集說 '초나라와 월나라 왕의 상喪'을 졸卒이라 쓰고 장葬이라 쓰지 않은
것은 오랑캐로 여긴 것이다. 군주를 천天이라고 칭하지 않는 것은 천자라
는 혐의를 피하는 것이다. 대부의 경우 군君이라 칭하지 않고 주主라고 칭
하는 것은 국군이라는 혐의를 피하는 것이다. '『시詩』'는 일시逸詩이다. '합
단盍旦'은 밤에 울면서 새벽을 찾는 새이다. '환患'은 미워한다는 뜻과 같다.
저 합단이 한밤에 울어대면서 새벽을 찾는 것은 밤을 거꾸로 돌려 낮을
삼으려는 것으로 구해서는 안 되는 것을 구하는 것이다. 사람들이 그것도
오히려 미워하는데, 신하가 되어 자신의 윗사람을 범하려고 하는 경우는
어떠하겠는가? '수레를 함께하지 않는다'는 것은 피해를 멀리하려는 것이
다. 찬시纂弑의 화난禍難은 항상 동성同姓에 의해 발생한다. 그러므로 이성
異姓과 함께 수레를 타는 경우에는 혐의를 두지 않는다. '楚·越之王喪', 書卒
不書葬, 夷之也. 君不稱天, 避天子也. 大夫不稱君而稱主, 避國君也. 『詩』', 逸詩也.
'盍旦', 夜鳴求旦之鳥. '患', 猶惡也. 言視彼盍旦之夜鳴以求曉, 是欲反夜作晝, 求所不當
求者. 人尙且惡之, 況人臣而求犯其上乎? '不同車', 遠害也. 纂弑之禍, 常起於同姓. 故
與異姓同車則不嫌.

權近 살피건대, 이상은 사람이 예에 따라 겸양하는 마음이 없으면 반
드시 시해하고 반역하는 데 이르게 된다는 말이다. 近按, 右言人無禮讓, 必至
於弑逆.

공자가 말하였다. "윗사람이 백성들의 말을 들어 취하면 아래 백성들은 위에서 시행한 것을 하늘처럼 여긴다. 윗사람이 백성들의 말을 들어 취하지 않으면, 백성들은 윗사람을 침범한다. 아래 백성들이 위에서 시행하는 것을 하늘처럼 여기지 않으면, 변란이 생긴다. 그 때문에 군자가 믿음과 겸양으로 백성에게 임하면 백성들의 보답하는 예가 무겁다. 『시詩』에 '선민先民에 말이 있으니, 꼴을 베고 나무하는 백성(芻蕘)에게 자문한다고 하였네'라고 하였다."【구본에는 '小人先言' 아래 배치되어 있다】

子云: "上酌民言, 則下天上施. 上不酌民言, 則犯也. 下不天上施, 則亂也. 故君子信讓以涖百姓, 則民之報禮重. 『詩』云, '先民有言, 詢于芻蕘.'"【舊在'小人先言'之下】

**集說** '윗사람이 백성들의 말을 들어 취한다'는 것은 인군이 정교를 시행하려 할 때 반드시 여론의 가부를 헤아리고 참작하는 것을 가리킨다. 이와 같이 하면 정교政敎로 주어지는 것들에 대해 백성들은 하늘이 내려준 것처럼 높이고 떠받든다. 그렇게 하지 않으면 백성들은 반드시 어기고 침범하게 된다. 백성들이 위에서 시행하는 것을 하늘처럼 여기지 않는다면 어기고 태만히 하는 변란이 일어난다. '믿으면' 백성들이 속이지 않으며, '겸양하면' 자기만 옳다고 하지 않을 것이다. 이러한 태도로 백성에게 임한다면 백성들이 윗사람에게 친애하고 어른들을 위해 목숨을 바치지 않을 수 있겠는가? 그 때문에 '백성들이 보답하는 예가 무겁다'고 한 것이다. 『시詩』는 「대아大雅·판板」이다. '꼴을 베고 나무하는 사람에게 묻는다'는 것은 꼴을

모으고 땔감을 모으는 천한 사람에게 묻는다는 말이다. 이 시를 인용하여 '백성들의 말을 들어 취한다'는 의미를 밝힌 것이다. '上酌民言', 謂人君將施政教, 必諮諏參挹乎輿論之可否. 如此則政敎所加, 民尊戴之, 如天所降下者矣. 否則民必違犯也. 民不天上之所施, 則怙慢之亂作矣. '信'則不欺於民, '讓'則不恃乎己. 以此臨民, 民得不親其上・死其長乎? 故曰'民之報禮重也'. 『詩』, 「大雅・板」之篇. '詢于芻蕘', 問于取草取薪之賤者也. 引此以明'酌民言'之意.

공자가 말하였다. "선善은 남에게 돌리고 허물은 자신의 탓으로 돌리면, 백성들은 다투지 않는다. 선을 남에게 돌리고 허물은 자신의 탓으로 돌리면, 원망은 점점 더 없어진다. 『시詩』에 '거북점을 치고 시초점을 쳐도, 점괘에 흉조와 허물이 된다는 말이 없네'라고 하였다."

子云: "善則稱人, 過則稱己, 則民不爭. 善則稱人, 過則稱己, 則怨益亡. 『詩』云, '爾卜爾筮, 履無咎言.'"

**集說** '『시詩』'는 「위풍衛風・맹氓」이다. '리履'는 『시詩』에 의거하여 '체體'가 되어 한다. 이는 거북점을 치고 시초점을 쳐서 물어도 점괘의 내용이 모두 흉조나 허물이 되는 말이 없음을 가리킨다. '허물이 없다'는 것으로 다투지 않고 원망하지 않는다는 의미를 밝힌 것이다. ○ 석량왕씨石梁王氏는 말한다. "정현鄭玄은 『시詩』의 전箋에서 '체體'를 점괘의 내용(體)으로 보았는데, 이곳에서는 어찌하여 '이履'자로 왜곡해서 해석하는 잘못을 범하는가?" '詩', 「衛風・氓」之篇. '履'當依『詩』作體. 謂卜之於龜, 筮之於蓍, 其卦兆之體,

22 | 예기천견록 5

皆無凶咎之辭也. 以'無咎'明不爭不怨之意. ○ 石梁王氏曰: "鄭箋『詩』, 旣以'體'爲卦兆之體, 何故於此曲附'履'字之誤⁷⁾?"

공자가 말하였다. "선은 남에게 돌리고 허물은 자신의 탓으로 하면, 백성들은 선을 양보한다. 『시詩』에 '거북점을 쳐서 살핀 이는 무왕이니, 호읍에 도읍을 정하고자 도모하였네. 거북이 바른 것으로 여기니, 무왕이 완성하였네'라고 하였다."

子云: "善則稱人, 過則稱己, 則民讓善. 『詩』云, '考卜惟王, 度是鎬京. 惟龜正之, 武王成之.'"

集說 '『시詩』'는 「대아大雅·문왕유성文王有聲」이다. 거북점을 쳐서 살핀 이가 무왕임을 말한다. 호경鎬京의 궁실을 도모한 것은 대개 무왕의 의지에 이미 정해져 있었다. 길흉에 대하여 거북점으로 올바른 바를 취하였는데, 거북점 또한 무왕의 뜻에 부응하여 따랐다. 이에 드디어 거북점을 바른 것으로 판단하고 이 도성을 완성하였다. 이는 무왕이 자신의 공으로 돌리지 않고 거북에게 양보한 것이다. 그 때문에 이 시를 인용하여 선을 양보한 것의 증거로 삼은 것이다. 그러나 이 두 구절에서 인용한 시의 의도는 맥락으로 볼 때 모두 잘 들어맞지 않는다. '『詩』', 「大雅·文王有聲」之篇. 言稽考龜卜者, 武王也. 謀度鎬京之居, 蓋武王之志已先定矣. 及以吉凶取正於龜, 而龜亦協從武王. 遂以龜爲正, 而成此都焉. 是武王不自以爲功, 而讓之龜卜也. 故引以爲讓善之證. 然此兩節所引詩意, 義皆不甚協.

## 2-10 [방기 13]

공자가 말하였다. "잘한 일이면 군주에게 칭찬을 돌리고 잘못된 일은 자신에게 허물을 돌리다면, 백성들에게 충성하는 기풍이 진작될 것이다. 「군진君陳」에 '너에게 좋은 꾀와 방책이 있으면 안으로 들어가 너의 군주에게 고하고, 너는 밖에서 따라 행하며 '이 꾀와 방책은 우리 군주의 덕에서 나온 것이니, 아, 훌륭하고 밝게 빛나도다!'라고 한다'라고 하였다."

子云: "善則稱君, 過則稱己, 則民作忠. 「君陳」曰, '爾有嘉謀嘉猷, 入告爾君于內, 女乃順之于外曰, '此謀此猷, 惟我君之德. 於乎! 是惟良顯哉!'"

**集說** '「군진君陳」'은 「주서周書」에 있는 편이지만 현재 『서書』의 문장과는 다소 다르다. 그것을 인용하여 '잘한 일이면 군주에게 칭찬을 돌린다'는 것의 의미를 실증한 것이다. '「君陳」', 「周書」, 與今書文小異. 引以證善則稱君'之義.

## 2-11 [방기 14]

공자가 말하였다. "잘한 일이면 부모에게 칭찬을 돌리고 허물은 자기에 돌린다면, 백성들에게 효도하는 기풍이 진작될 것이다. 「태서大誓」에 '내가 주紂를 이긴다면 그것은 나의 무공武功 때문이 아니라 우리 문왕이 덕이 있기 때문이다. 주紂가 나를 이긴다면 그것은 우리 문왕에게 죄가 있어서가 아니라 나 소자小子가 선량하지 않기 때문이다'라고 하였다."

子云: "善則稱親, 過則稱己, 則民作孝.「大誓」曰, '予克紂, 非予武, 惟朕文考無罪. 紂克予, 非朕文考有罪, 惟予小子無良.'"

集說　'「태서」'는『주서』의 편명인데 그것을 인용하여 '잘한 일이면 부모에게 칭찬을 돌린다'는 말의 의미를 실증한 것이다. '「泰誓」',『周書』, 引以證 '善則稱親'之義.

2-12[방기 15]

공자가 말하였다. "군자는 부모의 잘못은 잊어버리고 아름다움은 공경한다.『논어論語』에 '삼 년 동안 부모의 도를 고치지 않으면 효자라 할 만하다'라고 하였다. 고종高宗은 '(부친의 상喪에) 삼 년 동안 말을 하지 않았고, (상을 마치고) 말을 하자 백성들이 기뻐하였다'라고 하였다."

子云: "君子弛其親之過而敬其美.『論語』曰, '三年無改於父之道, 可謂孝矣.' 高宗云, '三年其惟不言, 言乃讙.'"

集說　'이弛'는 버리고 잊는다는 뜻이다. '삼 년 동안 말하지 않았다'는 것은『서書』「열명說命」편에 보인다. '환讙'자가 현재「주서周書」「무일無逸」편에는 '옹雍'으로 되어 있다. '환讙'은 '환歡'과 같은 뜻으로 천하 사람들이 기뻐함을 말한다. 이 조목에서『논어』를 인용한 부분은 근사하지만,『서書』를 인용한 부분은 의미가 합치되지 않는다. ○ 석량왕씨石梁王氏는 말한다. "이미 '공자가 말하였다'고 하고 다시『논어』에서 말하였다'고 인용하고 있

으니, 공자 자신의 말일 리가 없다. 이를 통해 후대의 사람들이 말한 것임을 알 수 있다. 게다가 공자가 말을 하면서 단락마다 인용하여 실증하기를 이와 같이 똑같은 방식으로 하였을 리도 없다." '弛', 猶棄忘也. '三年不言'見『商書』「說命」篇. '讙今『周書』「無逸」篇作雍. '讙與歡同, 言天下喜悅之也. 此條引『論語』近之, 引『書』義不協. ○ 石梁王氏曰: "旣有'子云', 又引『論語』曰', 不應孔子自言. 因知皆後人爲之. 且不應孔子發言段段引證如此齊同."

【權近】 살피건대, 석량왕씨가 "이미 '공자가 말하였다'고 하고 다시 『논어』에서 말하였다'고 인용하고 있으니, 공자 자신의 말일 리가 없다"라고 하였다. 내 생각으로는 삼년동안 말을 하지 않았고, 말을 하자 백성들이 기뻐하였다는 것은 주공周公이 고종高宗을 칭찬한 말이다. 이제 고종 자신의 말로 보았으니 또한 기록자의 잘못이다. 近按, 石梁謂"旣有'子云', 又引『論語』曰', 不應孔子自言." 愚謂三年不言言乃雍, 是周公稱高宗之事. 今乃爲高宗之自言, 亦記者之失也.

---

### 2-13[방기 25]

공자가 말하였다. "효로 군주를 섬기고 공경함으로 어른을 섬기는 것은 백성들에게 배반하지 않음(不貳)[8]을 보이는 것이다. 그러므로 군주의 아들은 군주가 생존해 있으면 벼슬을 하려고 도모하지 않는다. 오직 점을 치는 날에만 군주의 이貳로 일컫는다."【구본에는 '猶有弑其父者' 아래 배치되어 있다】

子云: "孝以事君, 弟以事長, 示民不貳也. 故君子有君不謀仕. 唯卜之日稱二君."【舊在'猶有弑其父者'之下】

集說 아버지를 섬기는 도리를 미루어 군주를 섬기고, 형을 섬기는 도리를 미루어 어른을 섬기는 것은 성실함이 지극한 것이니 어찌 감히 윗사람에 대하여 부이副貳(이인자)로 자처하는 마음을 가지겠는가? 자신의 군주에게 부이副貳로 처신하고 싶어 하는 것은 존자와 서로 맞먹는 것이다. 그러므로 '백성들에게 이貳로 처신하지 않음을 보이는 것이다'라고 하였다. '군자君子'는 인군의 자식이다. '군주가 있다'는 것은 군주가 생존해 있다는 것이다. '벼슬하려 하지 않는다'는 것은 정치를 하는데 서두른다는 혐의를 피하기 위해서이다. 세자는 다른 일의 경우에는 모두 군주의 이貳라고 칭할 수 없지만, 오직 거북점을 치는 일에서 어쩌다 군주에게 유고가 생겨 자신이 대행을 할 때는 스스로 '군주의 이貳 아무개'라고 칭한다. 『춘추좌씨전』에서 '이貳 어圉를 거북점으로 묻는다9)라고 한 것이 바로 군주의 이貳를 가리킨다. 그러므로 정현은 그것을 인용하여 '이二는 이貳자여야 한다'고 하였다. 推事父之道以事君, 推事兄之道以事長, 皆誠實之至, 豈敢有副貳其上之心乎? 欲貳其君, 是與尊者相敵矣. 故云'示民不貳也'. '君子', 人君之子也. '有君', 君在也. '不謀仕', 嫌欲急於爲政也. 世子他事皆不得稱君貳, 唯命龜之時, 或君有故而己代之, 則自稱曰'君之貳某'. 『左傳』'卜貳圉', 正謂君之貳. 故鄭引之云: '二當爲貳'也.

權近 살펴건대, '군자君子'를 진호는 군주의 아들을 가리키는 것이라고 하였으나 나는 그렇지 않은 듯하다. 맹자는 군주를 얻지 못하는 것을 군주가 없는 것으로 보았으니 여기서 군주가 있다는 것은 군주를 얻어 벼슬하는 것이다. 그 때문에 다시 다른 군주에게 벼슬하려고 하지 않는 것이다. 만일 다른 군주를 섬기지 않는 경우가 아니면서 벼슬하려는 마음을 가지고 점을 친다면 이는 두 군주를 섬긴다고 말할 수 있다. 신하의 죄로 이것보다 큰 것이 없으니 어찌 경계하지 않겠는가! '이貳'는 '부이副貳(이인자)라고 할 때의 '이貳'가 아니다. 近按, '君子', 陳氏謂人君之子, 愚恐未然. 孟子以不得於君

爲無君, 則是有君者, 得君而仕之也. 故不更謀仕於他君. 縱非已仕於他君, 苟有謀仕之心而卜之, 則此日已可稱其有二君也. 人臣之罪莫重焉, 可不戒哉! '貳', 非'副貳'之'貳'.

2-14**[방기 26]**

아버지를 위해 삼년상을 하고 군주를 위해 삼년상을 하는 것은 백성들에게 군주의 존귀함에 대하여 의심하지 않음을 보이는 것이다. 喪父三年, 喪君三年, 示民不疑也.

**集說** 疏에서 말한다. "군주와는 혈연관계가 없어 혈연에 대한 친함이 없으므로 복을 무겁게 하지 않으면 백성들은 군주가 존귀하지 않다고 의심한다. 이제 아버지의 상과 같이 하는 것은 백성들에게 군주의 존귀함에 대하여 의심하지 않음을 보이는 것이다." 疏曰: "君無骨肉之親, 若不爲重服, 民則疑君不尊. 今與喪父同, 示民不疑於君之尊也."

**[방기 28]**

그러므로 천자는 사해 안에서는 객으로 처신하는 예가 없어 감히 누구도 천자에 대해 주인이 되지 못한다. 그러므로 군주가 신하를 방문하면 조계로 올라가고 당에 자리하는데, 이는 백성들에게 자신의 가정을 함부로 마음대로 하지 못함을 보이는 것이다. 부모가 살아 계시면 다른 사람에게 물건을 줄 때 수레와 말까지 주지는 못하는데 이는 재산을 감히 마음대로 하지 못함을 보이는 것이다.
이러한 것으로 백성들을 막아도 백성들은 오히려 부모를 잊고 군
주를 배반한다.

故天子四海之內無客禮, 莫敢爲主焉. 故君適其臣, 升自阼階, 卽
位於堂, 示民不敢有其室也. 父母在, 饋獻不及車馬, 示民不敢專
也. 以此坊民, 民猶忘其親而貳其君."

**集說** 「곡례상曲禮上」(3-7)에 "삼명三命으로 임명되어도 수레와 말은 받지
않는다. 그러므로 려閭, 당黨, 주州, 향鄕에서는 효성스러움을 칭찬한다"고
하였다. 이상의 네 구절은 모두 군주를 섬기고 부모를 섬기는 도리를 밝히
고 있으므로 총결하여 '부모를 잊고 군주에 대해 배반한다'고 한 것이다.

「曲禮」云: "三賜不及車馬. 故州·閭·鄕·黨稱其孝." 以上四節, 皆明事君事親之道,
故總結之曰: '忘其親而貳其君.'

**權近** 살피건대, '다른 사람에게 물건을 줄 때 수레와 말까지 주지는 못한
다'에 대한 주석에서 「곡례상」(3-7)의 "삼명三命으로 임명되어도 수레와 말
은 받지 않는다"는 것을 인용하여 증명하였다. 그러나 「곡례」의 경우는 군
주로부터 하사된 것을 받는 것이고 여기서는 자신이 다른 사람에게 바치는
것이다. ○ 이상 '윗사람이 백성들의 말을 들어 취한다'(上酌民言)부터 이 부
분까지는 다시 예양禮讓을 통해 미루어 말함으로써 군주와 부모를 섬기는
경우에 예양이 없어서는 더욱 안 된다는 사실을 보였다. 近按, '饋獻不及車
馬', 註引「曲禮」"三賜不及車馬"爲證. 然彼受賜於君, 此自獻於人. ○ 右自'上酌民言'至
此, 又因禮讓而推言之, 以見事君親者, 尤不可無禮讓也.

## 2-15[방기 18]

공자가 말하였다. "소인들도 모두 부모를 봉양할 수 있다. 군자가 공경하지 않는다면 소인의 봉양과 어떻게 구별하겠는가?" 공자가 말하였다. "부모와 자식은 지위를 같이하지 않는다. 이는 공경하는 마음을 두터이 하는 것이다. 『서書』에 '군주가 군주답지 못하면 선조를 욕되게 한다'고 하였다." 【구본에는 '以廣孝也' 아래 배치되어 있다】

子云: "小人皆能養其親. 君子不敬, 何以辨?" 子云: "父子不同位. 以厚敬也. 『書』云, '厥辟不辟, 忝厥祖.'" 【舊在'以廣孝也'之下】

**集說** '변辨'은 구별하다의 뜻이다. 지위가 같으면 존비가 같으니 이는 공경하지 않는 것이다. 따라서 '지위를 같이하지 않는다'는 것은 부모를 공경하는 도리를 두터이 하는 것이다. '『서書』'는 「상서商書·태갑太甲」이다. 현존 『서書』의 문장에는 위 구절의 '궐厥'자가 없다. 군주가 군주답지 못하고 신하들과 설만하게 지내면 선조를 욕되게 하는 것임을 말한다. 이로써 아버지가 자신을 높이지 않고 비천한 자와 지위를 같이하는 것은 또한 선조를 욕되게 하는 것임을 깨우쳐준 것이다. '辨', 別也. 同位, 則尊卑相等, 是不敬也. 故'不同位'者, 所以厚敬親之道. '『書』', 「商書·太甲」篇. 今『書』文無上'厥'字. 言君不君, 而與臣相褻, 則辱其先祖. 以喩父不自尊, 而與卑者同位, 亦爲忝祖也.

## 2-16[방기 16]

공자가 말하였다. "명령을 따르면서 화내는 안색을 하지 않고, 은미하게 간언하는 데 게을리하지 않고, 힘이 들더라도 원망하지 않으면 효孝라고 할 만하다. 『시詩』에 '효자는 효도하는 마음 빠트리거나 멈추는 때가 없네'라고 하였다."【구본에는 '不言言乃讙' 아래 배치되어 있다】

子云: "從命不忿, 微諫不倦, 勞而不怨, 可謂孝矣. 『詩』云, '孝子不匱.'"【舊在'不言言乃讙'之下】

'명령을 따르면서 화내지 않는다'는 것은 부모의 명령을 받아들일 때 화내는 안색을 해서는 안 된다는 말이다. 아마도 다른 일로 화가 났다가 얼굴색이 아직 가라앉지 않은 것이다. 일설에는 '분忿'은 '태怠'(게으르다)여야 한다고 하는데 역시 통한다. 『시詩』는 「대아大雅·기취旣醉」이다. 효자가 부모를 섬김에 효도하는 마음을 빠뜨리거나 멈추는 때가 없음을 말한다. '從命不忿'謂承受父母命令之時, 不可有忿戾之色. 蓋或以他事致忿, 而其色未平也. 一說, '忿'當作'怠', 亦通. 『詩』, 「大雅·旣醉」之篇. 言孝子事親, 無乏止之時.

## 2-17[방기 27]

부모가 생존해 계시면 자신의 몸을 함부로 마음대로 하지 않으며, 재물을 사적으로 소유하지 않는데, 이는 백성들에게 위와 아래가 있음을 보이는 것이다.【구본에는 '示民不疑也' 아래 배치되어 있다. 지금은 '子云' 자를 덧붙여야 한다】

父母在, 不敢有其身, 不敢私其財, 示民有上下也.【舊在'示民不疑也'之下. 今當加'子云'字】

「곡례상曲禮上」(3-9)에서 "자식은 부모가 생존해 계시면, 친구에게
죽음으로 맹세하지 않고, 사적인 재산을 소유하지 않는다"는 말과 의미가
같다. '위와 아래가 있다'는 것은 신분이 낮은 자는 신분이 높은 자에 의해
통제되어야 한다는 것을 가리킨다. 與「曲禮」"不許友以死, 不有私財"意同. '有上
下', 謂卑當統於尊也.

2-18[방기 19]

공자가 말하였다. "부모가 계시면 자신을 노인이라 부르지 않고,
효는 말하지만 자慈는 언급하지 않는다. 규문閨門 안에서는 즐거워
하는 모습을 하고 탄식하는 소리를 내지 않는다. 군자가 이를 통해
백성들을 막는데도 백성들은 오히려 효도하는 일에는 박하고 자애
하는 일에는 두텁다."【구본에는 '忝厥祖' 아래 배치되어 있다】

子云: "父母在不稱老, 言孝不言慈. 閨門之內戲而不歎. 君子以
此坊民, 民猶薄於孝而厚於慈."【舊在'忝厥祖'之下】

「곡례상曲禮上」(3-5)에 "평상시 말할 때 자신을 노老(노인)라고 칭하지
않는다"고 한 것이 이것과 의미가 같다. '효孝'는 부모를 섬기는 것이고 '자
慈'는 자식을 기르는 것이다. '효를 말하고 자를 말하지 않는다'는 것은 자
식에게는 후하고 부모에게는 박할까 염려해서이다. 사람에게 장난을 해서
즐겁게 만드는 것이 '희戲'(즐거움)이다. 사람에게 느끼게 하여 슬프게 만드
는 것이 '탄歎'(탄식)이다. '규문閨門의 안'이란 부모의 곁을 가리킨다. '즐거
워하면서 탄식하지 않는다'는 것은 오로지 즐거워하는 것에 힘쓰는 것이
아니다. 이는 어린아이와 같은 행동거지도 더러 부모를 즐겁게 할 수 있어

오히려 괜찮다고 할 수 있음을 말한다. 한탄하는 소리는 부모의 마음을 아프게 하므로 하지 않는 것이다. 「曲禮」云: "恒言不稱老", 與此意同. '孝'所以事親, '慈'所以畜子. '言孝不言慈'者, 慮其厚於子而薄於親故也. 可以娛人而使之樂者, '戲'也. 可以感人而使之傷者, '歎'也. '閨門之內', 謂父母之側. '戲而不歎', 非專事於戲也. 謂爲孺子之容止, 或足以娛親, 猶云可爾. 恨歎之聲則傷親, 故不爲也.

2-19**[방기 17]**

공자가 말하였다. "부모의 친족들과 화목하면 효孝라 할 만하다. 그러므로 군자는 화목하게 지내는 것을 통해 친족을 화합시킨다. 『시詩』에 '이 착한 형제들 관대하고 여유가 있네. 착하지 않은 형제들 서로가 번갈아 피해를 입히네'라고 하였다."【구본에는 '孝子不匱' 아래 배치되어 있다】

子云: "睦於父母之黨, 可謂孝矣. 故君子因睦以合族. 『詩』云, '此令兄弟, 綽綽有裕. 不令兄弟, 交相爲瘉.'"【舊在'孝子不匱'之下】

**集說** '화목함을 통해서 친족을 화합시킨다'는 것은 종족들이 모여 연회를 갖고 식사하는 예를 행하고 이를 통해 화목한 정情을 이룬다는 말이다. '『시詩』'는 「소아小雅·각궁角弓」이다. '령令'은 선하다는 뜻이다. '작작綽綽'은 너그러운 모습니다. '유瘉'는 병이다. '因睦以合族'謂會聚宗族爲燕食之禮, 因以致其和睦之情也. 『詩』, 「小雅·角弓」之篇. '令', 善也. '綽綽', 寬容之貌. '瘉', 病也.

**2-20[방기 18]**

공자가 말하였다. "아버지의 집우執友에 대하여, 그분의 수레를 탈수는 있지만 그분의 옷을 입을 수는 없다. 군자는 이로써 효를 확대한다."

子云: "於父之執, 可以乘其車, 不可以衣其衣. 君子以廣孝也."

**集說** '아버지의 집우執友'란 아버지와 뜻을 고수함이 같은 분이다. 수레는 함께 타고 옷은 혼자 입는 것이므로 수레는 타도 되지만, 옷은 같이 입으면 안 된다. '효를 넓힌다'는 것은 공경하기를 아버지에게 하였던 것처럼 한다는 것으로 또한 '선을 준다'10)는 뜻이다. '父之執', 與父執志同者也. 車所同衣所獨, 故車可乘, 衣不可衣. '廣孝', 謂敬之同於父, 亦錫類之義也.

**2-21[방기 20]**

공자가 말하였다. "백성들의 우두머리(長民)가 조정에서 노인을 공경하면 백성들에게 효도하는 기풍이 진작된다." 공자가 말하였다. "제사에 시尸가 있는 것과 종묘에 신주가 있는 것은 백성들에게 높이고 섬기는 바가 있음을 보이는 것이다. 종묘宗廟를 정비하고 제사의 일을 공경하는 것은 백성들에 뒤좇아 효를 계승하는 것(追孝)을 가르치는 것이다. 이것으로 백성들을 막아도 백성들은 오히려 부모를 잊는다."【長民 이하가 구본에는 '厚於慈' 아래 배치되어 있다】

子云: "長民者, 朝廷敬老則民作孝." 子云: "祭祀之有尸也, 宗廟

之有主也, 示民有事也. 修宗廟, 敬祀事, 教民追孝也. 以此坊民,
民猶忘其親."【'長民'以下舊在'厚於慈'之下】

**集說** 방씨方氏는 말한다. "부모가 돌아가셨기 때문에 시尸를 세워 부모가
살아 계실 때를 형상한다. 신혼神魂이 사라졌으므로 신주를 만들어 신혼이
존재함을 나타낸다. 경經에 '돌아간 분 섬기기를 살아 있는 분 섬기 듯하며,
없어진 분 섬기기를 계신 분 섬기 듯한다'[11]라고 하였다. 이는 백성들에게
섬기는 바가 있음을 보여주려는 것이다. '추효追孝'는 「제통祭統」(1-3)에서
'다 못한 봉양을 쫓아서 행하여 효를 이어가는 것'이라고 한 말과 같은 뜻
이다." 方氏曰: "爲親之死, 故爲尸以象其生. 爲神之亡, 故爲主以寓其存. 經曰, '事死如
事生, 事亡如事存.' 此所以言示民有事也. '追孝', 與「祭統」言'追養繼孝'同義."

**權近** 살펴건대, 이상은 부모를 섬기는 일을 가지고 말한 것이다. 먼저 부
모를 공경함을 말하고 다음으로 형제와 아버지의 친구를 언급한 뒤에 조정
과 경노 및 제사를 말하였다. 말의 순서가 이와 같아야 하므로 바로잡았다.
近按, 右專以事親之事言. 先言敬親, 次言兄弟父執, 而後言朝廷敬老, 以及祭祀. 言之序
當如此, 故釐正之.

---

2-22 **[방기 23]**

공자가 말하였다. "빈을 맞이하는 예는 나아갈 때마다 겸양을 표시
하고, 상례는 진행될 때마다 조금씩 멀어진다. 중류中霤에서 목욕
을 시키고, 창밑에서 반함飯含을 하고, 방안에서 소렴小斂을 하고,
조계阼階에서 대렴大斂을 하고, 객의 자리에서 빈殯을 하고, 뜰에서

선조를 알현하고(祖), 묘에서 장례를 행하는 것은 멀어짐을 보이는 것이다. 은나라 사람들은 광壙(무덤)에서 조문하고 주나라 사람들은 집에서 조문을 하니 백성들에게 배반하지 않음을 보이는 것이다." 공자가 말하였다. "죽음은 백성들이 삶을 마치는 일이다. 나는 주나라의 예를 따를 것이다. 이것으로 백성들을 막아도 제후들 사이에는 제후가 죽어도 장례를 치르지 않는 자가 여전히 있다."【구본에는 '笑語卒獲' 아래 배치되어 있다】

子云: "賓禮每進以讓, 喪禮每加以遠. 浴於中霤, 飯於牖下, 小斂於戶內, 大斂於阼, 殯於客位, 祖於庭, 葬於墓, 所以示遠也. 殷人弔於壙, 周人弔於家, 示民不偝也." 子云: "死, 民之卒事也. 吾從周. 以此坊民, 諸侯猶有薨而不葬者."【舊在'笑語卒獲'之下】

**集說** 손님은 밖에서 들어오니 그 예가 겸양하지 않을 수 없다. 상喪은 안에서 나가니 그 예가 멀어지지 않을 수 없다. 나아가고 더하는 것이 모두 점차적으로 진행되니 예를 극진히 하는 도리다. 장의 첫머리에서는 빈례賓禮와 상례喪禮를 함께 말하였다가 아래에서 상례만을 말한 것은 상례를 중요하게 여겨 말한 것이다. 그 밖의 설은 「단궁상檀弓上」(1-65)에 보인다. 賓自外而入, 其禮不可以不讓. 喪自內而出, 其禮不容於不遠. 其進·其加皆以漸, 致禮之道也. 章首賓·喪並言, 下獨言喪禮者, 重卒葬而言. 餘說見「檀弓」.

**權近** 살펴건대, 이 부분은 상례를 주로 언급하면서 빈례賓禮로 시작한 것은 인용하여 예증한 것이다. 제후를 가지고 말하기는 하였지만, 부모를 섬기는 마지막 일이므로 여기에 있어야 한다. '죽어도 장례를 치르지 않는다'는 것은 『춘추』에서 '졸卒'이라 기록하고 '장葬'이라 기록하지 않은 것을 근거로 견강부회한 것이다. 정말 장례를 치르지 않은 것이라면 이는 자기의

부모를 도로에 버리는 것이다. 비록 춘추와 같은 예가 무너지고 혼란한 시절에도 이와 같이 심한 경우는 없었을 것이다. 近按, 此主言喪禮, 而首之以賓禮者, 引以證之也. 雖以諸侯言之, 卽是事親之終事, 故當在此. '薨而不葬'者, 蓋因『春秋』書'卒'不書葬而附會之. 果以爲不葬, 則是棄其親於道路乎. 雖春秋衰亂之世, 不應有如是之甚者也.

## 2-23[방기 24]

공자가 말하였다. "객의 계단으로 올라가고 손님의 자리에서 조문을 받는 것은 백성들에게 뒤쫓아 효를 계승함을 가르치는 것이다. 상례를 다 마치기 전에는 스스로 군주라 칭하지 않는 것은 백성들에게 다투지 않음을 보이는 것이다. 그 때문에 『노춘추魯春秋』에 진나라의 상사喪事를 기록하면서 '군주의 아들 해제奚齊와 군주 탁을 시해하였다'라고 하였다. 이것으로 백성들을 막아도 자식들이 여전히 그의 아버지를 시해하는 일이 생긴다."

子云: "升自客階, 受弔於賓位, 敎民追孝也. 未沒喪不稱君, 示民不爭也. 故『魯春秋』記晉喪, 曰: '殺其君之子奚齊及其君卓.' 以此坊民, 子猶有弑其父者."

集說 노나라 희공僖公 9년에 진후晉侯인 궤제詭諸가 사망하였다. 겨울에 이극里克이 군주의 아들인 해제를 시해하였다. 10년에 이극이 군주인 탁자를 시해하였다.[12] ○ 방씨方氏는 말한다. "객의 계단으로 오르고 주인의 계단으로 올라가지 못하며, 손님의 자리에서 조문을 받고 주인의 자리에 감히 머물지 못하는 것은 아버지의 존귀함을 피하고 자식으로서의 효를 다하

려는 것이다. 아버지가 이미 돌아가셨음에도 여전히 주인의 계단으로 차마 오르지 못하고 그 자리에 머물지 않으므로 '백성들에게 뒤쫓아 효를 계승함을 가르친다'라고 한 것이다. 군주의 지위에 오르고도 군주라는 호칭을 감히 사용하지 않으니 사양하는 마음을 진정으로 알 수 있다. 그 때문에 '백성들에게 다투지 않음을 보이는 것이다'라고 한 것이다. 魯僖公九年, 晉侯詭諸卒. 冬里克弑其君之子奚齊. 十年里克弑其君卓子. ○ 方氏曰: "升自客階, 而不敢由於主人之階, 受弔於賓位, 而不敢居於主人之位, 所以避父之尊, 盡爲子之孝而已. 父旣往而猶未忍升其階·居其位焉, 故曰'敎民追孝也'. 居君之位, 而未敢稱君之號, 則推讓之心, 固可見矣. 故曰'示民不爭也'.

**[權近]** 살피건대, 해제奚齊는 해를 넘기지 않았으므로 '자子'라고 불렀고, 탁은 해를 넘겼으므로 '군君'이라 칭한 것이다. 그러나 『춘추』는 공자의 저작인데 여기서 『노춘추魯春秋』라고 부르면서 인용하였으니 이것으로 공자가 인용한 것이 아님을 더 잘 알 수 있다. ○ 이상은 부모를 섬김에 예로 하지 않으면 또한 반드시 시해하고 반역하는 데 이르게 됨을 말하였다. 近按, 奚齊未踰年, 故稱'子', 卓踰年, 故稱'君'. 然『春秋』孔子之手筆, 而此稱『魯春秋』以引之, 尤可見此非孔子之所引. ○ 右言事親不以禮, 亦必至於弑逆.

## 2-24 [방기 22]

공자가 말하였다. "7일 동안 산재散齊하고 3일 동안 치제致齊를 하며, 한 사람을 받들어 시尸로 삼고, 시尸 앞을 지날 때는 잰걸음으로 지나가는 것은 공경함을 가르치는 것이다. 예주醴酒가 방에 있고 제주醍酒가 당에 있으며 징주澄酒가 당 아래 있는 것은 백성들에게 맛을 탐하지 않음을 보이는 것이다. 시尸는 세 번 마시고 중빈은 한 번 마시는 것은 백성들에게 위와 아래의 등급이 있음을 보이는 것이다. 술과 고기를 통해 종족들을 모으는 것은 백성들에게 화목함을 가르치려는 것이다. 그러므로 당 위에서는 방안을 살펴보고 당 아래서는 당 위를 살펴본다. 『시詩』에 '예에 따른 몸가짐 법도에 맞고, 웃고 말하는 소리 모두 도리에 마땅하네'라고 하였다."【구본에는 '爭利而忘義' 아래 배치되어 있다】

子云: "七日戒, 三日齊, 承一人焉以爲尸, 過之者趨走, 以敎敬也. 醴酒在室, 醍酒在堂, 澄酒在下, 示民不淫也. 尸飮三, 衆賓飮一, 示民有上下也. 因其酒肉, 聚其宗族, 以敎民睦也. 故堂上觀乎室, 堂下觀乎上. 『詩』云, '禮儀卒度, 笑語卒獲.'"【舊在'爭利而忘義'之下】

**集說** '승承'은 받들고 섬기는 것이다. '예제醴齊'·'체제醍齊[13])·'징주澄酒'의 이 세 가지 술을 맛이 담박한 것은 위에 놓고 맛이 진한 것은 아래에 놓아 담박한 것을 귀하게 여기고 진한 것을 천하게 여기는데 이는 백성들에게 맛있는 것을 탐하지 않음을 보이는 것이다. '시尸가 세 번 마신다'는 것은 주인과 주부와 빈장賓長(빈의 우두머리)이 각각 한 번씩 올리는 것이다. 그런 뒤에 주인이 빈에게 잔을 올리는데 이것이 '중빈衆賓이 한 번 마신다'는 것이다. 신분이 높은 이는 술을 많이 받고 낮은 이가 적게 받는 것은 백성들에게 위와 아래의 등급을 보이는 것이다. 제례의 말미에 소목의 순서에 따라 서로 잔을 권하는데 이는 화목한 도리로 백성들을 가르치는 것이다. 당위에 있는 사람은 방안의 예의를 살펴보고 당 아래 있는 사람도 당 위의 예의를 살펴보니 그 모습에 엄숙하지 않는 사람이 있겠는가? 『시詩』는 「소아小雅·초자楚茨」이다. '졸卒'은 모두라는 뜻이다. 예를 실행하는

몸가짐이 모두 법도에 맞고 웃고 말하는 것이 그 마땅함을 다 얻었다는 말이다. '承', 奉事之也. '醴齊'・'醍齊'・'澄酒'此三酒, 味薄者在上, 味厚者在下, 貴薄而賤厚, 是示民以不貪淫於味也. '尸飮三', 主人・主婦・賓長各一獻也. 然後主人獻賓, 是'衆賓飮一'也. 尊上者得酒多, 卑下者少, 是示民以上下之等也. 祭禮之末, 序昭穆相獻酬, 此以和睦之道敎民也. 堂上者觀室中之禮儀, 堂下者又觀堂上之禮儀, 其容有不肅者乎? 『詩』', 「小雅・楚茨」之篇. '卒', 盡也. 言禮儀盡合於法度, 笑語盡得其宜也.

権近 살펴건대, 앞에서는 상장喪葬의 예에 관해 말하고 여기서는 제례를 말하였다. 시를 인용한 아래에 반드시 후대의 제사가 폐해졌다는 설로 단정을 하고 있으나 지금은 사라졌다. ○ 2장부터 여기까지는 군주와 부모를 섬기는 도리를 설명하여 첫 장의 '예로써 덕을 지킨다'는 것의 의미를 해석하였다. 近按, 前言喪葬之禮, 而此言祭禮. 引詩之下, 必有記者斷之, 以後世廢祀之說, 而今亡之矣. ○ 自第二章以下至此, 說事君親之道, 以釋首章禮以坊德之意.

## 3.

3-1[방기 31]

공자가 말하였다. "예는 백성들의 탐욕을 막고 백성들의 구별을 밝혀 백성들에게 혐의가 없도록 하여 기강을 삼는 것이다. 그 때문에 남녀가 매파가 없으면 교제하지 않고 폐백이 없으면 서로 만나지 않는 것은 남녀 간에 구별이 없을까 염려해서이다. 『시詩』에 '도끼자루를 벨 때는 어떻게 하나? 도끼가 없으면 안 되네. 아내를 얻을 때는 어떻게 할까? 매파가 없으면 할 수 없지. 삼을 심을 때는 어떻게 하나? 종행으로 밭을 갈아야 하지. 아내를 얻을 때는 어떻게 하나? 반드시 부모에게 고해야 한다네'라고 하였다." 이것으로 백성들을 막아도 백성들은 여전히 스스로 몸을 바치는 경우가 있다.[구본에는 '爭利而亡其身' 아래 배치되어 있다]

子云: "大禮坊民所淫, 章民之別, 使民無嫌, 以爲民紀者也. 故男女無媒不交, 無幣不相見, 恐男女之無別也. 『詩』云: '伐柯如之何? 匪斧不克. 取妻如之何? 匪媒不得. 蓺麻如之何? 橫從其畝. 取妻如之何? 必告父母.'" 以此坊民, 民猶有自獻其身.14)[舊在'爭利而亡其身'之下]

集說 '장章'은 밝힌다는 뜻이다. '혐의가 없다'는 것은 혐의를 살만한 행동이 없다는 뜻이다. 『시詩』는 「제풍齊風 · 남산南山」이다. 현재의 『시詩』에는 '땔나무를 꺾을 때는 어떻게 할까?'라고 되어 있고 「빈풍豳風 · 벌가伐柯」에는 '도끼자루를 벨 때는 어떻게 할까? 도끼가 없으면 할 수 없네'라고 되

어 있다. '극克'은 할 수 있다는 뜻이다. '횡종기묘橫從其畝'는 종횡으로 밭을 갈고 수리한다는 말이다. '자헌기신自獻其身'은 여자가 스스로 남자에게 몸을 바치는 것을 말한다. '이차방민以此坊民'이하 11자는 구본에는 '『시詩』운'(『詩』云) 위에 있다. 이제 유추해 보건데 인용된 시 아래 있어야 한다. '章, 明也. '無嫌', 無可嫌之行也. '『詩』', 「齊風‧南山」之篇. 今『詩』作'析薪如之何?', 而「豳風‧伐柯」篇言'伐柯如何? 匪斧不克'. '克', 能也. '橫從其畝', 言從橫耕治其田畝也. '自獻其身', 謂女自進其身於男子也. '以此坊民'以下十一字, 舊本在『詩』云'之上. 今以類推之, 當在所引詩下.

3-2[방기 37]

공자가 말하였다. "혼례에 사위가 친영親迎을 가 장인과 장모를 뵈면, 장인과 장모는 딸을 받들어 바쳐서 사위에게 건네주고, 부도婦道에 어긋나지 않을까 염려한다. 이것으로 백성들을 막아도 신부 중에는 이르지 않는 사람이 있다."【구본에는 이 편의 끝에 배치되어 있다】
子云: "昏禮壻親迎, 見於舅姑, 舅姑承子以授壻, 恐事之違也. 以此坊民, 婦猶有不至者."【舊在此篇之末】

集說 '구고舅姑'는 아내의 부모이다. '승承'은 받들어서 바친다는 뜻이다. '자子'는 딸이다. 『논어』의 주에 "전송하여 건넨다"고 하였다. 『의례』「사혼례士昏禮‧기記」에 아버지가 딸에게 경계하면서 "항상 명을 어기지 말라"고 하고, 어머니가 딸을 경계하기를 "부녀자의 일을 어기지 말라"고 하였다. 모두가 일이 어긋날까 염려한 것이다. 말세에 예가 무너졌으므로 남자가 움직여도 여자가 뒤따르지 않는 경우도 있고, 친영을 해도 여자가 오지 않

는 경우도 있었던 것이다. ○ 성씨成氏는 말한다. "부인은 남편의 부모를 구고舅姑라고 부르고, 남편도 아내의 부모를 구고舅姑라 부르는데, 다만 '외外'자를 붙인다. 부부는 한 몸이기 때문에 부모에 대하여 서로 공경한 것이다." '舅姑', 女之父母也. '承', 進也. '子', 女也. 『論語』註云: "送與之也". 『儀禮』父戒女曰: "夙夜無違命", 母戒女曰: "無違宮事." 皆恐事之違也. 末世禮壞, 故有男行而女不隨者, 亦有親迎而女不至者. ○ 成氏曰: "婦人謂夫之父母曰舅姑, 男子亦謂妻之父母曰舅姑, 但加'外'字耳. 夫婦齊體, 父母互相敬也."

### 3-3[방기 32]

공자가 말하였다. "아내를 취할 때 동성同姓을 취하지 않는 것은 구별을 두터이 하는 것이다. 그러므로 첩을 살 때 성姓을 모르면 점을 친다. 이것으로 백성들을 막아도 『노춘추魯春秋』에는 오히려 부인의 성을 빼고 '오吳'라고 하고, 그녀가 죽자 '맹자가 졸하였다'고 기록하였다."【구본에는 '自獻其身' 아래 배치되어 있다】

子云: "取妻不取同姓, 以厚別也. 故買妾不知其姓, 則卜之. 以此坊民, 『魯春秋』猶去夫人之姓曰'吳', 其死曰'孟子卒'."【舊在'自獻其身'之下】

集說 '구별을 두터이 한다'(厚別)는 말은 구별을 두는 예를 두텁게 행한다는 말이다. '점을 친다'는 것은 길흉을 점친다는 뜻이다. '오吳'는 태백太白의 후예로서 노나라와 동성이다. 소공이 오나라의 여자를 아내로 맞은 것은 또한 『논어』에 보인다.[15] '厚別', 厚其有別之禮也. '卜之', 卜其吉凶也. '吳', 太伯之後, 魯同姓也. 昭公取吳女, 又見『論語』.

**權近** 　살피건대, 앞에서 『노춘추』를 거론하고 인용하여 그것의 의미를 증명한 것은 오히려 괜찮다. 여기서는 그것의 실수를 거론하여 비난하였다. 진사패가 지적하여 물은 것도 오히려 피하고 말하지 않았는데 어떻게 스스로 선군의 실수를 드러내고 비난하였겠는가? 이것이 공자가 인용한 것이 아님이 더욱 분명하다. 近按, 前稱『魯春秋』, 引以證其義猶可也. 此則直稱其失而譏之. 陳司敗指而問之, 猶且諱而不言, 豈自著其先君之失而譏之哉? 此非孔子所引, 益以明矣.

---

### 3-4 [방기 34]

공자가 말하였다. "과부의 자식일 경우 두드러진 재주를 보여주지 않으면 벗으로 사귀지 않는 것은 군자가 혐의를 피하여 멀리하는 것이다. 그러므로 친구 사이에 교제할 때 주인이 없으면 큰일이 아니고서는 문안으로 들어가지 않는다. 이것으로 백성들을 막아도 백성들은 오히려 덕德보다 색色을 더욱 좋아한다."【구본에는 '廢夫人禮' 아래 배치되어 있다】

子云: "寡婦之子, 不有見焉, 則弗友也, 君子以辟遠也. 故朋友之交, 主人不在, 不有大故, 則不入其門. 以此坊民, 民猶以色厚於德."【舊在'廢夫人禮'之下】

**集說** 　과부의 자식에 관해서는 「곡례상曲禮上」(전-5)에 보인다. '멀리 피한다'는 것은 혐의를 피하기 위해 멀리한다는 것이다. 寡婦之子, 見「曲禮」. '避遠'者, 以避嫌, 故遠之也.

## 3-5[방기 35]

공자가 말하였다. "덕 좋아하기를 색 좋아하듯 한다."

子云: "好德如好色."

**集說** 정현은 "이 구절은 부족한 듯하다"라고 하였다. 鄭云: "此句似不足."

## 3-6[방기 36]

(공자가 말하였다.) "제후는 국내에서 부인을 취하지 않는다. 그러므로 군자는 여색을 멀리하는 것으로 백성들의 기강을 삼는다. 그러므로 남녀가 물건을 주고받을 때는 직접 주고받지 않고, 부인의 말을 몰 때는 왼손을 앞으로 내밀고, 고모와 자매, 딸 가운데 시집을 갔다 돌아온 경우 남자는 그들과 자리를 함께하여 앉지 않고, 과부는 밤에 곡哭하지 않고, 여인의 질병에 문병을 할 때는 병의 차도만 묻고 무슨 병인지 묻지 않는다. 이것으로 백성들을 막아도 백성들은 여전히 음란에 빠지고 방종해서 자신의 짝이 아닌 사람을 범한다."

"諸侯不下漁色. 故君子遠色, 以爲民紀. 故男女授受不親, 御婦人, 則進左手, 姑·姊妹女子子已嫁而反, 男子不與同席而坐, 寡婦不夜哭, 婦人疾, 問之, 不問其疾. 以此坊民, 民猶淫泆而亂於族."

**集說** 제후는 국내에서 부인을 취하지 않는다. 만약 아래로 본국의 경·대부·사의 여식가운데서 취하면, 어부가 물고기를 잡는 것과 같아서 탐욕

스런 마음으로 구하는 것이다. 그러므로 '여색을 포획한다'고 하였다. 여색에 빠지면 기강이 해이지고, 백성들의 혼례도 물들어 폐해진다. 그러므로 여색을 멀리하는 것은 백성들의 기강을 세워 여색 때문에 예를 폐하고 윤상倫常을 어지럽히지 않게 하려는 것이다. 나머지는 앞에 보인다. 諸侯不內娶. 若下娶本國卿大夫士之女, 則是如漁者之於魚, 但以貪欲之心求之也. 故云'漁色'. 荒於色, 則紀綱也, 民之昏禮, 亦化之而廢. 故遠色者, 所以立民之紀, 使不以色而廢禮亂常也. 餘並見前.

---

## 3-7 [방기 33]

공자가 말하였다. "예에 따르면, 제사가 아니면 남녀가 술잔을 서로 권하지 않는다. 이것으로 백성들을 막아도 양후陽侯는 오히려 무후繆侯를 죽이고 무후의 부인을 빼앗았다. 그러므로 대향大饗의 예에서 부인의 예를 폐지하였다."【구본에는 '孟子卒' 아래 배치되어 있다】

子云: "禮, 非祭, 男女不交爵. 以此坊民, 陽侯猶殺繆侯而竊其夫人. 故大饗廢夫人之禮."【舊在'孟子卒'之下】

集說 '양후陽侯'와 '무후繆侯'는 두 군주의 시호이다. 정현鄭玄은 "그 나라에 대해서는 듣지 못하였다"고 하였다. ○ 방씨方氏는 말한다. "'대향大饗'이란 두 군주가 상견례 할 때 행하는 향례饗禮이다. 양후陽侯의 사건 때문에 부인의 예를 폐지하였다면, 양후 이전에는 본래 부인이 대향에 참석하여 잔을 서로 권하는 예가 있었을 것이다. 그런데 '제사가 아니면 잔을 주고받지 않는다'고 말한 것에 대하여 선유先儒는 '동성이라면 몸소 잔을 올리고, 이성이라면 섭행攝行하게 시킨다. 여기서 잔을 서로 권하지 않는다는 것은

이성의 국군을 대접하는 경우를 가리킨다'16)라고 하였다." ○ 석량왕씨石
梁王氏는 말한다. "양후와 무후가 똑같이 제후라면 '살殺'은 글자 뜻 그대로
읽어야 한다. 정현이 이미 '그 나라에 대해서는 들은 것이 없다'고 하였는
데 어떻게 양후가 군주를 시해하였다고 단정할 수 있겠는가?' '陽侯'·'繆侯',
兩君之諡也. 鄭云: "其國未聞." ○ 方氏曰: "大饗者, 兩君相見之饗也. 因陽侯之事而廢
夫人之禮, 則陽侯以前, 夫人固與乎大饗, 而有交爵之禮矣. 乃云'非祭, 不交爵'者, 先儒
謂同姓則親獻, 異姓則使人攝. 此云不交爵, 謂饗異姓國君耳." ○ 石梁王氏曰: "陽侯·
繆侯旣同是侯, 則'殺'字當如字讀. 鄭旣'未聞其國', 何以知陽侯爲弑君?'

**權近** 살펴건대, 이상은 남녀가 예가 없으면 반드시 죽이고 빼앗는 지경
에 이르게 된다는 말이다. 이를 통해 첫 장의 '형벌로써 음란함을 막는다'
는 것의 의미를 풀이하였다. 近按, 右言男女無禮, 必至於殺奪. 以釋首章'刑以坊
淫'之意.

### 3-8 [방기 29]

공자가 말하였다. "상견례를 폐백보다 먼저 하는 것은 백성들이 일
을 먼저 하고 봉록을 받는 것을 뒤에 하도록 하려는 것이다. 폐백
을 먼저 행하고 예를 뒤에 하면, 백성들은 이익을 탐한다. 사양하
는 의절이 없이 정情을 곧바로 행하면, 백성들은 다투게 된다. 그러
므로 군자는 예에 따라 폐백을 선사하더라도 자신이 만날 수 없었
다면 선사한 폐백을 받지 않는다. 『역』에 '갈지도 않고 수확하며,
개간하지도 않고 개간된 밭을 얻으려는 것이니, 흉하다'라고 하였
다. 이것으로 백성을 막아도 백성들은 오히려 봉록을 귀하게 여기고

일하는 것을 천하게 여긴다.”[구본에는 '而貳其君' 아래 배치되어 있다]

子云: “禮之先幣帛也, 欲民之先事而後祿也. 先財而後禮, 則民利. 無辭而行情, 則民爭. 故君子於有饋者, 弗能見, 則不視其饋. 『易』曰, '不耕穫, 不菑畬, 凶.' 以此坊民, 民猶貴祿而賤行.”[舊在 '而貳其君'之下]

集說 '예가 폐백보다 앞선다'는 것은 먼저 상견례를 행하고 뒤에 폐백을 가지고 우호의 정을 전한다는 말이다. 이는 백성들에게 먼저 일을 맡아 한 뒤 봉록을 받는 뜻을 가르치려는 것이다. 만일 폐백(財)을 행하는 것을 먼저 하고 예를 뒤에 행한다면 백성들은 반드시 재물의 이익을 탐할 것이다. '무사無辭'는 사양하는 의절이 없다는 뜻이다. '정情을 행한다'는 것은 곧바로 자기의 정情을 행한다는 것이다. 예가 소략하고 이익이 행해지면, 백성들 사이에 쟁탈 현상이 생기지 않을 수 없다. 다른 사람이 나에게 폐백을 선사한 것이 예에 맞는데, 자신이 다른 일이 있거나 또는 병 때문에 만날 수 없으면 선사한 것을 받지 않는다. '본다'는 것은 받는다는 뜻과 같다. 이는 대개 자신이 예를 갖추지 않고서 감히 다른 사람의 예禮를 맞지 않는 것이다. '『역易』'은 「무망无妄」괘 육이六二의 효사이다. 현재의 글에는 '흉凶' 자가 없다. 밭은 1년 개간하면 치菑라 하고, 2년 개간하면 여畬라 한다. '갈지도 않고 수확하며, 개간하지도 않고 개간된 밭을 얻으려는 것'은 신하가 공도 없으면서 군주의 봉록을 받는 것을 비유한 것이다. 그것을 인용하여 예는 실행하지 않으면서 이익만 탐하는 것을 실증하였다. '禮之先幣帛', 謂先行相見之禮, 後用幣帛以致其情也. 此是欲教民以先任事而後得祿之義. 若先用財而後行禮, 則民必貪於財利矣. '無辭', 無辭讓之節也. '行情', 直行己情也. 禮略而利行, 民不能無爭奪矣. 人有饋遺於己禮也, 己或以他故, 或以疾病, 不能出見於人, 則不視其饋.

'視', 猶納也. 此蓋不敢以無禮而當人之禮. 『易』, 「无妄」六二爻辭. 今文無'凶'字. 田一歲曰菑, 三歲曰畬. '不耕而穫, 不菑而畬', 以喩人臣無功而食君之祿. 引之以證不行禮而貪利也.

## 3-9 [방기 9]

공자가 말하였다. "국가를 다스리는 자가 사람을 귀하게 여기고 봉록을 천시하면, 백성들에게 겸양하는 기풍이 진작될 것이다. 기예를 높이고 재물(車)을 천시하면, 백성들에게 기예를 익히려는 기풍이 일어날 것이다. 그 때문에 군자는 말을 간약簡約하게 하고, 소인은 말을 앞세운다."【구본에는 '僭死而號無告' 아래 배치되어 있다】

子云: "有國家者, 貴人而賤祿, 則民興讓. 尙技而賤車, 則民興藝. 故君子約言, 小人先言."【舊在'僭死而號無告'之下】

**集說** '귀인貴人'은 덕이 있는 사람을 귀하게 여긴다는 뜻이다. 군주가 덕이 있는 사람을 귀하게 여기고 작록을 하사함에 인색하지 않을 수 있으면 백성들 사이에 선한 이에게 겸양하는 기풍이 진작된다. 능력이 있는 자를 높이고 거마車馬를 하사함에 인색하지 않으면 백성들은 기예를 익히는 일에 분발한다. '봉록을 천시하고' '수레를 천시하는' 것은 봉록과 기물을 천시하는 것이 아니다. 현자를 귀하게 여기고 능력 있는 자를 높여 응당 주어야 할 것에 인색하지 않는 것일 뿐이다. 독자들은 글 때문에 의미를 해쳐서는 안 될 것이다. '말하는 것에 부끄러움이 없다면 실천하는 것이 어려울 것'17)이므로 군자의 말은 항상 간약簡約하다18). 소인은 말을 앞세우고 실천은 뒤에 하므로 말과 행동을 반드시 서로 살펴보는 것은 아니다. 정씨

鄭氏(정현鄭玄)는 말한다. "'약約'과 '선先'은 호언互言이다. 군자는 간약簡約하지만 소인은 번다하다. 소인은 앞서고자 하지만 군자는 뒤에 서고자 한다."

'貴人', 貴有德之人也. 言君能貴有德者, 而不吝於班祿, 則民興於讓善. 尙有能者, 而不吝於賜車, 則民興於習藝. '賤祿'·'賤車', 非輕祿器也. 特以貴賢尙能, 而不吝於所當與耳. 讀者不以辭害意可也. '言之不怍, 則爲之也難', 故君子之言常約. 小人則先言而後行, 不必其言行之相顧也. 鄭氏曰: "'約'與'先', 互言. 君子約則小人多矣. 小人先則君子後矣."

**權近** 살피건대, 이 장의 결어는 의미가 서로 합치되지 않으니 아마도 오탈자가 있는 듯하다. 近按, 此章結語, 意不相恊, 恐有脫誤也.

### 3-10 [방기 8]

공자가 말하였다. "이록利祿이 있을 때 죽은 이에게 먼저 주고 살아 있는 이에게 나중에 주면 백성들이 배반하지 않는다. 나라일로 외국에 나가 죽은 이에게 먼저 주고 국내에 살아 있는 이에게 나중에 주면 백성들에게 큰일을 맡길 수 있다. 『시詩』에 '선군을 생각하여 과인을 권면하고 잊지 않네'라고 하였다. 이러한 도리로 백성들을 막아도 백성들은 오히려 죽은 이를 배반하고, 죽은 이의 가족들은 고할 곳이 없다고 부르짖는다."【구본에는 '其君曰寡君' 아래 배치되어 있다】

子云: "利祿先死者而後生者, 則民不偝. 先亡者而後存者, 則民可以託. 『詩』云, '先君之思, 以畜寡人.' 以此坊民, 民猶偝死而號無告."【舊在'其君曰寡君'之下】

**集說** 『시詩』는 「패풍邶風·연연燕燕」이다. '축畜'이 『시詩』에는 '욱勖'으로 되어 있는데 권면한다는 뜻이다. 장강莊姜은 돌아가는 첩 대규戴媯가 선군先君인 장공莊公을 생각하면서 부도婦道로 과인에게 권면하였음을 말하였다. '과인寡人'은 장강 자신을 가리킨다. 여기서는 '욱勖'을 '휵畜'으로 쓴 것은 나를 마음에 받아들이고 보양해주면서 잊지 않았음을 말한다. 이것이 죽은 이를 배반하지 않고 살아 있는 이를 잊지 않는 뜻이다. ○ 소疏에서 말한다. "이익과 재부 영화로운 복록에 관련된 일의 경우, 가령 죽은 이와 살아 있는 이가 모두 함께 받는 것이 합당하다면, 군주는 죽은 이에게 먼저 주고 뒤에 산자에게 준다. 이러한 도리로 백성들을 교화하면 백성들은 모두 죽은 이를 배신하지 않을 것이다. '죽었다'(亡)는 것은 자신의 나라일로 외국에 나갔다가 죽은 경우를 가리키고 '살아 있다'(存)는 것은 국내에 있는 경우를 가리킨다. 군주는 이록利祿이 있을 때 외국에서 죽은 이에게 먼저 준 뒤에 국내에 살아 있는 이에게 준다. 이러한 도리로 백성들을 교화하면 백성들 모두가 인후仁厚하게 되고 큰일을 서로 의탁을 할 수 있게 된다. '백성들은 오히려 죽은 이를 배반하고, 죽은 이의 가족들은 고할 곳이 없다고 부르짖는다'는 것은 백성들 사이에서도 죽은 이를 배반하여 버리고 살아 있는 노약자들이 호소할 곳이 없다고 부르짖는다는 말이다." '『詩』', 「邶風·燕燕」之篇. '畜'『詩』作'勖', 勉也. 莊姜言故妾戴媯思念先君莊公, 以婦道勖勉寡人. '寡人', 莊姜自謂. 此以'勖'爲'畜'者, 言能容畜我於心而不忘. 是不偝死忘生之意也. ○ 疏曰: "財利榮祿之事, 假令死之與生並合俱得, 君上則先與死者, 後與生者. 以此化民, 則民皆不偝於死者. '亡'謂身爲國事而出亡在外, '存'謂存在國內者. 君有利祿, 先與在外亡者, 而後與國內存者. 以此化民, 民皆仁厚, 可以大事相付託也. '偝死而號無告'者, 言民偝棄死者, 其生者老弱, 號呼無所控告也."

**權近** 살피건대, '죽은 자'는 왕의 일을 하다 죽은 사람을 가리킨다. 近按,

'死者', 死於王事者也.

공자가 말하였다. "공경을 나타낼 때는 제기祭器를 사용한다. 그러므로 군자는 검박하다고 해서 예禮를 폐하지 않으며, 문식함이 화려하다고 해서 예를 무시하지 않는다. 그러므로 음식을 대접하는 예에서 주인이 직접 음식을 접대하면 손님은 고수레를 한다. 주인이 몸소 음식을 접대하지 않으면, 손님은 고수레를 하지 않는다. 그러므로 군자는 예가 들어 있지 않으면, 맛있는 성찬일지라도 먹지 않는다. 『역易』에 '동쪽이웃에서 소를 잡은 것이 서쪽 이웃에서 약제禴祭19)를 지내고 그 복을 받은 것만 못하다'라고 하였다. 『시詩』에 '술로 이미 취하고 덕으로 이미 배부르네'라고 하였다. 이것으로 백성들에게 보여도 백성들은 오히려 이익을 다투고 의義를 잊는다."【구본에는 '忘其親'의 아래 배치되어 있다】

子云: "敬則用祭器. 故君子不以非廢禮, 不以美沒禮. 故食禮, 主人親饋, 則客祭. 主人不親饋, 則客不祭. 故君子苟無禮, 雖美, 不食焉. 『易』曰, '東隣殺牛, 不如西隣之禴祭, 寔20)受其福.' 『詩』云, '旣醉以酒, 旣飽以德.' 以此示民, 民猶爭利而忘義."【舊在'忘其親'之下】

集說 '변籩', '두豆', '궤簋', '형鉶' 등은 모두 제기祭器로 빈객에게 사용하여 공경함을 표현한다. 남루하고 소박하다고 예를 폐하는 것이나 문식이 넘친다고 예를 무시하는 것은 모두 공경하는 태도가 될 수 없다. '주인이 몸소

음식대접을 하는 것'은 손님을 공경하는 것이다. 손님이 그 음식으로 고수레를 하는 것은 주인을 공경하는 것이다. '『주역』'은 「기제旣濟」괘 구오九五의 효사이다. '약襠'은 검박하다는 뜻이다. '『시詩』'는 「대아大雅・기취旣醉」이다. ○ 방씨方氏(방각方慤)는 말한다. "음식은 이로움이 있는 곳이요, 예는 의義가 나오는 곳이므로 '이익을 다투어 의를 잊는다'고 말한 것이다."

籩・豆・簋・鉶'之屬, 皆祭器, 用之賓客, 以寓敬也. 菲薄而廢禮, 與過文而沒禮, 皆不得爲敬. '主人親饋', 是敬客也. 客祭其饌, 是敬主也. '『易』', 「旣濟」九五爻辭. '襠', 薄也. '『詩』', 「大雅・旣醉」之篇. ○ 方氏曰: "食者, 利之所存, 禮則義之所出, 故言'爭利以忘義'."

3-12[방기 30]

공자가 말하였다. "군자는 이익을 다 취하지 않고 백성들을 위해 남겨둔다. 『시詩』에 '저쪽에는 남겨진 볏단 있고, 이곳에는 거두지 않은 이삭이 있으니, 과부의 이익이 되네'라고 하였다. 그러므로 군자는 벼슬을 하면 농사를 짓지 않고, 사냥을 하면 고기를 잡지 않고, 사계절의 음식을 먹을 때는 진미를 구하려 애쓰지 않고, 대부大夫는 양을 잡아 가죽으로 자리를 만들지 않고, 사士는 개를 잡아 가죽으로 자리를 만들지 않는다. 『시詩』에 '순무와 메꽃을 뜯을 때 뿌리까지 캐지 않네. 덕이 성대하다는 소문 실제와 어긋남이 없으니 그대와 함께 생사를 같이하리'라고 하였다. 이것으로 백성들을 막아도 백성들은 여전히 의리義理를 망각하고 이익을 다투다 몸을 망친다."【구본에는 '貴祿而賤行' 아래 배치되어 있다】

子云: "君子不盡利, 以遺民. 『詩』云, '彼有遺秉, 此有不斂穧,
伊寡婦之利.' 故君子仕則不稼, 田則不漁, 食時不力珍, 大夫不
坐羊, 士不坐犬. 『詩』云, '采葑采菲, 無以下體. 德音莫違, 及
爾同死.' 以此坊民, 民猶忘義而爭利, 以亡其身."【舊在貴祿而賤
行之下】

集說 『시詩』는 「대아·대전大田」이다. '병秉'은 벼를 묶어서 잡는 것이다.
'재穧'는 펼쳐놓고 묶지는 않은 것이다. 저곳에는 남겨놓은 볏단이 있고 이
곳에는 거두지 않은 이삭이 있어, 농사를 지을 수 없는 과부들이 그것을
취하여 이익을 본다는 뜻이다. '이伊'는 어조사이다. 현재의 시와는 뒤섞여
같지 않다. '벼슬을 하면 농사를 짓지 않는다'는 것은 봉록이 농사를 짓는
것을 대신할 수 있기 때문이다. '사냥을 하면 고기를 잡지 않는다'는 것은
금수가 있으면 다시 물고기를 취해서는 안 된다는 말이다. '먹을 때'는 네
계절의 반찬을 먹는다는 것이다. '진미에 힘쓰지 않는다'는 것은 맛있는 찬
을 구하기 위해 힘을 쓰지 않는다는 말이다. '좌양坐羊'과 '좌견坐犬'은 잡아
서 고기는 먹고 가죽으로 자리를 만든다는 것이다. 모두 이익을 다 취하지
않는다는 말이다. '『시詩』는 「패풍邶風·곡풍谷風」이다. '봉葑'은 순무로 채
소이다. '비菲'도 채소의 이름이다. 『시詩』의 의미는 여기에서 인용된 의미
와 다르다. 시의 뜻은 '순무와 비와 같이 항상 먹을 수 있는 채소들을 땅
가까이 누렇게 썩은 줄기와 잎 때문에 윗부분까지 버리고 뜯지 않아서는
안 된다. 이는 마치 부부 사이에 작은 잘못을 이유로 선한 부분까지 버려
서는 안 되는 것과 같다'는 말이다. 여기서는 이 시를 인용하여 '이익을 다
취하지 않는다'는 비유로 보고, '순무와 메꽃과 같은 채소를 뜯을 때는 잎
을 뜯어야 하고, 뿌리가 좋다고 뿌리까지 함께 캐지 말아야 하니, 그와 같
이 하면 군주의 성덕盛德에 대한 명성이 멀리 전파됨에 실제와 어긋나는

바가 없을 것이고, 사람들은 모두 윗사람을 친애하고 윗사람을 위해 목숨을 바칠 것이다'라는 뜻으로 말하였다. 『시詩』에서는 '너와 함께 죽으리!'라는 부분을 '해로偕老'하는 것으로 보았다. '『詩』', 「小雅·大田」之篇. '秉', 禾之束爲把者. '穧', 鋪而未束者. 言彼處有遺餘之秉把, 此處有不收斂之鋪穧. 寡婦之不能耕者取之以爲利耳. '伊', 語辭. 與今詩文顚倒不同. '仕則不稼', 禄足以代耕也. '田則不漁', 有禽獸不可再取魚鱉也. '食時', 食四時之膳也. '不力珍', 不更用力務求珍羞也. '坐羊'· '坐犬', 殺食而坐其皮也. 皆言不盡利之道. '『詩』', 「北21)風·谷風」之篇. '葑', 蔓菁, 菜也. '菲', 亦菜名. 詩之意與此所引之意不同. 詩意謂如葑菲常食之菜, 不可以其近地黃腐之莖葉, 遂棄其上而不采, 猶夫婦之間, 亦不當以小過而棄其善. 此引以爲'不盡利'之喻者, 謂采葑菲者, 但當采取其葉, 不可以其根本之美而并取之, 如此則人君盛德之聲遠播無有違之者, 而人皆知親其上死其長矣. 『詩』則以及爾同死爲偕老也.

살피건대, 이상은 재물과 이익을 마주하여 예로 사양하는 마음이 없으면 반드시 쟁탈에 이르고 망신하게 된다고 하여 첫 장의 '천명의 설로 욕망을 막는다'는 것의 의미를 풀이하였다. 近按, 右言臨財利而無禮讓, 必至於爭奪, 而亡其身, 以釋首章'命以坊欲'之意也.

**1** 【분장】: 본 편의 章 표시는 권근 按說의 분명한 언급에 따라 붙인 것이다.

**2** 가의 ~ 한다 : 이 말은 「坊記」(3)에 나온다.

**3** 한 사내가 ~ 한 것 : 관련 내용은 『맹자』 「梁惠王上」, 「萬章下」 등에 보인다.

**4** 얼음을 ~ 않는다 : 이 말은 「大學」에 나온다.

**5** 肆 : 『예기집설대전』에는 '慷'으로 되어 있다.

**6** 審 : 『예기집설대전』에는 '參'으로 되어 있다.

**7** 誤 : 『예기집설대전』에는 '訛'로 되어 있다.

**8** 배반하지 않음 : 정현은 副貳, 곧 보필하는 부관 또는 이인자로 자처한다는 의미로 '貳'를 해석하였다. 그리고 副貳로 처신하는 것은 곧 군주와 맞먹으려는 마음을 가지고 이반함을 뜻하는 것으로 해석하고, 鄭나라 共叔段의 처신을 사례로 들었다. 공영달이 소와 진호의 집설도 정현이 설과 같은 입장으로 보인다. 共叔段의 사례에 대하여 楊伯峻은 '貳'를 양쪽에 마음을 주면서 이반 하는 마음을 가지는 것을 의미한다고 보고 '두 마음을 품는다' 또는 '이반하는 마음을 품는다'로 해석하였다. 본 번역에서는 의역을 취하여 '貳'를 배반한다 또는 이반하다는 뜻으로 해석하였다. 楊伯峻, 『春秋左傳注』(中華書局, 1990.), 「隱公元年」, '旣而大叔命西鄙·北鄙貳於己. 公子呂曰: 國不堪貳, 君將若之何?'에 대한 해석 참조.

**9** 이 어를 ~ 묻는다 : 이 말은 『춘추좌씨전』, 僖公 15년 조 傳에 나온다.

**10** 선을 준다 : 『詩』 「大雅·旣醉」에 "효자는 효도하는 마음 빠뜨리고 멈출 때 없으니, 길이 너에게 善을 주리라"(孝子不匱, 永錫爾類)라고 하였다.

**11** 돌아간 ~ 듯한다 : 이 말은 「中庸」(19-5)에 나온다.

**12** 노나라 희공 ~ 시해하였다 : 관련 내용은 『춘추공양전』, 僖公 9年 조에 "겨울에 晉나라 里克이 군주의 아들인 奚齊를 시해하였다"(冬, 晉里克弒其君之子奚齊)라고 하였고, 僖公 10년 조에 "晉나라 里克이 그의 군주 卓子를 시해하였다"(晉里克弒其君卓子)라고 하였다.

**13** 예제·체제 : 五齊에 속하는 두 가지 술이다. 오제는 泛齊·醴齊·盎齊·緹齊·沈齊를 가리킨다. 범제는 즙이 매우 적어서 찌꺼기가 둥둥 떠 있고, 예제는 즙이 조금 많아지기는 했지만 즙이 지게미 안에 있어서 즙과 찌꺼기가 반반씩이고, 앙제는 즙과 찌꺼기가 반반씩이지만 즙의 색깔이 파르스름하게 푸른빛이 도는 흰색이고, 체제는 즙이 찌꺼기보다 많아지고 즙의 색깔이 주황빛이고, 침제는 찌꺼기가 아래로 가라앉고 즙이 위로 뜬 맑은 술이다. 술맛은 범제가 가장 옅고 침제가 가장 강하며, 술을 주조하는 시간은 범제가 가장 짧고 침제가 가장 길다. 이 다섯 가지 술은 청탁의 정도 차이는 있지만 모두 아직 찌꺼기가 걸러지지 않은 술이다. 「禮運」(경-4-5) 참조.

**14** 以此坊民, 民猶有自獻其身 : 『예기정의』에는 '『詩』云' 위에 있다.

**15** 소공이 ~ 보인다 : 吳와 魯는 동성으로 姬氏이다. 昭公이 吳나라에서 부인을 맞이하면서 동성임을 감추기 위하여 姬孟子라고 하지 않고 吳孟子라고 말하였고, 사망하였을 때에도 '夫人姬氏薨'이라고 하지 않고 '孟子卒'이라고 하였음을 말한다. 관련 내용은『논어』「述而」에 보인다.

**16** 동성이라면 ~ 가리킨다 : 이 설명은 공영달의 소에 보인다.

**17** 말하는 ~ 어려울 것 : 이 말은『논어』「憲問」에 나온다.

**18** 간약하다 : 불필요하게 말을 많이 하지 않고 지킬 말만 한다는 뜻이다.

**19** 약제 : 계절마다 지내는 時祭의 일종으로 봄 또는 여름에 지내는 제사를 말하는데, 사시 제사 가운데 검박하게 지내는 형태이다. 「郊特牲」(2-1)의 集說;『三禮辭典』, 575쪽, '祠' 항목 참조.

**20** 寔 : 현행본『주역』에는 '實'로 되어 있다.

**21** 邶 : 『예기집설대전』에는 '衛'로 되어 있으나『詩』에 따라 '邶'로 바로잡는다.

■ 절을 나눈 것에 대한 의미를 변석함. 分節辨義.

○ 주자는 네 개의 큰 절로 나누었다. 朱子分爲四大節.

첫 장부터 '색은索隱'장까지 첫 번째 절이 된다. 이상은 모두 '중中'과 '용庸'
을 논하여 첫 장의 의미를 풀이한 것이다. 自首章至索隱章爲第一節. 已上皆論
'中'·'庸', 以釋首章之義.

'비은費隱'장에서 '애공문정哀公問政'장까지가 두 번째 절이 된다. 이상은 모
두 '비은費隱'과 '소대小大'에 대해 말한 것이다. 自'費隱'章, 至哀公問政章, 爲第
二節. 已上皆言'費隱'·'小大'.

'성명誠明'장에서 32장까지가 세 번째 절이 된다. 이상은 모두 천도와 인도
를 말한 것이다. 自'誠明'章至三十二章爲第三節. 已上皆言天道·人道.

마지막장이 독립적으로 네 번째 절이 된다. 다시 하학下學을 할 때 마음을
세우는 초기에서 미루어 극단에 이른 것이다. 卒章自爲第四節. 復自下學立心之
初推之, 以至於極.

◎ 요씨饒氏는 여섯 절로 나누었다. 饒氏分爲第六節.

첫 장이 독립적으로 첫 번째 절이 된다. 首章自爲第一節.

2장부터 11장까지가 두 번째 절이 된다. 自第二章至十一章爲第二節.

'비은費隱'장부터 19장까지가 세 번째 절이 된다. '비은費隱'과 '소대小大'에 대해 말한 것이다. 이 장의 '무왕'과 '주공'에 이르러 멈춘다. 自'費隱'章至十九章爲第三節. 言'費隱'·'小大'. 至此章'武王'·'周公'而住.

'애공문정哀公問政'장부터 '지성무식至誠無息'장까지가 네 번째 절이 된다. 천도와 인도를 말한 것이다. '애공哀公'장으로부터 시작해서 '지성무식至誠無息'장에 이르러 멈춘다. 自'哀公問政'章至'至誠無息'章爲第四節. 言天道人道. 自'哀公'章而始, 至此'至誠無息'章而住.

'대재성인지도大哉聖人之道'장에서부터 32장까지가 다섯 번째 절이 된다. '대재성인大哉聖人'장에서부터 대덕과 소덕을 나누어 말하여 32장에 이르러 멈추었다. 번양番陽 이씨는 '대재성인大哉聖人'장에서 32장까지는 지덕至德과 지도至道를 구분하여 언급한 것이라고 보았다. 自'大哉聖人之道'章至三十二章爲第五節. 自'大哉聖人'章分言大德小德, 至三十二章而住. 番陽李氏以爲自'大哉聖人'章, 至三十二章, 以至德至道分言之.

마지막 장이 여섯 번째 절이 된다. 卒章爲第六節.


○ 내 개인적인 생각으로는 대지를 총론하면 세 절이 되고, 세분하면 다섯 절이 된다. ○ 愚則妄謂, 總論大旨爲三節, 細分爲五節.

첫 장에서는 명命·성性·도道·교敎에 대해 말하였다. 首章言命·性·道·敎.

그 밑으로 10장은 모두 중中과 용庸을 언급한 것이다. 지智·인仁·용勇의 학문을 하는 일을 미루어 '세상을 피해 살면서 후회하지 않는 성인'의 경지

로 끌어가 공자의 일로 마무리하였다. 첫 번째 절이 된다. 其下十章皆言中·
庸. 以智·仁·勇爲學之事推之, 極於'遯世不悔'之聖', 以孔子之事終之. 爲第一節.

'비은費隱'장은 위 장의 '군자는 중용에 의지한다'(君子依乎中庸)는 말을 이어
서 군자君子의 도를 언급한 것이다. '費隱'章承上章君子依乎中庸', 以言君子之道.

그 밑에 용언庸言과 용행庸行에서 미루어 나아가, 몸에서 집안으로 국가로
천하로까지 미쳤고, 구경九經에 이르러 공자의 정치로 마무리하였다. 두 번
째 절이 된다. 其下由庸言·庸行推之, 自身而家而國而天下, 至於九經之目, 以孔子之
政終之. 爲第二節.

이상의 두 절은 성性·명命·도道·교敎로부터 미루어 나아가 도道로써 학
자의 공부를 말한 것이 많다. 그러나 첫 장은 '중화中和'를 말하면서 체에서
용으로 나아갔다. 12장에서는 '비은費隱'을 말하면서 용에서 체로 나아갔
다. 앞 절은 군자가 택하여 지키는 학문을 위주로 말하고, 뒷 절은 군자가
시행하는 일을 중심으로 말하였다. 두 절의 첫머리에서는 모두 군자의 정
당한 말을 제시하고 있고 두 절은 모두 군자의 도를 언급하고 있으므로
그 대지는 동일하다. 右二節由性·命·道·敎而推之, 以道言學者之功爲多焉. 然
首章言'中和', 由體而達用. 十二章言'費隱', 由用而明體. 前節則主言君子擇守之學, 後節
則主言君子施措之事. 兩節之首, 皆提起君子言之是, 二節皆言君子之道, 故其大旨一也.

21장은 성誠·명明·성性·교敎에 대하여 언급하였고, 그 이하에서는 천도와
인도를 나누어 언급하였다. 二十一章言誠·明·性·敎, 而其下分言天道·人道.

26장에 이르러 '순일하여 그침이 없는'(純亦不已) 천天에서 다하였다. 至二十
六章而極於'純亦不已'之天.

27장은 위 장 '문왕의 덕'을 이어서 '크도다! 성인의 도여!'를 말하였다. 二十
七章承上章'文王之德'而言'大哉! 聖人之道!'.

32장에 이르러 '호호기천浩浩其天'에서 다하였다. 至三十二章而極於'浩浩其天
之德.

이상의 두절은 '성誠'·'명明'·'성性'·'교敎'로부터 미루어 나아가 덕으로써
성인聖人의 일을 말한 것이 많다. 그러나 22장으로부터 26장까지에서 '천
도'를 말한 장에서는 반드시 '지성至誠'을 말하고, '인도'를 말한 장에서는 반
드시 '성誠'자를 말하였으므로, 요씨와 이씨는 모두 '천도'와 '인도'를 언급한
것이 26장에 이르러 멈춘다고 보았다. '대재성인지도大哉聖人之道'장 이하에
대해 요씨는 소덕과 대덕을 언급한 것으로 여겼고, 이씨는 대덕과 소덕이
'중니仲尼'장에 처음 나타나므로 이것보다 먼저 말할 수다고 판단하고 이
장을 지덕至德과 지도至道로 나누어 말해야 한다고 여겼다. 나는 다음과 같
이 생각한다. 12장은 비은費隱과 소대小大를 아울러 말하였고, 그 이하 3장
은 '비費'의 작은 측면을 말하였다. '귀신'장은 '비은費隱'을 겸하고 소대小大
를 포함하였으며, 다시 그 이하 3장은 '비費'의 큰 측면을 말하였다. 이것을
근거로 나열하면 '대재성인지도大哉聖人之道'장은 지덕至德과 지도至道를 말
하면서 앞에서 대덕과 소덕을 포함하였고, '우호자용愚好自用'장과 '삼중三重'
장은 '도道'의 작은 측면을 말하면서 '덕德'을 그 안에 포함하였고, '중니仲尼'
장은 '도덕道德'과 '대소大小'를 겸하여 말하였고, 그 이하 '지성至聖'과 '지성
至誠' 두 장은 '덕'의 큰 측면을 말하면서 '도道'를 그 속에 포함한 것이다.
또 이 두 절은 모두 성인의 덕을 언급한 것이므로 앞 절의 첫머리에서 '성
誠'을 언급하였고, 뒤 절의 앞머리에서 '성인聖人'을 언급한 것이니, 대지는
동일하다. 右二節由'誠'·'明'·'性'·'敎'而推之, 以德言聖人之事爲多焉. 然自二十二
章至二十六章, 言'天道'章必言'至誠', 言'人道'章必言'誠'字, 故饒氏李氏皆以爲言'天
道'·'人道', 至二十六章而住. 自'大哉聖人之道'章以下, 饒氏以爲言小德·大德, 李氏以
爲大德·小德始見於'仲尼'章, 不應先言於此, 當以此章至德·至道分言之. 愚則妄. 謂十

二章言費隱兼小大, 其下三章言'費'之小. '鬼神'章兼'費隱'包小大, 又其下三章言'費'之大. 以此例之, 則'大哉聖人之道'章言至德・至道, 而包大小於其前, 故'愚好自用'章及'三重'章 言'道'之小而'德'在其中, '仲尼'章兼包'道德'大小'而言, 其下'至聖'・'至誠'二章言'德'之 大而包'道'在其中也. 又此兩節皆言聖人之德, 故前節之首言'誠', 後節之首言'聖人', 其大 旨一也.

마지막장이 독립적으로 다섯 번째 절이 된다. 卒章自爲第五節.

배우는 자가 물었다. 『중용』 한 책을 주자는 네 절로 나누고 요씨는 여섯 절로 나누었다. 이제 그대는 대지를 총괄하여 말하면 세 절이 되고 세분하 면 다섯 절이 된다고 하니 그 상세한 내용을 들을 수 있겠는가? 學者問曰: 『中庸』一書, 朱子分爲四節, 饒氏分爲六節. 今子以爲總論大旨, 則爲三節, 而細分爲五, 其詳可得聞乎?

대답한다. 나는 감히 참람하게 특이한 설을 주장하여 선철과 달라지기를 구하려는 것이 아니라, 두 가지 설을 결합하여 더욱 나은 것을 따르고자 하는 것이다. 그러므로 첫 장에서부터 12장이 첫 번째 절이 되고, '비은費 隱'장부터 '애공문정哀公問政'장까지가 두 번째 절이 되며, '성명誠明'장이 세 번째 절의 첫머리가 되는 것은 주자를 따라야 한다. 천도와 인도를 논하는 것은 26장에 이르러 멈추니, '대재성인지도大哉聖人之道章'장은 별도로 한 절 의 첫머리가 된다는 것은 요씨를 따라야 한다. 이미 그 설은 앞에서 외람 되지만 서술하였다. 曰: 愚非敢僭爲他說, 以求異於先哲也, 但合二說, 從其尤長者爾. 故自首章至十一章爲第一節, 自'費隱'章至'哀公問政'章爲第二節, 而'誠明'章爲第三節之 首者, 當從朱子. 其論天道・人道, 至二十六章而住, '大哉聖人之道'章, 別爲一節之首者, 當從饒氏. 旣已僭著其說於前矣.

생각건대, 앞의 두 절은 도道의 측면에서 말한 것으로 모두 공자의 성스러 움에서 다하였으니, 군자의 실학實學이다. 그러므로 모두 실천을 통해 미루어기는 것으로 말하였다. 그러므로 배우는 자의 공부에 관한 것이 많다. 뒤의 두 절은 덕의 측면에서 말하면서 반드시 성인의 천天에서 다하였으니 성대한 덕의 극치이다. 그러므로 모두 충실하게 쌓아 드러나는 것으로 말하였다. 그러므로 성인의 일에 관한 것이 많다. 도를 말하면 반드시 성인에까지 미루어 나아가고, 덕을 말하면 반드시 천에까지 미루어 나아갔다. 첫 번째 절에서는 중용을 말하면서 지智·인仁·용勇으로 미루어 나아가 세상을 피하며 후회하지 않는 성인에서 다하였으니 공자의 일이다. 두 번째 절은 '비은費隱'을 말하고 용언庸言과 용행庸行으로 미루어 나아가 구경九經의 세목에까지 이르렀으니 공자의 정치이다. 도를 말하면서 공자에까지 이르렀으니 군자의 학문은 여기에 더 덧붙일 것이 없다. 세 번째 절은 '성명誠明'을 말하고 천도天道와 인도人道로 미루어 '순일하고 그침이 없는 하늘'에서 다하였으니, 성인이 천과 덕을 같이하는 것이다. 네 번째 절은 지덕과 지도를 말하면서 소대로 미루어 '넓고 넓은 하늘의 덕'에서 다하였으니, 성인은 천天과 간극이 없다. 덕을 말하면서 천天에 이르렀으니 성인의 덕은 여기에 더 덧붙일 것이 없다. 이로써 본다면 첫 장으로부터 32장까지의 대지를 총괄하여 말하면 도를 언급하고 덕을 언급한 것에 지나지 않고, 입언立言의 순서를 세분하여 논하면 네 절로 나누어야 하는 것이 매우 분명하다. 竊意前二節以道言, 而皆極於孔子之聖, 君子之實學也. 故皆以其踐履而推行者言之, 故學者之功爲多焉. 後二節以德言, 而必極於聖人之天, 盛德之極致也. 故皆以其充積而著見者言之. 聖人之事爲多焉. 言道則必極於聖, 言德則必極於天. 故第一節言中庸, 而以智·仁·勇推之, 極於遯世不悔之聖, 孔子之事也. 第二節言'費隱', 而以庸言·庸行推之, 至於九經之目, 孔子之政也. 言道而至於孔子, 則君子之學無以復加矣. 第三節言'誠明', 而以天道·人道推之, 極於'純亦不已'之天, 聖人與天同德也. 第四節言至德·至道, 而以小大推之, 極於'浩浩其天'之德, 聖人與天無間也. 言德而至於天, 聖人之德無以

復加矣. 由是而觀, 則自首章至三十二章, 總論大指, 則不過言道言德, 而細論立言之序,
則當分爲四節者, 甚曉然矣.

성誠을 말하면서 천도와 인도를 구분한 것은 '애공문정哀公問政'장부터 시작
되니 이것이 '성誠'을 논한 여러 장의 첫머리가 되어야 한다는 요씨의 생각
은 또한 사리에 맞는 듯하다. 그러나 『장구』에서 "공자의 말을 인용하여
위대한 순과 문왕·무왕·주공의 맥락을 계승하고 전수한 내용이 일치함
을 밝혔다"는 것은 진실로 정확한 논의이다. 『중용』은 천天과 공자를 모범
으로 삼았으므로 시종 천을 말하고 또한 시종 공자를 언급하였다. 이제
순·문왕·무왕·주공을 말하면서 공자로 잇지 않는다면 자사子思가 시종
공자를 표창하고자 했던 의도가 아닐 것이다. 이 책의 뒷장에서 조술하고
헌창했다고 언급한 것과 『논어』와 『맹자』의 끝에 요·순·우·탕·문왕·
무왕을 언급하면서 반드시 공자를 이은 것을 보면 알 수 있다. 饒氏以爲言誠
而分天道·人道, 自'哀公問政'章始, 自當爲論誠諸章之首, 似亦得矣. 然『章句』所謂引
孔子之言, 以繼大舜·文·武·周公之緒, 明其所傳之一致'者, 誠爲確論. 『中庸』以天與
孔子作模範, 故終始言天, 亦終始言仲尼. 今言舜·文·武·周公而不以孔子繼之, 則非
子思子終始摽仲尼之意矣. 以此書後章祖述憲章之言及『語』孟』之終歷敍堯·舜·禹·
湯·文武而必繼以孔子者觀之可見矣.

하물며 이 책의 매 절에서 화제를 바꾸는 말은 모두 자사子思의 말이고 그
밑에 비로소 공자의 말을 인용하고 있어, 중간의 한 절만 공자의 말을 사용
하여 화제를 바꾼 것과는 조응하지 않는다는 점에서 더욱 그렇다. 요씨가
말의 뜻이 바뀐다고 본 것은 무엇인가? 況此書每節更端之言, 皆是子思子之自言,
其下乃引孔子之言, 不應中間一節, 獨用孔子之語以更端也. 饒氏以爲語意更端者何哉?

게다가 성誠을 언급하면서 천도와 인도를 나누는 것이 이 장에서 시작된
다. 그러나 '성명誠明'장은 바로 이 장의 공자의 뜻을 이어서 입언立言하여

단서를 바꾸었다. 그러므로 또한 천도와 인도를 아울러 언급하고, 그 밑의 여러 장에서 비로소 구분하여 말하였다. 만일 '애공문정哀公問政'을 단서를 바꾸는 첫머리로 삼는다면 다음 장에서는 천도를 말해야 하고 또 그 다음 장에서는 인도를 말하여 반드시 함께 들고 중첩되게 말하지 않은 뒤에야 나누어 말하는 것이 된다. 대개 이 책의 매 절은 비록 단서를 바꾸고 있기는 하지만 또한 반드시 이전의 장을 이어서 입언하고 있다. 그러므로 첫번째 절은 '군자'로 마치고 두 번째 절은 그것을 이어서 첫머리에서 군자의 도를 말하였다. 세 번째 절은 '문왕'으로 끝맺고 네 번째 절에서는 그것을 이어 첫머리에서 성인의 도를 언급하였으니 두 번째 절의 끝에서 성誠을 언급하면서 천도와 인도를 구분하고, 세 번째 절에서 그것을 이어서 첫 부분에서 '성명誠明'을 언급하고 천도와 인도를 아우른 것을 어찌 의심하겠는가? 반드시 구분하고 서로 교섭하지 않는다면 성誠을 언급한 것은 '귀신'장에 처음으로 보이고, 지·인·용은 첫 번째 절에 처음 보이면서도 '애공문정哀公問政'장에 상세하게 서술되고 있으니 이를 어떻게 나누어 소속시키겠는가? 다만 천도와 인도를 언급한 것은 26장에 이르러 끝나고 '대재성인지도大哉聖人之道'장은 달리 하나의 절이 된다고 하는 주장은 진실로 주자의 충신이다. 且言誠而分天道·人道, 雖自此章而始. 然'誠明'章乃承此章夫子之意而立言以更端. 故又兼以天道·人道而言, 其下諸章始分而言之. 若以'哀公問政'爲更端之首, 則次章當言天道, 又其次章當言人道, 不必再兼擧而疊言之, 然後分而言之也. 大抵此書每節雖是更端, 然亦必承前章而立言. 故第一節終以'君子', 而第二節承之首言君子之道. 第三節終以'文王', 而第四節承之首言聖人之道, 則第二節之終言誠而分天道人道, 第三節承之首言'誠明'而兼天道人道者, 又何疑哉? 必若區分不相交涉, 則言誠始見於'鬼神'章, 智·仁·勇始見於第一節, 而詳於'哀公問政', 又將何以分屬歟? 但謂言天道·人道至二十六章而住, 自'大哉聖人之道'章別爲一節, 誠爲朱子忠臣矣.

대덕과 소덕으로 구분하여 말한 것에 대하여 이씨는 그것을 비판하면서 지덕至德과 지도至道로 말하였다. 그러나 요씨가 '소대小大'로 말한 것이 사리에 맞으며 소덕과 대덕으로 본 것은 잘못이다. 이씨가 소덕과 대덕으로 말한 것은 사리에 맞지만 소대를 빠뜨린 것은 미비한 것이므로 반드시 두 가지 설을 합하여 말한 뒤에야 그 의미가 완비된다. 후생 말학이 선현을 망령되이 논하는 참람한 죄는 피할 수가 없지만, 요씨가 일찍이 주자의 충신이었으므로 나 또한 요씨의 충신의 되기를 원한다. 여러 동지들이 나의 죄를 용서하고 깨닫지 못한 것에 대해서 깨우쳐준다면 다행이겠다. 至以大德·小德分言者, 李氏非之, 而以至德·至道言之. 然饒氏以'小大'言者得之, 而以爲小德·大德則未安. 李氏以至德·至道言者得之, 以遺其小大則未備, 故又必合二說而言之, 然後其意始備矣. 後生末學妄議先賢狂僭之罪, 無所逃避, 然饒氏嘗爲朱子忠臣, 故愚亦願爲饒氏之忠臣. 幸諸同志恕其罪, 而敎其不逮可也.

묻는다. 그대는 첫 장의 '성性'·'명命'·'도道'·'교敎'를 앞 두 절의 첫머리로, 21장의 '성誠'·'명明'·'성性'·'교敎'를 뒤 두 절의 첫머리로 본다. 말한 바를 유추해보면 그럴 듯하다고 할 수 있다. 그러나 첫 장은 한 편의 체요體要이니 그 의미가 첫 번째 절에만 그치지 않는 것이어야 한다. 그 때문에 요씨는 구별해서 첫 번째 큰 절로 삼아 포함되지 않는 것이 없다는 뜻을 보였다. 이제 그대가 그것을 따르지 않고 다만 첫 번째 절의 첫머리로 삼은 것은 왜인가? 曰: 子以首章命·性·道·敎爲前二節之首, 二十一章誠·明·性·敎爲後二節之首. 所言比類可謂似矣. 然首章一篇之體要, 其意當不止於第一節而已也. 故饒氏別爲第一大節, 以見其無所不包之意. 今子不之從, 而但爲第一節之首者, 何也?

대답한다. 첫 장의 의미는 포함하지 않는 것이 없기는 하지만 그 이하 10장은 모두 중용을 논하여 첫 장의 의미를 해석한 것이다. '비은費隱'장에 이르러 다시 화제를 바꾸고 있으니 첫 장에서 그 이하 10장까지의 첫머리로 삼지 않을 수 없는 것이다. 만일 첫 장을 나누어 하나의 절로 보고, 두 번째 장으로 다시 한 절의 첫머리로 삼는다면, 절마다 자사子思 자신의 말로 화제를 바꾸는 용례와 어긋나게 된다. 또한 첫 장의 의미를 풀이한 것으로 달리 첫머리를 삼을 수 없다. 게다가 첫 장이 비록 이 절의 첫머리이지만 그 의미 또한 포함되지 않는 곳이 없으니 마치 『대학』의 '명명덕'이 삼강三綱에 함께 나열되어 있으면서도 통섭하지 않는 것이 없는 것과 같다. 曰: 首章之意, 雖无所不包, 然其下十章, 皆論中庸以釋首章之意. 至'費隱'章, 又別更端, 則 不得不以首章冠於其下十章也. 若分首章以爲一節, 以第二章又爲一節之首, 則非每節子 思子自言更端之例也. 又不可以釋首章之意者, 自別爲首也. 且首章雖爲此節之首, 其意 亦無所不包, 猶『大學』'明明德'雖並列爲三綱, 而無所不統也.

묻는다. 첫 번째 절에서 중용을 말한 것은 덕행德行으로 말한 것이다. 두 번째 절의 용덕庸德으로 미루어 보면, 앞의 두 절은 덕으로 말한 듯하다. 세 번째 절에서 지성至誠의 도道를 언급하고 네 번째 절에서 '위대하도다! 성인의 도여!'라고 언급하고 있으므로 뒤의 두 절은 도道로써 말한 듯하다. 또한 '진실로 지덕至德이 아니면 지도至道가 응축되지 않는다'는 말로써 보면 덕을 닦은 뒤에야 도가 응축된다. 이제 그대가 앞의 두 절은 도를 말하고 뒤의 두 절은 덕을 말한다고 한 것은 왜인가? 曰: 第一節言中庸, 以德行言. 第二節以庸德推之, 則前二節似以德言. 第三節言至誠之道, 第四節言'大哉! 聖人之道!', 則後二節似以道言. 且以'苟不至德, 至道不凝'之言觀之, 則修德而後凝道也. 今子乃謂前 二節言道, 後二節言德, 何也?

대답한다. 덕은 본연의 체에서 얻은 것이고, 도는 행위를 할 때 사용하는 것이다. 덕은 구체적인 실천을 통해 얻고, 도는 실천하는 내용이다. 앞의 두 절에서 도를 말하면서 반드시 덕을 앞세운 것은 이러한 덕이 있어야 이러한 도가 있다는 것을 밝히고자 한 것이다. 뒤의 두 절에서 덕을 언급하면서 반드시 도로써 말한 것은 이러한 도가 있어야 이러한 덕이 있음을 안다는 것을 분명히 한 것이다. 만일 배우는 것으로 말한다면 도에 들어간 뒤에야 덕을 쌓을 수 있고, 도에 나아간 뒤에 덕을 이룰 수 있게 된다. 덕을 완성하는 것으로 말하면 지덕至德이 있으므로 지도至道를 응축할 수 있다. 앞의 두 절은 배우는 자를 위주로 말한 것이 많으므로 도로써 말하였다. 뒤의 두 절은 성인을 위주로 말한 것이 많으므로 덕으로 말하였다. 이 책의 대지는 처음에는 체로부터 용에 도달하고, 마지막에는 용으로부터 체에 돌아가는 것이므로, 앞에서는 덕을 언급하면서 도를 밝히고 뒤에서는 도를 언급하면서 덕을 밝혔다. 마지막 장에서 다시 한 편의 대지를 총괄하여 일일이 말하였으므로, 처음에는 덕에 들어감을 언급하고 중간에는 학문을 하는 도를 말하며 크게 밝은 덕으로 마무리를 하였으니 입언立言의 순서를 또한 알 수 있다. 그러나 『중용장구』는 지성至誠의 도는 지성至聖이 아니면 알 수 없고 지성至聖의 덕은 지성至誠이 아니면 할 수 없어 실제로 두 가지가 있는 것이 아니라고 보았으니 이러한 의미를 다 드러냈다고 할 만하다. 曰: 德者得於本然之體, 而道則當行之用. 德者得於踐履之實, 而道則所履之事也. 前二節言道而必以德先之者, 所以明由其有是德而後有是道也. 後二節言道而必以道言之者, 明由其有是道而知有是德也. 若以學者言之, 則入道而後積德, 造道而後成德也. 以成德言, 則有是至德, 故能凝是至道也. 前二節多主學者言, 故以道言. 後二節多主聖人言, 故以德言. 此書大旨始由體而達用, 終由用而歸體, 故前則言德而明其道, 後則言道而明其德. 卒章又總一篇大旨而歷言之, 故始言入德, 中言爲學之道, 終之以不顯之德, 其立言之序, 亦可見矣. 然『章句』以爲至誠之道, 非至聖不能知, 至聖之德, 非至誠不能爲, 實非有二物也, 可謂盡矣.

예기천견록 제23권

# 표기
## 表記
양촌에 사는 후학 권근 지음

정씨鄭氏(정현鄭玄)는 말한다. "군자의 덕이 의표儀表에 나타나는 것을 기록한 것이다."

鄭氏曰: "記君子之德見於儀表者."

살펴건대, 「방기」는 일에 드러난 것을 가지고 인욕이 밖으로부터 들어오는 것을 제어함을 말하였고, 「표기」는 몸에서 닦은 것을 가지고 덕이 안에서 밖으로 발현하는 것을 말하였다.

近按, 「坊記」以見於事者言制其欲之由外而入者也, 「表記」以修於身者言著其德之由內而發者也.

1.[1])

## 1-1[표기 1]

공자가 말하였다. "돌아가겠다! 군자는 은거해 있어도 드러나고 자신을 높이지 않아도 장중하고 외모를 엄하게 하지 않아도 위엄이 있으며 말하지 않아도 믿는다."

子言之: "歸乎! 君子隱而顯, 不矜而莊, 不厲而威, 不言而信."

**集說** 방씨方氏(방각方慤)는 말한다. "이 편에서 '공자가 말하였다'(子言之)라고 한 것이 여덟 번인데 모두 거시적으로 보면 동일한 측면을 간략하게 총괄한 것이다. '공자가 말하였다'(子曰)라고 한 것이 마흔다섯 번인데 모두 세부적으로 보면 차이나는 측면을 상세하게 나열한 것이다." ○ 응씨應氏는 말한다. "'돌아가겠다!'는 탄식은 성인이 사방을 돌아다녀도 마땅한 군주를 만나지 못하고 세도世道가 더욱 쇠퇴해짐을 목도하게 되자, 모범(儀刑)이 됨에 근본이 있으니 어찌 반드시 사방을 찾아다니면서 설득하고 전한 뒤에야 도를 행할 수 있는 것이겠는가 하고 생각한 것이다. '은거해 있어도 드러난다'는 것은 바로 「중용中庸」에서 '잠기어 비록 숨어 있어도, 또한 매우 밝게 드러난다'2)고 한 것이 그것이다. '자신을 높이지 않아도 장중하고 외모를 엄하게 하지 않아도 위엄이 있으며 말하지 않아도 믿는다'는 것은 '움직이지 않아도 공경하고, 말하지 않아도 믿는다'는 말이 바로 그것이다. 「중용」에서는 이것으로 편의 마무리로 삼았는데, 사람들에게 덕을 진전시키는 일을 보이고자 한 것이다. 「표기」에서는 이것을 시작으로 삼았으니 성인이 가르침을 세운 이유를 밝혀 드러낸 것이다." 方氏曰: "此篇稱子言之'者八, 皆總其大同之略也. 稱子曰'者四十五, 皆列其小異之詳也." ○ 應氏曰: "'歸乎'之嘆, 聖人周流不遇, 覩世道之益衰, 念儀刑之有本, 何必歷聘駕說而後足以行道哉. '隱而顯', 卽「中庸」所謂潛雖伏矣, 亦孔之昭, 是也. '不矜而莊, 不厲而威, 不言而信', 卽所謂不動而敬, 不言而信', 是也. 「中庸」以是終篇, 蓋示人以進德之事. 「表記」以是爲始, 蓋發明聖人立教之故."

**權近** 　살피건대, '은거해 있어도 드러난다'는 것은 그의 덕이 마음속에 보존되어 있어 밖으로 발현됨을 말한다. 아래 경문의 세 구절은 거듭 말하여 이 구절의 의미를 밝힌 것이다. 近按, '隱而顯'者, 言其德存於中而發見於外. 下文三句申言以明此句之意也.

<br/>

**1-2 [표기 2]**

공자가 말하였다. "군자는 사람들에게 행동을 잘못하지 않고 안색을 잘못하지 않으며 말을 잘못하지 않는다. 이 때문에 군자의 표정은 경외할 만하고 안색은 두려워할 만하고 말은 믿을 만하다. 「보형甫刑」에 '(평상시) 공경하고 경계하므로 뽑아버려야 할 만한 말이 자신에게 더해지지 않는다'라고 하였다."

子曰: "君子不失足於人, 不失色於人, 不失口於人. 是故君子貌足畏也, 色足憚也, 言足信也. 「甫刑」曰, '敬忌而罔有擇言在躬.'"

**集說** 　疏에서 말한다. "'「보형」'은 「여형呂刑」이다. 보후甫侯가 목왕穆王을 위해 형벌에 관해 설명하였으므로 보형甫刑이라 부른 것이다." ○ 마씨馬氏는 말한다. "행할 수 있는 측면만 보고 멈출 만한 것을 고려하지 않으면 다른 사람에게 행동을 실수하게 된다. 기뻐할 만한 것만 보고 분노할 만한 것을 고려하지 않으면 다른 사람에게 안색을 잘못하게 된다. 말할 수 있음만 보고 말하지 않을 만한 것을 고려하지 않으면 다른 사람에게 말을 실수하게 된다. 다른 사람에게 행동을 실수하지 않으므로 외모가 두려워할 만하다. 다른 사람에게 안색을 잘못하지 않으므로 얼굴빛이 두려워할 만하다. 말을 실수하지 않으므로 말이 신뢰할 만하다." ○ 유씨劉氏는 말한다.

"군자는 혼자 있을 때 삼가하여 자신을 높이지 않아도 장중하므로 다른 사람에게 행동을 잘못하지 않고 외모가 두려워할 만하다. 외모를 엄하게 하지 않아도 위엄이 있으므로 다른 사람에게 안색을 잘못하지 않고 얼굴빛이 두려워할 만하게 된다. 말하지 않아도 믿으므로 다른 사람에게 말을 실수하지 않고 말이 믿음직스럽다. 대개 보통 때에 공경하고 경계하므로 움직이는 곳마다 절도에 맞지 않음이 없는 것이 이와 같다. 또 『서書』를 인용하여 증명하니 의미가 더욱 드러난다." 疏曰: "'「甫刑」', 「呂刑」也. 甫侯爲穆王說刑, 故稱甫刑." ○ 馬氏曰: "見其所可行, 而不慮其所可止, 則失足於人. 見其所可喜, 而不慮其所可怒, 則失色於人. 見其所可語, 而不慮其所可黙, 則失口於人. 不失足於人, 故貌足畏. 不失色於人, 故色足憚. 不失口於人, 故言足信." ○ 劉氏曰: "君子謹獨, 不待矜而莊, 故不失足於人, 而貌足畏. 不待厲而威, 故不失色於人, 而色足憚. 不待言而信, 故不失口於人, 而言足信也. 蓋其尋常敬忌, 故動處無不中節如此. 又引『書』以證之, 而義益顯矣."

**[權近]** 살펴건대, 이 부분은 첫 장의 뒤 세 구절의 뜻을 총결하여 해석한 것이다. 近按, 此總釋首章下三句之意.


1-3[표기 5]

공자가 말하였다. "군자는 신중함으로 화난을 피하고 독실함으로 궁지에 빠지지 않으며 공경함으로 치욕을 멀리한다."【구본에는 '不繼之以倦' 아래 배치되어 있다】

子曰: "君子慎以辟禍, 篤以不揜, 恭以遠恥."【舊在'不繼之以倦'之下】

마씨馬氏(마희맹馬晞孟)는 말한다. "독실한 자는 두터움에 머물고 박절함에 머물지 않으며, 내실이 있는 곳에 처하고 겉으로 화려한 곳에 처하지 않는다. 그러므로 그 빛남이 밖으로 드러나 사람들이 가릴 수가 없다."

○ 응씨應氏(응용應鏞)는 말한다. "군자는 덕을 항상되게 견지하고 빗나가지 않으므로 행동을 바르게 하는 것이다. 따라서 경계하고 삼가며 독실하고 공경하는 것 모두가 의도적으로 하려고 해서 하는 것이 아니다. 어찌 화난을 피하고 부끄러움을 감추려고 구차하게 노력하겠는가? 예를 기록하면서 이러한 말을 전한 것은 또한 곤욕스런 일을 피하는 길을 사람들에게 깨우쳐주고자 하는 것이다." 馬氏曰: "篤者居其厚, 不居其薄, 處其實, 不處其華. 則輝光發於外, 而人不能揜也." ○ 應氏曰: "君子經德不回, 所以正行. 則其戒謹篤恭, 皆非有爲而爲之也. 豈區區於避禍患防揜恥乎? 記禮之垂是言, 亦以曉人知避困辱之道耳."

## 1-4[표기 6]

공자가 말하였다. "군자는 장중하고 공경함으로 날마다 굳세어지고, 안일함과 방자함으로 날마다 구차해진다. 군자는 그 때문에 하루도 자신을 들쭉날쭉 무질서하여 하루도 온전히 마치지 못할 것처럼 되게 두지 않는다."

子曰: "君子莊敬日强, 安肆日偸. 君子不以一日使其躬儳焉如不終日."

마씨馬氏는 말한다. "장중하고 공경함은 자신을 굳세게 하는 것으로 그것을 통해 조금씩 덕을 진전시켜가는 바가 있기 때문에 날마다 굳세어진다. 안일하고 방자함은 자신을 포기하는 원인으로 그로 인해 조금씩 법도

표기 | **75**

에서 어긋나는 바가 있기 때문에 날마다 구차하게 된다." ○ 응씨應氏(응용應鏞)는 말한다. "'참傪'은 차이가 나서 가지런하지 않은 모양이다. 마음에 검속하는 바가 없으면 분분하게 혼란스러워 끝내 들쭉날쭉 무질서하게 나오는 지경에 이르게 된다. 밖으로 드러나는 것이 이미 산란하고 정돈되지 않아 내면 또한 궁지에 몰려 구속받아 불안하므로 하루도 온전히 마치지 못한다. 만일 주일主一(전일함을 위주로 함)로 내면을 곧게 하여 마음이 넓어지고 몸이 여유로워지면 어찌 하루도 온전히 마치지 못하는 것과 같은 지경에 이르겠는가?" 馬氏曰: "莊敬, 所以自强, 而有進德之漸, 故日强. 安肆所以自棄而有敗度之漸, 故日偸." ○ 應氏曰: "'傪'者, 參錯不齊之貌. 心無所檢束, 而紛紜雜亂, 遂至傪焉錯出. 外旣散亂而不整, 則內亦拘迫而不安, 故不能終日也. 若主一以直內, 而心廣體胖, 何至於如不終日乎?"

**權近** 살피건대, 이 두 장은 자신을 견지하는 경을 말하여 '자신을 높이지 않아도 장중하다'는 것의 의미를 해석하였다. 近按, 此二章言持身之敬, 以釋不矜而莊之意.

---

1-6[표기 4]

공자가 말하였다. "제사에서는 공경하는 마음을 다하고 (도중에 변하여) 즐거워하는 마음으로 잇지 않는다. 조회朝會에서는 정사의 세밀한 분별을 다하고 (도중에 변하여) 권태로워하는 마음으로 잇지 않는다."【구본에는 '毋相瀆也' 아래 배치되어 있다】

子曰: "祭極敬, 不繼之以樂. 朝極辨, 不繼之以倦."【舊在'毋相瀆也'之下】

**集說** 여씨呂氏(여대림呂大臨)는 말한다. "공경을 다한다'는 것은 뜻을 성실하게 가짐(誠意)이 지극한 것이다. 만일 즐거워함에 이르면 공경함이 풀어진다. '분별을 다한다'는 것은 절도와 문채(節文)가 명확한 것이다. 만일 권태로워함에 이르면 임시로 대충 하는 데에 빠진다." 呂氏曰: "極敬'者, 誠意至也. 苟至於樂, 則敬弛. '極辨'者, 節文明也. 苟至於倦, 則入於苟簡."

## 1-6[표기 7]

공자가 말하였다. "재계齊戒를 하여 귀신을 섬기며, 날짜를 선택하여 군주를 만나는 것은 백성들이 공경하지 않을까 염려해서이다."
【구본에는 '如不終日' 아래 배치되어 있다】
子曰: "齊戒以事鬼神, 擇日月以見君, 恐民之不敬也."【舊在'如不終日'之下】

**集說** 저승과 이승 사이에 접하고, 위와 아래 사이에 접할 때에는 더욱 공경해야 하는 것이므로 함께 말한 것이다. 幽明之交, 上下之際, 尤其所當敬者, 故並言之.

## 1-7[표기 3]

공자가 말하였다. "석襲(겉옷을 젖혀서 석의裼衣를 드러내는 것)과 습襲(겉옷을 덮어서 석의裼衣를 가리는 것)을 서로 이어서 하지 않는 것은 백성들이 서로 공경함이 없이 대하여 모독하지 않게 하려는 것이다."

**【구본에는 '擇言在躬' 아래 배치되어 있다】**

子曰: "裼·襲之不相因也, 欲民之毋相瀆也."【舊在'擇言在躬'之下】

集說 '석석裼'과 '습襲'은 「곡례하曲禮下」(9-6)에 보인다. ○ 응씨應氏는 말한다. "석석裼과 습襲은 문文과 질質이 합당하게 하는 것에 각각 차이가 있음을 보이는 것이다. 이른바 '서로 이어서 하지 않는다'는 것은 아마도 한 때 잠시 다른 일이 생기면 반드시 옷을 바꾸어 입고 일에 종사하는데, 각각 그 공경함을 보존하며 옷을 습襲하고 있다가 이어서 석석裼을 하지 않고, 옷을 석석裼하고 있다가 습襲하지 않는다는 것이다. 왜냐하면 절문節文이 이미 구분되는데다 또 그 번거로움을 꺼리지 않으면, 서로 공경하지 않고 설만褻慢하게 대하는 근심은 없어지기 때문이다." 裼·襲, 見「曲禮」. ○ 應氏曰: "裼·襲以示文質各有異宜. 所謂不相因者, 恐一時或有異事, 必易服從事, 各存其敬, 不以襲衣而因爲裼, 不以裼衣而因爲襲. 蓋節文旣辨, 而又不憚其勞, 則無相褻之患."

## 1-8[표기 8]

공자가 말하였다. "(소인은) 깔보고 업신여기면서 죽음에 이르러도 두려워하지 않는다."【구본에는 '恐民之不敬也' 아래 배치되어 있다】

子曰: "狎侮死焉而不畏也."【舊在'恐民之不敬也'之下】

集說 마씨馬氏(마희맹馬晞孟)는 말한다. "깔보고 업신여기면서 죽음에 이르러도 두려워하지 않는 것은 설만褻慢함을 감추는 것이다." 馬氏曰: "狎侮至於死而不畏者, 蔽其所褻也."

## 1-9[표기 9]

공자가 말하였다. "언사言辭가 없으면 서로 만나지 않고, 폐백이 없으면 서로 만나지 않는 것은 백성들이 서로 설만褻慢하여 무례하지 않게 하려는 것이다. 『역易』에 '처음 점을 치면 알려준다. 두 번 세 번 점을 치면 모독하는 것이고, 모독하면 알려주지 않는다'라고 하였다."

子曰: "無辭不相接也, 無禮不相見也, 欲民之毋相褻也. 『易』曰, '初筮告. 再三瀆, 瀆則不告.'"

集說　　'『역易』'은 「몽蒙」괘의 괘사로, 점을 치는 사람들이 처음 점을 칠 때는 정성과 공경을 반드시 온전하게 하여 그 점으로써 몽매한 것을 밝혀서 다스릴 것처럼 하는데, 배우는 이도 처음 점을 칠 때의 정성처럼 하면 알려주어야 하지만, 만약 두 번 세 번 점을 칠 때처럼 모독하고 태만하게 하면 알려줄 필요가 없음을 말한다. 이것을 인용하여 빈賓과 주인 사이에 교제할 때 처음 점을 칠 때의 정성처럼 처음부터 끝까지 신중하고 공경하게 해야 하며 두 번 세 번 점을 치는 것처럼 무례하고 설만하게 해서는 안 됨을 말하였다. ○ 여씨呂氏(여대림呂大臨)는 말한다. "'언사'(辭)란 서로 만날 때 하는 말이다. 예를 들면, 공公과 객客이 연회를 할 때 '과인에게 좋지 않은 술이 있어 선생(吾子)께서 과인과 더불어 잠시 연음燕飲을 함께하시기를 청하오니, 아무개를 시켜 말씀드립니다'3)라고 하는 유형의 말들이 그것이다. '예禮'는 상견례를 할 때의 폐백으로 양·기러기·꿩·오리 등이 그것이다. 반드시 언사를 사용하고 폐백을 사용하는 것은 교제는 구차해서는 안 되기 때문이다. 구차하면 설만褻慢하게 되고, 설만하면 공경하지 않게 되니 이것이 교제가 쉽게 소원해지는 이유이다." 『易』', 「蒙」卦辭, 謂凡占者,

初筮則誠敬必全, 若以明而治蒙, 必其學者如初筮之誠, 則當告之, 若如再筮三筮之瀆慢, 則不必告之矣. 引此以言賓主之交際, 當愼始敬終, 如初筮之誠, 不可如再三筮之瀆慢也.

○ 呂氏曰: "'辭'者, 相接之言. 如公與客宴曰: '寡人有不腆之酒, 以請吾子之與寡人須臾焉, 使某也以請'之類是也. '禮'者, 相見之摯, 如羔·鴈·雉·鶩之類是也. 必以辭, 必以禮者, 交際不可苟也. 苟則褻, 褻則不敬, 此交所以易疏也."

權近 생각건대, 이 두 장은 교제할 때의 경을 말하여 '말하지 않아도 믿는다'는 것의 뜻을 풀이한 것이다. 기록자가 공자의 말을 인용하여 첫 장의 의미를 풀이한 것은 여기서 끝난다. 경으로 자신을 견지하여 다른 사람에게 몸가짐으로 실수하지 않고 경으로 일에 임하여 안색으로 실수하지 않으며 경으로 교제하여 다른 사람에게 말로 실수를 하지 않는다면, 군자가 계신 수덕하는 공부가 정밀하다고 할 만하다. 그러므로 그 덕이 안에 잠겨 감추어져 있어도 스스로 밝게 밖으로 드러나 가릴 수 없는 것이 있다. 이 편 가운데 이 절 여러 장의 말이 가장 절실하다. 近按, 此二章言交際之敬, 以釋 '不言而信'之意. 記者引夫子之言以釋首章之意者止此. 蓋持身以敬而不失足於人, 臨事以敬而不失色於人, 交際以敬而不失口於人, 則君子戒愼脩德之功可謂密矣. 故其德雖潛隱於內, 而自彰顯於外, 有不容揜者矣. 此篇之中唯此節諸章之言爲切.

## 2.

공자가 말하였다. "인仁은 천하의 의표儀表(모범)이다. 의義는 천하의 척도(制)이다. 보답(報)은 천하의 이익이다."

子言之. "仁者, 天下之表也. 義者, 天下之制也. 報者, 天下之利也."

**集說** 응씨應氏는 말한다. "인仁의 체體는 크고 높으며 뭇 선을 밝게 드러내 사람의 마음으로 하여금 공경할 바를 알게 하므로 '의표'(表)라고 한 것이다. 의義의 체는 방정하고 엄전하며 사물을 재단하여 사람의 마음으로 하여금 엄숙하게 두려워할 바를 알게 하므로 '척도'(制)라고 한 것이다. 보답하는 것이 예가 되는 것은 교제에 주고받고 상대가 찾아와 내가 응함에 그만둘 수 없는 바가 있기 때문이니 사람들로 하여금 문식文飾으로 서로 접하고 은의恩誼로써 서로 사랑함이 있게 하려는 것이다. 어떤 이로운 것이 그와 같겠는가?" 應氏曰: "仁之體, 大而尊, 昭揭衆善, 而人心儼然知所敬, 故曰'表'. 義之體, 方而嚴, 裁割事物, 而人心凜然知所畏, 故曰'制'. 報之爲禮, 以交際往來, 彼感此應, 而有不容已者, 所以使人有文以相接, 有恩以相愛. 其何利如之?"

**權近** 살피건대, 앞에서는 군자가 덕을 닦는 일을 말하고 여기서는 다시 주제를 바꾸어 사업에 시행하는 것을 말하였다. 아래 여러 장에서는 다시 공자의 말을 인용하여 이 장의 의미를 풀이하였다. 그러나 그 말이 지리한 것이 많아 앞의 절의 간략하고 절실한 것만은 못하니 또한 모두가 공자의 말은 아닌 듯하다. 近按, 前言君子修德之事, 此又更端以言措諸事業者也. 其下諸章又引孔子之言以釋此章之意. 然其言多支離, 不若前節之簡切, 似亦非盡孔子之言也.

공자가 말하였다. "바라는 것 없이 인을 좋아하고, 두려워함 없이 어질지 않음을 싫어하는 사람은 세상에 단 한 사람뿐이다. 이 때문에 군자가 도를 논의할 때는 자기가 할 수 있는 것을 다하고, 법을 제정할 때는 백성들이 할 수 있는 것을 기준으로 한다."【구본에는 '刑戮之民也' 아래 배치되어 있다】

子曰: "無欲而好仁者, 無畏而惡不仁者, 天下一人而已矣. 是故君子議道自己, 而置法以民."【舊在'刑戮之民也'之下】

集說 여씨呂氏(여대림呂大臨)는 말한다. "인仁을 편안히 여기는 사람은 천하에 한 사람뿐이라고 하였으니 성인聖人이 아니면 인仁을 성性으로 가질 수가 없다. '진실로 인仁에 뜻을 두었다면, 악惡한 것은 없다'[4]고 하였으니, 대중들도 모두 인仁을 행할 수 있다. 성인이 본성으로 하는 것을 근거로 도를 논의하면 도는 완벽해지지 않음이 없고, 대중들이 행할 수 있는 것을 근거로 법을 제정하면 법이 실행되지 않음이 없다." ○ 방씨方氏(방각方慤)는 말한다. "바라는 바가 있어 인을 좋아하는 것은, 지혜로운 자가 인을 이롭게 여기는 것이다. 두려워하면서 어질지 못한 것을 싫어하는 것은 죄를 두려워하는 자가 노력하여 인을 행하는 것이다. 만일 좋아하는 것이 바라는 바가 없는 데에서 나오고 싫어하는 것이 두려워하는바가 없는 데에서 나오는 것은 마음속으로부터 인을 편안히 여기는 사람이 아니라면 불가능하다. 그러므로 '세상에 단 한 사람뿐이다'라고 한 것이다." 呂氏曰: "安仁者, 天下一人而已, 則非聖人, 不足以性仁. '苟志於仁矣, 無惡也', 則衆人皆可以爲仁. 以聖人所性而議道, 則道無不盡, 以衆人之可爲而制法, 則法無不行." ○ 方氏曰: "欲而好仁, 則知者利仁之事也. 畏而惡不仁, 則畏罪者强仁之事也. 若所好生於無欲, 所惡生於無畏, 非中心

安仁者, 不能. 故曰'天下一人而已'."

權近 살피건대, 이 부분은 '인仁은 천하의 의표儀表(모범)'라는 말을 풀이하
였다. 近按, 此釋'仁者天下之表'.

---

2-3[표기 13]

공자가 말하였다. "인仁을 실천하는 데에는 세 유형이 있는데, 인仁
과 공효는 같지만 본심(情)은 다르다. 인과 공효가 동일하다는 것만
으로는 그것이 인仁한 것인지 아직 알 수 없다. 잘못하는 것이 인仁
과 더불어 같은 뒤에야 그 인을 알 수 있다. 어진 사람은 인을 편안
히 여기고, 지혜로운 사람은 인을 이롭게 여기고, 죄를 두려워하는
사람은 인을 노력하여 행한다. 인은 오른쪽이고 도는 왼쪽이다. 인
仁은 사람이고 도는 의義이다. 인에 두터운 사람은 의義에 엷어서
친애하지만 존경하지는 않는다. 의에 두터운 사람은 인仁에 엷어서
존경하지만 친애하지는 않는다."

子曰: "仁有三, 與仁同功而異情. 與仁同功, 其仁未可知也. 與仁
同過, 然後其仁可知也. 仁者安仁, 知者利仁, 畏罪者強仁. 仁者
右也, 道者左也. 仁者人也, 道者義也. 厚於仁者, 薄於義, 親而
不尊. 厚於義者, 薄於仁, 尊而不親."

集說 여씨呂氏는 말한다. "안인安仁(인을 편안히 여김)과 이인利仁(인을 이롭게
여김) 그리고 강인強仁(인을 노력하여 행함) 세 가지의 공효功效는 인으로 돌
아간다는 점에서는 동일하지만 그 본심(情)은 다르다. 이것이 '요순은 본

성에 따른 것'이고, '탕무는 몸으로 체득한 것'이며, '오패는 거짓으로 빌린 것' 등이 차이가 있는 이유이다. 환공은 아홉 번 제후를 규합하고 천하를 한 번 바로잡았으니, 탕왕과 무왕의 업적도 이것을 넘어서지 못하지만, 그 본심(情)은 다르다. 그 때문에 '그것이 인仁한 것인지 아직 알 수 없다.' 잘 못은 사람이 피하려는 것이지만 불행히도 하게 되는 경우가 있다. 주공이 관숙에게 맡기자, 관숙은 은나라를 기반으로 반란을 일으켰으니, 형을 사랑하는 마음으로 인해 잘못을 하게 된 것이다. 공자가 진사패陳司敗에게 '소공이 예를 안다'고 대답한 것[5]은 군주의 잘못을 함부로 드러내지 않으려는 마음으로 인해 잘못을 하게 된 것이다. 이들의 행위는 모두 본심(情)에서 나온 것으로 그것이 어짊을 알 수 있다. 도道는 인이 아니면 세워지지 않고, 의義는 인仁이 아니면 행해지지 못한다. 무릇 사람의 거동은 반드시 오른쪽이 앞선 뒤에 왼쪽이 뒤따른다. 그러므로 '인은 오른쪽이고 도는 왼쪽이다'라고 한 것이다. 呂氏曰: "安仁·利仁·强仁, 三者之功同歸於仁, 而其情則異. 此'堯舜性之', '湯武身之', '五霸假之', 所以異也. 桓公九合諸侯, 一匡天下, 雖湯武之擧不過乎是, 而其情則不同. 故'其仁未可知也'. 過者, 人所避, 有不幸而致焉. 周公使管叔, 以殷畔, 過於愛兄而已. 孔子對陳司敗以'昭公知禮', 過於諱君而已. 皆出乎情, 而其仁可知也. 道非仁不立, 義非仁不行. 凡人之擧動, 必右先而後左隨之. 故曰'仁右道左'."

²⁻⁴[표기 14]

(공자가 말하였다.) "도에는 지극한 도가 있고 의義의 도가 있으며 살피는 도가 있다. 지극한 도를 얻으면 왕王(천하에 왕도를 행하는 군

주)이 되고, 의義의 도를 얻으면 패霸(힘으로 제후를 규합하는 군주)가 되며, 살피는 도를 얻으면 잘못함이 없는 군주가 된다."

"道有至, 有義, 有考. 至道以王, 義道以霸, 考道以爲無失."

**集說** 응씨應氏(응용·應鏞)는 말한다. "'지극한 도'(至道)는 곧 인仁이다. 지극한 도는 혼연渾然하여 자취가 없다. 따라서 그 혼연히 온전하고 정밀하게 순수함을 얻어서 왕王이 된다. 의義의 도는 엄숙하고 방정하다. 그러므로 그 맞추어 자르고 결단하여 절제節制함을 얻어서 패霸가 된다. 살피고 헤아리고 도를 다 하여 일을 가볍게 행하지 않으면, 또한 잘못함이 없는 군주가 될 수 있다." ○ 석량왕씨石梁王氏는 말한다. "'의義의 도를 얻으면 패霸가 된다'는 것은 공자의 말이 아니다." 應氏曰: "至道', 卽仁也. 至道渾而無迹. 故得其渾全精粹以爲王. 義道嚴而有方. 故得其裁割斷制以爲霸. 盡稽考之道, 而事不輕擧焉, 亦可以無失矣." ○ 石梁王氏曰: "義道以霸, 非孔子之言."

**權近** 살피건대, 이 부분은 인의를 함께 말하여 '의義는 천하의 척도(制)'라는 말을 풀이하였다. 近按, 此倂言仁義, 以釋義者天下之制.

## 2-5[표기 11]

공자가 말하였다. "덕을 덕으로 갚으면 백성들이 권면하는 바가 있게 되고, 원한을 원한으로 갚으면 백성들이 징계하는 바가 있게 된다. 『시詩』에 '돌아오지 않는 말이 없고 보답 받지 못하는 덕이 없네'라고 하였다. 「태갑太甲」에 '백성들은 군주가 아니면 서로 편안해질 수 없다. 군주는 백성이 아니면 사방에 군주 노릇을 할 수 없다'고 하였다." 공자가 말하였다. "원한을 덕으로 갚으면, 자신을 소중히 여기는 인仁이 된다. 덕을 원수로 갚으면, 형벌을 당하고 죽임을 당하는 백성이 된다."【구본에는 '天下之利也' 아래 배치되어 있다】
子曰: "以德報德, 則民有所勸, 以怨報怨, 則民有所懲. 『詩』曰, '無言不讐, 無德不報.' 「大甲」曰, '民非后, 無能胥以寧. 后非民, 無以辟四方.'" 子曰: "以德報怨, 則寬身之仁也. 以怨報德, 則刑戮之民也."【舊在'天下之利也'之下】

**集說** 『논어』의 '직直(곧음)으로 원한을 갚는다', '덕으로 덕을 갚는다'[6]는 말에 근거하여 보면 이 장은 공자의 말이 아닌 듯하다. ○ 방씨方氏(방각方慤)는 말한다. "원한을 덕으로 갚으면 다른 사람들의 원한을 망각하게 되어 징계 삼는 바를 가지기에는 부족하지만, 대중은 장차 그를 유덕하다고 여기고 여유를 가지게 된다. 그 때문에 '자신을 여유롭게 하는 인仁'이라 한 것이다. 덕을 원망으로 갚으면 다른 사람의 덕을 망각하게 되어 권면하는 바를 가지기에 부족하고, 대중 또한 그를 원망하여 용납하지 않는다. 따라서 '형을 당하고 죽임을 당하는 백성'이라고 한 것이다." 以『論語』'以直報怨'·'以德報德'之言觀之, 此章恐非夫子之言. ○ 方氏曰: "以德報怨, 則忘人之怨, 雖不足以有懲, 而衆將德之而有裕矣. 故曰'寬身之仁'. 以怨報德, 則忘人之德, 旣不足以有所勸, 而衆且怨之而不容矣. 故曰'刑戮之民'."

**權近** 살피건대, 이 경문은 '보답(報)은 천하의 이익이다'라는 것의 의미를 풀이한 것이다. 구본에는 이 장이 '보답(報)은 천하의 이익이다'라는 장 아래 바로 이어져 같은 부류로 붙여 놓았다. 그러나 풀이한 것의 순서가 차례를 잃었으므로 이제 바로잡는다. '의義의 도를 얻으면 패覇가 된다'·'원

한을 덕으로 갚는다'는 말에 대해 선유는 모두 공자의 말이 아니라고 여겼다. 近按, 此釋'報者天下之利'. 舊本此章直繼'報利'之下, 以其類付之. 然所釋先後失次, 故今正之. '義道以覇'·'以德報怨'等語, 先儒皆以爲非孔子之言.

## 3.

공자가 말하였다. "인仁에는 여러 가지 방식(數)이 있고 의義에는 오래가고 짧음(長短)과 크고 작음(小大)이 있다. 마음속으로 애처로워하는 것은 사람을 사랑하는 인이다. 법을 본받아 힘써 노력하는 것은 인仁을 취하는 것이다. 『시詩』에 '풍수豐水의 강가 구기자 자라니, 무왕武王이 어찌 등용하지 않겠는가? 자손을 위한 계책 후세에 전하여 자손을 편안하게 하고 도우려 했도다!'라고 하였다. 이는 수세대에 영향을 미치는 인仁이다. 「국풍」에 '내 몸조차 용납되지 않는데 어느 겨를에 나의 뒷일을 걱정하겠는가?'라고 하였다. 이는 자기 한 몸을 위한 인仁이다."【구본에는 '以爲無失' 아래 배치되어 있다】
子言之. "仁有數, 義有長短·小大. 中心憯怛, 愛人之仁也. 率法而强之, 資仁者也. 『詩』云, '豐水有芑, 武王豈不仕? 詒厥孫謀, 以燕翼子!' 數世之仁也. 「國風」曰, '我今不閱, 皇恤我後?' 終身之仁也."【舊在'以爲無失'之下】

集說 '인仁에는 여러 가지 방식(數)이 있다'는 말은 인을 행하는 길은 한 가지 방식이 아님을 말한다. 대개 인은 그릇(器)이 됨은 무겁고 도道가 됨은 원대하여, 행하는 바의 많고 적은 차이와 도달하는 수준의 멀고 가까운 정도에 따라 모두 인이라고 말할 수 있기 때문이다. '의義에는 오래가고 짧음(長短)과 크고 작음(小大)이 있다'는 것은 의義는 정해진 형체가 없어 일에 따라 그 합당한 것을 제정하는 데 달려 있음을 말한다. '마음속으로 애처로워한다'는 것은 측은惻隱의 단서이다. 그 때문에 사람을 사랑하는 인이 된다.

고인의 성법成法을 따라 힘써 노력하여 행하는 것, 이것은 인仁이 되기를 추구하는 일이 된다. '인仁을 취한다'는 것은 다른 사람에게서 취해 선善을 행하는 것으로, 바로 위 문장(2-3)에서 '인을 노력하여 행한다'는 의미다. '『시詩』'는 「대아大雅·문왕유성文王有聲」이다. 풍수豊水의 강가는 윤택하여 구기자가 자란다고 말한 것은 인재를 양성함을 비유한다. '무왕武王이 어찌 등용하지 않겠는가?'라는 말은 인재를 버려두지 않음을 뜻한다. 성인이 후사를 위한 계책으로는 인재를 물려주는 것보다 큰 것이 없다. 이는 자손을 위한 계책을 전하여 그 자손을 편안하게 하고 도와주려는 것이다. 증손曾孫과 현손玄孫 이하는 모두 자손이다. 그 때문에 공자는 '수세대에 영향을 미치는 인仁'이라고 말했던 것이다. 대개 '마음속으로 애처로워하는 것'은 그 나오는 바가 깊어 미치는 것이 멀리 가기 때문이다. '「국풍國風」'은 「패풍邶風·곡풍谷風」이다. '금今'은 『시詩』에 '궁躬'으로 되어 있다. '열閱'은 용납하다는 뜻이다. 내 몸조차 용납되지 않는데 어느 겨를에 뒷일을 걱정하겠느냐는 말이다. 이는 다만 인으로 자신의 삶을 마치고자 하는 것이다. 대개 노력하여 인仁을 취하는 경우에는 나오는 바가 얕아 미치는 것이 가까운 데 그치기 때문이다. '仁有數', 言行仁之道, 非止一端. 蓋爲器重, 爲道遠, 隨其所擧之多寡·所至之遠近, 皆可謂之仁也. '義有長短小大', 言義無定體, 在隨事而制其宜也. '中心慘怛', 惻隱之端也. 故爲愛人之仁. 率循古人之成法, 而勉強行之, 此爲求仁之事. '資仁', 取諸人以爲善也, 卽上文强仁之意. '『詩』', 「大雅·文王有聲」之篇. 言豊水之傍, 以潤澤生芑穀, 喻養成人才也. '武王豈不官使之乎?' 言無遺才也. 聖人爲後嗣計, 莫大於遺之以人才. 是欲傳其孫之謀, 而燕安翼輔其子耳. 曾玄以下皆孫也. 故夫子以爲 '數世之仁'. 蓋'中心慘怛', 所發者深, 故所及者遠也. '「國風」', 「邶風·谷風」之篇. '今' 『詩』作躬. '閱', 容也. 言我身但[7]不見容, 何暇憂後事乎. 此但欲以仁終其身而已耳. 蓋勉強資仁, 所發者淺, 故所及者近也.

　살피건대, 이 경문은 다시 주제를 바꾸어 인의를 거듭 말함으로써 앞 절 첫 장의 의미를 밝힌 것이다. 近按, 此又更端申言仁義, 以明前節首章之義.

## 3-2[표기 16]

공자가 말하였다. "인仁은 그릇(器)이 됨은 무겁고 도道가 됨은 원대하여, 들어서 말하는 이 가운데 누구도 다 들어 말할 수 없었고, 행하는 이 가운데 누구도 다 행할 수 없었다. 따라서 차지하는 수가 많은 것이 인仁이다. 인仁에 힘쓰는 것이 또한 어렵지 않은가! 이 때문에 군자가 의義를 다하는 것으로써 사람을 판단하면 그 기준에 맞는 사람이 되기가 어렵지만, 오늘날 사람이 기대하는 것으로 사람을 판단하면 현자賢者를 알아볼 수 있다."

子曰: "仁之爲器重, 其爲道遠, 擧者莫能勝也, 行者莫能致也. 取數多者, 仁也. 夫勉於仁者, 不亦難乎! 是故君子以義度人, 則難爲人, 以人望人, 則賢者可知已矣."

集說　여씨呂氏(여대림呂大臨)는 말한다. "관중管仲의 공로, 미자微子의 떠나감, 기자箕子의 갇힘, 비간比干의 죽음은 모두 인仁이라고 부를 수 있으니, 인仁을 완벽하게 실현하는 것은 요순堯舜조차도 어려워했다. 이것이 인仁이 다수를 차지하는 이유이다. '의義로써 사람을 헤아린다'(以義度人)는 것은 의義를 다하는 것으로 사람들을 헤아린다는 말이다. '사람으로 사람에게 바란다'(以人望人)는 것은 지금 사람들이 서로 기대하는 것을 들어서 말하는 것이다. 의義를 다하는 것으로 사람들에게 요구하면 성인이 아닌 이상 그렇게 할 수 없으므로 그런 사람이 되기 어렵다. 지금 사람들이 서로 바라

는 것을 들어 헤아리면 더 현명한 사람이 덜 현명한 사람보다 나을 것이므로 '현자를 알아볼 수 있다.'" 呂氏曰: "管仲之功, 微子之去, 箕子之囚, 比干之死, 皆得以仁名之, 語仁之盡, 則堯舜其猶病諸. 此仁所以取數之多也. '以義度人', 盡義以度人者也. '以人望人'者, 擧今之人相望也. 盡義以求人, 非聖人不足以當之, 故難爲人. 擧今之人相望, 則大賢愈於小賢, 故'賢者可知己'."

權近 살펴건대, 이 경문은 '인仁에는 여러 가지 방식(數)이 있다'는 말의 뜻을 풀이하였다. 近按, 此釋仁有數之意.

## 4.

4-1[표기 17]

공자가 말하였다. "마음속으로 인仁을 편안하게 여기는 사람은 세
상에 한 사람 뿐이다. 「대아」에 '덕은 새털처럼 가볍지만, 들어 행
하는 사람 드무네. 내 동료들에게서 도모할 이 찾으니, 오직 중산
보가 잘할 수 있네. 내가 그를 좋아하여 도우려하지만 도울 수가
없네'라고 하였다. 「소아」에 '높은 산은 우러러보고, 큰 덕행은 본
받아 실행하네'라고 하였다." 공자가 말하였다. "시인詩人이 인仁을
좋아하는 것이 이와 같다. 도道를 향해 가다가 중도에 (힘이 다하
여) 멈추더라도 자신의 늙음은 잊고 세월이 얼마 남지 않았다는
것은 고려하지 않는다. 다른 것 생각하지 않고 날마다 부지런히
힘써 행하다가 죽은 뒤에야 그만둔다."
子曰: "中心安仁者天下一人而已矣. 「大雅」曰, '德輶如毛, 民鮮
克擧之. 我儀圖之, 惟仲山甫擧之, 愛莫助之.' 「小雅」曰, '高山仰
止, 景行行止.'" 子曰: "詩之好仁如此. 鄕道而行, 中道而廢, 忘身
之老也, 不知年數之不足也. 俛焉日有孶孶, 斃而后已."

集說 시는 「대아大雅・증민蒸民」으로 그 취지는 이렇다. 덕은 사람에게
있어서 그 가볍기가 털과 같아서 하기 어려운 일이 아닌데도 백성들 가운
데 실천할 수 있었던 사람이 적다. 윤길보尹吉甫가 동료들 가운데 함께 도
모할 이를 찾으니, 덕을 실행할 수 있는 사람으로 오직 중산보仲山甫가 잘
할 수 있어, 나(윤길보)는 그 사람을 사랑하여 그에게 미치지 못하는 것이

있으면 나는 충심을 다해 도우려 생각한다. 이제 길보吉甫가 산보山甫를 사랑하여 도와주고자 하지만 중산보는 덕을 온전하게 갖추고 있어 길보가 그 도움을 줄 방도가 없다. 시는 「소아小雅·거할車舝」로, 높은 산이 있으면 사람들이 우러러 보고, 큰 덕행이 있으면 사람들은 본받아 행한다는 뜻이다. 두 '지止'자는 모두 어사語辭이다. 공자가 이 두 시를 인용하여 찬미하기를 '시인이 인仁을 좋아하는 것이 이와 같구나!'라고 하였다. '중도에 멈춘다'는 것은 힘이 다하여 멈추는 것을 말한다. 만일 힘이 다하지 않았다면 멈추지 않는다. '얼마 남지 않았다'는 것은 적다는 뜻이다. 사람이 늙으면 앞으로 남은 세월이 적다. '면언俛焉'은 다른 것을 돌아보지 않는다는 의미다. '자자孶孶'는 부지런히 힘쓰는 모습이다. '폐斃'는 죽는다는 뜻이다. ○ 응씨應氏는 말한다. "앞 장에서는 인仁이 무겁고 원대해서, 사람들에게 온전한 인仁을 요구해서는 안 된다고 말하였다. 여기서는 이제까지의 서술을 총괄하면서 힘써 행할 것을 권하였다." 「大雅·烝民」之篇. 言德之在人, 其輕如毛, 非難能也, 而民少能擧之者. 尹吉甫於儀匹之中, 圖謀之求, 其能擧德者, 乃惟仲山甫能擧之, 我愛其人, 使其或有不及, 我思效忠以助之. 今吉甫雖愛山甫而欲助之, 而山甫全德, 吉甫無可以致其助者也. 「小雅·車舝」之篇, 言有高山, 則人瞻望而仰之, 有景大之德行, 則人視法而行之. 二'止'字皆語辭. 夫子引此兩詩而贊之曰: '詩人之好仁如此哉!' '中道而廢', 言力竭而止. 若非力竭, 則不止也. '不足', 少也. 人老則未來之歲月少矣. '俛焉', 無他顧之意. '孶孶', 勤勉之貌. '斃', 死也. ○ 應氏曰: "前章言仁重且遠, 而人不可以全責. 此又總叙而勸勉之."

權近 살피건대, 이하 세 장은 모두 인으로 말한 것인데, 공자가 『시』를 설명한 말은 진실로 도를 향하게 분발시키는 편책이다. 近按, 此下三章皆以仁言, 孔子說『詩』之言, 眞鄕道之警策也.

공자가 말하였다. "인仁을 이루기가 어려운 것은 오래되었다. 사람들은 모두 좋아하는 것으로 인해 잘못을 한다. 인仁에 뜻을 둔 경우의 잘못은 해명하기 쉽다." 공자가 말하였다. "공손함은 예에 가깝고 검약함은 인에 가까우며 믿음은 본심(情)에 가깝다. 공경하고 겸양하는 자세로 이들을 행하면 잘못함이 있어도 심하지 않을 것이다. 공손하면 허물이 적고, 진정으로 하면 믿음을 얻으며, 검약하면 쉽게 받아들여진다. 이렇게 하면서도 잘못을 범하는 경우는 역시 적지 않겠는가! 『시詩』에 '온화하게 공경하는 사람은 덕이 바탕이라네'라고 하였다."

子曰: "仁之難成久矣. 人人失其所好. 故仁者之過易辭也." 子曰: "恭近禮, 儉近仁, 信近情. 敬讓以行此, 雖有過其不甚矣. 夫恭寡過, 情可信, 儉易容也. 以此失之者, 不亦鮮乎! 詩曰, '溫溫恭人, 惟德之基.'"

**集說** 인仁을 이루기 어려운 것은 사욕私欲이 끼어들기 때문이다. 사의私意가 행해지면 좋아하는 것은 좋아해야 할 것이 아니다. 그 때문에 '좋아하는 것으로 인해 잘못을 한다'고 말한 것이다. 진실로 인에 뜻을 두면 잘못함이 있을지라도 그 본심(情)은 선하므로 많은 말을 듣지 않아도 변별할 수 있다. 그 때문에 '해명하기 쉽다'고 한 것이다. '공경'과 '검약'과 '믿음' 세 가지는 인仁이 되기에는 부족하지만 또한 인을 행하는 자산이다. '심하지 않다'고 하거나 '적지 않다'고 한 것은 모두 사람들에게 인仁에 힘을 쏟도록 권하는 것이다. 이를 통해 잘못을 줄이고 덕을 향상시킬 수 있다. '『시詩』'는 「대아大雅·억抑」이다. ○ 석량왕씨石梁王氏는 말한다. "'신근정信近情(믿

음이 본심에 가깝다)은 '정근신情近信(본심이 믿음에 가깝다)로 되어야 옳다." 仁之
難成, 私欲間之也. 私意行, 則所好非所當好. 故曰'失其所好'也. 苟志於仁, 雖或有過, 其
情則善, 故不待多言而可辨. 故曰'易辭也'. '恭'·'儉'·'信'三者, 未足以爲仁, 而亦行仁
之資. 曰'不甚'·曰'鮮', 皆勉人致力於此. 可以由此寡過而進德也. 『詩』, 「大雅·抑」
之篇. ○ 石梁王氏曰: "信近情'當爲'情近信'."

---

공자가 말하였다. "인仁을 이루기가 어려운 것은 오래되었으니, 오
직 군자가 이룰 수 있다. 그 때문에 군자는 자신이 할 수 있는 것을
기준으로 사람들을 책망하지 않고, 사람들이 할 수 없는 것을 가지
고 사람들을 비난하지 않는다. 따라서 성인이 행위의 기준을 제정
할 때는 자신을 기준으로 제정하지 않음으로써 백성들로 하여금
서로 권면하고 부끄러워하는 바를 가지고 성인의 가르침을 실행하
게 한다. 예를 통해 절도에 맞게 하고, 믿음으로써 결속시키고, 용
모로 문식하고, 의복으로 덕과 걸맞게 하고, 붕우 사이를 통해 지
극한 곳에 이를 때까지 최선을 다하게 하는 것은 백성들이 전일하
게 하려는 것이다. 「소아」에 '사람들에게 부끄러워하지 않고 하늘
을 두려워하지도 않는가?'라고 하였다."

子曰: "仁之難成久矣, 唯君子能之. 是故君子不以其所能者病
人, 不以人之所不能者愧人. 是故聖人之制行也, 不制以己, 使
民有所勸勉愧恥, 以行其言. 禮以節之, 信以結之, 容貌以文之,
衣服以移之, 朋友以極之, 欲民之有壹也. 「小雅」曰, '不愧于人,

**集說** 여씨呂氏(여대림呂大臨)는 말한다. "성인이 행위의 원칙을 제정하여 가르침을 세울 때는 반드시 천하 사람들이 행할 수 있는 것을 그들의 모범으로 삼는다. 그 때문에 두루 통용되는 도가 된다. 자기를 기준으로 제정하지 않으므로, 백성들은 여기로 발돋움하여 이르렀음을 알 때에는 권면하는 바가 있으며, 이에 미치지 못함을 알았을 때에는 부끄러워하는 바가 있다. 따라서 인仁에 대하여 지향할 줄 알게 된다. 이뿐만이 아니라 예를 제정하여 그 행동을 절도 있게 하여 가지런하게 하고, 신의를 세워 뜻을 결속시키고 든든하게 한다. 용모로는 밖으로 나타나는 문식과 부합하게 하고, 의복으로는 마음속에 있는 덕에 합치하도록 한다. 붕우 사이에서는 절차탁마하여 서로 이루어서 지극한 곳에 이른 뒤에 멈춘다." ○ 응씨應氏는 말한다. "다섯 가지로 보좌하고 함께 지니는 것은 지향하는 바가 전일하기를 바라는 것이다. 설사 해이하고 나태해서 악惡을 행하려는 자가 있다 하더라도, 어찌 유독 사람에게 부끄럽고 하늘에 두렵지 않겠는가? 시는 「소아小雅・하인사何人斯」이다." 呂氏曰: "聖人制行以立敎, 必以天下之所能行者爲之法, 所以爲達道也. 惟不制乎己, 故民知跂乎此而有所勸勉, 知不及乎此而有所愧恥, 則於仁也知所向矣. 非特此也, 制禮以節其行, 而使之齊. 立信以結其志, 而使之固. 容貌以驗其文之著於外, 衣服以稱其德之有於中. 朋友切磋相成以至於極而後己." ○ 應氏曰: "五者輔導8)而夾持之, 欲其趨向之專一也. 縱有懈怠而欲爲惡者, 獨不愧于人而畏于天乎? 「小雅・何人斯」之篇."

**權近** 살펴건대, 위 장에서는 보통 사람들의 실수를 말하고 이 장에서는 군자의 능력을 말하였으니 인仁은 결코 이룰 수 없는 것이 아니다. 近按, 上章言衆人之失, 此章言君子之能, 則仁非終不可成者也.

4-4[표기 20]

(공자가 말하였다.) "이 때문에 군자는 알맞은 복식을 하면 군자의
용모로 문식한다. 용모를 갖추면 군자의 언사言辭로 문식한다. 언
사를 이루면 군자의 덕으로 채운다. 그 때문에 군자는 군자의 복식
을 하고 있으면서도 그에 알맞은 용모를 하지 못함을 부끄러워하
고, 알맞은 용모를 하고 있으면서도 그에 따른 언사가 없음을 부끄
러워하고, 언사가 있으면서도 그에 맞는 덕이 없음을 부끄러워하
며, 덕이 있으면서도 그에 맞는 행동이 없는 것을 부끄러워한다.
그 때문에 군자는 상복喪服을 하면 슬픈 안색을 하고, 단면端冕9)을
하면 공경하는 안색을 하며, 갑옷으로 무장을 하면 굴욕을 당할 수
없다는 안색을 한다. 『시詩』에 '사다새 어량에 머물며 날개를 적시
지 않네. 저 사람(소인) 복장과 걸맞지 않네'라고 하였다."

"是故君子服其服, 則文以君子之容. 有其容, 則文以君子之辭.
遂其辭, 則實以君子之德. 是故君子恥服其服而無其容, 恥有其
容而無其辭, 恥有其辭而無其德, 恥有其德而無其行. 是故君子
衰経則有哀色, 端冕則有敬色, 甲冑則有不可辱之色.『詩』云: '惟
鵜在梁, 不濡其翼. 彼其之子, 不稱其服.'"

**集說** 이 장은 위 문장의 용모와 의복을 이어서 그에 알맞은 덕행으로 충
실하게 하고자 함을 말한 것이다. '덕德'은 자신에게 얻어진 것이고, '행行'
은 일로 나타난 것이다. 『시詩』는 「조풍曹風·후인候人」이다. '제鵜'는 사다
새(펠리컨)로 속명俗名은 '도하淘河'이다. 사다새는 항상 물속에 들어가 고기
를 잡아먹지만,, 마치 소인이 높은 자리를 차지하고 봉록을 훔치면서 그

복식에 걸맞게 행동하지 않음과 같다. 此承上文容貌·衣服, 而言欲有其德行以實之也. '德' 謂得之於己, '行' 謂見之於事. 『詩』, 「曹風·候人」之篇. '鵜', 鵜鴣也, 俗名 '淘河'. 鵜鴣常入水中食魚, 今乃在魚梁之上, 竊人之魚以食, 未嘗濡濕其翼, 如小人居高位以竊祿, 而不稱其服也.

**權近** 살피건대, 이상은 인도仁道의 위대함을 지극하게 말하여 거듭 풀이하였다. 近按, 右極言仁道之大, 以申釋之.

## 5.

### 5-1[표기 21]

공자가 말하였다. "군자가 말하는 의義란 귀한 사람이나 천한 사람 모두 세상에서 일을 함이 있는 것이다. 천자는 몸소 농사를 지어 곡물(粢盛)10)과 울창주(秬鬯)11)로 상제를 섬기므로, 제후는 수고로 이 힘쓰면서 천자를 보좌하여 섬긴다."

子言之. "君子之所謂義者, 貴賤皆有事於天下. 天子親耕, 粢盛 秬鬯以事上帝, 故諸侯勤以輔事於天子."

**集說** 응씨應氏는 말한다. "의義란 자른 듯 방정하고 치우치거나 사사로움이 없는 것이다. 천한 자가 귀한 이를 섬기는 것만 알고 귀한 이가 천한 자를 통솔하는 것을 모른다면 어찌 혈구絜矩의 도이겠는가? 그 때문에 천자가 힘을 다하고 공경을 다해 상제를 섬기면, 제후 또한 수고로운 일에 복무하면서 천자를 보좌한다." 應氏曰: "義'者, 截然正方而無偏私也. 知賤之事 貴, 而不知貴之率賤, 豈絜矩之道哉? 故天子竭力致敬, 以事乎上帝, 則諸侯亦服勤, 以輔 乎天子也."

**權近** 살피건대, 이 경문은 다시 주제를 바꾸어 의義만을 가지고 말하였다. 近按, 此又更端專以義言.

### 5-2[표기 22]

공자가 말하였다. "아랫사람이 윗사람을 섬길 때, 백성들을 덮을 만한 큰 덕이 있어도 감히 백성들에게 군주 노릇을 하겠다는 마음을 가지지 않는 것은 인仁의 두터움이다. 그러므로 군자는 공경과 검약으로 인仁을 실천하기를 추구하고, 믿음과 겸양으로 예를 행하기를 추구하며, 자신이 하는 일을 스스로 높이지 않고 자신을 스스로 높이지 않고, 관직에 있으면서 검약하고 욕심을 줄이고, 현인에게 겸양하고, 자신을 낮추고 남을 높이고, 삼가는 마음으로 의義를 두려워하면서, 그럼으로써 군주를 섬기는 것을 추구한다. 군주의 마음을 얻어도 그와 같이 하고, 얻지 못하여도 그와 같이 하여 천명天命에 순응한다. 『시詩』에 '울창하게 늘어진 칡과 등나무, 가지와 줄기에 뻗어 자라네. 즐겁고 화평한 군자, 복을 구함에 사특하지 않다네'라고 하였다. 이는 대개 순舜과 우禹와 문왕文王과 주공周公을 가리키는 것이다. 백성들의 군주가 될 큰 덕을 지녔으면서도 군주를 섬기는 삼가는 마음을 가졌던 것이다. 『시詩』에 '오직 문왕은 삼가는 마음으로 조심하며, 밝게 상제를 섬겨 많은 복이 이르게 하였고, 그 덕 사특하지 않아 사방의 나라가 귀부하였네'라고 하였다."

子曰: "下之事上也, 雖有庇民之大德, 不敢有君民之心, 仁之厚也. 是故君子恭儉以求役仁, 信讓以求役禮, 不自尙其事, 不自尊其身, 儉於位而寡於欲, 讓於賢, 卑己而尊人, 小心而畏義, 求以事君. 得之自是, 不得自是, 以聽天命. 『詩』云, '莫莫葛藟, 施于條枚. 凱弟君子, 求福不回.' 其舜·禹·文王·周公之謂與. 有君民之大德, 有事君之小心. 『詩』云, '惟此文王, 小心翼翼, 昭事上帝, 聿懷多福, 厥德不回, 以受方國.'"

**集說** '역役'은 행한다는 뜻과 같다. '얻는다'와 '얻지 못한다'는 것은 곧 『중용』에서 '윗사람의 마음을 얻는다'와 '윗사람의 마음을 얻지 못한다'고 하는 뜻이다. '『시詩』'는 「대아大雅·한록旱麓」이다. '막막莫莫'은 무성하고 울창한 것이다. 등나무는 칡나무와 비슷하다. 가지를 '조條'라 하고, 줄기를 '매枚'라 한다. ○ 엄씨嚴氏는 말한다. "이 칡나무와 등나무가 나무의 가지와 줄기에 뻗어 자람은 문왕이 선조의 공덕에 의지하여 흥기하였음을 비유한다. 문왕은 즐겁고 화평하여 복을 구할 때 사특하지 않았다. 「표기」(5-2)에 '얻어도 그와 같이 하고, 얻지 못하여도 그와 같이 하여 천명天命에 순응한다'라고 하면서 이 장을 인용하였다. 조금이라도 요행으로 구하는 마음이 있다면 사특한 것이다. '『시詩』'는 「대아大雅·대명大明」이다. 문왕은 삼가는 마음으로 조심하면서, 공경恭敬으로 상제를 밝게 섬겨 드디어 많은 복을 받을 수 있었다. 대개 그의 덕이 사특하지 않았기 때문에 사방의 제후국들이 귀복해오는 결과를 얻었던 것이다." ○ 응씨應氏는 말한다. "몇 장들에서 보면, '공경은 예에 가깝고 검약함은 인에 가까우며 신의는 본심(情)에 가깝다'(4-2)고 한 뒤에 '공경과 검약으로 인仁을 행하고 믿음과 겸양으로 예禮를 행한다'(5-2)고 말하였다. '자신을 낮추고 남을 높인다'(5-2)고 하고, 다시 '자신을 낮추지만 백성들이 공경하며 높인다'(5-3)고 하였고, '자신이 하는 일을 스스로 높이지 않고, 자신을 스스로 높이지 않는다'(5-2)고 하고 또 '자신이 하는 일을 크게 여기지 않고 자기의 공을 과시하지 않는다'(5-3)고 하였다." '役', 猶爲也. '得之'·'不得', 卽『中庸』'獲乎上'·'不獲乎上'也. '『詩』', 「大雅·旱麓」之篇. '莫莫', 茂密也. 藟似葛. 枝曰'條', 榦曰'枚'. ○ 嚴氏云: "是葛也藟也, 乃蔓於木之枝榦, 喻文王憑先祖之功而起也. 文王凱樂弟易, 其求福不回邪也. 「表記」言,

'得之自是, 不得自是, 以聽天命', 遂引此章. 蓋有一毫覬倖之心, 則邪矣. '『詩』', 「大雅・大明」之篇. 言文王小心翼翼然, 恭敬以明事上帝, 遂能懷來多福. 蓋其德不回邪, 故受此四方侯國之歸也." ○ 應氏曰: "數章之內, 自'恭近禮・儉近仁・信近情'之後, 又言'恭儉役仁・信讓役禮'. 曰'自卑而尊人', 又曰'自卑而民敬尊之', 曰'不自尙其事, 不自尊其身', 又曰'不自大其事, 不自尙其功'."

**權近** 살피건대, 이 부분은 의義를 두려워하고 윗사람을 섬기는 일을 말하여 앞 장의 의미를 풀이하였다. 近按, 此言畏義事上之事, 以釋前章之義.

## 5-3[표기 23]

공자가 말하였다. "선왕先王은 시호諡號를 통해 명예를 높이되, 업적을 제한하여 취해서 훌륭한 점을 전일하게 드러내고, 명예가 행동보다 넘치는 것을 부끄러워하였다. 그러므로 군자는 자기가 하는 일을 과대하지 않고 자기의 공로를 높이지 않으며 실제의 사실에 맞게 머무르기를 추구하였다. 지나치게 고원한 행동이 있으면 함부로 따라서 행하지 않고 돈후한 도리에 머무르기를 추구하였다. 다른 사람의 훌륭한 점을 드러내주고 다른 사람의 공로를 찬미하여 현자에게 자신을 낮추기를 추구하였다. 그러므로 군자는 자신을 낮추지만 백성들이 그를 공경하고 높였다." 공자가 말하였다. "후직后稷은 천하를 위해 업적을 이루었으니, 어찌 한 사람의 손과 한 사람의 발이 따라 활용하는 정도에 그치겠는가! 후직은 오직 행동이 명성을 넘기를 바랐으므로 스스로 '이 일에 익숙한 사람'이라고 말했던 것이다."

子曰: "先王謚以尊名, 節以壹惠, 恥名之浮於行也. 是故君子不
自大其事, 不自尙其功, 以求處情. 過行弗率, 以求處厚. 彰人
之善, 而美人之功, 以求下賢. 是故君子雖自卑而民敬尊之." 子
曰: "后稷天下之爲烈也, 豈一手一足哉! 唯欲行之浮於名也, 故
自謂便人'."

集說 '시호諡號를 통해 명예를 높인다'는 말은 아름다운 시호로 그 명성을
높이고 드러나게 한다는 말이다. '일壹'은 전일하다는 뜻이고, '혜惠'는 훌륭
함(善)과 같은 뜻이다. 훌륭한 활동이 많지만 하나하나 거론하기가 어려우
므로 그 큰 것으로 제한하여 취해서 훌륭한 점을 전일하게 드러내므로 '제
한하여 취해서 훌륭한 점을 전일하게 드러냈다'고 한 것이다. '실제의 사실
에 맞게 머무르기를 추구하였다'는 것은 군자가 자신이 하는 일을 과장하
고 그 공로를 높이지 않는 이유가 사실에 맞게 처하기를 바라고 허위로
꾸미려고 하지 않는 것임을 말한다. '지나치게 고원한 행동이 있으면 함부
로 따라서 행하지 않고 돈후한 도리에 머무르기를 추구하였다'는 것은 만
일 지나치게 고원한 행동이 있으면 함부로 따라서 하지 않고 오직 독실하
고 두터운 도에 머무르기를 추구하고, 자기 본분에 조금도 더해지는 일이
있어서는 안 됨을 말한다. 후직后稷은 백성들에게 농사짓는 법을 가르쳐
주나라의 시조가 되었으니, 그의 업적이 천하 사람들에게 있어 어찌 한 사
람의 손과 한 사람의 발이 따라 활용하는 정도에 그치겠는가! 진실로 어질
고 성스러움으로 자처해도 마땅하지만, 오직 행동이 명성을 넘기를 바랐으
므로 스스로 백성들의 일에 익숙한 사람일 뿐이라고 하였던 것이다. '謚以
尊名', 爲美謚以尊顯其聲名也. '壹', 專也. '惠', 善也. 善行雖多, 難以枚擧, 但節取其大

표기 | **103**

者, 以專其善, 故曰'節以壹惠'也. '以求處情', 謂君子所以不自大尙其事功者, 以求處情實, 不肯虛爲矯飾也. '過行弗率, 以求處厚'者, 謂若有過高之行, 則不敢率循, 惟求以處乎篤厚之道而已, 本分上不可加毫末也. 后稷敎民稼穡, 爲周之始祖, 其功烈之在天下, 豈一人之手一人之足遵而用之哉! 固當以仁聖自居矣, 惟欲行過於名也, 故自謂便習民事之人而已.

**權近** 살피건대, 이 부분은 업적을 제한하여 취해서 훌륭한 점을 전일하게 드러내 시호를 정하는 법을 들어 군자가 시종 의를 두려워하는 일을 보여준 것이다. 또 후직后稷의 공열을 인용하여 "귀한 사람이나 천한 사람 모두 세상에서 일을 함이 있다"는 것의 뜻을 끝맺었다. 近按, 此擧節惠定諡之法, 以見君子終始畏義之事. 又引后稷之烈, 以結"貴賤皆有事於天下"之義也.

## 6.

공자가 말하였다. "군자가 말한 인仁이란 것은 어려운 것이다. 『시詩』에 '즐겁고 화평한 군자는 백성들의 부모라네'라고 하였다. 즐거움으로써 힘써 가르치고, 화평함으로써 기뻐하고 편안하게 하는 것이다. 즐거워하면서도 방종(荒)하지 않고, 예의를 갖추면서도 친애하고, 위의가 있고 장중莊重하면서도 편안하고, 효순孝順하고 자애로우면서도 공경하면, 백성들에게 아버지의 존엄함과 어머니의 친애함을 가지게 할 수 있다. 이와 같은 뒤에야 백성들의 부모가 될 수 있으니, 지극한 덕을 지닌 성인이 아니라면, 그 누가 이와 같이 할 수 있겠는가?"

子言之. "君子之所謂仁者, 其難乎. 『詩』云, '凱弟君子, 民之父母.' 凱以强敎之, 弟以說安之. 樂而毋荒, 有禮而親, 威莊而安, 孝慈而敬, 使民有父之尊, 有母之親. 如此而后可以爲民父母矣, 非至德, 其孰能如此乎?"

**集說** 여씨呂氏(여대림呂大臨)는 말한다. "'힘써 가르친다'는 것은 도道로 백성들을 몰아간다는 것으로 '편안하게 하는 도道로 백성들을 부리면, 백성들은 수고롭더라도 원망하지 않는다'[12]는 것이다. '기뻐하고 편안하게 한다'는 것은 백성들의 마음을 얻었음을 가리킨다. '기쁨으로 백성들을 부리면 백성들이 수고로움을 잊고, 기쁨으로 어려운 일을 대처하면 백성들이 자신의 죽음을 잊는다'[13]는 것이다. '락樂'은 기쁘고 편안한 것이다. '방종(荒)하

지 않다'고 하면 곧 가르침이 있는 것이요, '위의가 있고 장중하다'고 하면 힘써 가르치는 것이다. '편안하다'고 하면 곧 기뻐하는 것이다. '효순하고 자애롭다'는 것은 기뻐하는 것이다. '공경한다'고 하면 곧 가르침이 있는 것이다. 힘써 가르치면 아버지의 존엄함이 있고, 기쁘고 편안하면 어머니의 친애함이 있다. 이 장에서는 군자가 백성들을 인애하는 도리가 이와 같으니, 성인聖人이 아니면 할 수 없음을 말하였다." 呂氏曰: "'强敎之'者, 以道驅之, 如佚道使民, 雖勞不怨'者也. '說安之'者, 得其心之謂也. '說以使民, 民忘其勞, 說以犯難, 民忘其死'者也. '樂', 說安也. '毋荒', 則有敎矣, '威莊', 强敎也. '安'則說矣. '孝慈', 說也. '敬'則有敎矣. 强敎則父之尊存焉, 說安則母之親存焉. 此言君子仁民之道如此, 非聖人, 莫能與也."

**權近** 살피건대, 이 부분은 다시 주제를 바꾸어 인도仁道의 위대함을 거듭 말하였다. 近按, 此又更端申言仁道之大.


6-2[표기 25]

(공자가 말하였다.) "이제 아버지가 자식을 친애할 때는 현명한 자식를 친애하고 무능한 자식을 낮추어 대한다. 어머니가 자식을 친애할 때는 현명하면 친애하고 무능하면 가련하게 여긴다. 어머니는 친하지만 존귀하지 않고, 아버지는 존귀하지만 친하지 않다. 물은 백성들에게 있어 친하지만 존귀하지 않고, 불은 존귀하지만 친하지 않는다. 땅은 백성들에 대해서는 친하지만 존귀하지 않고, 하늘은 존귀하지만 친하지 않다. 명命은 백성들에게 있어 친하지만

존귀하지 않고, 귀신은 존귀하지만 친하지 않다."

"今父之親子也, 親賢而下無能. 母之親子也, 賢則親之, 無能則
憐之. 母親而不尊, 父尊而不親. 水之於民也, 親而不尊, 火尊而
不親. 土之於民也, 親而不尊, 天尊而不親. 命之於民也, 親而不
尊, 鬼尊而不親."

**集說** '무능한 이를 낮추어 대한다'(下無能)는 것은 무능한 자식을 천시한다
는 말이다. ○ 응씨應氏는 말한다. "명命이란 조화가 사람들에게 보이는 것
이다. 밝게 드러나면서도 쉽게 보이므로 사람들이 쉽게 여긴다. 귀신은 보
이지 않고 예측하기 어려우므로 사람들이 두려워한다. 어떤 이는 '명命은
군주의 교령을 뜻하며 따라서 아래 문장(7-1)에서 하나라의 도는 천명을 높
였다고 말한 것이다'라고 한다." 下無能, 賤其無能之子也. ○ 應氏曰: "命'者,
造化所以示人者也. 顯而易見, 故人玩之. 鬼幽而難測, 故人畏之. 或曰, '命謂君之敎令,
故下文言夏道尊命.'"

**權近** 살피건대, 이 부분은 위 문장에서 아버지는 존귀하고 어머니는 친
하다는 말을 미루어 부연해서 인仁은 친하고 의義는 존귀하다는 뜻을 거듭
밝힌 것이다. 近按, 此因上文父尊而母親之言, 以推衍之, 申明仁親而義尊之意也.

공자가 말하였다. "하나라의 도는 명命을 높여, 귀신을 섬기고 공경하면서도 멀리하였고, 사람을 가까이하여 (남을 대함이) 충후하였고, 작록을 먼저 행하고 위엄을 세우는 것을 뒤에 하였으며, 상을 먼저 주고 벌을 뒤로 하였다. 그리하여 백성들의 풍속이 친애하지만 높여 공경하지는 않았다. 그 백성들의 폐단은 단순하고 어리석으며, 교만하고 거칠며, 질박하고 문식할 줄 모르는 것이었다. 은나라 사람은 귀신을 높이 공경하여 백성들을 이끌어 귀신을 섬기게 하였고, 귀신을 우선하고 예를 뒤로 하였으며, 벌을 우선시하고 상을 뒤로 하였다. 그리하여 백성들의 풍속이 높여 공경하기는 하였지만 친애하지는 않았다. 그 백성들의 폐단은 방탕하고 안정하지 못하며, 이기기 좋아하면서 부끄러워함이 없는 것이었다. 주나라 사람은 예를 높이고 베푸는 것을 숭상하여, 귀신을 섬기고 공경하면서도 멀리하고, 사람을 가까이하여 충후하였고, 상벌賞罰은 작명의 높고 낮음에 따라 시행하였다. 그리하여 백성들의 풍속은 친애하지만 높여 공경하지는 않았다. 그 백성들의 폐단은 이로움을 탐하고 기교를 부리며, 문식만 앞세우고 부끄러워할 줄 모르며, 남을 해치고 사리에 어두운 것이었다."

子曰: "夏道尊命, 事鬼敬神而遠之, 近人而忠焉, 先祿而後威, 先賞而後罰. 親而不尊. 其民之敝, 惷而愚, 喬而野, 朴而不文. 殷人尊神, 率民以事神, 先鬼而後禮, 先罰而後賞. 尊而不親. 其民之敝, 蕩而不靜, 勝而無恥. 周人尊禮尙施, 事鬼敬神而遠之, 近人而忠焉, 其賞罰用爵列. 親而不尊. 其民之敝, 利而巧, 文而不慙, 賊而蔽."

集說 '작록을 먼저 행하고 위엄을 세우는 것을 뒤에 하며', '상을 먼저 주고 벌을 뒤로 하였다'는 것은 모두 충후함으로 사람들을 감발시키려는 취지다. 따라서 백성들이 윗사람을 친애할 줄은 알지만 군주를 존중하는 뜻은 아직 알지 못한다. 그러므로 '친애하지만 높여 공경하지는 않았다'고 한 것이다. 어리석고, 교만하고, 비루하고, 질박한 폐단은 모두 충후함의 말폐이다. 은나라 사람들은 그 폐단을 바로잡고자 하였으므로 공경하고 두려워함을 도道로 삼고, 귀신을 섬기는 도리로 백성들을 통솔하였다. 알 수 없는 귀신을 먼저하고 알 수 있는 예禮를 뒤에 하며, 사람들이 두려워할 형벌을 앞세우고 하고자 원할만한 상은 뒤에 두었다. 높여 공경하기는 하였으나 친애의 정은 생겨날 곳이 없었다. 그 때문에 '높여 공경하기는 하였지만 친애하지는 않았다'고 한 것이다. 사치에 빠지고 방종하면서 차분하게 안정할 줄 몰랐던 것은 귀신을 높인 폐단이다. 스스로 (법을) 이겨 형벌에 걸려들지 않기에 힘쓰면서도 부끄러워하는 바가 없던 것은 형벌을 앞세우고 상을 뒤로 한 폐단이었다. 주나라 사람들은 그런 것을 보고 예를 높여 예를 뒤로 한 잘못을 바로잡으려 하였고, 시혜施惠를 숭상하여 은혜를 행하였다. 이것은 또한 하나라 때 사람을 가까이하고 충후하였던 것과 같았다. 상벌 또한 선후가 없이 작명爵命이 높고 낮은 것을 기준으로 삼았다. 예를 들어 수레와 복식, 토지 등 상을 내릴 때 작명爵命의 수에 따라 차이를 두고, 형벌의 시행에 팔벽八辟14)이 있고, 명부命夫·명부命婦는 옥송에 연좌

시키지 않은 것 등이 그것이다. 그 때문에 하나라 때의 '친애하지만 존경하지 않은 것'과 같았다. 그 뒤 백성들은 모두 이익을 편하게 여겨 기교를 부리는 것이 많고, 문사를 아름답게 여겨 말에 부끄러워함이 없고, 남을 해치고 이치에 어두웠던 것 등이 모두 예禮가 너무 지나치고 문식이 실제를 잃었던 결과였다. ○ 응씨應氏는 말한다. "삼대의 정치는 처음에 각각 숭상한 것이 있었고, 끝에 가서는 각각 폐단이 있었다. 하夏나라의 도는 오직 백성들에게 마음을 다하려고 생각하였고, 오직 사람들이 바르지 못할까 염려하였기 때문에 문덕文德으로 깨우치는 명命을 중시하지 않을 수 없었다. 귀신을 멀리하고 사람을 가까이하며 위엄을 뒤로 하고 작록을 앞세운 것은 모두 충실하고자 함이 지나쳐 가까운 것에 따른 것이다. 가까우면 공경함이 없이 친압하는 잘못이 있게 되므로 상나라는 그것을 교정하고자 귀신을 높였다. 군주와 백성 윗사람과 아랫사람의 진정이 소통되지 못하고, 백성들을 귀신을 섬기도록 이끌었으며, 귀신을 앞세우고 벌을 앞세우며 예를 뒤로 하고 상을 뒤로 하여 물정과 멀어지게 되었다. 멀어지면 실제에서 떨어져 너무 높아지는 데에서 잘못이 생긴다. 그 때문에 주나라는 그것을 바로잡아 예를 높였다. 예의 절문節文이 자세해지면서 사람의 작위에 따르고 예가 번잡해졌으며, 문식이 바탕보다 넘치고 기교 부리는 것을 이롭게 여기면서 서로 해치니, 그 폐단은 이전 보다 심한 것이 있었다. 무릇 이와 같은 것들은 풍속의 기풍이 열리고 나서 부박해지는 것이 날로 심해짐을 말해줄 뿐만이 아니다. 또한 지극한 덕을 지닌 성인을 다시 보지 못하는 이유이기도 하다." ○ 석량왕씨石梁王氏는 말한다. "이 장은 공자의 말이라고 감히 믿을 수가 없다." 先祿後威', '先賞後罰', 皆是忠厚感人之意. 故民雖知親其上, 而尊君之意則未也. 故曰, '親而不尊'. 惷愚·驕傲·鄙野·質朴之敝, 皆忠之末流也. 殷人欲矯其敝, 故以敬畏爲道, 以事神之道率民. 先其鬼之不可知者, 後其禮之可知者, 先其罰之可畏, 後其賞之可慕. 尊則尊矣, 而親愛之情, 則無由生也. 故曰'尊而不

親. 流蕩而不知靜定之所者, 尊上鬼神之敝. 務自勝以免刑而無恥者, 先罰後賞之敝也. 周人見其然, 故尊禮以矯後禮之失, 尙施惠以爲恩. 亦如夏時之近人而忠. 其賞罰亦無先後, 但以爵列之高下爲準. 如車服土田之賞有命數之異, 刑罰之施有八辟之議及命夫命婦不躬坐獄訟之類, 皆是也. 故亦如夏世之'親而不尊'. 其後民皆便利而多機巧, 美文辭而言之不怍, 賊害而蔽於理, 皆尊禮太過, 文沒其實之所致. ○ 應氏曰: "三代之治, 其始各有所尊, 其終各有所敝. 夏之道惟思盡心於民, 惟恐人之有所不正, 不得不重其文告之命. 遠神近人・後威先祿, 皆其忠實之過而徇於近也. 近則失之玩, 故商矯之而尊神焉. 君民上下, 情不相接, 率民事神, 先鬼先罰, 後禮後賞, 而遠於物也. 遠則失於亢, 故周矯之而尊禮焉. 禮文委曲而徇人禮繁, 文勝利巧而賊, 其敝又有甚者焉. 凡此非特見風氣旣開而澆漓之日異, 抑亦至德之不復見而已歟." ○ 石梁王氏曰: "此一章未敢信以爲孔子之言."

權近 살펴건대, 이 부분 아래에서는 삼대를 인용하여 인仁은 친하고 의義는 존귀하다는 것의 일을 밝혔다. 近按, 此下又引三代, 以明仁親義尊之事也.

### 7-2[표기 27]

공자가 말하였다. "하나라의 도는 언사言辭를 아직 더럽히지 않았고, 백성들에게 모든 것을 다 갖추기를 요구하거나 크게 바라지 않았고, 백성들은 아직 자기의 부모를 싫어하지 않았다. 은殷나라 사람은 아직 예를 더럽히지 않았고, 백성들에게 모든 것을 다 갖추기를 요구하였다. 주周나라 사람은 백성들을 강제하였고, 아직 귀신을 더럽히지 않았으며, 상작賞爵과 형벌刑罰의 제도가 극단에 이르렀다."

子曰: "夏道未瀆辭, 不求備, 不大望於民, 民未厭其親. 殷人未瀆禮而求備於民. 周人强民, 未瀆神, 而賞爵刑罰窮矣."

**集說** '언사言辭를 아직 더럽히지 않았다'는 것은 명命을 존숭하였기 때문이다. '예를 더럽히지 않았다'는 것은 예를 뒤로 돌렸기 때문이다. '귀신을 더럽히지 않았다'는 것은 귀신을 공경하되 멀리했기 때문이다. '갖추기를 요구하거나 크게 바라지 않았다'는 것은 '형벌을 줄이고 조세를 낮추는'[15] 일이다. '부모를 싫어하지 않았다'는 것은 군주를 높이고 윗사람을 친애하는 마음을 스스로 잊지 않았다는 것이다. 하나라의 백성들이 부모를 싫어하지 않았다고 말하면 은나라와 주나라의 경우는 그렇지 않았다는 것이다. '백성들을 강제하였다'는 것은 은나라 백성들이 불복을 하여 성왕成王과 주공主公이 그들을 교화시키는 일이 어려웠음을 말한다. 상벌과 작록의 제도는 주나라에 이르러 상세하고 완벽하게 갖추어져 더할 것이 없으므로 '극단에 이르렀다'고 한 것이다. '궁窮'은 극단에 이른다는 뜻이다. 일설에서는 포상과 작록으로 선을 권면할 수 없고 형벌로 악을 그치게 할 수 없었으므로 '막혔다'고 말한 것이라고 한다. '未瀆辭', 以其尊命也. '未瀆禮', 以其後禮也. '未瀆神', 以其敬神而遠之也. '不求備, 不大望於民', 卽'省刑罰, 薄稅斂'之事. '未厭其親', 尊君親上之心, 自不能忘也. 言夏之民未厭其親, 則殷周之民不然矣. '强民', 言殷民不服, 而成王·周公化之之難也. 賞爵刑罰之制, 至周而詳悉備具, 無以復加, 故曰'窮矣. '窮', 極也. 一說賞爵不能勸善, 刑罰不能止惡, 故曰'窮'.

**權近** 살피건대, 삼대의 시절에 세태의 변화에 쇠퇴함이 있기는 하였지만 성인의 정치는 도를 가지고 했다는 점에서 동일하였다. 이제 이 장을 살펴보면 삼왕의 정치 역시 매번 쇠퇴하여 주나라에 이르러 막히게 되었다. 이것은 결코 공자의 말이 아니다. 近按, 三代之時世變雖有降, 而聖人之治則以道同矣. 今觀此章, 則三王之治亦每降, 而至周以窮矣. 此必非孔子之言.

<sup>7-3</sup>[표기 28]

공자가 말하였다. "우虞나라와 하夏나라의 도는 백성들로부터 원망을 듣는 것이 적었고, 은殷나라 주周나라의 도는 백성들이 그 폐단을 감당하지 못하였다." 공자가 말하였다. "우나라와 하나라의 질質(질박함)과 은나라 주나라의 문文(문채로움)은 지극하다. 우나라와 하나라의 문文은 그 질質을 감당하지 못하였고, 은나라와 주나라의 질質은 그 문文을 감당하지 못하였다."

子曰: "虞·夏之道, 寡怨於民, 殷周之道, 不勝其敝." 子曰: "虞·夏之質, 殷·周之文, 至矣. 虞夏之文不勝其質, 殷周之質不勝其文."

集說 　앞 장에서 은나라와 주나라의 일을 언급하고, 이 장에서 순舜을 아울러 언급함으로써 아래 장의 발단을 만들었다. 前章言夏殷周之事, 此又兼言虞氏, 以起下章.

<sup>7-4</sup>[표기 29]

공자가 말하였다. "후세에 비록 흥기하는 사람이 있더라도, 우禹 황제에는 미치지 못할 것이다. 천하의 군주가 되어 살아서 사사로이 함이 없었고 죽어서도 자기 자식을 후대하지 않았으며, 부모처럼 백성들을 자애慈愛하여 슬퍼하고 애처롭게 여기는 사랑을 하였고, 충후하고 이롭게 하려는 가르침을 행하였다. 친애하면서도 존숭하

고, 편안하면서도 공경하고, 위엄이 있으면서도 사랑하고, 부유하면서도 예가 있고, 은혜로우면서도 널리 베풀었다. 순임금의 신하들은 인仁을 높여 공경하고 의義를 두려워하였고, 비용의 낭비를 부끄러워하고 재화를 가벼이 보았고, 충직하면서 범하지 않았고, 의로우면서도 순종하였고, 문식을 하면서도 들뜨지 않았고(靜), 관대하면서도 분별함이 있었다. 「보형甫刑」에 '덕에 의한 위엄이니 두려워하고, 덕에 의한 밝음이니 높이고 사랑하네'라고 하였다. 우제虞帝(순임금)가 아니라면 그 누가 이와 같을 수 있겠는가?'

子言之曰: "後世雖有作者, 虞帝弗可及也已矣. 君天下, 生無私, 死不厚其子, 子民如父母, 有憯怛之愛, 有忠利之敎. 親而尊, 安而敬, 威而愛, 富而有禮, 惠而能散. 其君子尊仁畏義, 恥費輕實, 忠而不犯, 義而順, 文而靜, 寬而有辨. 「甫刑」曰, '德威惟威, 德明惟明.' 非虞帝其孰能如此乎?'"

**集說** 여씨呂氏(여대림呂大臨)는 말한다. "'슬퍼하고 애처롭게 여기는 사랑'은 자애로운 어머니의 사랑과 같아서 자식에게 보답하기를 요구하지 않고, 다른 사람에게 명예를 구하지도 않으며, 성심誠心에서 나올 뿐이다. '충후하고 이롭게 하려는 가르침'이란 '설契을 사도로 삼아 인륜人倫으로 가르치게 하고'16), 의상衣裳, 배와 노, 절구와 공이, 활과 화살, 궁실, 관곽棺槨, 문자(書契)를 만들어서 세상 사람들에게 편리하게 사용하고 게으르지 않도록 하는 것17)과 같으니, 이는 모두 사람들을 선善으로 가르치는 것이 정성스러워 이롭지 않은 바가 없는 효과요, 부유하면서 타인에게 예절을 지키는 것이요, 은혜로우면서 다른 사람에게 두루 나누어주는 것이다. 의義로 서로 바로잡으면서도 단제斷制함에 피해를 입지 않고, 문文으로 서로 교제하

면서도 행동 때문에 피해를 입지 않기 때문에 관대하고 여유로워 용납해줌이 있고, 용납해주는 가운데 분별함이 있는 것이다." ○ 응씨應氏(응용應鏞)는 말한다. "'살아서 사사로이 함이 없다'는 것은 천하를 차지하고서도 사사로이 주지 않는다는 것이다. '죽어서도 자기 자식을 후대하지 않는다'는 것은 현자에게 왕위를 전하고 천하를 위해 인재를 얻는다는 것이다. 살아서나 죽어서나 사사로움이 없이 이 백성들만을 마음에 품는 것이 진실로 부모가 자식을 대하는 것과 같다. '친애하면서도 존숭한다'에서 '은혜로우면서 널리 베푼다'는 것에 이르기까지는 원기元氣의 운행이 신묘하게 작용하여 자취가 없는 것과 같다. 이것이 「중용」에서 '백성들에게 중도를 행한다'는 것이다. 순의 신하들은 교화되어 모두 덕을 온전히 하였으므로 '인仁을 높여 공경하고 의義를 두려워하여' 천하의 공적인 도리를 감히 범하지 않고, '비용의 낭비를 부끄러워하고 재화를 가벼이 보아' 감히 자기의 사욕을 따르지 않았던 것이다. 비용의 낭비를 부끄러워하는 것은 자신을 돌보는 데 검소하다는 것이다. 재화를 가벼이 여기는 것은 이익을 말하는 데 관심을 두지 않는 것이다. '백성들을 덮을 만한 큰 덕' 이하의 세 장은 신하의 도리가 인仁을 다하기 어려워 오직 순舜·우禹·문왕文王·주공周公 등이 인의 충후함을 행하였다고 할 수 있고, 후직은 인仁에 거의 가까움을 말하였다. '즐겁고 화평한 군자' 이하 네 장은 군주의 도리가 인仁을 다하기 어려워 순임금과 같은 경우만이 덕의 지극한 경지라고 할 수 있고, 하夏·상商·주周 삼대가 모두 치우침을 면하지 못하였음을 말하였다." 呂氏曰: "'愷悌之愛', 猶慈母之愛, 非責報於其子也, 非要譽於他人也, 發於誠心而已. '忠利之敎者, 若使契爲司徒, 敎以人倫', 作爲衣裳·舟楫·臼杵·弧矢·宮室·棺椁·書契, 使天下利用而不倦, 是皆有敎人以善之誠無所不利之功者也, 富而有禮節於物者也, 惠而能散周於物者也. 義以相正而不傷乎割, 文以相接而不傷乎動, 故寬裕有容, 而容之中有辨焉." ○ 應氏曰: "'生無私', 有天下而不與也. '死不厚其子', 傳諸賢而爲天下得人也. 生死

無所私, 而心乎斯民, 眞若父母之於子. '親而尊'至'惠而能散', 猶元氣之運妙用無迹. 此
「中庸」所謂用其中於民也.' 其君子化之, 皆爲全德, '尊仁畏義', 不敢犯天下之公理, '恥
費輕實', 不敢徇一己之私欲. 恥費用者, 儉於自奉也. 輕財實者, 薄於言利也. 自'庇民大
德'而下凡三章, 言臣道之難於盡仁, 惟舜·禹·文王·周公可以爲仁之厚, 而后稷庶幾近
之. 自'凱弟君子'而下凡四章, 言君道之難於盡仁, 惟虞帝可以爲德之至, 而夏商周皆未免
有所偏也."

**權近** 살피건대, 이 경문은 순의 일만을 말하였다. '군자가 말한 의義' 이
하 4장은 신도臣道로서의 의義를 말하면서 후직后稷으로 마무리를 하였고,
'군자가 말한 인仁' 이하 6장은 군도君道로서의 인을 말하면서 우와 순으로
마무리를 하였다. 그러나 이 편의 체례는 먼저 대지를 표시할 때는 '자언지
子言之'라고 일컫고 뒤에 그 의미를 풀이할 때는 '자왈子曰'이라고 말하였다.
이제 여기에서 순의 일을 가지고 앞 장의 총결하면서 '자언지왈子言之曰'이
라고 칭한 것은 별도의 한 사례이다. 순의 일을 중시하여 '언言'과 '왈曰'을
특별히 부가하여 함께 일컬은 듯하다. 近按, 此專言舜事. 自'君子之所謂義'以下
四章, 言臣道之義, 而以后稷終之, 自'君子之所謂仁'以下六章, 言君道之仁, 而以虞舜終
之也. 然此篇之例, 先標大旨則稱'子言之', 後釋其意則稱'子曰'. 今於此以舜事結前章而
稱'子言之曰'者別是一例. 蓋重舜事, 故特加'言'與'曰', 以兼稱之也歟.

## 8.

공자가 말하였다. "군주를 섬길 때는, 먼저 말로 제시하여 (처신을 그 말에) 의탁하고, 관직이 제수除授되면 스스로 자기의 몸을 바쳐 그 믿음을 이룬다. 그 때문에 군주는 자기의 신하에게 (일을 이루기를) 요구하는 경우가 있고, 신하는 자신의 말을 위해 죽는 경우가 있다. 그러므로 작록을 받음에 속이지 않으며, 죄를 받는 것은 더욱 적다."

子言之. "事君先資其言, 拜自獻其身, 以成其信. 是故君有責於其臣, 臣有死於其言. 故其受祿不誣, 其受罪益寡."

集說　응씨應氏(응용·應鏞)는 말한다. "'자資'는 의탁한다는 뜻이다. 옛날의 신하가 된 이들은 세상을 경영할 학문이 모두 마음속에 미리 정해져 있었다. 군주를 섬기게 되면 앞서 정해둔 청사진을 말로 먼저 제시하여 의탁하는 바로 삼고, 그런 뒤에 스스로 자신을 바쳐 그 믿음을 완수하였다. '스스로 자기의 몸을 바친다'는 것은 자기의 소신을 굽혀 팔리기를 구하는 것이 아니다. 『서書』의 '스스로 의리를 편안히 받아들여 자신을 바친다'18)는 것과 같으니 목숨을 바치고 부끄러워할 바가 없는 것이다. '농사를 짓다가 뒤집듯이 생각을 바꾸었다'19)는 몇 마디 말들과 고종高宗의 명命을 받고 응해서 널리 현창한(對揚)20)「열명說命」세 편은 이윤伊尹과 부열傅說이 먼저 의탁하였던 말이다. 제환공齊桓公과 문답한 말이 책을 이루고,21) 연소공燕昭公의 (초빙하는) 명이 내려오자 대답한 말이 있었던 것22)은 관중管仲과 악의樂毅가 먼저 의탁하였던 말이다. 먼저 말을 하고 뒤에 약속을 지키는 것이

하나도 상응하지 않음이 없었다. 후세 유방劉邦이 단에 올라가 한신韓信에게 장군에 임명하고 계책을 묻자 한신이 동향東向을 하고 대답하였던 말이나, 유비가 제갈량을 세 번 찾아가 얻은 계책 또한 비슷하다." ○ 마씨馬氏는 말한다. "'작록을 받음에 속이지 않는다'는 것은 '하는 일 없이 밥만 축내지 않음'을 말한다." 應氏曰: "'資', 憑藉也. 古之爲臣, 其經世之學, 皆豫定於胸中. 至於事君, 則前定之規模, 先形於言以爲藉, 然後自獻其身, 以成其信. '自獻'者, 非屈己以求售也. 如『書』之'自靖自獻', 致命而無所愧也. '畎畝幡然'之數語・「說命」對揚之三篇, 此伊傅先資之言也. 齊桓問答而爲書・燕昭命下而有對, 此管樂先資之言也. 言於先而信於後, 無一不酬者. 後世若登壇東向之答, 草廬三顧之策, 亦庶幾焉." ○ 馬氏曰: "'受祿不誣', 言'不素餐'也."

**權近** 살펴건대, 이 부분은 다시 주제를 바꾸어 군주를 섬기는 뜻에 대해 말하였다. 近按, 此又更端以言事君之義.

---

<sup>8-2</sup>[표기 31]

공자가 말하였다. "군주를 섬길 때, 큰 말이 받아들여지면 큰 이익을 기대하고, 작은 말이 받아들여지면 작은 이익을 기대한다. 그 때문에 군자는 작은 말로써 큰 봉록을 받지 않고, 큰 말로써 작은 봉록을 받지 않는다. 『역易』에 '집안에서만 먹지 않으면, 길하다'라고 하였다."

子曰: "事君, 大言入則望大利, 小言入則望小利. 故君子不以小言受大祿, 不以大言受小祿. 『易』曰, '不家食, 吉.'"

**集** '집안에서만 먹지 않으면, 길하다'는 것은 「대축大畜」괘의 단사이다.

**說**　크게 축적한 군자는 온축된 재주와 덕이 크므로 조정에서 봉록을 받으면서 천하를 위해 일을 하고, 집안에서만 먹지 않으면 길하다는 말이다. 이것은 '큰 말로써 작은 봉록을 받지 않음'을 말하는 것으로 이른바 '영달하여 천하에 행할 수 있게 된 뒤에 행하는 자[23]'를 가리킨다. ○ 여씨呂氏(여대림呂大臨)는 말한다. "'대언大言'은 말한 내용이 크다는 것이다. '소언小言'은 말한 내용이 작다는 것이다. 이익이 천하에 미치고 혜택이 만세에 이르는 것이 '큰 이익'이다. 미소한 선행을 진언하고 미천한 관리의 일을 처리하는 것은 '작은 이익'이다. 간언이 실행되고 건의가 받아들여지면, 이익이 곧 뒤따르게 된다. 선유先儒는 '이利'를 봉록의 포상으로 보았는데,[24] 신하가 군주를 섬길 때는 그 충직함을 바칠 뿐이다. 말이 받아들여졌다고 봉록과 포상을 바라는 것은 소인의 도일 뿐 군주를 섬기는 방법이 아니다. 이른바 '작은 말로써 큰 봉록을 받지 않고, 큰 말로써 작은 봉록을 받지 않는다'는 것은 군주가 신하에게 보답하는 것이지 신하가 군주에게 바라는 것이 아니다. 봉록을 받는 것에도 의리가 있으니 역시 대소에 걸맞게 할 뿐이다. 말을 작게 하였는데 큰 봉록을 받으면 보답이 직분을 넘어선다. 말을 크게 하였는데 작은 봉록을 받으면 군주가 나를 알아주지 않는 것이니 역시 받아서는 안 된다." ○ 석량왕씨石梁王氏는 말한다. "이는 공자의 말이 아니다." '不家食, 吉',「大畜」之象辭也. 謂大畜之君子, 才德所蘊者大, 則當食祿於朝, 以有爲於天下, 而不食於家則吉. 此言'不以大言受小祿', 所謂達可行於天下而後行之者也. ○ 呂氏曰: "'大言', 所言者大也. '小言', 所言者小也. 利及天下, 澤及萬世, '大利'也. 進一介之善, 治一官之事, '小利'也. 諫行言聽, 利斯從之矣. 先儒謂利爲祿賞, 人臣事君, 各效其忠而已. 言入而遂望其祿賞, 乃小人之道, 非所以事君也. 所謂不以小言受大祿, 不以大言受小祿'者, 此君之所以報臣, 非臣之所以望君也. 受之有義, 亦稱其大小而已. 小言而大祿, 則報踰其分. 大言而小祿, 則君不我知, 亦不可受也." ○ 石梁王氏曰: "此非孔子之言."

**8-3[표기 32]**

공자가 말하였다. "군주를 섬길 때, 비루한 데로 나아가지 않고 말만 높이지 않으며 바른 사람이 아니면 천거하지 않는다. 「소아小雅」에 '단정하고 공경히 네 직책을 받들어 정직한 도리 그것과 함께하면, 신명神明이 받아들여, 너에게 봉록을 내려 주리라'라고 하였다."

子曰: "事君, 不下達, 不尙辭, 非其人弗自. 「小雅」曰, '靖共爾位, 正直是與, 神之聽之, 式穀以女.'"

集說 '하달下達'은 저질의 비루한 데로 나아감을 말한다. 이를테면, '우리 군주는 할 수 없다'[25]고 하거나, '군주의 악행을 키운다', '군주의 악행을 유도한다'[26]고 하는 것들이 모두 그것이다. 이윤伊尹이 군주를 요순과 같은 군주가 되게 하고, 맹자가 요순의 도가 아니면 진언하지 않았던 것은 곧 상달上達이라고 한다. '말만 높인다'는 것은 말재주가 좋아 응대를 잘하는 것이다. '자自'는 말미암아 나아가는 것[27]이다. 시는 「소아小雅·소명小明」이다. 이 시의 의미는 신하가 자기의 직분을 편안하고 공경하게 지키며, 오직 정직한 도리와 함께하면 신명이 받아들여 복록을 너에게 주리라는 것이다. '이以'는 주다의 뜻이다. '下達', 謂趨乎汙下. 如曰'吾君不能'·如曰'長君之惡, 逢君之惡', 皆是也. 伊尹使君爲堯舜之君, 孟子非堯舜之道不陳, 則謂之上達也. '尙辭', 利口捷給也. '自', 所由以進者也. 「小雅·小明」之篇. 言人臣能安靖恭敬其職位, 惟正直之道是與, 則神明聽之, 將用福祿與汝矣. '以', 與也.

## 8-4[표기 33]

공자가 말하였다. "군주를 섬길 때, 소원한 사이인데도 간언諫言하는 것은 아첨하는 것이고, 가까운 사이인데도 간언하지 않는 것은 하는 일 없이 이익만 탐하는 것이다." 공자가 말하였다. "가까이 모시는 신하는 화합하고 총재는 백관을 바르게 다스리며 대신은 사방의 일을 근심한다."

子曰: "事君遠而諫則諂也, 近而不諫則尸利也." 子曰: "邇臣守和, 宰正百官, 大臣慮四方."

集說 여씨呂氏(여대림呂大臨)는 말한다. "절도를 무시하고 직분을 어기면서 영달하기를 구하므로 '아첨한다'고 한 것이다. 봉록을 생각하고 총애를 굳건하게 하며 이익 추구를 위주로 하므로 '하는 일 없이 이익만 탐한다'고 한 것이다." ○ 방씨方氏(방각方慤)는 말한다. "이른바 '조화를 지킨다'(守和)는 말은 상대와 조화를 이루는 것에서 더 지나치면 상대를 따르다 같아지는 데(同)에 이르고, 조화를 이루는 것에 미치지 못하면 상대와 어긋나 달라지는 데(異)에 이르기 때문에 잘 지키는 데에 달려 있다는 것이다. 지키면 중도에 맞게 되어 지나침과 모자라는 근심이 없게 된다." ○ 응씨應氏(응용應鏞)는 말한다. "'재宰'는 직무로 말하고 '대신大臣'은 지위로 말하는 것이다. 삼공三公 이하가 모두 이와 같으니 육경六卿만 그런 것이 아니다. 그 순서는 군덕君德이 먼저이고 조정朝廷은 뒤이며 조정이 먼저이고 천하는 뒤이다." ○ 석량왕씨石梁王氏가 말한다. "'소원한데도 간하는 것은 아첨하는 것이다'라는 것은 공자의 말이 아니다." 呂氏曰: "陵節犯分, 以求自達, 故曰'諂'. 懷祿固寵, 主於爲利, 故曰'尸利也'." ○ 方氏曰: "所謂'守和'者, 過於和則流而爲同, 不及於和則乖而爲異, 故在於能守. 守則適中, 而無過與不及之患矣." ○ 應氏曰: "'宰'以職言,

'大臣'以位言. 自三公以下皆是, 不特六卿. 其序則先君德而後朝廷, 先朝廷而後天下也."

○ 石梁王氏曰: "遠而諫則諂, 非孔子之言."

<sup>8-5</sup>[표기 34]

공자가 말하였다. "군주를 섬길 때는, 간언하려고 하지 (군주의 잘
못을) 떠벌리려고 하지 않는다. 『시詩』에 '마음으로 사랑하니 어찌
말하지 않겠는가? 마음속에 품고 있으니, 어느 땐들 잊겠는가?'라
고 하였다."

子曰: "事君欲諫不欲陳. 『詩』云, '心乎愛矣, 瑕不謂矣? 中心藏
之, 何日忘之?'"

集說 '간언한다'는 것은 군주의 잘못을 멈추게 하는 것이고, '떠벌린다'는
것은 군주의 잘못을 드러내는 것이다. '『시詩』'는 「소아小雅・습상隰桑」이
다. '하瑕'가 『시詩』에는 '하遐'로 되어 있다. 본래 이 시의 의미는 내가 이
현자를 사랑하고 그리워하여 함께 말하고 싶은데 서로 멀리 떨어져 있으므
로 함께 말을 할 수는 없지만, 하고 싶은 말을 내 마음속에 간직하고 있으
니 언젠들 잊을 수 있겠는가? 라고 한 것이다. 이 장의 기록자가 그것을
빌어다가 비유를 하면서 나에게 군주를 사랑하는 마음이 있어 그의 허물을
간언하려는 것이니 어찌 말하지 못하겠는가? 간언을 할 수 없더라도 또한
마음속에 간직하고 잊지 않을 뿐 다른 사람에게 말하지 않을 것이라고 한
것이다. '諫'者, 止君之失, '陳'者, 揚君之失也. '詩', 「小雅・隰桑」之篇. '瑕『詩』作
'遐. 本謂我心愛慕此賢者, 思相與語, 以其相去遐遠, 故不得共語, 然欲發之言, 藏於我
心, 何日而忘之乎? 此記者借以爲喻, 言我有愛君之心, 欲諫其過, 胡不言乎? 縱未得進諫,

亦藏於心而不忘, 但不以語他人耳.

## 8-6[표기 35]

공자가 말하였다. "군주를 섬길 때, 나아가는 것은 어렵게 하고 물러나기는 쉽게 하면 자리가 질서를 가지게 되고, 나아가기는 쉽고 물러나기는 어렵게 하면 자리가 혼란하게 된다. 그 때문에 군자는 세 번 읍揖한 뒤 나아가고 한 번 사양한 뒤 물러나는데, 그럼으로써 혼란을 멀리하는 것이다."

子曰: "事君, 難進而易退則位有序, 易進而難退則亂也. 故君子三揖而進, 一辭而退, 以遠亂也."

**集說** 여씨呂氏(여대림呂大臨)는 말한다. "이른바 '질서를 가지게 된다'는 것은 '소덕小德이 대덕大德에게 부려지며, 소현小賢은 대현大賢에게 부려진다'[28]는 것을 가리킨다. 이른바 '혼란하다'라는 것은 현자와 그렇지 못한 자가 거꾸로 뒤바뀐 것을 말한다. 군주가 내가 스승이 될 만하다고 믿어도 배우려 하지 않고 신하로 부리려 하면 나아가지 않는다. 내가 정치를 담당할 만하다는 것을 군주가 믿으면서도 계손씨와 맹손씨의 중간 정도로 대우하면[29] 나아가지 않는다. 번육膰肉(제사에 올린 고기)이 오지 않자 곧바로 떠나고,[30] 영공靈公이 진법陳法에 대해 묻자 곧바로 떠났으니,[31] 군자의 도는 군주를 바로잡는 것일 뿐이다. 자기를 굽힌 자 가운데 다른 사람을 곧게 바로잡은 사람은 이제껏 없었다. 사람들이 서로 만날 때는 세 번을 읍을 하면서 당堂의 계단에 이르고 세 번 양보한 뒤에 빈賓으로 당에 오른다. 물러날 때는 한 번 사양을 하고 나가는데, 주인이 배례拜禮하여 전송하면

빈은 돌아보지 않고 간다. 주인의 공경함이 이르지 않았는데 억지로 나아가며, 주인의 뜻이 이미 해이해졌는데 사양하지 않으면, 주인과 빈의 직분이 혼란하게 된다. 벼슬할 수 있고, 그만둘 수 있고, 만날 수 있고, 사양할 수 있는 것 등에서 진퇴의 의리는 동일하다." 呂氏曰: "所謂'有序'者, '小德役大德, 小賢役大賢'之謂也. 所謂'亂'者, 賢不肖倒置之謂也. 君信我可以爲師, 非學焉而後臣之, 則不進也. 信我可以執國政, 雖待以季孟之間亦不進也. 膰肉不至而卽行, 靈公問陳而卽行, 君子之道正君而已. 枉己者, 未有能直人者也. 人之相見, 三揖至于階, 三讓以賓升. 而其退也一辭而出, 主人拜送, 賓去不顧. 若主人之敬未至而强進, 主人之意已懈而不辭, 則賓主之分亂矣. 可仕·可已·可見·可辭, 進退之義一也."

### 8-7[표기 36]

공자가 말하였다. "군주를 섬길 때, 세 번이나 군주를 떠나면서 국경을 넘지 않는 것은 이록利祿을 탐하기 때문이다. 사람들이 '군주에게 요구하지 않았다'고 말하더라도 나는 믿지 않는다."

子曰: "事君三違而不出竟, 則利祿也. 人雖曰'不要', 吾弗信也."

**集說** '위違'는 떠난다는 뜻과 같다. '국경을 넘지 않는다'는 것은 실제로 떠날 마음이 없다는 것이니, 이익을 요구하는 것이 아니라고 한들 말이 되는가? ○ 여씨呂氏(여대림呂大臨)는 말한다. "공자가 노나라를 떠날 때 더디더디 움직인 것은 부모의 나라여서 차마 떠날 수 없었기 때문이다.32) 맹자가 제나라를 떠날 때는 세 밤을 머문 뒤에 주晝땅을 떠났는데, 이는 제나라 왕이 후회하고 깨닫기를 바랐기 때문이다.33) 그러나 끝내 국경을 넘어 떠났으니 군자의 의리를 알 수 있다." '違'猶去也. '不出竟', 實無去志也, 謂非要利,

可乎? ○ 呂氏曰: "孔子去魯, 遲遲吾行, 以不忍於父母之國也. 孟子去齊, 三宿出晝, 冀齊王之悔悟也. 然卒出竟以去, 君子之義可見矣."

## 8-8[표기 37]

공자가 말하였다. "군주를 섬길 때는 시작을 신중하게 하고 마지막을 공경스럽게 한다." 공자가 말하였다. "군주를 섬길 때는 귀하게도 되고 천하게도 될 수 있고, 부유하게도 되고 가난하게도 될 수 있고, 살게도 되고 죽게도 될 수 있지만, (의리에 따라 해야 하는 바를) 어지럽히게 해서는 안 된다."

子曰: "事君愼始而敬終." 子曰: "事君, 可貴可賤, 可富可貧, 可生可殺, 而不可使爲亂."

**集說** 마씨馬氏는 말한다. "다른 사람에게 있는 것은 명命(자신의 의지대로 할 수 없는 것)이 있으므로 귀하게도 천하게도 될 수 있고, 살리기도 죽이기도 할 수 있다. 자기에게 있는 것은 의義(반드시 따라야 할 옳음)가 있으므로 의리에 따라 해야 하는 바를 어지럽히게 해서는 안 된다." 馬氏曰: "在物者有命, 故可貴可賤, 可生可殺. 在己者有義, 故不可使爲亂也."

## 8-9[표기 38]

공자가 말하였다. "군주를 섬길 때, 군중軍中에서는 어려움을 피하지 않으며, 조정에서는 천한 일을 사양하지 않는다. 관직에 올라 그에 맞는 일을 행하지 않으면 혼란하게 된다. 그러므로 군주가 신하를 사자로 보낼 경우, 신하는 뜻을 얻으면 사려를 삼가 신중하게 하면서 종사하고, 그렇지 않으면 세심하게 살펴 사려하면서 종사한다. 일을 완수하면 물러나니 신하의 충후忠厚함이다. 『역易』에 '천자와 제후를 섬기지 않으니, 자신의 일을 고상하게 한다'라고 하였다."

子曰: "事君, 軍旅不辟難, 朝廷不辭賤. 處其位而不履其事, 則亂也. 故君使其臣, 得志則愼慮而從之, 否則孰慮而從之. 終事而退, 臣之厚也. 『易』曰, '不事王侯, 高尙其事.'"

【集說】여씨呂氏(여대림呂大臨)는 말한다. "'혼란'이란 실을 정돈하지 못하여 두서가 없는 것과 같다. 신하가 군주의 명령을 받으면, 비록 계합하는 바가 있더라도, 함부로 득의만만해하지 않는다. 따라서 '사려를 삼가 신중하게 하면서 종사한다.' 곧 '일에 임해서는 두려워하고 도모하기를 좋아하여 완성하는 이'[34]이다. 계합하지 않는 바가 있고 또 사양해야 할 상황도 아니라면, 또한 뜻을 얻지 못했다고 원망하지 않는다. 따라서 세심히 살펴 종사하고 일을 마치면 벼슬을 돌려주고 떠난다. 그러므로 자신은 화난에 빠지지 않고 윗사람에게는 누累가 되지 않는다. 그러므로 '신하의 충후忠厚함이다'라고 한 것이다. '주역』'은 「고蠱」괘의 상구上九 효사이다. 일은 끝나고 지위는 없는 것이 벼슬을 하다가 그만둔 것과 유사함이 있기 때문에 '왕과 제후를 섬기지 않으니, 자기의 일을 고상하게 하면서 다른 사람의 부림을 받지 않을 수 있다'고 한 것이다." 呂氏曰: "亂'者, 如絲之不治而無緒也. 臣受君命, 雖有所合, 不敢以得志而自滿. 故'愼慮而從之'. 乃臨事而懼, 好謀而成者'也. 有所不合, 又非所宜辭, 亦不敢怨於不得志. 故孰慮而從之, 卒事則致爲臣而去. 故可以自免而不

累於上. 故曰'臣之厚也'. '『易』', 「蠱」之上九. 事之終且無位也, 有似乎仕焉而已者, 故曰: '不事王侯, 乃可以高尙其事, 而不見役于人也.'"

**權近** 　살피건대, 이상은 모두 군주를 섬기는 뜻을 풀이하였다. 近按, 右皆釋事君之義.

## 9.

공자가 말하였다. "오직 천자가 하늘로부터 명령을 받고 사+는 군
주로부터 명령을 받는다. 따라서 군주의 명령이 의리에 따르는 것
이면 신하는 명에 순종하고, 군주의 명령이 의리에 거스르는 것이
면 신하는 명에 거스른다. 『시詩』에 '메추라기는 아래서 떠들썩하
게 싸우고 까치는 위에서 시끌벅적 싸우네. 선량하지 않은 사람을
나는 군주로 받들고 있네'라고 하였다."

子曰: "唯天子受命于天, 士受命于君. 故君命順, 則臣有順命, 君
命逆, 則臣有逆命. 『詩』曰, '鵲之姜姜, 鶉之賁賁. 人之無良, 我
以爲君.'"

集說 『시詩』는 「위풍衛風·순지분분鶉之奔奔」이다. 엄씨嚴氏는 말한다.
"메추라기가 떠들썩하게 싸워도 자기 짝을 어지럽히지 않는다. 까치가 떠
들썩하게 싸워도 자기의 짝을 일탈하지 않는다. 이는 선강宣姜과 공자 완
이 제 짝이 아니니, 사람 가운데 선하지 않은 이를 내가 소군小君(임금의 정
처)으로 여기겠는가? 라고 풍자한 것이다." ○ 여씨呂氏(여대림呂大臨)는 말한
다. "천도天道는 사사로움이 없어 의리 아닌 것이 없다. 군주가 하늘을 대
신해서 다스리는 것은 하늘의 의리를 미루어 그것으로 이 사람들을 다스리
는 것이다. 천질天秩과 천서天叙, 천명天命과 천토天討35)는 어느 것도 하늘
이 하는 것이 아님이 없다. 신하가 군주에게 받은 명령이 의리에 합치하면
하늘에 순응하는 명이요, 합치되지 않으면 하늘을 거스르는 명이다. 하늘
에 순응하는 명이면 신하된 자는 명령하지 않아도 행하고, 하늘을 거스르

는 명이면 신하된 자는 명령을 해도 따르지 않는다." 『詩』, 「衛風·鶉之奔奔」 篇. 嚴氏云: "鶉之奔奔然鬪者, 不亂其匹也. 鵲之彊彊然剛者, 不淫其匹也. 刺宣姜與公子頑, 非匹偶也, 人之不善者, 我乃以爲小君乎?" ○ 呂氏曰: "天道無私, 莫非理義. 君所以代天而治者, 推天之理義, 以治斯人而已. 天秩·天叙, 天命·天討, 莫非天也. 臣之受命于君者, 命合乎理義, 爲順天命, 不合則爲逆天命. 順則爲臣者將不令而行, 逆則爲臣者雖令不從矣."

**權近** 살피건대, 이하에서는 '보답(報)은 천하의 이익이다'라는 것의 의미를 풀이한 듯한데, 주제를 바꾸는 말이 없으니 일실된 것이다. 近按, 此下似釋報利之義而無更端之言, 蓋逸之也.

---

**9-2[표기 40]**

공자가 말하였다. "군자는 언사言辭만 가지고 그 사람의 전부라고 여기지 않는다. 그 때문에 천하에 도가 있으면 행동에 가지와 잎이 있고, 천하에 도가 없으면 언사에 가지와 잎이 있다."

子曰: "君子不以辭盡人. 故天下有道, 則行有枝葉, 天下無道, 則辭有枝葉."

**集說** '언사言辭만 가지고 그 사람의 전부라고 여기지 않는다'는 것은 언사로 그 사람의 실상을 다 보았다고 생각해서는 안 된다는 말이다. 대개 말이 있다고 해서 반드시 덕이 있는 것은 아니기 때문이다. '행동에 가지와 잎이 있다'는 것은 뿌리가 무성해서 가지까지 번창한 것이다. '언사에 가지와 잎이 있다'는 것은 곧 무성한 말과 장황한 이야기일 뿐이다. 이는 모두 세교世敎의 성쇠에 따라 초래되는 것이므로 '도가 있음'과 '도가 없음'으로

말한 것이다. '不以辭盡人', 謂不可以言辭而盡見其人之實. 蓋有言者不必有德也. '行有枝葉', 根本盛而條達者也. '辭有枝葉', 則蕪辭蔓說而已. 此皆世敎盛衰所致, 故以'有道'·'無道'言之.

(공자가 말하였다.) "그러므로 군자가 상사喪事를 당한 사람의 곁에 있을 때, 부의賻儀를 할 수 없다면 비용을 묻지 않는다. 병자의 곁에 있을 때, (물질적) 도움을 줄 수 없다면 바라는 것을 묻지 않는다. 손님이 있을 때, 머물게 할 수 없다면 머물 곳을 묻지 않는다. 그러므로 군자의 사귐은 물과 같고 소인의 사귐은 단술(醴)과 같다. 군자는 담박함으로 성사시키고 소인은 달콤함으로 깨뜨린다. 「소아」에 '해치는 말은 더욱 달콤하니, 화란이 이것을 통해 나온다네'라고 하였다."

"是故君子於有喪者之側, 不能賻焉, 則不問其所費. 於有病者之側, 不能饋焉, 則不問其所欲. 有客不能館, 則不問其所舍. 故君子之接如水, 小人之接如醴. 君子淡以成, 小人甘以壞. 「小雅」曰, '盜言孔甘, 亂是用餤.'"

集說 세 가지는 할 수 없으면 묻지 않으니, 허언으로 사람을 대해서는 안 된다. '접接'은 교제한다는 뜻이다. 시는 「소아小雅·교언巧言」이다. '도적의 말'이란 소인의 참소하고 해치는 말을 뜻한다. '담餤'은 나아간다는 뜻이다. 三者, 不能則不問, 不可以虛言待人也. '接', 交也. 「小雅·巧言」之篇. '盜言', 小人讒賊之言也. '餤', 進也.

9-4[표기 42]

공자가 말하였다. "군자가 입으로 남을 지나치게 칭찬하지 않으면 백성들은 충후한 기풍을 일으킨다. 그러므로 군자는 사람에게 추운가 물으면 옷을 입히고 배고픈가 물으면 먹이며 사람의 훌륭함을 칭찬하면 벼슬을 준다. 「국풍國風」에 '마음으로 근심하니 나에게 돌아와 머물러 쉴지어다'라고 하였다."

子曰: "君子不以口譽人, 則民作忠. 故君子問人之寒則衣之, 問人之飢則食之, 稱人之善則爵之. 「國風」曰, '心之憂矣, 於我歸說.'"

集說 '예譽'는 사람의 선을 드러내는데 실상을 넘어서는 것이다. '국풍國風'은 「조풍曹風·부유蜉蝣」이다. 시인은 소공昭公이 의지할 곳 없음을 근심하였으므로 '그가 나에게 돌아와 머물러 쉴지어다'라고 한 것이다. '열說'은 '세稅'의 뜻으로 읽으니, 머물러 쉰다는 뜻이다. '譽'者, 揚人之善, 而過其實者也. 「國風」, 「曹風·蜉蝣」之篇. 詩人憂昭公之無所依, 故曰'其於我而歸稅乎'. '說', 讀爲'稅', 舍息也.

9-5[표기 43]

공자가 말하였다. "입으로만 은혜를 베풀고 실제로 행하지 않으면 원망과 재앙이 자신에게 미친다. 그 때문에 군자는 허락을 해놓고 (지키지 못하여) 책임을 추궁당하기 보다는, 차라리 (처음에) 허락하지 않고 원망을 듣고 만다. 「국풍國風」에 '말하고 웃는 소리 화목

표기 | 131

하였고 믿고 맹세함 철썩 같았네. 뒤집을 줄을 생각지 못하였는데,
이제와 뒤집으니 이는 생각지 못한 내 잘못이네, 또한 그만 끝이라
네'라고 하였다."

子曰: "口惠而實不至, 怨菑及其身. 是故君子與其有諾責也, 寧
有已怨. 「國風」曰, '言笑晏晏, 信誓旦旦. 不思其反, 反是不思,
亦已焉哉."

**集說** '「국풍國風」'은 「위풍衛風·맹氓」이다. '안안晏晏'은 화목하고 부드럽
다는 뜻이다. '단단旦旦'은 밝다는 뜻이다. 처음에는 뒤집을 줄을 생각지 않
았는데, 이제 맹세를 뒤집으니 이는 내가 처음에 미리 생각하지 못한 잘못
으로, 이제 어찌할 도리가 없게 되었다. 그러므로 '또한 그만 끝이라네'라
고 말한 것이다. ○ 여씨呂氏(여대림呂大臨)는 말한다. "요구하였을 때 허락하
지 않았더라면, 처음에는 비록 다른 사람의 뜻을 어기게 되지만 끝내는 신
의에 해가 되지 않는다. 그러므로 그 원망이 적다. 허락을 해놓고 실천하
지 않으면 처음에는 남의 뜻을 어기지 않지만 끝내는 신의를 해치게 된다.
그러므로 그 책임이 크다." '「國風」', 「衛風·氓」之篇. '晏晏', 和柔也. '旦旦', 明
也. 始焉不思其反覆, 今之反覆, 是始者不思之過也, 今則無如之何矣. 故曰'亦已焉哉'.
○ 呂氏曰: "有求而不許, 始雖咈人之意, 而終不害乎信. 故其怨小. 諾人而不踐, 始雖不
咈人意, 而終害乎信. 故其責大."

### 9-6[표기 44]

공자가 말하였다. "군자는 얼굴표정으로 사람을 친애하지 않는다.

본심은 소원한데 겉모양만 친한 것은, 소인小人으로 치면 구멍을 뚫고 담장을 넘는 도적에 해당한다." 공자가 말하였다. "본심은 신실하려 하고 언사言辭는 좋게 꾸미려 한다."

子曰: "君子不以色親人. 情疏而貌親, 在小人則穿窬之盜也與."
子曰: "情欲信, 辭欲巧."

**集說** '본심은 신실하려고 한다'는 것은 바로 『대학』의 '뜻이 성실하다'는 것을 말한다. '교巧'는 '고考'여야 하니 바로 「곡례상曲禮上」(6-6)의 '(반드시 말을 해야 할 때는) 고대古代를 모델로 삼고 선왕을 들어 말한다'는 것을 말한다. 그렇지 않다면 상고할 수 없는 말이 된다. ○ 여씨呂氏는 말한다. "'구멍을 뚫고 담장을 넘는 도적'은 남이 보지 못함을 속여서 불의를 행할 뿐이다. '얼굴표정으로 사람을 친애한다'는 것은 말을 좋게 꾸미고, 얼굴빛을 좋게 꾸미며, 지나치게 공손하면서 성실한 마음을 수반하지 않는 것이다. '본심은 소원한데 겉모습만 친하다'는 것은 이익 추구를 위주로 하는 것으로 역시 남이 보지 못함에 속이는 것이다. 공자는 '얼굴빛은 위엄이 있지만 속마음은 유약한 것을 소인에게 비유하면 구멍을 뚫고 담장을 넘는 도적과 같다'36)라고 하였다. 맹자는 '사士가 말할 만하지 않은데 말을 하는 것은 말로 탐색하여 취하는 것이다'37)라고 하였다. 이들은 모두 구멍을 뚫고 담장을 넘는 도둑의 부류이다. 이 두 경우 또한 남이 보지 못함에 속여 불의를 저지르는 것이므로 구멍을 뚫고 담장을 넘는 것이 된다." ○ 석량왕씨石梁王氏는 말한다. "'언사言辭는 좋게 꾸미려 한다'는 말은 결코 공자의 말이 아니다. 말을 좋게 꾸미고 얼굴빛을 좋게 꾸미는 것에는 인仁이 적다." '情欲信', 卽『大學』'意誠'之謂也. '巧'當作考, 卽「曲禮」'則古昔, 稱先王'之謂也. 否則爲無稽之言矣. ○ 呂氏曰: "'穿窬之盜', 欺人之不見, 以爲不義而已. '色親人'者, 巧

言令色足恭, 無誠心以將之. '情疏貌親', 主於爲利, 亦欺人之不見也. 孔子曰, '色厲而內荏, 譬諸小人, 其猶穿窬之盜也與.' 孟子曰, '士未可以言而言, 是以言餂之也.' 是皆穿窬之類也. 二者亦欺人之不見, 以爲不義, 故所以爲穿窬也." ○ 石梁王氏曰: "辭欲巧, 決非孔子之言. 巧言令色鮮矣仁."

살피건대, 이상은 모두 교제의 뜻을 말하였다. '천자가 하늘로부터 명령을 받는다'(天子受命) 이하 여기까지는 군신과 붕우가 서로 보답하는 일을 말하여 '보답(報)은 천하의 이익이다'라는 것의 뜻을 풀이하였다. 近按, 右皆言交際之義. 蓋自'天子受命'以下至此, 是言君臣朋友相報之事, 以釋'報利'之意也.

### 10-1[표기 45]

공자가 말하였다. "옛날 삼대의 명철한 왕들은 모두 천지의 신명神明을 섬기면서 거북점(卜)과 시초점(筮)을 사용하지 않은 경우가 없었고, 자기의 사사로운 설만褻慢한 것으로 상제上帝를 섬기지 않았다. 그러므로 제사의 일시日時를 범하여 지내지 않았고, 점을 쳐서 얻은 거북점괘와 시초점괘의 결과를 어겨서 지내지 않았다. 거북점과 시초점은 서로 이어서 치지 않는다."

子言之. "昔三代明王, 皆事天地之神明, 無非卜·筮之用, 不敢以其私褻事上帝. 是以不犯日月, 不違卜·筮. 卜·筮不相襲也."

**集說** '서로 이어서 치지 않는다'는 것은 설명이 「곡례상曲禮上」(10-7)에 보인다. ○ 유씨劉氏는 말한다. "이 단락의 경문에서는 천지신명을 섬기는 것이 복서의 운용 아닌 것이 없음을 말하고 또 대사大事에는 제사지내는 시일이 정해져 있음을 말하였다. 여씨呂氏(여대림呂大臨)는 '동지와 하지에 천지에 제사를 드리고 사시四時에 기운을 영접하는 제사는 사립四立[38]에 행한다. 제사 날짜를 점을 쳐 물어야 하는 다른 제사는 이들 동지와 하지 그리고 사립四立 등 본래 정해진 날에 지내서는 안 된다. 이것이 아니라면 그 밖의 것은 복서卜筮의 결과를 어겨서는 안 된다'라고 한다. 그러나 「곡례하曲禮下」(10-2)에서는 '대향大饗의 경우에는 점(卜)을 치지 않는다'고 하였고, 『주례』「천관天官·태재大宰」에 '오제五帝에게 제사를 지낼 때는 제사 날짜를 점친다. 천지天地에게 제사를 드릴 때도 또한 이와 같이 한다'고 하였다. 「태복大卜」에 '종묘 제사(大祭祀)를 지낼 때 점을 칠 거북 뼈를 종백宗

伯에게 보이고 거북뼈에 점을 칠 내용을 고한다'고 하였다. 『춘추春秋』 노魯나라 예에 또한 '교제郊祭의 날짜를 점을 쳤다'는 기록이 있고,[39] 「교특생郊特牲」(4-11)에 '교제에서 신일辛日을 쓴다'는 말이 있다. 이것들은 대개 서로 어긋나서 아직 정설이 없다. 또 '거북점(卜)과 시초점(筮)은 서로 이어서 치지 않는다. 대사大事의 경우에 거북점을 치고 소사小事의 경우 시초점을 친다'는 것과 관련해서, 『서서書』 「홍범洪範」에 '거북점이 따르고 시초점이 따르며, 거북점은 따르고 시초점은 거스른다'는 말이 있고, 『주례』 「서인筮人」에는 '나라의 큰일에는 시초점을 먼저 치고 거북점을 뒤에 친다'고 하였고, 「태복大卜」에는 '모든 작은 일에는 (직접 점을 치지 않고) 점을 치는 것을 감독한다'고 하였다. 또한 '외사外事에는 강일剛日을 제사일로 택하고, 내사內事에는 유일柔日을 제사일로 택한다'는 것과 관련해서 「교특생」(4-1)에 '사제社祭는 갑일甲日(십간十干 중 갑甲이 들어간 날)을 택한다'고 하고 『서서書』 「소고召誥」에 '정사丁巳일에 교제郊祭를 드리고, 무오戊午일에 사제를 드렸다'고 하였고, 「낙고洛誥」에는 '무진戊辰일에 증제烝祭를 지냈다'고 하였다. 이와 같은 것들은 모두 예가禮家의 설과 합치하지 않으니, 합일시킬 수 있는 방법을 모르겠다. 잠시 보류해두고 아는 사람을 기다린다." '不相襲', 說見「曲禮」.

○ 劉氏曰: "此段經文言事天地神明, 無非卜筮之用, 而又云大事有時日. 呂氏以爲, '冬夏至祀天地, 四時迎氣用四立[40]. 他祭祀之當卜日者, 不可犯此素定之日. 非此則其他自不可違卜筮也.' 然「曲禮」止云, '大饗不問卜', 『周官』 「太宰」 '祀五帝卜日, 祀大神祇[41]亦如之.' 「太卜」 '大祭祀眡高命龜.' 『春秋』魯禮又有卜郊之文, 「郊特牲」又有'郊用辛'之語. 是蓋互相牴牾, 未有定說. 又如'卜筮不相襲. 大事卜小事筮', 而「洪範」有'龜從筮從, 龜從筮逆'之文, 「筮人」有'凡國之大事, 先筮而後卜', 「太卜」又'凡小[42]事, 涖卜.' 又如'外事用剛日, 內事用柔日', 而「特牲」'社, 用甲', 「召誥」'丁巳郊, 戊午杜', 「洛誥」'戊辰烝祭歲.' 凡此皆不合禮家之說, 未知所以一之也. 姑闕以俟知者."

**權近** 살피건대, 이 경문은 다시 주제를 바꾸어 복서卜筮와 신을 섬기는 일을 말한 것이다. 近按, 此又更端以言卜筮事神之事.

## 10-2[표기 46]

(공자가 말하였다.) "대사大事에는 정해진 일시日時가 있다. 소사小事에는 정해진 일시가 없고, 일이 있을 때마다 점을 친다. 외사外事에는 강일剛日을 제사일로 택하고, 내사內事에는 유일柔日을 택한다. 점을 쳐서 얻은 거북점괘와 시초점괘의 결과를 어겨서 지내지 않는다." 공자가 말하였다. "희생과 예악과 제수가 갖추어져 있다. 그러므로 귀신에게 해를 끼침이 없고 백성들에게 원망을 듣는 일이 없다."

"大事有時日. 小事無時日, 有筮. 外事用剛日, 內事用柔日. 不違龜·筮." 子曰: "牲牷·禮樂·齊盛, 是以無害乎鬼神, 無怨乎百姓."

**集說** '대사大事'는 큰 신(大神)[43]에게 제사지내는 것이다. '소사小事'는 작은 신(小神)에게 제사지내는 것이다. '외사外事는 강일剛日을 쓰고 내사內事는 유일柔日을 쓴다'는 내용은 「곡례상」(10-7)에 보인다. 문맥을 살펴볼 때, '불위구서不違龜筮(점친 결과를 어기지 않는다) 네 글자는 '생전례악제성牲牷·禮樂·齊盛(희생과 예악과 제수가 갖추어져 있다)는 구절 다음에 있어야 옳다. 거북점괘와 시초점괘의 결과에 일체 따르기 때문에 귀신鬼神과 인간의 마음이 모두 순조로운 것이다. ○ 황씨는 말한다.[44] "희생과 예악과 제수가 항상됨이 있으므로 저승에 있어선 귀신에게 해를 끼침이 없으니 제사를 폐하

표기 | **137**

지 않는다는 말이고, 이승에 있어선 백성에게 원망을 듣는 일이 없으니 모두 올바르게 재물을 바친다는 말이다." '大事', 祭大神也. '小事', 祭小神也. '外剛內柔', 見「曲禮」. 詳文理, '不違龜筮'四字, 當在'牲牷禮樂齊盛'之下. 以其一聽於龜筮, 故神人之心皆順也. ○ 黃氏曰: "牲牷·禮樂·齊盛有常, 故幽則無害乎鬼神, 言不廢祀也, 明則無怨乎百姓, 言皆正供也."

**權近** 살피건대, '자성齊盛(제수) 아래 응당 빠진 문장이 있다. 近按, '齊盛'之下當有缺文.

---

### 10-3[표기 47]

공자가 말하였다. "후직后稷이 제사를 지낼 때는 (제사음식을 많이 진설하지 않아) 갖추기가 쉬웠다. 그 언사言辭는 공순하고 바라는 것은 검약하여, 그 녹록이 자손에게 미쳤다. 『시詩』에 '후직后稷이 처음 제사를 드림에 잘못과 회한이 거의 없었네. 그로써 복록이 오늘에까지 이르렀네'라고 하였다."

子曰: "后稷之祀易富也. 其辭恭, 其欲儉, 其祿及子孫. 「詩」曰, '后稷兆祀, 庶無罪悔. 以迄于今.'"

**集說** '부富'는 갖추어졌다는 뜻이다. '『시詩』'는 「대아大雅·생민生民」이다. '조兆'가 『시詩』에는 '조肇'로 되어 있는데 시작의 뜻이다. '오늘에까지 이르렀네'는 것은 그의 녹祿이 자손에게 미침을 밝힌 것이다. ○ 황씨는 말한다.45) "이부易富는 갖추기 쉬웠다는 말이다. 오직 공순하고 검약하면서 항상됨이 있었기 때문에 갖추기 쉬웠던 것이다." 富, 備也. 『詩』, 「大雅·生民」之篇. '兆'『詩』作肇, 始也. '以迄于今', 明其祿及子孫也. ○ 黃氏曰: "'易富', 謂易備.

惟恭儉而有常，是以易備也."

공자가 말하였다. "대인의 기물은 위엄이 있고 공경스럽다. 천자는 시초점을 치는 일이 없고, 제후에게는 수서守筮가 있다. 천자가 출정을 나가 도중에 일이 생기면 시초점으로 점을 친다. 제후는 자기의 나라가 아니면 시초점을 치지 않고, 궁실과 침실을 정할 때 거북점을 친다. 천자는 태묘의 자리에 대하여 거북점을 치지 않는다."
子曰: "大人之器威敬. 天子無筮, 諸侯有守筮. 天子道以筮. 諸侯非其國不以筮, 卜宅寢室. 天子不卜處大廟."

**集說** 거북과 시초라는 기물은 성인이 신도神道의 가르침을 기탁한 것이므로 '대인의 기물'이라고 한 것이다. 위엄과 공경으로 다루고 희롱하고 더럽혀서는 안 되므로 큰일에는 사용하고 작은 일에는 사용하지 않는다. 천자는 시초가 없고 오직 거북점을 사용한다. '길에서는 시초를 사용한다'(道以筮)는 것은 길을 나서 가는 도중에는 시초를 쓴다는 말이다. '수서守筮'는 나라에서 평소 간직하고 있다가 일이 있으면 사용하여 점을 치는 시초를 말한다. 거북점의 경우도 역시 '수구守龜'라고 한다. 『춘추좌씨전』에 "나라에 수구守龜가 있으니 어느 일인들 점치지 못하겠는가?"[46]라고 하였다. '자기의 나라가 아니면 시초점을 치지 않는다'는 것은 출행出行하여 다른 나라에 있을 때 길흉을 점쳐 묻는 것에 대하여 사람들이 의심스럽게 여기는 것을 원치 않기 때문이다. '택宅'은 거처라는 뜻이다. 제후가 출행하면 반드시 거처할 곳을 점치는데 다른 일이 있을까 염려해서이다. '태묘太廟'는 천

자가 반드시 거처해야 하는 곳이므로 점치지 않는다. ○ 황씨는 말한다.[47] "제후가 다른 나라에 갈 경우 다른 것을 점치는 일이 없고 오직 거처를 정할 때만 점을 친다. 천자의 경우에는 점을 칠 필요가 없으니, 오직 제후의 조묘祖廟에 거처하는 것을 일정한 원칙으로 삼는다." 龜·筮之爲器, 聖人所以寓[48]神道之敎, 故言'大人之器'也. 以其威敬而不敢玩褻, 故大事則用, 小事則否. 天子無筮, 惟用卜也. 而又云'道以筮'者, 謂在道途中, 則用筮也. '守筮', 謂在國居守, 有事則用筮也. 龜亦曰'守龜'. 『左傳』"國之守龜, 何事不卜?" '非其國, 不筮', 謂出行在他國, 不欲人疑其吉凶之問也. '宅', 居也. 諸侯出行, 則必卜其所處之地, 慮他故也. '太廟', 天子所必當處之地, 故不卜也. ○ 黃氏曰: "諸侯適他國, 無他卜, 惟卜寢室. 若天子, 則不待卜, 惟以處諸侯之祖廟爲常."

<br>

**10-5[표기 49]**

공자가 말하였다. "군자는 공경하는 일에는 제기祭器를 사용한다. 따라서 시일을 폐하지 않고 거북점과 시초점의 결과를 어기지 않으며 그로써 군장君長[49]을 공경스럽게 섬긴다. 그러므로 윗사람이 백성들을 모독하지 않고 아랫사람이 윗사람에게 무례하고 태만하지 않다."

子曰: "君子敬則用祭器. 是以不廢日月, 不違龜筮, 以敬事其君長. 是以上不瀆於民, 下不褻於上."

**集說** 그 예를 공경하므로 제기祭器를 사용하고 그 일을 공경하므로 거북점과 시초점으로 자문한다. '모독하지 않고', '무례하고 태만하지 않는다'는 것은 공경하기 때문이다. ○ 소疏에서 말한다. "군장君長을 공경스럽게 섬

간다'는 것이란 제후가 천자에게 조회를 하는 일이나 소국이 대국에 대해서 조빙朝聘하는 경우를 가리킨다. 敬其禮, 故用祭器, 敬其事, 故詢龜·筮. '不瀆'·'不褻', 以其敬故也. 疏曰: "'敬事君長', 謂諸侯朝天子及小國之於大國."

**權近** 살피건대, 이상은 모두 복서卜筮의 뜻을 풀이한 것이다. 近按, 右皆釋卜筮之意.

**1** 【분장】: 본 편의 章 표시는 권근의 按說에 기초해 역자가 편의상 붙인 것이다.

**2** 잠기어 ~ 드러난다 :『中庸章句』체제로 할 때, 33장에서 인용한 것이다. 이하「중용」의 인용문도 모두 마찬가지다.

**3** 과인에게 ~ 말씀드립니다 : 이 말은『의례』「燕禮」에 나온다.

**4** 진실로 ~ 없다 : 이 말은『논어』「里仁」에 나오는 말이다.

**5** 공자가 ~ 대답한 것 : 관련 내용은『논어』「述而」에 나온다. 진사패가 노나라 昭公이 예를 아느냐고 공자에게 묻자 공자는 예를 안다고 대답하였는데, 진사패는 소공이 同姓인 吳나라에서 부인을 맞이한 것을 들어 공자가 자기 나라 임금이라 편든다고 비판하였다. 공자는 나중에 그 소식을 전해 듣고 자신이 잘못하였음을 시인하고, 잘못이 밝혀져 다행이라고 하였다. '司敗'는 陳・楚 등 나라에서 법을 담당하는 관직 호칭으로 司寇와 같다. 陳司敗는 陳나라의 법을 담당하는 관리라는 뜻이며, 이름을 비롯해 인물의 상세한 사항은 미상이다.

**6** '직으로 ~ 갚는다' : 이 말은『논어』「憲問」에 나온다.

**7** 但 :『예기천견록』에는 '且'으로 되어 있으나『예기집설대전』에 따라 바로잡는다.

**8** 導 :『예기천견록』에는 '道'로 되어 있으나,『예기집설대전』에 따라 바꾼다.

**9** 단면 : 玄衣와 玄冕을 가리키며, 고대 제왕과 귀족의 예복에 속한다. 玄冕은 大冠이라고도 한다.「樂記」(전-9-1)에 "내가 현단복에 면관을 갖춰 입고 古樂을 들으면 눕게 될까 두려운데, 鄭과 衛의 음을 들으면 피곤한 줄을 모르겠습니다"(吾端冕而聽古樂, 則唯恐臥, 聽鄭衛之音, 則不知倦)고 한 부분의 정현 주에 "단은 현의다"(端, 玄衣也)라고 하였다. 공영달은 疏에서 "'단은 현의이다'라고 한 것은 현면을 두고 한 말이다. 무릇 冕服은 모두 그 제도가 정폭을 사용하는데, 소매가 2척 2촌, 소매부리가 1척 2촌이다. 그러므로 '端'이라고 칭하는 것이다"(云'端, 玄衣也'者, 謂玄冕也. 凡冕服, 皆其制正幅, 袂二尺二寸, 袪尺二寸. 故稱端也)라고 하였다.

**10** 곡물 : 粢盛은 제사에 사용하는 양식을 뜻한다.

**11** 울창주 : 제사에 사용하기 위해 기장(黍)으로 담근 香酒를 말한다.

**12** 편안하게 ~ 않는다 : 이 말은『맹자』「盡心上」에 나온다.

**13** 기쁨으로 ~ 잊는다 : 이 말은『주역』兌卦의 象傳에 나온다.

**14** 팔벽 : 의논을 거쳐 형벌을 감면해주는 8가지 범죄의 경우로『주례』에 나온다. 漢代에 八議로 명칭이 바뀌었으며, 삼국시대 魏에서 법전에 정식으로 포함시킨 이후 청대에 이르기까지 준행되었다.『주례』「秋官・小司寇」에 "8가지 법을 국법에 부칙으로 두어 형벌에 부속시킨다. 첫째, 친족이 죄를 범한 경우 의논한다. 둘째, 붕우가 죄를 범한 경우 의논한다. 셋째, 賢德이 있는 관리가 죄를 범한 경우 의논한다. 넷째, 技藝가 있는

관리가 죄를 범한 경우 의논한다. 다섯째, 공로가 있는 자가 죄를 범한 경우 의논한다. 여섯째, 신분이 높은 자가 죄를 범한 경우 의논한다. 일곱째, 國事를 위해 근로하다 죄를 범한 경우 의논한다. 여덟째, 신하의 신분이 아닌 자가 죄를 범한 경우 의논한다" (以八辟麗邦灋, 附刑罰. 一曰議親之辟. 二曰議故之辟. 三曰議賢之辟. 四曰議能之辟. 五曰議功之辟. 六曰議貴之辟. 七曰議勤之辟. 八曰議賓之辟)라고 하였다.

15 형벌을 ~ 낮추는 : 이 말은 『맹자』「梁惠王上」에 나온다.

16 설을 ~ 하고 : 이 말은 『맹자』「滕文公上」에 나온다.

17 의상, 배와 ~ 하는 것 : 관련 내용은 『주역』「繫辭下」에 나온다.

18 스스로 ~ 바친다 : 이 말은 比干이 微子에게 한 말로 『書』「微子」에 나온다.

19 농사를 ~ 바꾸었다 : 관련 내용은 『맹자』「萬章上」에 나온다. 伊尹이 처음에 농사를 짓고 지내며 湯의 초빙에 응하지 않다가 세 번 거듭해서 초빙하자 생각을 바꾸어 출사한 것을 말한다.

20 고종의 명을 ~ 현창한 : 『書』「說命」은 殷나라 高宗이 臣下 傳說에 命한 것을 기록한 것인데, 모두 세 편으로 하편에 다음과 같은 말이 나온다. "왕은 현신이 아니면 잘 다스리지 못하고, 현신은 왕이 아니면 밥을 먹지 못하니, 너는 너의 왕이 선왕을 잘 계승하도록 보필하여, 백성들을 영구히 편안케 하라. 부열이 배례하고 머리를 지면에 대고 '감히 천자의 아름다운 명령에 응하여 널리 현창하겠습니다'라고 하였다"(惟后, 非賢不乂, 惟賢, 非后不食, 其爾克紹乃辟于先王, 永綏民. 說拜稽首曰: '敢對揚天子之休命.') '對揚'은 곧 명령에 응하여 받아서 그 명령을 널리 펼친다는 의미다. 고대에서 보통 천자가 신하에게 명령을 내리거나 하사하는 바가 있을 경우 신하들이 답하여 감사를 표시하는 말로 쓰였다.

21 제환공과 ~ 이루고 : 『管子』를 가리킨다.

22 연소공의 ~ 있었던 것 : 연소공이 제나라를 이길 방책을 묻자 악의가 여러 제후국과 연합하여 공격해야 한다는 방책을 제시하였고, 연소왕은 그 건의를 받아들여 악의를 上將軍으로 임명하였고, 악의는 제후들과 연합전선을 펴서 제나라를 대파하였던 것을 말한다. 『戰國策』「燕二」와 『史記』「樂毅傳」에 관련 내용이 나온다.

23 영달하여 ~ 행하는 자 : 이 말은 『맹자』「盡心上」에 나온다.

24 선유는 ~ 보았는데 : 先儒는 鄭玄을 가리킨다. 정현의 주에 '利는 봉록의 포상을 뜻한다'라고 하였다.

25 우리 ~ 없다 : 이 말은 『맹자』「離婁上」에 나온다.

26 군주의 ~ 유도한다 : 이 말은 『맹자』「告子下」에 나온다.

27 말미암아 나아가는 것 : 이를 테면 사람은 문을 말미암아 들어가고 나간다. 곧 남이 벼슬에 나아가는 문의 역할을 자신이 한다는 것으로 천거하는 것을 뜻한다.

28 소덕이 ~ 부려진다 : 이 말은 『맹자』「離婁上」에 나온다.

29 계손씨와 맹손씨의 ~ 대우하면 : 이 말은 『논어』「微子」에 나온다. 齊景公이 공자를

등용하려고 하면서 적극적으로 대우하여 임용하지 않고 季孫氏보다는 밑으로 孟孫氏보다는 나은 지위로 적당히 대우하여 임용하려 하였던 것을 말한다. 결국 제경공은 등용하지 않았고 공자도 제나라를 떠났다.

**30** 번육이 ~ 떠나고 : 관련 내용은 『맹자』「告子下」에 보인다. "공자가 노나라의 司寇가 되었으나, 건의가 채택되지 않고, 제사를 지내고도 燔肉이 오지 않자 면관을 벗지도 않고 떠났다"(孔子爲魯司寇, 不用, 從而祭, 燔肉不至, 不稅冕而行)라고 하였다. 『맹자』에는 '膰'이 '燔'으로 되어 있으나 제사에 올린 고기로 같은 의미다.

**31** 영공이 진법에 ~ 떠났으니 : 관련 내용은 『논어』「衛靈公」에 보인다.

**32** 공자가 ~ 때문이다 : 관련 내용은 『맹자』「萬章下」, 「盡心下」 등에 보인다.

**33** 맹자가 ~ 때문이다 : 관련 내용은 『맹자』「公孫丑下」에 보인다.

**34** 일에 ~ 완성하는 이 : 이 말은 『논어』「述而」에 나온다.

**35** 천질과 ~ 천토 : 天叙와 天秩은 하늘이 정해준 질서와 제도를, 天命과 天討는 유덕한 자에 대한 하늘의 명령과 악행에 대한 하늘의 토벌을 뜻한다. 이 말들은 『書』「皐陶謨」에 나온다.

**36** 얼굴빛은 ~ 같다 : 이 말은 『논어』「陽貨」에 나온다.

**37** 사가 ~ 것이다 : 이 말은 『맹자』「盡心下」에 나온다.

**38** 사립 : 立春·立夏·立秋·立冬 등 네 절기를 말한다.

**39** 『춘추』 노나라 ~ 있고 : 『춘추곡량전』, 哀公 1년 조에 보인다.

**40** 立 : 『예기집설대전』과 위식의 『예기집설』에는 '丘'로 되어 있다.

**41** 祇 : 『예기집설대전』에는 '示'로 되어 있다.

**42** 小 : 『예기집설대전』에 빠져 있지만, 『주례』에 의거하여 보충한다.

**43** 큰 신 : 天神, 토지신(社) 그리고 사방 주요 산(四嶽)의 神을 말한다. 『三禮辭典』, 100쪽, '大神' 항목 참조.

**44** 황씨는 말한다 : 『禮記集說』에는 없는 내용으로 宋 黃震의 『黃氏日抄』에서 인용한 것이다.

**45** 황씨는 말한다 : 『禮記集說』에는 없는 내용으로 宋 黃震의 『黃氏日抄』에서 인용한 것이다.

**46** 나라에 ~ 못하겠는가? : 이 말은 『춘추좌씨전』, 昭公 5년 조에 나온다.

**47** 황씨는 말한다 : 『禮記集說』에는 없는 내용으로 宋 黃震의 『黃氏日抄』에서 인용한 것이다.

**48** 寅 : 『예기천견록』에는 '當'으로 되어 있으나 『예기집설대전』에 따라 바꾼다.

**49** 군장 : 공영달의 소에 따르면 君은 天子를 가리키고, 長은 소국의 제후가 대국의 제후에게 朝聘하는 경우 대국의 군주를 지칭한다.

# 치의
## 緇衣

양촌에 사는 후학 권근 지음

1.<sup>1)</sup>

## [치의 1]

공자가 말하였다. "군주가 되어서는 아랫사람이 섬기기가 쉽고 신하가 되어서는 군주가 알기 쉽다면, 형벌은 그쳐서 번거롭지 않게 된다."

子言之曰: "爲上易事也, 爲下易知也, 則刑不煩矣."

**集說** 여씨呂氏(여대림呂大臨)는 말한다. "윗사람이 신의를 좋아하면 백성 가운데 감히 진심(情)으로 하지 않는 사람이 없게 된다. '섬기기가 쉽다'는 것은 신의를 좋아하기 때문이다. '알기 쉽다'는 것은 진심(情)으로 하기 때문이다. 만약 윗사람이 엿보고 속이는 마음으로 백성을 대하면 백성도 엿보고 속이는 마음으로 윗사람을 대한다. 간사함과 속임이 생겨나면 형벌을 복잡하게 제정하여 집행하지 않고 싶어도 될 수가 없다." 呂氏曰: "上好信, 則民莫敢不用情. '易事'者, 以好信故也. '易知'者, 以用情故也. 若上以機心待民, 則民亦

以機心待其上. 姦生詐起, 欲刑之不煩, 不可得矣."

**權近** 　살피건대, 이 부분은 한 편의 대지이므로 편 안에 군주와 백성 상하
간에 지켜야할 의리를 모두 말하고 있다. 이 편에서 인용한 『시』와 『상서』
의 문장은 빠지고 잘못된 것이 더욱 많다. 近按, 此一篇之大旨, 故篇內皆言君民
上下相須之義. 此篇所引『詩』書』之文, 尤多缺誤矣.

## 2.

### ²⁻¹[치의 2]

공자가 말하였다. "어진 사람을 「치의緇衣」의 시처럼 좋아하고 악한 사람을 「항백巷伯」의 시처럼 미워한다면, 작위를 남발하지 않아도 백성들은 진실한 기풍을 흥기시키고, 형벌을 가하지 않아도 백성이 모두 복종한다. 「대아大雅」에 '문왕文王을 모범으로 삼으면, 모든 나라가 신복한다'고 하였다."

子曰: "好賢如「緇衣」, 惡惡如「巷伯」, 則爵不瀆而民作愿, 刑不試而民咸服. 「大雅」曰, '儀刑文王, 萬國作孚.'"

集說 '「치의緇衣」'는 정鄭나라 「국풍」의 첫 번째 편으로서 정나라 무공武公을 찬미한 시이다. '「소아小雅·항백巷伯」'은 시인寺人이 유왕幽王을 풍자한 시이다. '「대아大雅」'는 「문왕文王」 편이다. '국國'이 『시詩』에는 '방邦'으로 되어 있다. ○ 여씨呂氏(여대림呂大臨)는 말한다. "현자를 좋아하기를 반드시 「치의」의 시처럼 독실하게 하면 사람들이 임금이 진실로 현자를 좋아한다는 것을 알게 되어서 군이 작명爵命의 수數로 권하지 않아도 백성들이 스스로 진실한 마음을 내어 윗사람을 공경한다. 그러므로 '작위를 남발하지 않아도 백성들을 진실한 기풍을 흥기시킨다'고 한 것이다. 악한 사람을 미워하기를 반드시 「항백」의 시처럼 깊이 하면 사람들이 윗사람이 진실로 악한 사람을 미워한다는 것을 알게 되어서 군이 형벌을 가하지 않아도 백성은 스스로 두려워하고 복종한다. 그러므로 '형벌을 가하지 않아도 백성이 모두 복종한다'고 한 것이다. 문왕은 좋아하고 미워하는 것이 올바름을 얻어 한결같이 성실한 마음에서 나왔다. 그러므로 천하의 모범이 되어 덕이 아

랫사람들에게 신뢰를 받았던 것이다." '「緇衣」', 鄭「國風」首篇, 美鄭武公之詩. '「小雅·巷伯」', 寺人刺幽王之詩. '「大雅」', 「文王」之篇. '國'『詩』作'邦'. ○ 呂氏曰: "好賢, 必如「緇衣」之篤, 則人知上之誠好賢矣, 不必爵命之數勸, 而民自起愿心, 以敬上. 故曰'爵不瀆而民作愿'. 惡惡, 必如「巷伯」之深, 則人知上之誠惡惡矣, 不必刑罰之施, 而民自畏服. 故曰'刑不試而民咸服'. 文王好惡得其正, 而一出乎誠心. 故爲天下之所儀刑, 德之所以孚乎下也."

## 2-2[치의 3]

공자가 말하였다. "무릇 백성을 덕으로 가르치고 예로 가지런히 한다면, 백성은 바로잡는 마음을 가진다. 정령政令으로 가르치고 형벌刑罰로 가지런하게 하면, 백성은 달아나고 구차하게 빠져나가려는 마음을 가진다. 그러므로 백성의 군주가 된 자가 자식처럼 사랑해주면 백성들이 그를 친애하고, 신의로 결속시키면 백성이 배반하지 않으며, 공경함으로 다스리면 백성들이 순종하는 마음을 갖는다. 「보형甫刑」에 '삼묘三苗의 군주(苗民)는 선함(命)을 가지고 다스리지 않고 형벌로 통제하여, 단지 다섯 가지 잔혹한 형벌을 만들어 그것을 법이라고 불렀다'고 하였다. 이 때문에 백성들이 악덕惡德을 갖게 되고 드디어 그 후세를 단절하게 되었다."

子曰: "夫民敎之以德, 齊之以禮, 則民有格心. 敎之以政, 齊之以刑, 則民有遯心. 故君民者, 子以愛之, 則民親之, 信以結之, 則民不倍, 恭以涖之, 則民有孫心. 「甫刑」曰, '苗民匪用命, 制以刑, 惟作五虐之刑, 曰法.' 是以民有惡德, 而遂絶其世也."

集說 '돈遯'은 달아나고 구차하게 면하는 것을 가리킨다. ○ 응씨應氏는 말한다. "'명命'은 『서書』에 의거하여 '영靈'이 되어야 하니, '선善'의 뜻이다." ○ 석량왕씨石梁王氏는 말한다. "『논어』를 모방하여 이 말을 (위작하여) 한 것이지만, 뜻은 곧 부족하다"라고 하였다. '遯', 謂逃遯苟免也. ○ 應氏曰: "命'當依『書』作靈, '善也.'" ○ 石梁王氏曰: "倣『論語』爲此言, 意便不足."

## 2-3[치의 4]

공자가 말하였다. "아랫사람이 윗사람을 섬길 때에는 그 명령하는 바를 따르지 않고, 그 행하는 바를 따른다. 윗사람이 어떤 것을 좋아하면, 아랫사람은 반드시 군주보다 더 심하게 그것을 좋아함이 있다. 그러므로 윗사람은 좋아하고 미워하는 바를 사려 깊게 하지 않을 수 없다. 백성의 의표儀表가 되기 때문이다."

子曰: "下之事上也, 不從其所令, 從其所行. 上好是物, 下必有甚者矣. 故上之所好惡, 不可不愼也. 是民之表也."

集說 『대학』(37)에 "그 명령하는 것이 좋아하는 바와 다르니 백성이 따르지 않았다"고 하였다. 『大學』曰: "其所令, 反其所好, 而民不從."

## 2-4[치의 5]

공자가 말하였다. "우임금이 즉위한 지 3년 만에 백성이 인仁으로써 이르렀다. 어찌 (조정의 사람이) 반드시 모두가 인할 필요가 있겠는가? 『시詩』에 '빛나고 빛나는 태사太師 윤씨尹氏여! 백성들이 모두 그대를 우러러 바라보노라'라고 하였다. 「보형甫刑」에는 '(천자) 한 사람에게 선함(慶)²⁾이 있으면, 만백성이 그에 의지한다'고 하였고, 「대아大雅」에는 '왕자王者의 신뢰를 이루니, 천하 사람들이 법식으로 본받네'라고 하였다."

子曰: "禹立三年, 百姓以仁遂焉. 豈必盡仁? 『詩』云, '赫赫師尹! 民具爾瞻.' 「甫刑」曰, '一人有慶, 兆民賴之', 「大雅」曰, '成王之孚, 下土之式.'"

**集說** '어찌 (조정의 사람이) 반드시 모두가 인할 필요가 있겠는가?'라는 것은 반드시 조정에 있는 사람 모두가 어진 사람이어야 백성을 교화시킬 수 있는 것은 아니라는 뜻이다. 한 명의 어진 사람을 얻어 백성의 의표가 되면 천하 사람이 모두 어질게 된다. 이른바 "군주가 어질면 어질지 않은 사람이 없다"³⁾는 것이다. 이것이 우禹가 한 사람의 어진 군주로서 즉위한 지 3년 만에 백성이 모두 인으로써 통달하게 된 까닭이다. 그러므로 『시詩』와 『서書』을 인용하여 밝혔다. '『시詩』'는 「소아小雅·절남산節南山」이다. '혁혁赫赫'은 현달하고 성대한 모습이다. '사윤師尹'은 주나라의 태사太師 윤씨尹氏이다. '구具'는 모두(俱)라는 뜻이다. '「대아大雅」'는 「하무下武」로, 무왕武王이 왕자王者의 덕을 이루어 백성에게 신복을 받자 천하의 사람들이 모두 그를 법으로 삼았음을 말한 것이다. '豈必盡仁'者, 言不必朝廷盡是仁人而後足以化民也. 得一仁人爲民之表, 則天下皆仁矣. 所謂"君仁莫不仁"也. 此所以禹以一仁君立三年, 而百姓皆以仁遂. 故引『詩』·『書』以明之. 『詩』, 「小雅·節南山」之篇. '赫赫', 顯盛貌. '師尹', 周太師尹氏也. '其', 俱也. '「大雅」', 「下武」之篇, 言武王能成王者之德, 孚信于民, 而天下皆法式之.

## ²⁻⁵[치의 6]

공자가 말하였다. "윗사람이 인을 좋아하면 아랫사람은 인을 행하기를 남보다 앞서고자 다툰다. 그러므로 백성의 우두머리가 된 사람이 자신의 뜻을 명확히 밝히고 가르침을 바르게 하며 인을 존숭하여 자식처럼 백성을 사랑하면, 백성은 자신의 선을 행하여 윗사람을 기쁘게 하는데 힘을 다한다. 『시詩』에 '덕행으로 사람을 깨우치면 사방의 나라에서 순종하게 될 것이네'라고 하였다."

子曰: "上好仁, 則下之爲仁爭先人. 故長民者章志, 貞敎, 尊仁, 以子愛百姓, 民致行己以說其上矣. 『詩』云, '有梏德行, 四國順之.'"

**集說** '장지章志'는 내가 좋아하고 싫어하는 바가 어디에 있는지 명확히 밝힌다는 뜻이다. '정교貞敎'는 몸소 올바름으로써 이끈다는 뜻이다. 뜻을 두는 바와 가르치는 바가 인仁을 높이는 일이 아님이 없으며, 이것으로 백성을 사랑하는 도리로 삼기 때문에, 백성은 모두 자식처럼 사랑하는 마음에 감복하고 자신의 선을 행하여 그 윗사람을 기쁘게 하기에 힘쓰기를 마치 자식이 부모의 명을 따르는 것과 같이 한다. '『시詩』'는 「대아大雅·억抑」이다. '곡梏'은 『시詩』에 의거하여 '각覺'자가 되어야 한다. 덕행으로 사람을 깨우칠 수 있으면, 사방의 나라에서 모두 복종하게 된다는 뜻이다. '章志者, 明吾好惡之所在也. '貞敎'者, 身率以正也. 所志·所敎, 莫非尊仁之事, 以此爲愛民之道, 是以民皆感其子愛之心, 致力於行己之善而悅其上, 如子從父母之命也. '『詩』', 「大雅·抑」之篇. '梏'當依『詩』作覺. 言有能覺悟人以德行者, 則四國皆服從之也.

<sup>2-6</sup>[치의 7]

공자가 말하였다. "왕의 발언이 실과 같이 가늘어도, 그 말이 일단 나오면 인끈(綸)처럼 굵어진다. 왕의 발언이 인끈과 같아도, 그 말이 일단 나오면 상여줄(綍)처럼 굵어진다. 그러므로 왕王과 공公은 근거 없이 떠도는 말로 백성을 이끌지 않는다. 말은 되지만 행할 수 없으면 군자는 말을 하지 않는다. 행할 수 있지만 말이 되지 않는다면 군자는 행하지 않는다. 그렇게 하면 백성은 말을 하는 것이 행동보다 높게 하지 않고, 행동하는 것이 말보다 높게 하지 않게 된다. 『시詩』에 '그대의 용모와 행동거지를 선하고 신중하게 처신하여, 예禮의 격식(威儀)에서 벗어나지 않게 할지어다'라고 하였다."

子曰: "王言如絲, 其出如綸. 王言如綸, 其出如綍. 故大人不倡游言. 可言也不可行, 君子弗言也. 可行也不可言, 君子弗行也. 則民言不危行, 而行不危言矣. 『詩』云, '淑愼爾止, 不愆于儀.'"

集說 '윤綸'은 인끈(綬)으로서, 소疏에서는 "완전승宛轉繩[4]과 같다"고 하였다. '발綍'은 관을 끄는 굵은 줄이다. '위危'는 높다(高)는 뜻이다. 『시詩』는 「대아大雅·억抑」이다. '지止'는 용모와 행동거지(容止)이다. '건愆'은 벗어나다(過)는 뜻이다. ○ 여씨呂氏(여대림呂大臨)는 말한다. "'대인大人'은 왕王과 공公을 가리킨다. '유언游言'은 근거가 없고 일정하지 않은 말이다. 『역易』에 '선을 모함하는 사람은 그 말이 근거가 없다'[5]고 하였다. 남의 윗사람이 된 자가 정성스럽고 독실한 말로 이끌어도 천하 사람은 오히려 거짓을 말하여 윗사람을 속이는 경우가 있다. 만일 근거 없이 떠도는 말로 이끈다면 천하는 휩쓸리듯 허황되고 부유한 풍조가 일어날 것이니, 삼가지 않을 수

있겠는가? 말은 되지만 행할 수 없다면 말을 지나치게 하는 것이다. 행할 수 있어도 말이 될 수 없다면 행동을 지나치게 하는 것이다. 군자가 지나치게 말을 하지 않고 지나치게 행하지 않는다면 말과 행동이 중도에서 벗어나지 않는다. 백성은 장차 그것을 본받아 말을 하는 것이 감히 행동보다 높게 하지 않고, 않아 말을 하면 반드시 행할 수 있고, 행동하는 것이 말보다 높게 하지 않아 반드시 지속할 수 있는 도리를 행하게 된다." '編', 綬也, 疏云: "如綩轉繩." '綟', 引棺大索也. '危', 高也. 『詩』, 「大雅·抑」之篇. '止', 容止也. '嘗', 過也. ○ 呂氏曰: "'大人', 王·公之謂也. '游言', 無根不定之言也. 『易』曰, '誣善之人, 其辭游.' 爲人上者, 倡之以誠愨篤實之言, 天下猶有欺詐, 以罔上者. 苟以游言倡之, 則天下蕩然虛浮之風作矣, 可不愼乎? 可言而不可行, 過言也. 可行而不可言, 過行也. 君子弗言弗行, 則言行不越乎中. 民將效之, 言不敢高於行, 而言之必可行也, 行不敢高於言, 而必爲可繼之道也."

## 2-7 [치의 8]

공자가 말하였다. "군자는 사람을 말로 교화시키고 사람을 행동으로 경계시킨다. 그러므로 말을 하면 반드시 그 끝마치는 바를 생각하고 행동을 하면 반드시 그 가려지는 바를 살핀다. 그렇게 하면 백성은 말을 함에 삼가고 행동을 함에 신중히 한다. 『시詩』에 '그대 말하는 것을 신중히 하고, 그대 위의威儀(행동거지)를 공경히 할지어다'라고 하였고, 「대아大雅·문왕文王」에 '깊고 원대하신 문왕이여, 아! 계속 밝으시니 처신하는 바에 공경하고 편안하지 않은 바가 없으시네'라고 하였다."

子曰: "君子道人以言, 而禁人以行. 故言必慮其所終, 而行必稽
其所敝. 則民謹於言而愼於行. 『詩』云, '愼爾出話, 敬爾威儀',
「大雅」曰, '穆穆文王, 於緝熙敬止.'"

集說 '도道'는 교화하고 가르친다는 뜻이다. 사람을 말로 교화하면서도
반드시 끝마치는 바를 생각하는 것은 그 행동이 이르지 못하면 헛되고 사
기 치는 것이 됨을 걱정하기 때문이다. '금禁'은 삼가고 경계시킨다는 뜻이
다. 사람을 행동으로 경계시키면서도 반드시 그 가려지는 바를 상고하는
것은 그 행동의 일단이 혹 편벽될까 염려하기 때문이다. 이와 같이 하면
백성은 모두 말을 삼가고 행동을 신중하게 한다. '『시詩』'는 「대아大雅·억
抑」편이다. 「대아大雅·문왕文王」의 편에 대해서 주자朱子는 "'목목穆穆'은
깊고 원대하다는 뜻이다. '오於'는 감탄하고 찬미하는 말이다. '즙緝'은 계속
한다는 뜻이다. '희熙'는 밝다는 뜻이다. '경지敬止'는 처신하는 바에 공경하
고 편안하지 않음이 없다는 뜻이다"라고 말하였다. 두 번 인용한 『시詩』는
모두 말과 행동을 삼가는 증거가 된다. ○ 여씨呂氏는 말한다. "선을 행하
는 데에 진취적인 자도 그의 행동을 살펴볼 때 (행동이 그 말을) 감당하지
못하면 오히려 '광자'(狂)가 됨을 면치 못한다. 하물며 선을 행하지 않는 자
야 어떠하겠는가? 그러므로 '말을 하면 반드시 그 끝마치는 바를 생각한다'
고 한 것이다. 백이伯夷의 맑음(淸)과 유하혜柳下惠의 조화(和)도 그 행동의
일단에서는 오히려 '좁음'(隘)과 '공손하지 못함'(不恭)이 되었다.6) 그러므로
'행동을 하면 반드시 그 가려지는 바를 살핀다'고 한 것이다. 문왕의 덕은
또한 그 행동거지를 공경히 하는 데에서 벗어나지 않았을 뿐이다." 道, 化
誨之也. 道人以言, 而必慮其所終, 恐其行之不能至, 則爲虛誕也. '禁', 謹飭之也. 禁人以
行, 而必稽其所敝, 慮其末流之或偏也. 如是則民皆謹言而愼行矣. '『詩』', 「大雅·抑」之

篇.「大雅·文王」之篇, 朱子云: "穆穆', 深遠之意. '於', 嘆美辭. '緝', 繼續也. '熙',
光明也. '敬止', 無不敬而安所止也." 兩引『詩』, 皆以爲謹言行之證. ○ 呂氏曰: "進取於
善者, 夷考其行而不掩, 猶不免於'狂'. 況不在於善者乎? 故曰'言必慮其所終'. 夷·惠之
淸·和, 其末猶爲'隘'與'不恭'. 故曰'行必稽其所敝'. 文王之德, 亦不越敬其容止而已."

## 2-8 [치의 9]

공자가 말하였다. "백성의 우두머리가 된 자가 의복을 둘로 하지
않고 거동에 일정한 법도를 갖추고서 백성을 가지런히 한다면 백
성의 덕이 통일된다. 『시詩』에 '저 왕도의 선비여, 여우 갖옷이 누
렇고 누렇도다. 그 용모 바뀌지 않으며, 말을 할 때에는 문장이 있
네. 행동은 충성스럽고 신실함으로 귀결되니, 만백성이 바라보는
바일세'라고 하였다."

子曰: "長民者, 衣服不貳, 從容有常, 以齊其民, 則民德壹.『詩』
云, '彼都人士, 狐裘黃黃. 其容不改, 出言有章. 行歸于周, 萬民
所望.'"

**集說** 『시詩』는「소아小雅·도인사都人士」의 편이다. '주周'는 충성스럽고
신실하다(忠信)는 뜻이다. ○ 마씨馬氏(마희맹馬晞孟)는 말한다. "'여우 갖옷이
누렇고 누렇다'는 것은 그 옷을 입는다는 뜻이다. '그 용모 바뀌지 않는다'
는 것은 군자의 용모로 문식을 한다는 뜻이다. '말을 할 때에는 문장이 있
다'는 것은 군자의 말로써 이룬다는 뜻이다. '행동은 충성스럽고 신실함으
로 귀결된다'는 것은 군자의 덕으로 채운다는 뜻이다." '『詩』',「小雅·都人士」
之篇. '周', 忠信也. ○ 馬氏曰: "狐裘黃黃, 服其服也. '其容不改', 文以君子之容也.

'出言有章', 邃以君子之辭也. '行歸於周', 實以君子之德也."

## ²⁻⁹[치의 10]

공자가 말하였다. "윗사람이 되어서 아랫사람이 바라보고서도 알 수 있으며, 아랫사람이 되어서 윗사람이 칭술하여 기록하고 기억할 수 있다면, 군주는 그 신하를 의심하지 않고 신하는 그 군주에 대해 의혹을 가지지 않는다. 이윤伊尹이 태갑太甲에게 깨우쳐주면서 '제가 몸소 탕왕湯王과 더불어 모두 덕을 한결같이 함이 있었습니다'라고 하였다. 『시詩』에 '아름다운 군자여, 그 위의威儀가 한결같네'라고 하였다."

子曰: "爲上可望而知也, 爲下可述而志也, 則君不疑於其臣, 而臣不惑於其君矣. 尹吉曰, '惟尹躬及湯, 咸有壹德.' 『詩』云, '淑人君子, 其儀不忒.'"

**集說** 군주가 신하를 대할 때 겉과 속이 한결같다. 그러므로 '바라보고서도 알 수 있다'고 한 것이다. 신하가 군주를 섬길 때 한결같이 충성스런 마음에서 나오므로 그 맡아 하는 일을 모두 칭술하여 기록하고 기억할 수 있다. 이것이 상하 사이에 의심스럽지 않고 의혹되지 않는 까닭이다. '윤고尹告'는 이윤伊尹이 태갑太甲에게 깨우쳐준 글로서, 오늘날의 「함유일덕咸有一德」편의 문장이다. 『시詩』는 「조풍曹風·시구鳲鳩」의 편이다. 『서書』를 인용하여 군신이 서로 얻는 것을 논증하였고, 또 『시詩』를 인용하여 덕을 하나로 가지는 의리를 논증하였다. 君之待臣, 表裏如一. 故曰'可望而知'. 臣之事君, 一由忠誠, 其職業皆可稱述而記志. 此所以上下之間, 不疑不惑也. '尹告', 伊尹告太

甲之書也, 今「咸有一德」篇文. 『詩』, 「曹風·鳲鳩」之篇. 引『書』以證君臣相得, 又引
『詩』以證壹德之義.

## 2-10[치의 11]

공자가 말하였다. "나라를 가지고 있는 자가 선한 사람을 밝게 드
러내고 악한 사람을 병으로 여겨서 백성에게 두터움을 보여주면,
백성의 마음은 두 마음을 품지 않는다. 『시詩』에 '단정하고 공경히
네 직책을 받들어 이 정직한 도리를 좋아하라<sup>7)</sup>고 하였다."

子曰: "有國者章善癉惡, 以示民厚, 則民情不貳. 『詩』云, '靖共爾
位, 好是正直.'"

集說　정현의 판본에는 '장의章義'로 되어 있는데, 이제 『서書』에 '선善'으로
되어 있는 것에 따른다. ○ 여씨呂氏(여대림呂大臨)는 말한다. "'장章'은 밝다
(明)는 뜻이다. '단癉'은 병들다(病)는 뜻이다. 밝혀주면 곧 좋아하는 것이고,
병으로 여기면 곧 미워하는 것이다. 선한 사람이 두터운 곳에 있고, 악한
사람은 박한 곳에 있게 하는 것, 이것이 백성에게 두터움을 보여주는 방법
이다. 선을 좋아하고 악을 미워하는 구분이 명확히 정해지는 것이 백성의
마음이 두 마음을 품지 않는 방법이다. '『시詩』'는 「소아小雅·소명小明」이
다. 이를 인용하여 '선한 사람을 밝게 드러내는'(章善) 의리를 밝혔다." 鄭本
作章義, 今從『書』作善. ○ 呂氏曰: "'章', 明也. '癉', 病也. 明之, 斯好之矣, 病之,
斯惡之矣. 善居其厚, 惡居其薄, 此所以示民厚也. 好善惡惡之分定, 民情所以不貳也.
'『詩』', 「小雅·小明」之篇. 引之以明'章善'之義."

## 2-11[치의 12]

공자가 말하였다. "윗사람이 의심하면 백성은 의혹을 품고, 아랫사람이 알기 어려우면 군장君長은 수고롭기만 하다. 그러므로 백성의 군주 된 자가 좋아하는 선을 밝게 드러내서 백성에게 보여주어 풍속을 이루고 미워하는 악에 신중히 대처하여 백성의 지나침을 제어한다면, 백성은 의혹을 품지 않는다. 신하가 의리를 행하여 말을 중시하지 않으며 군주가 미치지 못하는 바로 끌어주지 않고 군주가 알지 못하는 바로 번거롭게 하지 않는다면, 군주는 수고롭지 않게 된다. 『시詩』에 '상제上帝가 떳떳한 도를 위반하고 어그러뜨리니, 백성이 모두 병들었네'라고 하였고, 「소아小雅」에 '공경함에 머무는 것이 아니라, 왕을 수고롭게 만들 뿐이네'라고 하였다."

子曰: "上人疑則百姓惑, 下難知則君長勞. 故君民者, 章好以示民俗, 愼惡以御民之淫, 則民不惑矣. 臣儀行, 不重辭, 不授其所不及, 不煩其所不知, 則君不勞矣. 『詩』云, '上帝板板, 下民卒癉', 「小雅」曰, '匪其止共, 惟王之邛.'"

集說 『시詩』는 「대아大雅·판판板」의 편이다. '판판板板'은 위반하고 어그러뜨린다는 뜻이다. '졸卒'은 모두(盡)의 뜻이다. '전(癉)'은 『시詩』에 '단癉'으로 되어 있는데, 병들다(病)는 뜻이다. 상제上帝를 빌어서 유왕幽王이 그 떳떳한 도를 위반하고 어그러뜨려서 백성들을 모두 병들게 하였음을 말한 것이다. '「소아小雅」'는 「교언巧言」이다. '공邛'은 병들다(病)는 뜻이다. 이 참소하는 사람은 공경함에 머무는 것이 아니라 한갓 왕의 병이 될 뿐임을 말한 것이다. 「판板」의 시는 군주 도리의 잘못을 논증한 것이고, 「교언巧言」의 시

는 신하 도리의 잘못을 논증한 것이다. ○ 여씨呂氏(여대림呂大臨)는 말한다. "군주의 힘으로 미칠 수 없는 것을 가지고 그 군주를 끌어주면 군주는 따르기 어렵고, 군주의 지혜로 알 수 없는 것을 가지고 그 군주를 번거롭게 하면 군주는 알아듣기가 어렵다. 한갓 따르기 어렵고 알아듣기 어려운 것을 하여 그 군주를 수고롭게 만들고 유익함이 없게 하는 것은 군주를 섬기는 방법이 아니다." ○ 방씨方氏(방각方慤)는 말한다. "백성에게 보여줄 때 진실함으로 하지 않으면 윗사람이 의심스러워한다. 의심스러워하면 백성이 어찌 그것을 느끼지 않는 것이 있겠는가? 군주를 섬길 때 충성으로 하지 않으면 아랫사람이 알기가 어렵다. 알기가 어려우면 우두머리가 어찌 수고롭지 않겠는가? 그 좋아하는 바의 선을 밝게 드러내주기 때문에 백성에게 보여서 풍속을 이룰 수 있다. 그 미워하는 바의 악을 신중히 대처하므로 백성을 제어하여 지나치지 않게 할 수 있다. 이와 같이 하면 위와 아래에서 의심스러워할 것이 없게 될 것이다. 그러므로 '백성은 의혹을 품지 않는다'고 한 것이다. 신하에게 모범으로 삼을 만한 행동이 있고 중시되는 바가 말에 있지 않다면, 무릇 행하는 바에 거짓된 행동이 없을 것이고, 말하는 바가 있다 해도 공허한 말이 없게 될 것이다." 『詩』', 「大雅·板」之篇. '板板', 反戾之意. '卒', 盡也. '瘵『詩』作瘅', 病也. 假上帝以言幽王反其常道, 使下民盡病也. '小雅', 「巧言」之篇. '卭', 病也. 言此讒人非止於敬, 徒爲王之卭病耳. 「板」詩, 證君道之失, 「巧言」詩, 證臣道之失也. ○ 呂氏曰: "以君之力所不能及, 而援其君, 則君難從, 以君之智所不能知, 而煩其君, 則君難聽. 徒爲難從·難聽, 以勞其君而無益, 非所以事君也." ○ 方氏曰: "示民不以信, 則爲上之人可疑. 可疑則百姓其有不惑者乎? 事君不以忠, 則爲下之人難知. 難知則君長其有不勞者乎? 章其所好之善, 故足以示民而成俗. 愼其所惡之惡, 故足以御民而不淫. 若是則上下無可疑者. 故曰'民不惑矣'. 臣有可儀之行, 而所重者不在乎辭, 則凡有所行者, 無僞行矣, 苟有所言者, 無虛辭矣."

²⁻¹²[치의 13]

공자가 말하였다. "정사가 행해지지 않고 가르침이 이루어지지 않
는 것은 작록의 시행이 선한 사람들을 권면하기에 부족하고 형벌
의 시행이 소인배를 부끄럽게 하기에 부족하였기 때문이다. 그러
므로 윗사람은 형벌을 남용하지 하고 작록을 경솔히 베풀어서는
안 된다. 「강고康誥」에 '너의 형벌을 공경히 밝혀라'라고 하였고, 「보
형甫刑」에 '형벌을 반포하여 백성을 인도하였다'고 하였다."

子曰: "政之不行也, 敎之不成也, 爵祿不足勸也, 刑罰不足恥也.
故上不可以褻刑而輕爵. 「康誥」曰, '敬明乃罰', 「甫刑」曰, '播刑
之不迪.'"

集說 ‘「강고康誥」'와 ‘「보형甫刑」'은 모두 『서書』 『주서周書』의 편명이다.
'피播'는 반포한다(布)는 뜻이다. '불不'자는 필요 없는 글자이다. 백이伯夷가
형벌을 반포하여 이 백성들을 인도하였음을 말하는 것이다. ○ 여씨呂氏(여
대림呂大臨)는 말한다. "정사가 행해지지 않고 가르침이 이루어지지 않는 것
은 윗사람이 작록을 명하고 형벌을 가하는 것이 마땅함을 잃은 데에서 말
미암은 것이다. 작록을 베푸는 것이 그 사람에게 적합하지 않으면 선인善
人을 권면하기에 부족하고, 형벌을 가하는 것이 그 죄에 적합하지 않으면
소인小人을 부끄럽게 하기에 부족하다. 이것을 두고 '형벌을 남용하고 작록
을 경솔히 베푼다'고 하는 것이다." ‘「康誥」'·‘「甫刑」', 皆『周書』. ‘播', 布也.
‘不'字衍. 言伯夷布刑以啓迪斯民也. ○ 呂氏曰: "政不行, 敎不成, 由上之人爵祿刑罰之
失當也. 爵祿非其人, 則善人不足勸, 刑罰非其罪, 則小人不足恥. 此之謂褻刑輕爵."

**2-13 [치의 14]**

공자가 말하였다. "대신이 군주의 친애와 신임을 받지 못하고 백성이 평안하지 못한 것은 신하의 군주에 대한 충성과 군주의 신하에 대한 공경이 부족하고 부귀함이 너무 넘치기 때문이다. 대신의 일을 맡아 다스리지 못하면 근신이 당파를 만든다. 따라서 대신을 공경하지 않을 수 없으니 그들은 백성의 의표儀表가 되기 때문이다. 근신을 조심하지 않을 수 없으니 그들은 백성들이 좇아서 행하는 본보기가 되기 때문이다. 군주가 소신으로 하여금 대신의 일을 도모하지 못하도록 하고, 원신으로 하여금 근신의 일을 말하지 못하도록 하고, 내신으로 하여금 외신의 일을 꾀하지 못하도록 한다면, 대신이 (써주지 않음을) 원망하지 않고 근신이 (임금을) 비난하지 않으며 원신(의 현명함)이 막히지 않게 된다. 섭공葉公은 유언(顧命)에서 '소신으로 하여금 대신들의 일을 망가뜨리지 못하도록 하고, 총애 받는 첩으로 하여금 엄숙하고 공경하여 예에 합당한 적부인을 헐뜯지 못하도록 하고, 총애 받는 신하로 하여금 엄숙하고 공경하여 예에 합당한 선비 곧 대부大夫와 경사卿士를 헐뜯지 못하도록 하라'라고 하였다."

子曰: "大臣不親, 百姓不寧, 則忠敬不足, 而富貴已過也. 大臣不治, 而邇臣比矣. 故大臣不可不敬也, 是民之表也. 邇臣不可不慎也, 是民之道也. 君毋以小謀大, 毋以遠言近, 毋以內圖外, 則大臣不怨, 邇臣不疾, 而遠臣不蔽矣. 葉公之顧命曰, '毋以小謀敗大作, 毋以嬖御人疾莊后, 毋以嬖御士疾莊士, 大夫·卿士.'"

**集說** 　대신이 친애와 신임을 받지 못하면 백성은 그 명령을 따르지 않는다. 그러므로 평안하지 못하다. 이는 신하의 충성이 군주에게 충분하지 못하고 군주의 공경이 신하에게 충분하지 못한 채, 한갓 부귀함만 너무 지나친 데에서 그렇게 된 것이다. 이로 말미암아 근신近臣의 무리가 서로 편을 지어 대신의 권한을 빼앗고 대신이 그 일을 다스릴 수 없도록 한다. 그러므로 대신을 공경하지 않아서는 안 되는 것은 그들이 백성이 우러러 본받는 의표儀表가 되기 때문이다. 근신을 조심하지 않아서는 안 되는 것은 군주의 좋아하고 싫어하는 바가 이들과 관련되고 백성들이 좇아서 길(道 본보기)로 삼기 때문이다. 군주가 소신으로 하여금 대신의 일을 도모하지 못하게 한다면 대신은 자신을 써주지 않는다고 원망하는 데에 이르지 않는다. 군주가 원신遠臣으로 하여금 근신의 일에 간여하지 못하도록 한다면 근신은 그 군주를 비난하는 데에 이르지 않는다. 안의 총신寵臣에게 사방에서 힘을 다하는 선비의 일을 꾀하지 못하게 한다면 원신遠臣의 현명함이 막히는 바가 없어서 위에 알려질 수 있을 것이다. '섭공葉公'은 초나라 섭현葉縣의 현윤縣尹 심저량沈諸梁으로서 자는 자고子高인데 공公을 참칭한 것이다. '고명顧命'은 죽음에 임해서 회고하는 말이다. '작은 도모로 큰일을 어그러뜨리지 말라'(毋以小謀敗大作)는 것은 소신의 꾀를 써서 대신의 하는 일을 망가뜨려서는 안 된다는 뜻이다. '질疾'은 헐뜯고 미워한다는 뜻이다. '장莊'은 바르다(正), 공경한다(敬)는 뜻과 같다. 군주가 바름을 취하여 더욱 공경하는 대상을 가리킨다. 大臣不見親信, 則民不服從其令. 故不寧也. 此蓋由臣之忠不足於君, 君之敬不足於臣, 徒富貴之大過而然耳. 由是邇臣之黨相比, 以奪大臣之柄, 而使之不得治其事. 故大臣所以不可不敬者, 以其爲民所瞻望之儀表也. 邇臣所以不可不愼者, 以君之好惡係焉, 乃民之所從以爲道者也. 人君不使小臣謀大臣, 則大臣不至於怨乎不以. 不使遠臣間近臣, 則近臣不至於疾其君. 不使內之寵臣圖四方宣力之士, 則遠臣之賢無所

壅蔽, 而得見知於上矣. '葉公', 楚葉縣尹沈諸梁, 字子高, 僭稱公. '顧命', 臨死回顧之言
也. '毋以小謀敗大作', 謂不可用小臣之謀而敗大臣所作之事也. '疾', 毁惡之也. '莊', 猶
正也, 敬也. 君所取正而加敬之謂也.

## 2-14[치의 15]

공자가 말하였다. "대인이 어진 이를 친애하지 않고 천한 자를 신
뢰하면, 백성이 이 때문에 친애할 사람을 잃게 되고 가르침이 이
때문에 번잡하게 된다. 『시詩』에 '저 사람이 법으로 삼고자 나를
찾을 때에는 마치 나를 얻지 못할까 염려하더니, (나를 얻고 나서
는) 나를 붙잡아 두고 대하는 것이 매양 마치 원수 대하듯 하고
나에게 힘을 쓰지 않는다'라고 하였고, 「군진君陳」에 '아직 성인聖人
을 보기 전에는 마치 보지 못할 듯이 하더니, 이미 성인을 보고
나서는 또한 성인을 잘 쓰지 않는다'라고 하였다."

子曰: "大人不親其所賢, 而信其所賤, 民是以親失, 而敎是以煩.
『詩』云, '彼求我則, 如不我得, 執我仇仇, 亦不我力', 「君陳」曰,
'未見聖, 若己弗克見, 旣見聖, 亦不克由聖.'"

**集說** 선한 사람을 친애하고 악한 사람을 멀리하는 것은 사람마음에 똑같
은 바로서, 이른바 "정직한 사람을 들어 부정한 사람들 사이에 두면, 백성
이 복종한다"[8]는 것이다. 이제 군주가 이미 현자를 친애하지 않기 때문에
백성 또한 그 윗사람을 친애하지 않아서 가르침과 명령이 한갓 번잡하기만
하고 유익함이 없는 것이다. 『시詩』는 「소아小雅·정월正月」로 저 소인이
처음 일을 주도할 때에는 나를 법으로 삼고자 찾아 오직 나를 얻지 못할까

걱정하더니만, 뒤에 뜻이 맞지 않게 되자 부질없이 나를 붙잡아 두면서, 마치 원수처럼 대하고 나에게 힘을 쓰지 않음을 말한 것이다. '구구仇仇'는 한 번만 원수로 대하는 것이 아니라 무슨 일이든 그 뜻에 어긋나지 않은 적이 없다는 뜻이다. '「군진君陳」'은 『서』「주서周書」의 편으로 아울러 인용하여 모두 현자를 친애하지 않는 증거로 삼은 것이다. 親善遠惡, 人心所同, 所謂"擧直錯諸枉則民服." 今君既不親賢, 故民亦不親其上, 教令徒煩無益也. 『詩』, 「小雅·正月」之篇, 言彼小人初用事, 求我以爲法, 則惟恐不得, 既而不合, 則空執留之, 視如仇讎然, 不用力於我矣. '仇仇'者, 言不一仇之, 無往而不忤其意也. '「君陳」', 「周書」, 兼引之, 皆爲不親賢之證.

## 2-15 [치의 16]

공자는 말하였다. "소인이 물에 빠지고 군자가 구설에 빠지고 대인大人이 백성에 빠지는 것은 모두 대수롭지 않게 여기고 함부로 대하는 것에 그 원인이 있다. 무릇 물은 사람에게 가까이 있어 사람을 빠지게 하고, 덕은 대수롭지 않게 여기기는 쉽지만 친애하기는 어려워 쉽게 사람을 빠뜨린다. 말은 남발하면 번거롭게 되고 내뱉기는 쉽지만 후회하여 수습하기는 어려워서 쉽게 사람을 빠뜨린다. 무릇 백성은 사람에 의해 가려져서 비루한 마음을 지니게 되고, 백성을 공경하는 것은 좋지만 업신여기면 안 되니 쉽게 사람을 빠뜨린다. 그러므로 군자는 삼가지 않을 수 없는 것이다."

子曰: "小人溺於水, 君子溺於口, 大人溺於民, 皆在其所褻也. 夫水近於人而溺人, 德易狎而難親也, 易以溺人. 口費而煩, 易出難悔, 易以溺人. 夫民閉於人而有鄙心, 可敬不可慢, 易以溺人. 故君子不可以不愼也."

**集說** '소인小人'은 백성이다. '닉溺'은 그것에 빠지게 된다는 것이다. 물은 부드러운 것이어서 사람이 가까이하기가 쉽다. 그러나 물의 덕은 비록 쉽게 대할 수 있지만 물의 형세는 가까이 친할 수 없는 것이어서, 험한 세를 잊고 경계할 줄 모르면 빠지게 된다. '군자君子'는 사와 대부를 가리킨다. 말과 행동은 군자의 추기樞機여서 우호와 적대가 모두 입으로부터 나온다. 자신으로부터 남발되면 다른 사람에게는 번거롭게 되며, 일단 입 밖으로 나가서 화禍를 초래하면 후회해도 소용없다. '대인大人'은 천자와 제후를 가리킨다. 나라는 백성 때문에 보존되기도 하고 또한 백성 때문에 망하기도 한다. 단지 정에 가려서 이치로 깨우치지 못하기 때문에 비루하고 통달하지 못하게 된다. 『서書』에서는 "두려워할 이는 백성이 아니던가!"[9]라고 하였으니, 이것이 백성을 업신여겨서는 안 되는 까닭이니, 버리고 보호하지 않으면 이반이 잇따르게 된다. 세 가지는 모두 대수롭지 않게 여기는 데에 있는 것이다. 그러므로 '군자는 삼가지 않을 수 없다'고 한 것이다. '小人', 民也. '溺', 爲其所陷也. 水爲柔物, 人易近之. 然其德雖可狎, 而勢不可親, 忘險而不知戒, 則溺矣. '君子', 士·大夫也. 言行君子之樞機, 出好興戎, 皆由於口. 於己費則於人煩, 出而召禍, 不可悔矣. '大人', 謂天子·諸侯也. 國以民存, 亦以民亡. 蓋惟其[10]蔽於情而不可以理喻, 故鄙陋而不通. 『書』言"可畏非民!", 此所以不可慢也, 棄而不保, 則離叛繼之矣. 三者皆在其所褻. 故曰'君子不可不愼也'.

## 2-16 [치의 17]

(공자가 말하였다.) "「태갑太甲」에 '그 명을 넘어뜨려 전복되어 망함을 스스로 초래하지 마십시오'라고 하였고, '우인虞人이 쇠뇌의 방아쇠를 당겨놓고 가서 화살의 끝이 그 법도에 맞는지 살핀 후에 화살을 발사하듯이 하십시오'라고 하였다. 「열명兌命」에 '입은 치욕을 야기하고, 갑옷과 투구는 병란을 일으킨다. 웃옷과 치마는 상자에 두고, 방패와 창은 먼저 자신의 몸을 엄격히 살핀다'고 하였다. 「태갑太甲」에 '하늘이 만든 재앙은 피할 수 있지만, 스스로 만든 재앙으로부터는 빠져나갈 수가 없다'고 하였다. 이윤은 태갑에게 고하면서 '이윤의 선조는【구본에는 '천天'으로 되어 있으나 『서』를 따른다】박亳의 서쪽 하나라의 서울에서, 선대 임금들이 충성스럽고 신실함으로 끝까지 잘 마치고 선대 신하들 또한 끝까지 잘 마치는 것을 보았습니다'라고 하였다."

"「太甲」曰, '毋越厥命, 以自覆也', '若虞機張, 往省括于度, 則釋.' 「兌命」曰, '惟口起羞, 惟甲冑起兵. 惟衣裳在笥, 惟干戈省厥躬.' 「太甲」曰, '天作孽, 可違也, 自作孽, 不可以逭.' 尹吉曰, '惟尹躬先【舊本作'天', 今從『書』】, 見于西邑夏, 自周有終, 相亦惟終.'"

**集說** '무毋'는 『서書』에는 '무無'로 되어 있다. 이윤은 태갑에게 '그 명을 넘어뜨려 전복되어 망함을 스스로 초래해서는 안 된다'고 고하였다. '우虞'는 우인虞人이다. '기機'는 쇠뇌의 방아쇠다. '괄括'은 화살묶음(矢括)이다. '도度'는 법도의 뜻으로 활 쏘는 사람이 기준으로 삼아서 응시하는 것이다. '석釋'은 발사한다(發)는 뜻이다. 우인虞人이 쇠뇌를 쏠 때 쇠뇌의 방아쇠를 당

기고 나서 반드시 가서 그 화살 끝이 법도에 맞는지 살핀 후에 발사하여 적중하지 않음이 없는 것처럼 한다는 뜻이다. 부열傳說이 고종高宗에게 고하면서 '언어는 몸을 문식하는 것으로 가볍게 발설하면 치욕을 야기하는 근심이 있고, 갑옷과 투구는 몸을 보호하기 위한 것으로 가볍게 동원하면 전쟁을 야기하는 근심이 있다. 의상衣裳은 덕 있는 사람에게 명하는 것[11]으로 삼가 상자에 두는 것은 가볍게 내려주는 것을 경계하는 것이다. 방패와 창은 죄를 지은 자를 토벌하기 위한 것으로 자신의 몸을 살피는 데에 엄격히 하는 것은 가볍게 동원하는 것을 경계하는 것이다'라고 하였다. '얼蘖'은 재앙의 뜻이다. '환逭'은 도망간다는 뜻이다. 하나라는 안읍安邑을 도읍으로 삼았는데, 박毫의 서쪽에 있다. 그러므로 '서읍하西邑夏'라고 한 것이다. 하나라의 『국어國語』에 "충성스럽고 신실한 것이 주周이다"라고 하였다. 하나라의 선왕은 충성과 신실함으로 끝까지 잘 마쳤기 때문에 그 보좌하여 돕는 신하 역시 끝까지 잘 마칠 수 있었다는 뜻이다. 무릇 네 번 『서書』를 인용한 것 전부 삼가지 않을 수 없다는 뜻을 밝힌 것이다. '毋', 『書』作無. 伊尹告太甲, '不可顚越其命, 以自取覆亡'. '虞', 虞人也. '機', 弩牙也. '括', 矢括也. '度'者, 法度, 射者之所準望. '釋', 發也. 言如虞人之射弩, 機旣張, 必往察其括之合於法度, 然後發之, 則無不中也. 傳說告高宗, 謂言語所以文身, 輕出則有起羞之患, 甲胄所以衛身, 輕動則有起戎之憂. 衣裳所以命有德, 謹於在笥者, 戒輕與也. 干戈所以討有罪, 嚴於省躬者, 戒輕動也'. '蘖', 災也. '逭', 逃也. 夏都安邑, 在毫之西. 故曰'西邑夏'. 『國語』曰: "忠信爲周." 言夏之先王以忠信有[12]終, 故其輔相者, 亦能有終也. 凡四引『書』, 皆明不可不愼之意.

**權近** 살펴건대, '길㖦'은 '고告' 자의 잘못이고 '천天'이 『서』에는 '선先'으로 되어 있다. 고문에서 '천天'은 선先으로 쓰고 또 천잧[13]으로도 쓰니, 모두 선先과 유사하다. 그 때문에 선을 천으로 잘못 쓴 것이다. 김이상金履祥은

『상서』를 해석하면서 '주周'를 '군君'으로 보았는데[14] 역시 고문에서는 '군君'과 '주周'가 서로 비슷하기 때문이다. 이제 이 장에서 고告를 길吉로 쓰고 선先을 천天으로 쓴 것을 보면 군君을 주周로 쓴 것 역시 분명하다. 近按, '吉', '告'字之誤, '天'『書』作先. 蓋古文天作先, 又作𡵂, 皆與先相似. 故先誤作天. 金氏釋『書』以'周'爲'君', 亦古文'君'周'相似也. 今以此章告作吉, 先作天觀之, 則君之作周亦以明矣.

## 2-17[치의 18]

공자가 말하였다. "백성은 군주로써 마음을 삼고 군주는 백성으로써 몸을 삼는다. 마음이 가지런하면 몸이 펴지고 마음이 엄숙하면 용모가 공경스러워진다. 마음이 좋아하면 몸은 반드시 편안하게 여긴다. 군주가 좋아하면 백성은 반드시 그것을 하고자 한다. 마음은 몸에 힘입어 온전해지고 또한 몸으로 인해 손상된다. 군주는 백성에 힘입어 존립하고 또한 백성으로 인해 망한다. 『시詩』에 '옛날 우리에게 선정先正이 계셨을 때는 그 말이 분명하고 맑아서 국가國家가 그로 인해 평안하고 도읍都邑이 그로 인해 이루어졌으며 서민庶民이 그로 인해 생존하였다. 누가 나라의 성법(國成)을 잡을 수 있겠는가? 스스로 정사를 다스리지 않아 백성을 모두 고달프게 만드네'라고 하였으며, 「군아君雅」에 '여름철 무덥고 비가 내리면 백성들은 원망을 한다. 겨울철 추우면 백성들은 또한 원망을 한다'고 하였다."

子曰: "民以君爲心, 君以民爲體. 心莊則體舒, 心肅則容敬. 心好之, 身必安之. 君好之, 民必欲之. 心以體全, 亦以體傷. 君以民存, 亦以民亡. 『詩』云, '昔吾有先正, 其言明且淸, 國家以寧, 都邑以成, 庶民以生. 誰能秉國成? 不自爲正, 卒勞百姓'. 「君雅」曰, '夏日暑雨, 小民惟曰怨資. 冬祁寒, 小民亦惟曰怨.'"

**集說** 이는 위(2-15) 문장 '대인大人이 백성에 빠진다'(大人溺於民)는 뜻을 이어서 말한 것이다. '석오유선정昔吾有先正' 이하 다섯 구절은 일시逸詩이며, 아래의 세 구절은 오늘날 「소아小雅・절남산節南山」에 보인다. 오늘날 어떤 사람이 국가의 성법을 잡고 지킬 것인가? 태사太師 윤씨尹氏가 실로 그것을 잡았지만 스스로 정사를 다스리지 않고 여러 소인배들을 신임하여 끝내 백성을 고달프게 만든다는 뜻이다. 「군아君牙」는 「주서周書」이다. '자資'는 『서書』에는 '자咨'로 되어 있다. 이는 옮겨 쓸 때 잘못 쓴 것이며, 아래에 다시 '자咨' 한 글자가 빠졌다. 정현은 『서書』의 문장을 정문定文으로 취하지 않고 '자資'를 '지至'(이르다)의 뜻으로 읽었다. 이제 『서書』에 따라 '자資' 자를 위 구절에 붙인다.15) ○ 방씨方氏(방각方慤)는 말한다. "'백성은 군주로써 마음을 삼는다'는 것은 좋아하고 싫어하는 것을 군주의 방식에 따른다는 뜻이다. '군주는 백성으로써 몸을 삼는다'는 것은 즐거워하고 슬퍼하는 것을 백성과 함께한다는 뜻이다. 몸은 비록 밖에서 쓰임을 이루지만, 그러나 마음이 시키는 바에서 말미암는다. 그러므로 '마음이 좋아하면 몸은 반드시 편안하게 여긴다'고 한 것이다. 마음은 비록 안에서 주인이 되지만, 그러나 몸이 보호하는 바에 힘입는다. 그러므로 '마음은 몸에 힘입어 온전해지고 또한 몸으로 인해 손상된다'고 한 것이다." 此承上文'大人溺於民'之意而言. '昔吾有先正'以下五句, 逸詩也, 下三句, 今見「小雅・節南山」之篇. 言今日誰人秉持國家之成法乎? 師尹實秉持之, 乃不自爲政, 而信任群小, 終勞苦百姓也. '「君牙」', 「周

書. '資', 『書』作咨. 此傳寫之誤, 而下復缺一'咨'字. 鄭不取『書』文爲定, 乃讀'資'爲 '至'. 今從『書』以'資'字屬上句. ○ 方氏曰: "'民以君爲心'者, 言好惡從於君也. '君以民爲 體'者, 言休戚同於民也. 體雖致用於外, 然由於心之所使. 故曰'心好之, 身必安之'. 心雖 爲主於內, 然資乎體之所保. 故曰'心以體全, 亦以體傷'."

## 2-18[치의 19]

공자가 말하였다. "아랫사람이 윗사람을 섬길 때에 몸이 바르지 않
고 말이 신실하지 않으면, 의리가 한결같지 않고 행동에 일정함이
없다." 공자가 말하였다. "말에 일의 증험이 있고 행동에 옛 법도가
있기에 살아서는 뜻을 빼앗을 수가 없고, 죽어서는 이름을 빼앗을
수가 없는 것이다. 그러므로 군자는 들은 것이 많아도 자문하여
바로잡아 지키고, 보고 새긴 것(志)이 많아도 질정을 하여 그것을
친숙히 하고, 정밀하게 알아도 요체를 장악하여 행한다. 「군진君陳」
에 '정교政敎를 세워 행할 때 너의 많은 사람들부터 헤아려 여러 사
람의 말이 같거든 행하라'라고 하였고, 『시詩』에 '아름다운 군자여,
그 위의威儀(행동거지)가 한결같네'라고 하였다."
子曰: "下之事上也, 身不正, 言不信, 則義不壹, 行無類也." 子曰:
"言有物而行有格也, 是以生則不可奪志, 死則不可奪名. 故君子
多聞, 質而守之, 多志, 質而親之, 精知, 略而行之. 「君陳」曰, '出
入自爾師虞, 庶言同', 『詩』云, '淑人君子, 其儀一也.'"

集說 '의리가 한결같지 않다'는 것은 따르기도 하고 위반하기도 함을 말
한다. '행동에 일정함이 없다'는 것은 선하기도 하고 그렇지 않기도 하다는

뜻이다. '「군진君陳」'은 『서書』의 편명으로, 정사를 도모하는 자는 정교政敎를 세워 행할 때, 많은 사람들과 함께 그 가부를 헤아려서 여러 사람의 견해 차이를 살피는 것을 거듭해야 한다는 말이다. '『시詩』'는 「조풍曹風·시구鳲鳩」의 편으로서, 이를 인용하여 의리의 한결같음과 행동의 일정함을 논증하였다. ○ 여씨呂氏(여대림呂大臨)는 말한다. "일의 증험이 있다면 실질을 놓치는 말이 아니요, 옛 법도에 맞는다면 법도를 넘는 행동이 없는 것이다. 하나로 귀일하여 그 무엇도 이를 변화시킬 수 없으며, 살아서도 이로 말미암고 죽어서도 이로 말미암기 때문에 뜻과 이름을 그 누구도 빼앗을 수 없는 것이다. '다문多聞'은 들은 바가 넓다는 뜻이다. '다지多志'는 많이 보고 새기는 것이다. '질質'은 바르게 한다(正)는 뜻이다. 감히 자신을 믿지 않고 여러 사람이 똑같이 여기는 바에 자문하여 바로잡은 후 쓰는 것이다. '지킨다'(守之)는 것은 가슴에 새겨서 잃지 않는다는 뜻이다. '가까이한다'(親之)는 것은 묻고 배우는 데 싫증내지 않는다는 뜻이다. 비록 많이 듣고 견식을 많이 가져서 그것을 얻었더라도 또 마땅히 정밀하게 생각해서 그 지극한 요체를 장악하여 행해야 한다. '약略'은 요체를 장악한다(約)는 뜻이다. 이는 모두 의리가 한결같고 행동이 일정한 도리다." '義不壹', 或從或違也. '行無類', 或善或否也. '「君陳」', 『書』, 言謀政事者, 當出入, 反覆與衆人共虞度其可否, 而觀庶言之同異也. '『詩』', 「曹風·鳲鳩」之篇, 引以證義壹行類. ○ 呂氏曰: "有物則非失實之言, 有格則無踰矩之行. 歸於一而不可變, 生乎由是, 死乎由是, 故志也·名也, 不可得而奪也. '多聞', 所聞博也. '多志', 多見而識之者也. '質', 正也. 不敢自信而質正於衆人之所同, 然後用之也. '守之'者, 服膺勿失也. '親之'者, 問學不厭也. 雖由多聞多知而得之, 又當精思以求其至約而行之. '略'者, 約也. 此皆義壹行類之道也."

## 2-19[치의 20]

공자가 말하였다. "오직 군자라야 그 올바른 사람을 좋아할 수 있다. 소인은 그 올바른 사람에게 해독을 끼친다. 그러므로 군자의 붕우는 동류同類의 군자이고 그가 미워하는 대상에는 일정함이 있다. 이 때문에 가까운 사람이 의혹을 품지 않고 먼 사람이 의심하지 않는다. 『시詩』에 '군자의 좋은 짝이네'라고 하였다."

子曰: "唯君子能好其正, 小人毒其正. 故君子之朋友有鄕, 其惡有方. 是故邇者不惑, 而遠者不疑也. 『詩』云: '君子好仇.'"

**集說** 구설에는 '정正'을 '필匹'(짝)의 뜻으로 읽었는데, 지금은 여씨의 설에 따라 본래 글자로 읽는다. 군자는 군자와 더불어 도를 같이하는 것으로 벗이 되고, 소인은 소인과 더불어 이익을 같이하는 것으로서 벗이 된다. 군자는 본래 그 도를 같이하는 벗을 좋아하고, 소인은 또한 그 이익을 같이하는 벗을 좋아하지 않은 적은 없으므로, 그 짝을 해친다고 말해서는 안 된다. 소인이 군자를 볼 때 마치 원수를 대하듯 하여, 항상 화를 끼치려는 마음을 지니고 있다. 이것이 이른바 '그 올바른 사람에게 해독을 끼친다'는 것이다. 군자가 좋아하는 사람은 그 합당한 사람이 아니면 될 수 없다. 그러므로 '붕우에게 동류同類가 있다'(朋友有鄕)고 한 것이다. 미워하는 것은 선인에게까지 미칠 수 없다. 그러므로 '그가 미워하는 대상에는 일정함이 있다'고 한 것이다. 앞 장(11)에서는 '선한 사람을 밝게 드러내주고 악한 사람을 병으로 여겨서 백성에게 두터움을 보여주면, 백성의 마음은 두 마음을 품지 않는다'고 하였다. 이제 좋아하고 싫어하는 것이 분명하여 백성의 마음이 하나로 귀결되기 때문에 가까이 있는 자가 의혹을 품지 않고 멀리 있는 자가 의심하지 않는 것이다. 『시詩』는 「주남周南·관저關雎」로 군자에게 어

질고 착한 짝이 있음을 말한 것인데, 이를 인용하여 도를 같이하는 벗을 논증한 것이다. 舊讀正爲'匹', 今從呂氏說讀如字. 蓋君子與君子, 以同道爲朋, 小人與小人, 以同利爲朋. 君子固好其同道之朋矣, 小人亦未嘗不好其同利之朋, 不當言毒害其匹也. 小人視君子如仇讎, 常有禍之之心. 此所謂毒其正也. 君子所好, 不可以非其人. 故曰'朋友有鄕'. 所惡不可以及善人. 故曰'其惡有方'. 前章言章善癉惡, 以示民厚, 則民情不貳. 今好惡旣明, 民情歸一, 故邇者遠者不惑不疑也. 『詩』, 「周南·關雎」之篇, 言君子有良善之仇匹, 引以證同道之朋.

공자가 말하였다. "빈천한 사람을 가볍게 끊고 부귀한 사람을 무겁게 끊는다면, 어진 사람을 좋아하는 것이 건실하지 못하고 악한 사람을 미워하는 것이 분명하지 못한 것이다. 사람들이 비록 '이익으로 하는 것이 아니다'라고 해도 나는 믿지 않겠다. 『시詩』에 '붕우가 서로 검속하는 바, 위의威儀(예의에 맞는 행동거지)로써 검속한다네'라고 하였다."

子曰: "輕絶貧賤, 而重絶富貴, 則好賢不堅, 而惡惡不著也. 人雖曰: '不利', 吾不信也. 『詩』云, '朋友攸攝, 攝以威儀.'"

集說 『시詩』는 「대아大雅·기취旣醉」이다. 붕우가 서로 검속하는 것은 위의威儀에 있음을 말하여 빈천과 부귀에 있지 않음을 깨우친 것이다. ○ 마씨馬氏는 말한다. "어진 사람은 부귀함이 마땅하지만 부귀한 사람이 반드시 모두 어진 것은 아니다. 악한 사람은 빈천함이 마땅하지만 빈천한 사람이 반드시 모두 악한 것은 아니다. 빈천한 사람에 대해서 가볍게 그를 끊

는다면 이는 어진 사람을 좋아하는 것이 견실하지 못한 것이다. 부귀한 사람에 대해서 무겁게 끊는다면 이는 악한 사람을 미워하는 것에 분명하지 못한 것이다. 이는 뜻이 이익에 있고 도에 있지 않은 것이다. 사람들이 비록 이익으로 하는 것이 아니라고 해도 나는 믿지 않겠다." '『詩』', 「大雅·旣醉」之篇. 言朋友所以相檢攝者, 在威儀, 以喻不在貧賤富貴也. ○ 馬氏曰: "賢者宜富貴, 而富貴者未必皆賢. 惡者宜貧賤, 而貧賤者未必皆惡. 於其貧賤, 而輕有以絶之, 則是好賢不堅也. 於其富貴, 而重有以絶之, 則是惡惡不著也. 是志在於利而不在於道. 人雖曰不利者, 吾不信也."

## 2-21 [치의 22]

공자가 말하였다. "사사로운 은혜는 덕에 합치하지 않으니, 군자는 자신을 그곳에 두지 않는다. 『시詩』에 '나를 좋아하는 사람이여, 나에게 큰 길로 보여줄지어다'라고 하였다."

子曰: "私惠不歸德, 君子不自留焉. 『詩』云, '人之好我, 示我周行.'"

**集說** 위 문장(2-20)에서는 좋아하고 미워하는 것이 모두 공적인 도를 따라야 함을 말하였다. 그러므로 이곳에서는 사람들이 나에게 사적인 은혜를 베푸는 일이 있지만 덕의德義의 공적인 것에 합치되지 않으니, 군자는 결코 자기에게 머물게 하지 않음을 말하였다. 『시詩』는 「소아小雅·녹명鹿鳴」이다. '주행周行'은 큰 길(大道)의 뜻이다. 나를 좋아하는 사람은 나에게 큰 길로 보여주기만 할 것을 말한 것이다. 이를 인용하여 사사로운 은혜에 마음을 두지 않음을 밝혔다. 上文言好惡皆當循公道. 故此言人有私惠於我, 而不合於德義之公, 君子決不留之於己也. 『詩』, 「小雅·鹿鳴」之篇. '周行', 大道也. 言人之好愛我

者, 示我以大道而已. 引以明不留私惠之義.

## 2-22[치의 23]

공자가 말하였다. "만일 수레가 있다면 반드시 그 가름대(軾)를 보게 된다. 만일 옷이 있다면 반드시 그 해진 곳을 보게 된다. 사람이 만일 말을 한다면 반드시 그 소리를 듣게 된다. 만일 행하는 사람이 있다면 반드시 그 이루는 것을 보게 된다. 「갈담葛覃」에 '옷을 입음에 싫어함이 없다'고 하였다."

子曰: "苟有車, 必見其軾. 苟有衣, 必見其敝. 人苟或言之, 必聞其聲. 苟或行之, 必見其成. 「葛覃」曰, '服之無射.'"

**集說** 여씨呂氏(여대림呂大臨)는 말한다. "이는 이 물건이 있으면 반드시 이 일이 있음을 말한 것이다. 수레에 올라 예를 갖추어야 할 때는 가름대(軾)에 의지하여야 한다. 가름대(軾)가 있다면 수레가 있는 것이니, 수레가 없다면 어디에 의지해서 인사(式16))를 하겠는가? 옷을 오래 입으면 반드시 해진다. 그러나 옷이 있은 후에 해질 수 있으니, 옷이 없다면 무슨 해질 일이 있겠는가? 말에는 반드시 소리가 있고 행동에는 반드시 결과가 있는 것도 이와 같은 것이다. 대체로 성誠(진실함)은 사물의 처음과 끝이니, 진실하지 않으면 성립되는 것이 없다. 「갈담葛覃」을 인용하여 실제로 이 옷이 있어야 오래도록 입으면서 싫어함이 없을 수 있다는 것을 말하였다." 呂氏曰: "此言有是物, 必有是事. 登車而有所禮, 則憑軾. 有軾則有車, 無車則何所憑而式之乎? 衣之久必敝. 有衣然後可敝, 無衣則何敝之有? 言必有聲, 行必有成, 亦猶是也. 蓋誠者, 物之終始, 不誠無物. 引「葛覃」, 言實有是服, 乃可久服而無厭也."

공자가 말하였다. "말이 이치에 순조로우면서 그 말을 실행한다면 말은 문식하는 말이 될 수 없다. 행동이 이치에 순조로우면서 그 행동을 말한다면 행동은 문식하는 행동이 되지 않는다. 따라서 군자는 말을 적게 하고 행동으로 그 신실함을 이루므로 백성은 그 아름다움을 크게 부풀리고 그 악을 축소할 수 없다. 『시詩』에 '흰 홀(白圭)의 흠은 오히려 갈 수 있지만, 이 말의 흠은 어떻게 할 수가 없네'라고 하였고, 「소아小雅」에 '미더운 군자여, 참으로 크게 이루었네'라고 하였고, 「군석君奭」에 '옛날에 상제께서 은나라에 형벌을 내리고 문왕의 덕을 거듭 권면하여 그 몸에 큰 명命이 모이게 하였다'라고 하였다."

子曰: "言從而行之, 則言不可飾也. 行從而言之, 則行不可飾也. 故君子寡言而行, 以成其信, 則民不得大其美而小其惡. 『詩』云, '白圭之玷, 尙可磨也, 斯言之玷, 不可爲也', 「小雅」曰, '允也君子, 展也大成', 「君奭」曰, '在昔上帝, 周田觀文王之德, 其集大命于厥躬.'"

**集說** '종從'은 순조롭다는 뜻으로, 이치에 순조로운 것을 가리킨다. 말이 이치에 순조로우면서 그 말을 실행하면 말은 쓰일 수 있어서 문식하는 말이 안 된다. 행동이 이치에 순조로우면서 그 행동을 말하면 행동은 일컬어질 수 있어서 문식하는 행동이 안 된다. 말 하는 것을 부끄러워하지 않으면 실행하는 것이 어렵다. '말을 적게 하면서 행동한다'는 것은 말하는 것은 어눌하게 하지만 행동에 옮기는 것은 민첩하게 한다는 뜻이다. '그럼으

로써 그 신실함을 이룬다'는 것은 말과 행동이 모두 망령되지 않음을 가리킨다. '그 아름다움을 크게 부풀린다'는 것은 명예를 구하는 것이고, '그 악을 축소한다'는 것은 잘못을 문식하는 것으로 모두 말이 만들어내는 것이다. 군자는 말을 적게 하여 가르침을 보이므로 백성이 이와 같이 될 수 없다. 『시詩』'는 「대아大雅‧억抑」이다. '점玷'은 이지러진다(缺)는 뜻이다. '「소아小雅」'는 「거공車攻」이다. '윤允'은 미덥다(信)는 뜻이다. '전展'은 참으로(誠)의 뜻이다. 「군석君奭」'은 「주서周書」로서, 옛날에 상제가 은나라에 형벌을 내리고 거듭 문왕의 덕을 장려하고 권면하여 그 몸에 큰 명이 모이게 하여 천하를 소유하게 하였음을 말한 것이다. 「억抑」의 시는 말을 문식해서는 안 됨을 논증한 것이고, 「거공車攻」의 시는 행동을 문식해서는 안 됨을 논증한 것이고, 『서書』를 인용한 것 역시 문왕이 실제로 이 덕을 갖고 있었음을 말한 것이다. '從', 順也, 謂順於理也. 言順於理而行之, 則言爲可用, 而非文飾之言矣. 行順於理而言之, 則行爲可稱, 而非文飾之行矣. 言之不怍, 則爲之也難. '寡言而行, 卽訥於言而敏於行之意. '以成其信, 謂言行皆不妄也. '大其美'者, 所以要譽, '小其惡'者, 所以飾非, 皆言之所爲也. 君子寡言, 以示敎, 故民不得如此. 『詩』, 「大雅‧抑」之篇. '玷', 缺也. '「小雅」', 「車攻」之篇. '允', 信也. '展', 誠也. '「君奭」', 「周書」, 言昔者上帝, 降割罰于殷, 而申重奬勸文王之德, 集大命於其身, 使有天下. 「抑」詩, 證言不可飾, 「車攻」詩, 證行不可飾, 引『書』, 亦言文王之實有此德也.

공자가 말하였다. "남방 사람의 말에 '사람이 일정함이 없으면 그런 상태로는 복서卜筮(거북점과 시초점)를 할 수 없다'라고 한 말이 있다. 옛 사람이 남긴 말일 것이다. 거북(龜)과 시초(筮)도 오히려 알 수 없는데, 하물며 사람이야 어떻겠는가? 『시詩』에 '우리 거북 이미 싫어하여, 나에게 도모한 바를 알려주지 않네'라고 하였다. 「열명兌 命」에 '(군주가 제사를 지내면서) 작명爵命을 하사하는 것이 악덕惡 德을 지닌 사람에게까지 미쳐서는 안 된다. 백성이 장차 세워서 바른 것으로 삼을 것이다. 일이 모두 그러한 데에도 제사를 드리는 것은 귀신을 공경하지 않는 것이다. 일이 공경함이 없고 자주하면 어지러워진다. 그렇게 하여 귀신을 섬기면 복을 얻기 어렵다'라고 하였다. 『역易』에 '그 덕을 일정하게 가지지 않으면 혹 욕됨을 당하는데 나아간다', '그 덕을 일정하게 하면 곧으니,17) 부인은 길하고 남자(夫子)는 흉하다'라고 하였다."

子曰: "南人有言曰, '人而無恒, 不可以爲卜筮.' 古之遺言與. 龜 筮猶不能知也, 而況於人乎? 『詩』云, '我龜旣厭, 不我告猶.' 「兌 命」曰, '爵無及惡德. 民立而正. 事純而祭祀, 是爲不敬. 事煩則 亂. 事神則難.' 『易』曰, '不恒其德, 或承之羞.' '恒其德偵, 婦人 吉, 夫子凶.'"

**集說** 『논어』에 "무의巫醫가 될 수 없다"18)라고 하였는데, 이것은 무당(巫) 이 되고 의원(醫)이 된다는 뜻이다. 이 경문에서는 '복서卜筮를 한다'고 하였는데 이것은 거북점과 시초점으로 점을 쳐서 구한다는 것이다. '거북(龜)과 시초(筮)도 알 수 없다'는 것은 일정함이 없는 사람에 대해서는 거북과 시초와 같이 미래를 미리 내다보는 것도 또한 그 길흉을 확정해줄 수 없는데, 하물며 사람이야 어떻겠는가라고 말한 것이다. '『시詩』'는 「소아小雅・소민

小旻」이다. '유猶'는 도모한다는 뜻이다. 복서卜筮로 점을 치는 것을 공경함이 없이 자주하면 거북도 역시 싫어하여 도모한 바의 길흉을 더 이상 알려 주지 않음을 말한다. '『역易』'은 「항恒」괘 셋째 효와 다섯째 효의 효사이다. '승承'은 나아간다는 뜻이다. 부인의 덕은 한 사람을 따라서 마치기 때문에 길하다. 남자(夫子)는 의리를 제정하기 때문에 부인을 따르면 흉하다. ○ 응씨應氏는 말한다. "「열명兌命」을 인용한 것에 잘못이 있다. 현재의 『서書』 「열명說命」의 문장에 의거해야 한다." ○ 풍씨馮氏(풍의馮椅)는 말한다. "이 편은 성현의 말을 모방한 것이 많지만, 이치가 순정하지 못하고 의리도 미흡한 것이 많다." 『論語』言"不可以作巫醫", 是爲巫爲醫. 此言'爲卜筮', 乃是求占於卜筮. '龜筮猶不能知', 言無常之人, 雖先知如龜筴, 亦不能定其吉凶, 況於人乎? '『詩』', 「小雅·小旻」之篇. '猶', 謀也. 言卜筮煩數, 龜亦厭之, 不復告以所謀之吉凶也. '『易』', 「恒」卦三五爻辭. '承', 進也. 婦人之德, 從一而終, 故吉. 夫子制義, 故從婦則凶也. ○ 應氏曰: "引「兌命」有誤. 當依今『書』文." ○ 馮氏曰: "此篇多依倣聖賢之言, 而理有不純, 義有不足者, 多矣."

**1** 【분장】 : 본 편의 章 표시는 권근의 按說에 기초해 역자가 편의상 붙인 것이다.

**2** 선함 : 공영달의 소에 "慶은 선함이다. '한 사람'은 천자이다"('慶', 善也. '一人', 天子也) 라고 하였다. 공영달의 해석에 따라 번역하였다.

**3** 군주가 ~ 없다 : 이 말은 『맹자』「離婁下」에 나온다.

**4** 완전승 : 중국 남북조시대에 북방의 부녀자들이 단오절에 허리띠에 차던 사람 모양으로 꼬아 엮은 끈이다. 『漢語大詞典』 참조.

**5** 선을 ~ 없다 : 이 말은 『주역』「繫辭下」에 나온다.

**6** 백이의 ~ 되었다 : 관련 내용은 『맹자』「盡心下」에 보인다.

**7** 단정하고 ~ 좋아하라 : 이 시는 「表記」(8-3)에도 유사한 형태로 인용되어 있다. 그곳의 진호 집설에 따라 번역하였다.

**8** 정직한 ~ 복종한다 : 이 말은 『논어』「爲政」에 보인다.

**9** 두려워할 ~ 아니던가! : 이 말은 『書』「大禹謨」에 나온다.

**10** 其 : 『예기천견록』에는 '不'로 되어 있으나 되어 있으나 『예기집설대전』에 따라 바꾼다.

**11** 의상은 ~ 명하는 것 : 고대에 爵命을 명할 때 그 상징으로 그 작명에 해당하는 의상을 하사하였다. 관련 내용은 「玉藻」 등에 나온다.

**12** 有 : 『예기천견록』에는 '爲'로 되어 있으나 『예기집설대전』에 따라 바꾼다.

**13** 兂 : 天의 古字이다.

**14** 김이상은 ~ 보았는데 : 『尙書注疏』 卷7, 「考證」에 보인다.

**15** 정현은 『서』의 ~ 붙인다 : 정현은 경문 가운데 「君雅」에서 인용한 "小民惟曰怨資冬祁寒"를 "小民惟曰怨, 資冬祁寒"로 구절을 나누고 '資'를 '至'(이르다) 자가 발음이 비슷하여 잘못 쓰인 것이라고 보았다. 공영달은 정현이 당시 "小民惟曰怨咨冬祁寒"로 되어 있는 『古文尙書』「君牙」를 보지 못하였기 때문에 그와 같은 설을 제시한 것이라고 해석하였다. 진호는 공영달의 설을 취하여 『尙書』의 문장을 정문으로 삼고 "小民惟曰怨資, 冬祁寒"로 구절을 나누어 이해한 것이다.

**16** 式 : 수레에 탄 사람이 가름대(軾)를 잡고 몸을 약간 굽혀 경의를 표하는 인사방식이다. 軾은 수레 앞쪽에 잡거나 의지할 수 있도록 만든 가름대를 가리킨다. 대부는 수레 위에서 式을 하여 경의를 표하고 士는 수레에서 내려와 경의를 표한다. 「曲禮上」(9-8)에 관련 내용이 나온다. 『三禮辭典』, 354쪽, '式' 항목 참조.

**17** 그 덕을 ~ 곧으니 : 이것은 『周易傳義』에 따라 해석한 것이다. 정현의 주에 따르면, '그 덕을 일정하게 하여 바른 길을 묻는 것'은 정도의 의미가 된다.

**18** 무의가 ~ 없다 : 이 말은 『논어』「子路」에 나온다.

예기천견록 제24권

# 분상
## 奔喪

양촌에 사는 후학 권근 지음

살피건대, 이 편은 문장은 간략하지만 일은 잘 갖추어져 있고 절차가 매우 분명하다. 「문상」·「복문」·「간전」·「삼년문」 등의 편은 모두 뒤섞이지 않았다.

近按, 此篇文簡而事備, 節次甚明. 「問喪」·「服問」·「間傳」·「三年問」等篇, 皆不錯亂.

## [분상 1][1]

분상奔喪의 예에서 처음 친족(親)의 상을 듣게 되면, 곡哭으로 사자에게 답하며 슬픔을 다하고 상을 당한 연유를 물으며 또 곡을 하되 슬픔을 다한다. 드디어 떠나는데 하루에 백 리를 가지만 밤에는 이동하지 않는다. 다만 부모의 상에는 별을 보면서 떠나고 별을 보면서 머문다. 만약 떠날 수 없는 상황이라면 상복을 완성하여 갖춘 뒤에 떠난다. 타국을 지나다 그 나라의 경계에 이르면 곡을 하는데 슬픔을 다한 뒤에 멈춘다. 곡을 할 때에는 시장과 조정을 피한다. 멀리 자기 나라의 국경이 보이면 곡을 한다.

奔喪之禮, 始聞親喪, 以哭答使者, 盡哀, 問故, 又哭, 盡哀. 遂行, 日行百里, 不以夜行. 唯父母之喪, 見星而行, 見星而舍. 若未得行, 則成服而后行. 過國, 至竟哭, 盡哀而止. 哭辟市朝. 望其國竟哭.

集說 '처음 친족의 상을 듣는다'는 것은 오복의 친을 포괄해서 말한 것이다. '밤에는 이동하지 않는다'는 것은 환난을 피하기 위한 것이다. '떠날 수 없다'는 것은 예를 들면 군주의 명을 수행하는 중으로 사신의 직무가 아직 끝나지 않은 경우 등을 가리킨다. '시장과 조정을 피한다'는 것은 여러 사람들을 놀라게 하기 때문이다. '始聞親喪', 總言五服之親也. '不以夜行', 避患害也. '未得行', 若奉君命而使事未竟也. '辟市朝', 爲驚衆也.

## [분상 2]

집에 도착하면 문의 왼쪽으로 들어가 서쪽 계단으로 당에 올라가 빈궁殯宮의 동쪽에서 서쪽을 바라보며 앉아서 곡哭을 하는데 슬픔을 다하고, 머리를 묶고 단袒을 한다. 내려와 당 아래 동쪽의 자리로 나아가 서쪽을 향하여 곡을 하고 용을 한다(成踊). 서序의 동쪽에서 단袒을 하였던 것을 바로입고 질絰을 착용하며 효대絞帶를 착용한 뒤 빈賓의 자리로 되돌아와 빈에게 배례를 하고 용踊을 한다. 빈을 전송하고 자신의 자리로 되돌아온다.

至於家, 入門左, 升自西階, 殯東, 西面坐哭, 盡哀, 括髮袒. 降,
堂東卽位, 西鄕哭, 成踊. 襲絰于序東, 絞帶, 反位, 拜賓, 成踊.
送賓, 反位.

**集說** 이 경문은 아버지의 상에 분상하는 예禮를 설명한 것이다. 아들이
당에 오르고 내릴 때에는 조계阼階를 이용하지 않는다. 이제 아버지가 막
돌아가셨으므로 차마 살아 계실 때와 달리하지 못하기 때문에 들어갈 때
문의 왼쪽으로부터 서쪽 계단으로 올라간다. 집에 머물 때 부모가 돌아가
셨다면 비녀를 꽂고 머리싸개를 하며 소렴의 예가 끝나야 머리를 묶는다.
이 경문은 밖에서 돌아온 경우이다. 그러므로 곧바로 머리를 묶고 단袒(웃
옷을 벗어 어깨를 드러내는 것)을 한다. 정현鄭玄이 "이미 빈殯을 한 경우에는
자리가 당 아래에 있다"고 한 것은 이 분상이 빈殯을 한 후에 분상하는 경
우이기 때문이다. 그러므로 서쪽 계단에서 내려와 그 당 아래 동쪽의 자리
로 나아가는 것이다. '습襲과 질絰을 한다'는 것은 육단肉袒을 가리고 요질腰
絰을 착용한다는 뜻이다. '서동序東'은 당의 아래에 있으면서 당 위 담장의
동쪽을 마주한다는 뜻이다. 마대麻帶(요대)를 늘어뜨리지 않는 것은 또한 집
에 있을 때 상을 당한 경우의 절차와 달리하는 것이다. 이 경문에서의 효
대絞帶는 곧 '습襲과 질絰을 한다'고 할 때의 '질絰'이지 혁대를 형상한 효대
가 아니다. 질은 그 뜻이 무겁고 혁대를 형상한 효대는 그 뜻이 가볍다.
'자리로 돌아온다'(反位)는 것은 먼저 나아갔던 자리로 되돌아오는 것이다.
무릇 빈에게 배례를 할 때는 모두 빈의 자리로 나아가 배례를 하고, 배례가
끝나면 곧바로 자기의 자리로 돌아와 곡哭과 용踊을 한다. '성용成踊2)은 설
명이 앞에 나온다. 此言奔父喪之禮. 爲人子者, 升降不由阼階. 今父新死, 未忍異於
生, 故入門左, 升自西階也. 在家而親死, 則笄纚小斂畢, 乃括髮. 此自外而至. 故卽括

髮而袒衣也. 鄭云: "已殯者位在下", 此奔喪在殯後. 故自西階降而卽其堂下東之位也. '襲
経'者. 掩其袒而加要経也. '序東'者, 在堂下而當堂上序墙之東也. 不散麻者, 亦異於在家
之節也. 此絞帶, 卽'襲経'之経, 非象革帶之絞帶也. 経重, 象革帶之絞帶輕. '反位', 復
先所卽之位也. 凡拜賓, 皆就賓之位而拜之, 拜竟則反己之位而哭踊也. '成踊', 說見前.

---

## [분상 3]

늦게 도착한 빈객이 있을 경우, 빈객에게 배례拜禮를 하고 용踊을
하며 빈객을 전송하기를 모두 처음 도착해서 하였던 방식과 같이
한다. 중주인衆主人과 형제兄弟가 모두 빈궁殯宮의 문을 나간다. 빈
궁의 문을 나가면 곡을 그치고 빈궁의 문을 닫는다. 상례를 돕는
자가 고하면, 상주들은 상차喪次(의려倚廬)에 나아간다. 두 번째 곡을
할 때에는 머리를 묶고 단袒을 하고서 용을 한다. 세 번째 곡을 할
때에도 여전히 머리를 묶고 단袒을 하고서 용을 한다. 셋째 날(세
번째 곡을 한 다음 날) 성복을 하고, 이때에도 빈객이 있으면 빈객에
게 배례를 하고 전송하기를 모두 처음과 같이 한다.

有賓後至者, 則拜之, 成踊, 送賓, 皆如初. 衆主人兄弟皆出門.
出門哭止, 闔門. 相者告, 就次. 於又哭, 括髮袒, 成踊. 於三哭,
猶括髮袒, 成踊. 三日成服, 拜賓, 送賓, 皆如初.

**集說** '모두 처음과 같이 한다'(皆如初)는 것은 먼저 빈에게 나아가 배례하
고 용踊을 하며 그리고 빈을 전송하고 자신의 자리로 돌아오는 것 등이다.
'차次'는 의려倚廬로서 중문中門 밖에 있다. '두 번째 곡을 하는 것은 집에
도착한 이튿날의 아침이다. '세 번째 곡'은 또 그 이튿날의 아침이다. 모두

당에 올라 머리를 묶고 또 단袒을 하는데 처음 집에 도착했을 때처럼 한다. '셋째 날'은 세 번째 곡을 한 이튿날이다. '皆如初'者, 如先次之拜賓, 成踊, 與送賓反位也. '次', 倚廬也, 在中門外. '又哭', 明日之朝也, '三哭', 又其明日之朝也. 皆升堂而括髮且袒, 如始至時. '三日', 三哭之明日也.

## [분상 4]

분상하는 자가 상주가 아니면, 상주는 그를 대신해서 빈賓에게 배례를 하고 빈을 전송한다. 분상하는 자가 자최복 이하라면 문의 왼쪽으로 들어가 중앙 뜰에서 북쪽을 향해 곡哭을 하는데 슬픔을 다하며, 서序의 동쪽(序東)에서 문면과 요질腰絰을 착용하고, 곡위哭位에 나아가 단袒을 하고 상주와 함께 곡哭을 하고 용踊을 한다. 두 번째 곡과 세 번째 곡을 할 때 모두 문면을 착용하고 단袒을 하며, 빈객이 있을 경우 상주가 빈객에게 배례를 하고 빈객을 전송한다. 장부丈夫와 부인婦人이 분상하는 자를 맞이할 때에는 모두 아침저녁으로 곡哭을 하던 자리에서 곡을 하고 자리를 바꾸지 않는다.

奔喪者非主人, 則主人爲之拜賓送賓. 奔喪者, 自齊衰以下, 入門左, 中庭北面, 哭, 盡哀, 免·髽于序東, 卽位袒, 與主人哭成踊. 於又哭·三哭, 皆免, 袒, 有賓則主人拜賓送賓. 丈夫·婦人之待之也, 皆如朝夕哭位, 無變也.

集說 '상주가 아닌 경우'란 상주 이외의 혹은 가깝거나 혹은 먼 친속이라는 뜻이다. 그러므로 아래 문장에 '자최 이하는 또한 문의 왼쪽으로 들어가서 계단을 오르지 않고, 단지 중앙 뜰에서 북쪽을 향해 곡을 한다'고 한

것이다. '문免·마痲'는 머리에 문免을 착용하고 허리에 요질腰経을 착용한다는 뜻이다. 앞의 경문에서는 '序의 동쪽에서 습襲과 질絰을 한다'고 하였는데, 이 경문에서는 '序의 동쪽에서 문免을 착용하고 요질(痲)을 착용한다'고 하였다. 경중은 비록 다르지만 모두 당 아래 서序 담장의 동쪽이다. 무릇 단袒과 습襲은 같은 자리에서 하지 않는다. '맞이한다'는 것은 이 분상하러 오는 이를 맞이하는 것을 말한다. 그가 빈객이 아니기 때문에 곡哭을 하는 자리를 바꾸지 않는다는 뜻이다. '非主人', 其餘或親或疎之屬也. 故下云'齊衰以下, 亦入自門之左而不升階, 但於中庭北面而哭也'. '免·痲'謂加免于首, 加絰于要也. 上文言'襲絰于序東', 此言'免·痲于序東'. 輕重雖殊, 皆是堂下序墻之東. 凡祖與襲, 不同位也. '待之', 謂待此奔喪者. 以其非賓客, 故不變所哭之位也.

---

**[분상 5]**

어머니의 상에 분상할 때에는 서쪽을 향해 곡哭을 하는데 슬픔을 다하고, 머리를 묶고 단袒을 하며, 당을 내려와 동쪽의 곡위哭位로 나아가 서쪽을 향해 곡을 하고 용踊을 하며, 서序의 동쪽에서 습襲을 하고 문免과 질絰을 착용한다. 빈객에게 배례를 하고 빈객을 전송하는 것은 모두 아버지의 상에 분상하는 예와 같이 한다. 두 번째 곡을 할 때에는 머리를 묶지 않는다.

奔母之喪, 西面哭, 盡哀, 括髮, 袒, 降, 堂東卽位, 西鄕哭, 成踊, 襲·免·絰于序東. 拜賓·送賓, 皆如奔父之禮. 於又哭, 不括髮.

集說　아버지의 상에는 서序의 동쪽에서 습襲을 하고 질絰을 착용하는데, 이 경문에서 '序의 동쪽에서 습襲을 하고 문免과 질絰을 착용한다'고 하였

다. 즉 문을 더하는 것은 아버지의 상보다 가볍기 때문이다. ○ 소疏에서 말한다. "이 경문은 분상하는 이가 적자인 경우를 말한 것이다. 그러므로 '빈객에게 배례를 하고 빈객을 전송하는 것은 모두 아버지의 상에 분상하는 예와 같이 한다'고 한 것이다." 父喪襲経于序東, 此言'襲免経于序東'. 即加免, 輕於父也. ○ 疏曰: "此謂適子. 故云'拜賓·送賓, 皆如奔父之禮'也."

---

**[분상 6]**

부인婦人이 분상할 때에는 동쪽 측면에 난 계단으로 올라가 빈궁의 동쪽에서 서쪽을 향해 앉아서 곡哭을 하는데 슬픔을 다한다. 당의 서序 동쪽에서 북상투를 하고 곡위哭位에 나아가 상주와 번갈아가면서 용踊을 한다.

婦人奔喪, 升自東階, 殯東, 西面坐哭, 盡哀. 東髽, 卽位, 與主人拾踊.

集說 '부인婦人'은 고모·자매·딸을 가리킨다. '동계東階'는 동쪽 측면에 난 계단으로서, 조계가 아니다. 부인은 들어갈 때 위문闈門을 이용한다. 위문은 동쪽으로 난 쪽문이다. '동계'는 곧 「잡기하雜記下」(3-10)에서 말한 측계側階[3]이다. '좌髽'는 설명이 「상복소기」에 나온다.[4] '동좌東髽'는 당의 동쪽 서序에서 북상투를 한다는 뜻으로, 방에서 북상투를 하지 않는 것은 시집가지 않은 딸과 달리하는 것이다. '습拾'은 교대한다更는 뜻이다. 상주가 분상하러 온 부인과 번갈아 용을 하는 것은 빈객으로 대하는 것이다. '婦人', 謂姑·姊妹·女子子. '東階', 東面階, 非阼階也. 婦人入者, 由闈門. 闈門是東邊之門. '東階', 卽「雜記」所謂側階也. '髽', 說見「小記」. '東髽', 髽於東序, 不髽於房, 變於

在室者也. '拾', 更也. 主人與之更踊, 賓客之也.

[분상 7]

분상하는 자가 돌아간 분이 빈궁에 모셔져 있을 때까지 도착하지 못했을 경우, 먼저 묘에 가서 북쪽을 향해 앉아 곡을 하여 슬픔을 다한다. 분상하는 자를 맞이한 중주인衆主人들은 무덤의 왼쪽 자리로 나아가고 부인은 무덤 오른쪽의 자리로 나아가 용을 하여 슬픔을 다한다. (분상하러 온 적자는) 머리를 묶고 동쪽으로 상주의 자리로 나아간다. 질絰과 효대絞帶를 착용하고, 곡哭을 하고, 용踊을 하며, 빈객에게 배례를 하고, 자신의 곡위哭位로 되돌아와 용踊을 한다. 상례를 돕는 자(相)가 일이 끝났음을 고한다.

奔喪者不及殯, 先之墓, 北面坐哭, 盡哀. 主人之待之也, 卽位於墓左, 婦人墓右, 成踊, 盡哀. 括髮, 東卽主人位. 絰絞帶, 哭, 成踊, 拜賓, 反位, 成踊. 相者告事畢.

集說 '돌아간 분이 빈궁에 모셔져 있을 때까지 도착하지 못했다'는 것은 장례葬禮를 치른 후에 집에 도착했음을 뜻한다. 시신을 안치한 널이 이미 집에 있지 않다면 마땅히 먼저 무덤에 곡을 해야 한다. 이 경문에서 분상하는 자는 적자適子이다. 그러므로 분상하는 자를 맞이하는 중주인衆主人들은 부인과 함께 모두 묘소로 가서 좌우로 나누어진 묘소의 곡위哭位로 나아가고, 분상하러 온 적자는 머리를 묶고 동쪽 한 귀퉁이에서 그 상주의 자리로 나아간다. 예가 끝나면 상례를 돕는 자(相)가 일을 마쳤음을 고한다. '不及殯', 葬後乃至也. 尸柩旣不在家, 則當先哭墓. 此奔喪者是適子. 故其衆主人之

待之者與婦人, 皆往墓所, 就墓所分左右之位, 奔者括髮而於東偏, 卽其主人之位. 禮畢則
相者以畢事告.

## [분상 8]

드디어 흰색의 위모관委貌冠을 하고 돌아와서 빈궁殯宮의 문 왼쪽으
로 들어가 북쪽을 향해 곡을 하는데 슬픔을 다하며, 머리를 묶고
단을 하며, 용踊을 하고, 동쪽으로 곡위哭位에 나아간다. 빈객에게 배
례를 하고 용을 한다. 빈객이 나가면 상주가 배례를 하고 전송한다.
늦게 도착한 빈객이 있다면 그에게 배례를 하고, 용을 하며, 빈객
을 전송하는데 처음과 마찬가지로 한다. 중주인衆主人과 형제가 모
두 빈궁의 문을 나간다. 빈궁의 문을 나가면 곡을 그친다. 상례를
돕는 자가 고하면, 상주들은 상차喪次(의려倚廬)에 나아간다. 두 번째
곡을 할 때에는 머리를 묶고 용을 한다. 세 번째 곡을 할 때에도
여전히 머리를 묶고 용을 한다. 3일째 되는 날에 성복成服을 하고,
다섯 번째 곡을 마치면 상례를 돕는 자가 일이 끝났음을 고한다.
遂冠歸, 入門左, 北面哭, 盡哀, 括髮, 袒, 成踊, 東卽位. 拜賓, 成
踊. 賓出, 主人拜送. 有賓後至者, 則拜之, 成踊, 送賓, 如初. 衆
主人 · 兄弟皆出門. 出門哭止. 相者告, 就次. 於又哭, 括髮, 成
踊. 於三哭, 猶括髮, 成踊. 三日成服, 於五哭, 相者告事畢.

**集說** 드디어 관을 하고 돌아오는 것은 머리를 묶고 길에서 다닐 수 없기
때문이다. '관冠'은 흰색의 위모관委貌冠5)이다. '문으로 들어가고', '문을 나
간다'는 것은 모두 빈궁殯宮의 문을 가리켜 말한 것이다. '오곡五哭'은 처음

집에 도착했을 때에는 사자가 막 돌아갔을 때를 본뜨는 것으로 첫 번째 곡이 되고, 그 이튿날에는 소렴을 본뜨는 것으로 두 번째 곡이 되고, 또 그 이튿날에는 대렴을 본뜨는 것으로 세 번째 곡이 되고, 또 그 이튿날 성복을 하는 날이 네 번째 곡이 되고, 또 그 이튿날이 다섯 번째 곡이 된다. 이들 다섯 번 모두 아침의 곡으로 계산하고 저녁의 곡은 포함시키지 않는다. 정현鄭玄은 "시기가 지난 후에 도착한 경우 그렇다는 것이다. 그러므로 상례를 돕는 자는 일이 끝났음을 고하는 것이다. 만약 아직 기간이 지나지 않았다면 오히려 아침저녁으로 곡을 하고 다섯 번 하는 곡으로 마치지 않는다"고 하였다. 곡은 비록 다섯 번이지만 머리를 묶고 용을 하는 것은 세 번째 곡에서 멈춘다. 아래 경문에서 문免을 착용하고 용踊을 한다는 것도 마찬가지다. 遂冠而歸者, 不可以括髮, 行於道路也. '冠', 謂素委貌. '入門' '出門', 皆謂殯宮門也. '五哭'者, 初至象始死, 爲一哭, 明日象小斂, 爲二哭, 又明日象大斂, 爲三哭, 又明日成服之日, 爲四哭, 又明日爲五哭. 皆數朝哭, 不數夕哭. 鄭云: "旣期而至者則然, 故相者告事畢. 若未期, 則猶朝夕哭, 不五哭而畢也." 哭雖五而括髮成踊則止於三. 下文免成踊, 亦同.

[분상 9]

어머니 상에 분상하는 것이 아버지 상에 분상하는 것과 다른 점은 (묘소에서 돌아와 빈궁에 들어가 곡할 때) 한 차례 머리를 묶고 곡을 하고, 그 외에 곡을 할 때에는 줄곧 문免을 착용하여 분상奔喪의 예를 마친다는 것이다. 그 밖에는 아버지 상에 분상할 때의 예와 같다. 爲母所以異於父者, 壹括髮, 其餘免以終事. 他如奔父之禮.

集説 '한 차례 머리를 묶는다'(壹括髮)는 것은 묘소에서 돌아와 빈궁의 문에 들어가 곡을 할 때를 가리킨다. 이 경문에서 어머니 상에 분상하는 것이 아버지 상의 경우와 다른 점을 말한 것은 빈을 하기 전에 도착했든 빈을 한 후에 도착했든 그 차이가 똑같음을 밝힌 것이다. 疏曰: "壹括髮 謂歸入門哭時也. 及殯壹括髮, 不及殯亦壹括髮."

## [분상 10]

자최 이하의 상에 빈궁을 차리기 전에 도착하지 못하였다면 먼저 무덤에 가서 서쪽을 향하여 곡을 하는데 슬픔을 다하고, 동쪽에서 머리에 문免과 요질(腰)을 착용하고, 곡위哭位에 나아가 상주와 함께 곡을 하고, 용을 하고 습襲을 한다. 빈객이 있을 경우 상주가 대신하여 빈객에게 배례를 하고 빈객을 전송한다. 뒤늦게 도착한 빈객이 있을 경우 상주는 그에게 배례를 하는데 처음과 마찬가지로 한다. 상례를 돕는 자는 일이 끝났음을 고한다. 드디어 흰색의 위모威貌관을 쓰고 (묘소에서) 돌아와 빈궁殯宮의 문 왼쪽으로 들어가 북쪽을 향해 곡을 하는데 슬픔을 다하고, 문免을 착용하고 단袒을 하고서, 용踊을 하고 동쪽에서 곡위哭位에 나아가 빈객에게 배례를 하며 용踊을 한다. 빈객이 빈궁의 문을 나서면 상주가 배례를 하고 전송한다. 두 번째 곡을 할 때에 문免을 착용하고 단을 하며 용을 한다. 세 번째 곡을 할 때에도 여전히 문免을 착용하고 단을 하고 용을 한다. 3일째 되는 날에 성복을 하고, 다섯 번째 곡을 할 때에 상례를 돕는 자는 일이 끝났음을 고한다.

齊衰以下, 不及殯, 先之墓, 西面哭, 盡哀, 免·麻于東方, 卽位,
與主人哭, 成踊, 襲. 有賓則主人拜賓送賓. 賓有後至者, 拜之如
初. 相者告事畢. 遂冠歸, 入門左, 北面哭, 盡哀, 免, 袒, 成踊, 東
卽位, 拜賓, 成踊. 賓出, 主人拜送. 於又哭, 免, 袒, 成踊. 於三
哭, 猶免, 袒, 成踊. 三日成服, 於五哭, 相者告事畢.

**集說** 疏에서 말한다. "자최 이하로는 대공·소공·시마가 있는데, 기간
이 다르다. 예를 들면 장례葬禮를 치른 후에 3개월이 넘어서 분상하러 왔다
면, 대공 이상의 경우 묘소 동쪽에서 문免과 요질(麻)을 착용하고 3일째에
성복을 한다. 소공이나 시마의 경우에는 3일째에 성복이 있을 수 없다. 소
공 이하의 상에 대해서는 상기가 지난 후에 부고를 받았다면 복을 하지
않으므로(不稅) 추복追服(상기가 지나서 뒤늦게 상복을 하는 것)의 이치가 없다.[6]
만약 장례葬禮 후 장례 이전 기간까지 합하여 5개월이 차지 않았다면, 소공
상인 경우 또한 3일째에 성복을 한다. 시마상의 경우 상의 의절儀節에 임해
서 왔다면 또한 3일째에 성복을 할 수 있다. '동쪽에서 자리에 나아가고,
빈객에게 배례를 하며 용을 한다'고 했을 때의 '동쪽에서 자리에 나아간다'
(東卽位)는 것은 분상하는 자가 동쪽에서 곡위哭位에 나아가는 것을 가리키
고, '빈객에게 배례를 한다'(拜賓)는 것은 상주가 그를 대신해서 배례한다는
뜻이다. 이 분상하는 자는 상주가 그를 대신하여 빈객에게 배례를 할 때에
자신은 용을 한다." 또 말한다. "경문에서는 단지 '묘소 동쪽에서 문免과 요
질(麻)을 착용하고, 곡위哭位에 나아간다'고 하여 '단袒'을 칭하지 않았는데,
아래에서는 '용踊을 하고, 습襲을 한다'고 하였다. 습襲이라고 하면 단袒을
하는 이치가 이미 있는 것이다. 경문에서는 만약 '단袒'을 언급하면 자최

이하의 상에 모두 단을 하는 것으로 오해할 수 있으므로 '단袒'을 총괄해서 말할 수 없었던 것이다. 그러나 '습襲'을 칭한 것은 자최의 상은 무거워서 습을 하는 것이 허용되기 때문이다." 또 말하였다. "살펴보건대, 앞의 경문에서 아버지의 상에 분상할 때 '빈궁을 차리기 전에 도착하지 못하고', '두 번째 곡을 할 때에 머리를 묶고 용을 한다'고 하여 '단袒'을 언급하지 않았다. 이제 자최 이하의 상에 대해 경문에서는 두 번째 곡을 하고 세 번째 곡을 할 때 다시 '단袒'을 언급하였다. 그러므로 두 번의 '단袒'자는 필요 없는 글자임을 알 수 있다." 疏曰: "齊衰以下, 有大功·小功·緦麻, 月日多少不同. 若奔在葬後而三月之外, 大功以上, 則有免·麻東方, 三日成服. 若小功·緦麻, 則不得有三日成服. 小功以下不稅, 無追服之理. 若葬後通葬前未滿五月, 小功則亦三日成服. 其緦麻者, 止臨喪節而來, 亦得三日成服也. '東卽位, 拜賓, 成踊者, '東卽位'謂奔喪者於東方就哭位, '拜賓'則是主人代之拜. 此奔喪者當主人代拜賓時, 己則成踊也." 又曰: "經直言'免·麻于東方, 卽位', 不稱'袒', 而下云'成踊, 襲'. 襲則有袒理. 經若言'袒', 恐齊衰以下皆袒, 故不得總言'袒'. 而稱'襲'者, 容齊衰重得爲之襲也." 又[7]"按上文爲父不及殯, '於又哭括髮成踊', 不言'袒'. 今齊衰以下之喪, 經文於又哭·三哭乃更言'袒'. 故知二'袒'字衍文也."

## [분상 11]

부고를 듣고 분상할 수 없을 경우 곡哭을 하고 슬픔을 다한다. 돌아가신 연유를 묻고, 또 곡을 하는데 슬픔을 다한다. 이에 곡위哭位를 설치하고 머리를 묶고 단袒을 하며, 용踊을 하고, 습襲을 하고, 질絰과 효대絞帶를 착용하고 곡위哭位에 나아간다. 빈객에게 배례하고 자리로 돌아와 용을 한다. 빈객이 나가면 상주는 배례를 하고 문밖에서 전송하고 자리로 되돌아온다. 만약 늦게 도착한 빈객이 있다면 그에게 배례를 하고 용을 하고 빈객을 전송하는데, 처음과 같이 한다. 두 번째 곡을 할 때에 머리를 묶고 단을 하며 용을 한다. 세 번째 곡을 할 때에도 여전히 머리를 묶고 단을 하고 용을 한다. 3일째에 성복成服을 하고, 다섯 번째 곡을 할 때에 빈객에게 배례를 하고, 빈객을 전송하는데, 처음과 같이 한다.

聞喪不得奔喪, 哭, 盡哀. 問故, 又哭, 盡哀. 乃爲位, 括髮, 袒, 成踊, 襲, 絰, 絞帶, 卽位. 拜賓, 反位, 成踊. 賓出, 主人拜送于門外, 反位. 若有賓後至者, 拜之, 成踊, 送賓, 如初. 於又哭, 括髮, 袒, 成踊. 於三哭, 猶括髮, 袒, 成踊. 三日成服, 於五哭, 拜賓, 送賓, 如初.

**集說** 편 첫 장에서 '만약 떠날 수 없는 상황이라면 상복을 완성하여 갖춘 뒤에 떠난다'고 하였는데, 이 경문에서는 그 절차를 상세하게 설명한 것이다. 나머지는 앞 장에 보인다. 篇首言'若未得行, 則成服而后行', 此乃詳言其節次. 餘見前章.

[분상 12]

(분상하는 이가) 만약 상복이 끝난 후에 집에 돌아왔다면, 묘소에 가서 곡哭을 하고, 용踊을 하며, 묘소 동쪽 상주의 자리에 나아가 머리를 묶고, 단袒을 하고, 질絰을 착용하며, 빈객에게 배례를 하고,

용을 하며, 빈객을 전송하고, 자신의 자리로 돌아와 또 곡을 하는데 슬픔을 다하고, 드디어 복을 벗으며, 집에서는 곡을 하지 않는다. 상주가 분상하는 이를 맞을 때에는 평소의 길복을 그대로 착용하며, 분상하는 이와 함께 곡은 하지만 용은 하지 않는다.

若除喪而后歸, 則之墓, 哭, 成踊, 東括髮, 袒, 絰, 拜賓, 成踊, 送賓, 反位, 又哭, 盡哀, 遂除, 於家不哭. 主人之待之也, 無變於服, 與之哭, 不踊.

**集說** '단袒을 하고, 질絰을 착용한다'는 것은 단袒(웃옷의 겉옷을 벗고 어깨를 드러냄)을 하였다가 다시 습襲(웃옷을 벗고 어깨를 드러냈던 것을 가림)을 하고, 습을 한 상태에서 질絰을 착용하는 것이다. '수제遂除'는 묘소에서 복을 벗는다는 뜻이다. '상주는 의복에 변화가 없다'(主人無變於服)는 것은 집에서 상을 당한 자는 단지 평소 입고 있는 길복을 그대로 입는다는 뜻이다. 비록 분상하는 자와 무덤에서 곡을 하면서도 용을 하지 않는 것은 복을 벗어서 슬픔이 줄었기 때문이다. 그러므로 '분상하는 이와 함께 곡을 하지만 용은 하지 않는다'라고 한 것이다. '袒, 絰者, 袒而襲, 襲而加絰也. '遂除', 卽於墓, 除之也. '主人無變於服', 謂在家者但著平常吉服也. 雖與之哭於墓而不爲踊, 以服除哀殺也. 故云'與之哭不踊'.

## [분상 13]

자최 이하의 경우 달리하는 것은 문免을 착용하고 마로 만든 요질(麻絰)을 착용하는 것이다.

自齊衰以下, 所以異者, 免·麻.

集說 자최·대공·소공·시마의 상에서 복이 끝난 후에 분상하러 온 경우, 단지 묘소에서 머리에 문免을 착용하고 허리에 마로 만든 요질(麻絰)을 착용하며, 곡이 끝나면 곧 벗고 머리를 묶는 등의 의절은 없다. 그러므로 '달리하는 것은 문免을 착용하고 마로 만든 요질(麻絰)을 착용하는 것이다' 라고 한 것이다. 齊衰·大功·小功·緦之服, 其奔喪在除服之後者, 惟首免要麻絰於墓所, 哭罷卽除, 無括髮等禮也. 故云'所異者免·麻'.

## [분상 14]

무릇 (자신의 사적인 일로 곧장 분상하지 못하고) 곡위哭位를 설치하는 경우는 부모의 상이 아니며, 자최복 이하는 모두 곡위에 나아간다. 곡哭을 하며 슬픔을 다하고, 동쪽에서 문免과 질絰을 착용하며, 곡위에 나아가 단袒을 하고 용踊을 한다. 단을 했던 것을 가다듬어 입고(襲), 빈객에게 배례拜禮를 하고, 자신의 자리로 돌아와 곡을 하고, 용을 하고, 빈객을 전송하고, 자신의 자리로 돌아온다. 상례를 돕는 자가 고하면, 상주들은 상차喪次(의려倚廬)에 나아간다. 3일 동안 다섯 차례 곡을 하고, 마치면 상주가 나아가 빈객을 전송하고, 중주인衆主人과 형제는 모두 빈궁의 문을 나오고 나서 곡이 끝난다. 상례를 돕는 자는 일이 끝났음을 고한다. 성복成服을 하고, 빈객에게 배례한다. 만약 (타지에서 외상外喪의 부고를 듣고) 곡위를 설치한 이가 집이 멀다면 성복을 한 후에 분상한다.

凡爲位, 非親喪, 齊衰以下皆卽位. 哭, 盡哀, 而東免・絰, 卽位,
袒, 成踊. 襲, 拜賓, 反位, 哭, 成踊, 送賓, 反位. 相者告, 就次.
三日五哭, 卒, 主人出送賓, 衆主人兄弟皆出門, 哭止. 相者告事
畢. 成服, 拜賓. 若所爲位家遠, 則成服而往.

**集說** 신하가 군주의 명을 받들고 나갔다가 부모상의 부고를 받았다면 진실로 곡위哭位를 설치하고 곡哭을 하지만 그 밖의 경우에는 곡위를 설치할 수 없다. 이 경문에서 부모상이 아니라 자최상 이하의 경우로 또한 곡위를 설치할 수 있다고 한 것은 틀림없이 군주의 명을 받들고 나간 것이 아니라 개인적인 일로 아직 분상하지 못한 경우이다. 위에서 이 경문까지 '다섯 번의 곡'을 말한 것이 네 차례인데, 앞의 세 구절에서 '다섯 번의 곡'을 언급한 것은 모두 아침의 곡만을 계산했기 때문에 5일 만에 그쳤다. 다만 이 경문에서 말한 '3일 동안 다섯 차례 곡을 하고, 마친다'는 것은 처음 부고를 듣고 한 번 곡을 하고, 이튿날 아침과 저녁에 두 번 곡을 하고, 또 이튿날 아침과 저녁에 두 번 곡을 하는 것이다. 저녁의 곡을 함께 계산한 것은 개인적인 일로 일찍 마치고 빨리 분상을 하고자 하기 때문이다. 그러므로 '상주가 나아가 빈객을 전송한다'고 말한 것은 이미 분상을 하여 집에 도착했다면 상가의 상주가 그를 대신하여 나아가서 빈객을 전송한다는 의미다. 이른바 분상은 '분상하는 이가 상주가 아닌 경우, 상주가 분상하는 자를 대신해서 빈객을 전송한다'[8]는 것이 그것이다. '중주인衆主人과 형제'는 또한 집에 있으면서 상을 당한 자를 가리키고, '성복成服을 하고, 빈객에게 배례한다'는 것은 3일 동안 다섯 번 곡을 하고 마친 이튿날에 성복을 하며, 그 후에 빈객이 찾아오면 또한 빈객과 더불어 곡을 하고 그에게 배례함을

말한다. 앞의 두 구절에서는 다섯 번의 곡 후에 '빈객에게 배례한다'고 말하지 않은 것은 문장을 생략한 것이다. 만약 곡위哭位를 설치한 이의 집이 멀다면 성복한 후에 분상해도 또한 괜찮다. 외상外喪9)은 슬픈 마음이 급박하지 않으므로 (부의할 물건을) 마련하여 출발할 수도 있다. 人臣奉君命以出, 而聞父母之喪, 則固爲位而哭, 其餘不得爲位也. 此言非親喪而自齊衰以下, 亦得爲位者, 必非奉君命以出, 而爲私事未奔者也. 此以上言'五哭'者四, 前三節言'五哭', 皆止計朝哭, 故五日乃畢. 獨此所言'三日五哭卒'者, 謂初聞喪一哭, 明日朝夕二哭, 又明日朝夕二哭, 并計夕哭者, 以私事可以早畢而亟謀奔喪故也. 曰'主人出送賓'者, 謂旣奔喪至家, 則喪家之主人爲之出送賓也. 所謂奔喪者, '非主人, 則主人爲之出送賓', 是也. '衆主人・兄弟', 亦謂在喪家者, '成服, 拜賓'者, 謂三日五哭卒之明日, 爲成服, 其後有賓, 亦與之哭而拜之也. 前兩節五哭後不言'拜賓'者, 省文耳. 若所爲位者之家, 道遠則成服而后往, 亦可. 蓋外喪緩可容辨集而行也.

<br>

## [분상 15]

자최의 상에는 마을이 보이면 곡을 하고, 대공의 상에는 그 집의 대문이 보이면 곡을 하고, 소공의 상에는 그 집의 대문에 도착하면 곡을 하고, 시마의 상에는 곡위哭位에 이르러 곡을 한다.
齊衰望鄕而哭, 大功望門而哭, 小功至門而哭, 緦麻卽位而哭.

**集說** 「잡기상雜記上」(3-10)에서 "대공의 상에는 마을이 보이면 곡을 한다"10)고 한 것은 본래 자최복을 해야 하는데 낮추어서 대공의 복을 하는 경우를 가리킨다. 그러므로 이 경문의 규정과 다르다. 「雜記」云: "大功望鄕而哭"者, 謂本是齊衰降而服大功也. 故與此不同.

## [분상 16]

아버지의 친족을 위해 곡을 할 때에는 사당(廟)에서 하고, 어머니와
처의 친족을 위해 곡을 할 때에는 침寢(처소)에서 하고, 스승을 위해
곡을 할 때에는 침문寢門의 밖에서 하고, 알고 지내던 사람을 위해
곡을 할 때에는 야외에서 휘장을 펼치고 곡을 한다. 무릇 곡위哭位
를 설치한 경우 전奠은 올리지 않는다.

哭父之黨於廟, 母·妻之黨於寢, 師於廟門外, 朋友於寢門外, 所
識於野張帷. 凡爲位, 不奠.

**集說**  「단궁상檀弓上」(1-44)에서 "스승이라면 나는 정침正寢에서 곡을 한
다"고 하였고, "빈궁을 차리고 있을 때, 멀리 다른 나라에 살고 있는 형제
의 상을 들으면 측실側室에서 곡을 하고, 빈궁이 없다면 침寢(처소)에서 곡
을 한다"[11]고 하였다. 구설에는 다른 시대의 예라 같지 않다고 설명하였
다. 그렇지 않다면 기록한 자가 들은 것이 혹 잘못되었을 것이다. ○ 정현
鄭玄은 "전을 올리지 않는 것은 정신이 이곳에 있지 않기 때문이다"라고
하였다. 「檀弓」云: "師吾哭諸寢", 又云: "有殯, 聞遠兄弟之喪, 哭於側室, 若無殯則在
寢矣." 舊說異代之禮所以不同. 不然記者所聞或誤歟. ○ 鄭氏曰: "不奠, 以其精神不存
乎是也."

## [분상 17]

곡哭을 할 때 천자를 위해서는 아홉 번 하고, 제후를 위해서는 일곱
번 하고, 경과 대부를 위해서는 다섯 번 하고, 사를 위해서는 세

번 한다. 대부가 옛 군주를 위해 곡을 할 경우 감히 빈객에게 배례拜禮를 하지 않는다. 신하로서 타국에 사신으로 가 있을 때 곡위哭位를 설치하고 곡을 할 경우에는 감히 빈객에게 배례를 하지 않는다. 제후와 형제[12] 사이의 사람이 다른 나라에 머물면서 부고를 들었을 경우 또한 곡위를 설치하고 곡을 한다. 무릇 곡위를 설치하는 자는 (처음 부고를 듣고 곡을 할 때) 한 번 단袒을 한다.

哭, 天子九, 諸侯七, 卿大夫五, 士三. 大夫哭諸侯, 不敢拜賓. 諸臣在他國爲位而哭, 不敢拜賓. 與諸侯爲兄弟, 亦爲位而哭. 凡爲位者壹袒.

集說 '구九'는 아홉 번 곡을 한다는 뜻이고, '칠七'은 일곱 번 곡을 한다는 뜻이다. 아홉 번의 곡은 9일 동안 하는 것이고, 일곱 번의 곡은 7일 동안 하는 것이다. 나머지도 이와 같은 방식이다. 이는 존비로 일수의 차이를 삼는 것이다. '대부가 제후를 위해 곡을 한다'는 것은 옛 군주를 위해 곡을 한다는 뜻이다. '감히 빈객에게 배례를 하지 않는다'는 것은 자신이 상주가 되는 것을 피하기 위해서이다. '타국에 있다'는 것은 사신이 되어 타국으로 나간 것이다. '제후와 형제가 된다'는 것은 또한 다른 나라에 있는 경우를 가리킨다. '한 번 단袒을 한다'는 것은 곡위를 설치한 날에 한다는 뜻이니, 이튿날 이후에는 단을 하지 않는다. 부모의 상이라면 반드시 세 번 단袒을 해야 한다. '九', 九哭也, '七', 七哭也. 九哭者, 九日, 七哭者, 七日. 餘倣此. 此以尊卑爲日數之差也. '大夫哭諸侯', 哭其舊君也. '不敢拜賓', 避爲主也. '在他國', 爲使而出也. '與諸侯爲兄弟', 亦謂在異國者. '壹袒', 謂爲位之日也, 明日以往, 不袒矣. 若父母之喪則必三袒.

## [분상 18]

알고 지내던 사람이 죽어서 조문을 할 경우 먼저 죽은 이의 집에서 곡을 하고 그 다음에 무덤에 가서 곡을 한다. 이때 모두 죽은 이를 위해 用踊을 하는데, 상주를 따라서 하며 북쪽을 향해서 한다.

所識者弔, 先哭于家, 而後之墓. 皆爲之成踊, 從主人, 北面而踊.

集說 자기가 알고 지내던 사람이 죽어 가서 조문을 할 때는 이미 장례葬禮를 행한 뒤이다. 반드시 먼저 죽은 이의 집에서 곡을 하는 것은 심정은 비록 죽은 이로 말미암아 생겨나지만 예제는 살아 있는 사람에게 시행하는 것이기 때문이다. 상주는 무덤의 왼쪽에서 서쪽을 향하고, 빈객은 북쪽으로 묘를 바라보면서, 用踊을 본시 빈객과 상주가 번갈아 하지만, 반드시 상주가 먼저 하고 빈객이 뒤따라서 한다. 그러므로 '상주를 따른다'고 한 것이다. '모두'라고 한 것은 집에서 곡을 할 때나 무덤에서 곡을 할 때나 반드시 모두 용을 한다는 것이다. 己所知識之人死而往弔之時, 已在葬後矣. 必先哭于其家者, 情雖由於死者, 而禮則施於生者故也. 主人墓左西向, 賓北面向墓, 而踊固賓主拾之, 然必主人先而賓從之. 故曰'從主人'也. 言'皆'者, 必于家于墓皆踊也.

## [분상 19]

무릇 상을 당했을 때, 아버지가 살아 계시면 아버지가 상주가 되고, 아버지가 돌아가셨다면 형제는 동거를 하더라도 각자가 자신의 상례를 주관한다. (상복을 하는 이들 사이에) 혈연적 친소의 관계가 같을 경우에는 나이가 많은 사람이 상주가 되고, (상복을 하는 이들 사이에) 혈연적 친소의 관계가 다를 경우에는 사자와 혈연적으로 가장 가까운 이가 상주가 된다.

凡喪, 父在, 父爲主, 父沒, 兄弟同居, 各主其喪. 親同, 長者主之, 不同, 親者主之.

集說 이는 아버지가 살아 계실 때 아들이 자신의 처나 자식의 상을 당했을 경우 아버지가 상례를 주관하는 것을 말한 것이다. 존귀한 이가 통섭하기 때문이다. 아버지가 돌아가신 후에는 형제가 비록 동거하더라도 각자 처와 자식의 상을 주관한다. 같은 집에 사는 경우에도 그러하므로 다른 집에 살고 있는 경우도 그러함을 미루어 알 수 있다. '(상복하는 이들 사이에) 혈연적 친소의 관계가 같을 경우에는 나이가 많은 사람이 주관한다'는 것은 부모의 상에 장자가 상주가 되고, 부모가 같은 형제가 죽었을 경우에도 나이 많은 쪽을 추대하여 상주로 삼는다는 뜻이다. '(상복하는 이들 사이에) 혈연적 친소의 관계가 다를 경우에는 사자와 혈연적으로 가장 가까운 이가 주관한다'는 것은 사촌형제(從父兄弟)의 상이라면 혈연적으로 사자와 가장 친한 이가 상주가 된다는 뜻이다. 此言父在而子有妻子之喪, 則父主之. 統於尊也. 父沒之後, 兄弟雖同居, 各主妻子之喪矣. 同宮猶然, 則異宮從可知也. '親同, 長者主之', 謂父母之喪, 長子爲主, 其同父母之兄弟死, 亦推長者爲主也. '不同, 親者主之', 謂從父兄弟之喪, 則彼親者爲之主也.

## [분상 20]

혈연이 먼 친족 형제가 상을 당했는데 이미 복이 끝난 후에 부고를 들었다면, 문면을 착용하고 단袒을 하고 용踊을 하지만, 빈객에게 배례拜禮를 할 때에는 왼손을 오른손 위에 올려놓는다.

聞遠兄弟之喪, 旣除喪而后聞喪, 免, 袒, 成踊, 拜賓則尙左手.

**集說** 이 경문의 뜻은 이렇다. 소공복과 시마복의 형제가 죽었는데 본복을 하는 기간이 지난 뒤에 부고를 들었다면, 비록 추복追服을 하지는 않지만, 처음 들었을 때 또한 반드시 문면을 착용하고 단을 하고 용踊을 하는 것은 같은 친족이라는 친親함이 있어 모양을 바꾸지 않을 수 없기 때문이다. 그러나 빈객에게 배례를 할 때에는 길배吉拜의 예에 따라서 왼손을 오른손 위에 올려놓는다. 此言, 小功·緦麻之兄弟死而聞訃, 在本服月日之外, 雖不稅, 而初聞之, 亦必免袒而成其踊者, 以倫屬之親不可不爲之變也. 但拜賓, 則從吉拜而左手在上耳.

## [분상 21]

상복이 없지만 곡위哭位를 설치하는 경우로 오직 형수와 아재비, 그리고 부인婦人 중에 낮추어져 상복이 없는 경우이다. 이들에 대해서 곡哭을 할 때 시마복의 환질環絰(麻)을 착용한다.

無服而爲位者, 唯嫂·叔, 及婦人降而無服者. 麻.

**集說** 「단궁상檀弓上」(1-39)에 "자사子思는 형수를 위해 곡할 때 곡위를 마

련하였다'고 하였다. '부인婦人 중에 낮추어져 상복이 없는 경우'는 시집가지 않은 고모와 자매에 대해서는 시마복을 하지만, 시집을 갔다면 낮추어 상복이 없어짐을 말한다. 곡哭을 할 때에는 또한 곡위哭位를 설치한다. '마麻'는 조문하는 복장에 시마복의 환질環経을 착용한다는 뜻이다. ○ 정씨鄭氏(정현鄭玄)는 말한다. "정확히 형수와 아재비라고 말한 것은 형수를 높이는 것이다. 형공兄公은 동생의 처에 대해서 곡위를 설치할 수 없다." ○ 소疏에서 말한다. "이미 '상복이 없다'고 하였고, 또 '시마복의 환질環経을 착용한다'고 하였다. 그러므로 조문하는 복장에 시마의 질経을 착용하는 것임을 알 수 있다."「檀弓」云: "子思之哭嫂也, 爲位." '婦人降而無服', 謂姑・姊妹在室者緦麻, 嫁則降在無服也. 哭之, 亦爲位. '麻'者, 弔服而加緦之環経也. ○ 鄭氏曰: "正言嫂叔, 尊嫂也. 兄公於弟之妻, 則不能也." ○ 疏曰: "旣云'無服', 又云'麻', 故知弔服加麻也."

## [분상 22]

무릇 분상하고 있을 때 대부大夫가 늦게 조문하러 이르면, 상주는 단袒을 한 채로 배례拜禮하고, 용踊을 한 후에 습襲을 한다. 사士가 조문하러 이르렀을 경우엔 습襲을 한 후에 배례한다.

凡奔喪, 有大夫至, 袒, 拜之, 成踊, 而后襲. 於士, 襲而后拜之.

集說 이 경문은 대부大夫와 사士가 와서 이 분상하는 사람을 조문하는 경우를 말한 것이다. 존비에 따라 예가 다른 것이다. 此言大夫・士來弔此奔喪之人也. 尊卑禮異.

**1** 【분장】: 본 편은 권근의 按說도 없고 경문을 재배치하지도 않아 분장을 하지 않았다.

**2** 성용 : 踊은 상례에서 애통한 마음을 표시하는 의절이다. 곡을 하는 자가 가슴을 두드리고 발을 구르면서 극도의 슬픔을 표시한다. 한 번 踊을 할 때마다 세 번 발을 구르는데 세 번 용을 하여 아홉 번 발을 구르는 것으로 한 의절을 삼고 이를 '成踊'(용을 이룸)이라고 말한다. 본 번역본에서는 '成踊'을 특별한 구별이 필요 없는 경우 편의상 '용을 한다'로 번역하였다. 「檀弓上」(1-25), "辟踊, 哀之至也"에 대한 공영달의 疏 참조; 『三禮辭典』, 360쪽, '成踊' 항목 참조.

**3** 측계 : 건물의 정면이 아닌 동과 서 양변에 설치된 계단을 말하며 旁階라고도 부른다. 「雜記下」(3-10), 진호 집설 참조.

**4** '좌'는 ~ 나온다 : 「喪服小記」(1-3)에 "남자는 冠을 착용하고 부인은 笄를 하며, 남자는 免을 착용하고 부인은 髽를 한다. 그 뜻은 남자이면 免을 착용하고 부인이면 髽를 한다는 것이다"(男子冠而婦人笄, 男子免而婦人髽. 其義, 爲男子則免, 爲婦人則髽)라고 하였다.

**5** 위모관 : 고대 주나라에서 사용하던 冠의 명칭이다. '委貌'는 모양을 안정시킨다는 뜻으로 검은색 비단으로 만들며, 후대의 進賢冠에 그 모습이 남아 있다고 한다.

委貌
『三禮圖』(宋 聶崇義)

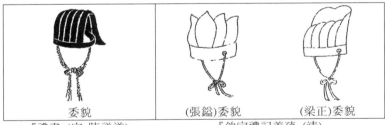

委貌　　　　(張鎰)委貌　　　　(梁正)委貌
『禮書』(宋 陳祥道)　　　　『欽定禮記義疏』(淸)

**6** 소공 이하의 ~ 없다 : 「檀弓上」(1-42), "小功의 상에 追服을 하지 않는다면 멀리 떨어진 형제의 경우는 끝내 복이 없게 될 것이니 그래도 괜찮겠는가?"(小功不稅, 則是遠兄弟終無服也, 而可乎?)에 대한 정현의 주에 "喪期가 이미 지난 뒤에 부고를 듣고 복하는 것을 '稅'라 한다"(日月已過, 乃聞喪而服曰'稅')고 하였다.

**7** 又 : 『예기천견록』과 『예기집설대전』에 모두 '又'로 되어 있지만 문맥으로 볼 때 '又曰'로 되어야 옳다.

**8** 분상하는 ~ 전송한다 : 이 말은 「奔喪」(4)에 나온다.

**9** 외상 : 대문 밖의 喪事를 말하며, 대문 안의 상사를 가리키는 內喪과 對가 된다. 「曾子問」(4-1)에서 "증자가 물었다. '아들의 冠禮를 치르려고 賓(관례를 주관하는 사람)과 贊(관례를 돕는 사람)이 도착하여 주인과 인사를 주고받고 들어왔을 때, 齊衰나 大功의 상복에 해당하는 부음을 들으면 어떻게 합니까?' 공자가 말하였다. "(사당이 같은) 집안 친족의 상이면 관례를 폐한다. (사당이 다른) 집 밖 사람의 상이라면 세 번 관을 씌우는 三加의 관례는 행하고 새로 관례를 치른 이에게 醴酒를 따라주는 의절은 행하지 않는다. (빈과 찬을 맞을 때 진설하였던) 음식을 치우고 깨끗이 청소한 뒤 位次에 나가 곡을 한다. 빈과 찬이 아직 도착하지 않았다면, 관례를 행하지 않는다'"(曾子問曰: '將冠子, 冠者至, 揖讓而入, 聞齊衰, 大功之喪, 如之何? 孔子曰: '內喪則廢. 外喪則冠而不醴, 徹饌而埽, 卽位而哭. 如冠者未至, 則廢)라고 하였다. 공영달의 소에 "외상은 대문 밖의 상이다"(外喪, 謂大門外之喪)라고 하였다. 이를테면 따로 떨어져 사는 형제의 상을 당한 경우가 그것이다.(『예기정의』, 공영달의 소 참조)

**10** 대공의 ~ 한다 : 집설의 인용문은 공영달의 疏를 그대로 인용한 것으로, 「雜記上」(4-14)의 원문 자체는 다음과 같다. "형제의 상을 듣고 奔喪할 때, 大功 이상은 사망한 이의 마을이 보이면 哭을 한다."(聞兄弟之喪, 大功以上, 見喪者之鄕而哭)

**11** 빈궁을 ~ 한다 : 「檀弓下」(2-9)에서 인용한 것이다. 원문은 "빈궁을 지키고 있을 때 멀리 다른 나라에 살고 있는 형제의 상을 들으면 側室(燕寢의 곁방)에서 곡을 한다. 측실이 없으면 대문 안의 오른편에서 곡을 한다. 같은 나라이면 가서 곡을 한다"(有殯, 聞遠兄弟之喪, 哭于側室. 無側室, 哭于門內之右. 同國, 則往哭之)고 되어 있다.

**12** 형제 : 혼인을 통해 인척이 되는 사이도 형제라고 한다. 여기서는 혼인을 통해 인척이 되었고 원래 상복이 없는 관계인 경우를 말한다.(『예기정의』, 공영달의 소 참조)

# 문상
## 問喪

양촌에 사는 후학 권근 지음

**[문상 1]**[1)]

부모(親)가 막 돌아가시면 관을 벗고 비녀와 머리싸개만을 남겨두며, 맨발을 하고, 심의의 앞 옷깃을 띠에 꽂고, 양 손으로 심장을 교대로 두드리면서 곡을 한다. 참담한 마음과 애통한 생각에 콩팥이 쓰리고 간이 마르며 폐가 타들어가게 된다. 물과 음료수조차 입에 넣지 못하고 3일 동안 취사를 하지 못한다. 그러므로 마을사람들이 그를 위해 미음과 죽을 만들어 마시고 먹게 한다. 속으로 비통하고 슬프기 때문에 외모에서 형상이 변하게 되고, 속으로 애통하고 괴롭기 때문에 입으로는 단 것을 달게 느끼지 못하고 몸으로는 아름다운 것을 편하게 여기지 못하는 것이다.

親始死, 雞斯, 徒跣, 扱上衽, 交手哭. 惻怛之心, 痛疾之意, 傷腎 · 乾肝 · 焦肺. 水漿不入口, 三日不擧火. 故隣里爲之糜粥, 以飮食之. 夫悲哀在中, 故形變於外也, 痛疾在心, 故口不甘味, 身不安美也.

集說　'계사雞斯'는 계사笄纚로 읽는다. '계笄'는 뼈로 만든 비녀이다. '사纚'는 머리카락을 감추는 비단 끈이다. 부모가 막 돌아가시면 상주는 먼저 관을 벗고 오직 비녀와 머리싸개만을 남겨둔다. '도徒'는 덧붙인 것이 없다의 뜻이다. '도선徒跣'은 신발을 신지 않고 맨발로 하는 것이다. '상임上衽'은 심의의 앞 옷깃인데, 울부짖으면서 용을 하는데 밟혀서 방해가 되므로 띠에다 그것을 꽂는 것이다. '손을 교대로 곡을 한다'(交手哭)는 것은 양 손으로 심장을 교대로 두드리면서 곡을 한다는 뜻이다. 미糜는 되고, 죽粥은 묽다. 묽은 미음은 마시게 하고 된 죽은 떠먹게 한다. '雞斯', 讀爲笄纚. '笄', 骨笄也. '纚', 韜髮之繒也. 親始死, 孝子先去冠, 惟留笄纚也. '徒', 空也. '徒跣', 無屨而空跣也. '上衽', 深衣前襟也, 以號踊履踐爲妨, 故扱之於帶也. '交手哭', 謂兩手交以拊心而哭也. 糜厚而粥薄. 薄者以飮之, 厚者以食之也.

---

### [문상 2]

3일 만에 대렴을 한다. 침상에 있는 유해를 시신(尸)이라고 하고 관棺에 들어간 유해를 널(柩)이라고 한다. 시신을 이동하고 널을 움직일 때 곡哭과 용踊을 하는데 정해진 횟수가 없다. 참담한 마음과 애통한 생각으로 슬퍼져서 마음이 괴롭고 기운이 치솟는다. 그러므로 육단肉袒을 하고 용踊을 하게 한다. 그렇게 하여 몸을 움직이고 마음을 가라앉히고 기운을 누그러뜨리는 것이다.

三日而斂. 在牀曰尸, 在棺曰柩. 動尸擧柩, 哭踊無數. 惻怛之心, 痛疾之意, 悲哀志懣氣盛. 故袒而踊之. 所以動體安心下氣也.

集　곡哭과 용踊에는 본래 횟수가 정해져 있는데, 이 경문에서 '횟수가

**說** 없다'고 말한 것은 또 일반적인 의절 밖에 있는 것이다. '만懣'은 괴롭다(煩)는 뜻이다. 哭踊本有數, 此言'無數'者, 又在常節之外也. '懣', 煩也.

**[문상 3]**

부인은 육단肉袒을 해서는 안 된다. 그러므로 가슴 앞쪽 겉옷을 열어젖히고 가슴을 두드리며 까치발로 용踊을 하는데, 쿵쿵탕탕 가슴을 치는 소리가 무너지는 담장 소리와 같다. 슬프고 애통함이 지극한 것이다. 그러므로 "가슴을 두드리며 용踊을 하고 울부짖으며 곡哭을 하면서, 슬퍼하며 전송한다"[2]고 하였다. 육신(形)을 전송하여 장지로 가고 정신(精)을 맞이하여 집으로 돌아오는 것이다.

婦人不宜袒. 故發胸·擊心·爵踊, 殷殷田田, 如壞牆然. 悲哀痛疾之至也. 故曰: "辟踊哭泣, 哀以送之." 送形而往, 迎精而反也.

**集說** '발發'은 연다(開)는 뜻이다. '작용爵踊'은 까치가 발을 뛰듯이 하여 땅에서 떨어지지 않게 한다는 뜻이다. '은은전전殷殷田田'은 (가슴을) 치는 소리다. '벽辟'은 가슴을 친다는 뜻이다. '發', 開也. '爵踊', 似爵之跳足不離地也. '殷殷田田', 擊之聲也. '辟', 拊心也.

**[문상 4]**

장지로 가서 전송할 때에는 우러러 그리워하고 다급해하는 모습이 마치 뒤쫓아 갔지만 따라잡지 못하는 듯이 한다. 반곡反哭을 할 때에는 방황하는 모습이 마치 이리저리 찾아보지만 찾지 못하는 듯이 한다. 그러므로 가서 전송할 때에는 그리운 듯이 하고 돌아올 때에는 의심스러운 듯이 한다. 찾아도 발견되는 것이 없어, 빈궁殯宮의 문에 들어가 보지만 보이지 않고, 당에 올라가 보지만 또 보이지 않고, 방에 들어가 보지만 또 보이지 않는다. 사라지고 없어졌으니 다시는 볼 수 없게 된 것이다. 그러므로 울부짖으며 곡哭을 하고 가슴을 치며 용踊을 하여 슬픈 심정을 다 쏟은 뒤에 그치는 것이다.

其往送也, 望望然, 汲汲然, 如有追而弗及也. 其反哭也, 皇皇然, 若有求而弗得也. 故其往送也如慕, 其反也如疑. 求而無所得之也, 入門而弗見也, 上堂又弗見也, 入室3)又弗見也. 亡矣喪矣, 不可復見已矣. 故哭泣辟踊, 盡哀而止矣.

**集說** '망망望望'은 우러러 그리워한다는 뜻이다. '급급汲汲'은 다급해하는 마음이다. '황황皇皇'은 방황한다는 뜻이다. '슬픈 심정을 다 쏟은 뒤에 그친다'는 것은 달리 그 마음을 둘 곳이 없다는 뜻이다. '望望', 瞻望之意也. '汲汲', 促急之情也. '皇皇', 猶彷徨之意. '盡哀而止'者, 他無所寓其情也.

## [문상 5]

마음이 슬프고 참담하며 아련하고 한탄스러워, 절망스런 심정 비통한 생각뿐이다. 종묘宗廟에서 제사를 지내 귀신으로 흠향하고 요행히 다시 돌아오기를 바란다. 장례葬禮를 마치고 돌아와서는 감히 처소로 들어가 거처하지 못하고 의려에 거처한다. 부모가 밖에 계신 것을 슬퍼하기 때문이다. 거적자리에서 잠을 자고 흙덩이를 베개로 삼는다. 부모님이 흙 속에 계신 것을 슬퍼하기 때문이다. 그러므로 (생각날 때마다) 무시로 울부짖으며 곡을 하고, 3년 동안 근심하고 괴로운 심정으로 상복을 하는 것은 사모하고 그리워하는 마음 때문이니, 효자孝子(상을 당한 자식)의 마음이요, 인정人情의 실제이다.

心悵焉愴焉, 惚焉愾焉, 心絶志悲而已矣. 祭之宗廟, 以鬼饗4)之, 徼幸復反也. 成壙而歸, 不敢入處室, 居於倚廬. 哀親之在外也. 寢苦枕塊. 哀親之在土也. 故哭泣無時, 服勤三年, 思慕之心, 孝子之志也, 人情之實也.

**集說** 이 경문은 반곡反哭에서부터 상을 마칠 때까지의 정리情理를 말한 것이다. '홀惚'은 멍하다는 뜻과 같다. '개愾'는 탄식하고 한스러워한다는 뜻과 같다. '근勤'은 근심하고 괴로워한다는 뜻이다. 此言反哭至終喪之情. '惚', 猶恍惚也. '愾', 猶嘆恨也. '勤', 謂憂苦.

## [문상 6]

어떤 사람이 물었다. "3일이 지난 후에 염斂을 하는 이유는 무엇인가?" 대답하였다. "자식은 부모가 돌아가면 비통하고 슬퍼서 마음이 괴롭다. 그러므로 엎어지고 자빠지며 곡을 하고, 마치 장차 다시 살아 돌아올 듯이 여긴다. 그러니 어찌 자식의 마음을 빼앗아

부모의 시신을 염할 수 있겠는가? 그러므로 '3일이 지난 후에 염을 한다'는 것은 돌아간 분이 살아오기를 기다리는 것이다. 3일이 지나도 살아 돌아오지 않으면 또한 살아나지 못하는 것이다. 자식의 마음은 또한 더욱 초췌해진다. (상을 치를) 집안의 재정과 상복의 도구 또한 갖추어 질 수 있고, 멀리 사는 친척이 또한 도착할 수 있다. 이 때문에 성인이 재단하고 결정을 내려서 3일로 그 예제를 정한 것이다."

或問曰: "死三日而后斂者, 何也?" 曰: "孝子親死, 悲哀志懣. 故匍匐而哭之, 若將復生然. 安可得奪而斂之也? 故曰: '三日而后斂者, 以俟其生也. 三日而不生, 亦不生矣. 孝子之心, 亦益衰矣. 家室之計, 衣服之具, 亦可以成矣, 親戚之遠者, 亦可以至矣. 是故聖人爲之斷決, 以三日爲之禮制也."

**集說** 이는 기록한 자가 질문을 가정하여 3일 만에 염斂을 하는 의리를 설명한 것이다. 此記者設問, 以明三日而斂之義.

### [문상 7]

어떤 사람이 물었다. "관을 하는 자가 육단肉袒(웃옷을 벗고 어깨를 드러내는 것)을 하지 않는 이유는 무엇인가?" 대답하였다. "관은 지극히 존귀하다. 육단肉袒하는 몸에는 착용하지 않는다. 그러므로 문免을 착용하여서 그것을 대신하는 것이다. 따라서 대머리인 사람이

문免을 착용하지 않고 곱사등이가 육단을 하지 않고 절뚝발이가 용踊을 하지 않는 것은 슬프지 않기 때문이 아니라 몸에 불치의 병이 있어서 예를 갖출 수 없기 때문이다. 그러므로 '상례에는 오직 슬퍼하는 것을 위주로 한다'고 말하는 것이다. (질병이 있는) 여자가 곡을 하고 슬퍼하면서 가슴을 치고 마음 아파하며, (질병이 있는) 남자가 곡을 하고 슬퍼하면서 용모를 갖추지 않은 채 이마를 지면에 대는 것은 슬퍼함이 지극한 것이다."

或問曰: "冠者不肉袒, 何也?" 曰: "冠至尊也. 不居肉袒之體也. 故爲之免以代之也. 然則禿者不免, 傴者不袒, 跛者不踊, 非不悲也, 身有錮疾, 不可以備禮也. 故曰: '喪禮唯哀爲主矣.' 女子哭泣悲哀, 擊胸傷心, 男子哭泣悲哀, 稽顙觸地無容, 哀之至也."

集說　문免을 착용하고 나서 단袒을 하고, 단을 하고 나서 용踊을 하는 것이 선후의 차례이다. 한 가지 질병이 있으면 한 가지 예禮를 폐한다. 여자는 용踊을 하지 않을 경우 가슴을 치기만 하고, 남자는 용踊을 하지 않을 경우 이마를 지면에 대기만 한다. 이것으로도 모두 슬퍼함이 지극한 모습이 될 수 있다. 免而袒, 袒而踊, 先後之次也. 有一疾則廢一禮. 女子不踊則惟擊胸, 男子不踊則惟稽顙觸地. 皆可以爲哀之至也.

## [문상 8]

어떤 사람이 물었다. "문免을 착용하는 것은 무엇 때문인가?" 대답하였다. "관례를 치르지 않은 자가 착용하는 것이다. 『예禮』에 '동자는 시마복을 하지 않는데, 오직 당실當室만은 시마복을 한다'고 하였다. 시마복을 하는 것은 그가 문免을 착용하였기 때문이다. 당실이 된 경우에는 문免을 착용하고 지팡이를 하는 것이다."

或問曰: "免者以何爲也?" 曰: "不冠者之所服也. 『禮』曰, '童子不緦, 唯當室緦, 緦者其免也. 當室則免而杖矣."

**集說** 유씨劉氏는 말한다. "이미 관례를 치른 자가 상을 당하여 복장을 바꾸고 관을 벗었다면 반드시 문免을 착용한다. 비록 관은 벗었지만 오히려 관례를 치르지 않았다는 혐의를 받을 수 있기 때문에 문免을 착용하는 것이다. 동자는 애초에 관례를 치른 적이 없기 때문에 비록 상을 당했더라도 문免을 착용하지 않는다. 아직 관례를 치르지 않았으므로 관례를 치르지 않았다는 혐의를 받을 이유가 없기 때문이다. 만약 고아로서 당실當室이 되었다면 비록 동자라도 문免을 착용한다. 그가 상주가 되어서 어른들의 예를 담당하기 때문이다. 동자가 지팡이를 하지 않는 것은 그가 병이 날 수 없기 때문인데 당실이 된 경우에는 지팡이를 하고, 동자가 시마복을 하지 않는 것은 어려서 먼 친족의 슬픔을 알 수 없기 때문인데 당실이 된 경우에는 시마복을 한다. 시마복을 하는 것은 그가 당실이 되어서 어른들처럼 문免을 착용하고 지팡이를 하였으므로 또한 어른들의 시마복을 할 수 있기 때문이다. 그러므로 '시마복을 하는 것은 그가 문免을 착용하기 때문이다'라고 한 것이다." 劉氏曰: "已冠者, 爲喪變而去冠, 則必著免. 蓋雖去冠, 猶嫌於不冠, 故加免也. 童子初未冠, 則雖爲喪, 亦不免. 以其未冠, 故不嫌於不冠也. 若爲孤子而當室, 則雖童子亦免. 以其爲喪主, 而當成人之禮也. 如童子不杖, 以其不能病也, 而當室則杖, 童子不緦, 幼不能知疎遠之哀也, 而當室則緦. 緦者, 以其當室而爲成人之免且杖, 則亦可爲成人之緦矣. 故曰'緦者以其免也'."

[문상 9]

어떤 사람이 물었다. "지팡이를 하는 것은 어떻게 하는 것인가?"
대답하였다. "대나무(竹)와 오동나무(桐)는 같은 것이다. 그러므로
아버지의 상에는 저장苴杖을 사용하는데, 저장은 대나무로 만든 것
이다. 어머니의 상에는 삭장削杖을 하는데 오동나무로 만든 것이
다." 어떤 사람이 물었다. "지팡이를 하는 것은 그로써 무엇을 하려
는 것인가?" 대답하였다. "자식이 부모의 상을 당하면 울부짖으며
곡을 하는데 횟수가 없으며, 3년 동안 근심하고 괴로운 마음으로
거상하면 몸이 병들고 쇠잔해지기 때문에 지팡이로 병든 몸을 부
지하는 것이다. 그러나 아버지가 살아 계실 때 감히 지팡이를 하지
않는 것은 존귀한 분이 살아 계시기 때문이다. 당 위에서 지팡이를
하지 않는 것은 존귀한 분이 계신 곳을 피하는 것이다. 당 위에서
잔걸음으로 빨리 다니지 않는 것은 급박하지 않음을 보여주는 것
이다. 이는 자식의 마음이고 인정의 실제이고 예의의 근간이다. 하
늘에서 내려오는 것도 아니고, 땅에서 솟아오르는 것도 아니다. 인
정人情일 뿐이다."

或問曰: "杖者, 何也?" 曰: "竹·桐, 一也. 故爲父苴杖, 苴杖, 竹
也. 爲母削杖, 削杖, 桐也." 或問曰: "杖者, 以何爲也?" 曰: "孝子
喪親, 哭泣無數, 服勤三年, 身病體羸, 以杖扶病也. 則父在不敢
杖矣, 尊者在故也. 堂上不杖, 辟尊者之處也. 堂上不趨, 示不遽
也. 此孝子之志也, 人情之實也, 禮義之經也. 非從天降也, 非從
地出也. 人情而已矣."

**集說** '저장苴杖'은 둥글게 만들어서 하늘을 상징하고, '삭장削杖'은 네모지게 만들어서 땅을 상징한다. 또 동桐(오동나무)으로써 동同(같음)의 뜻을 삼는다. 슬픔이 아버지의 상과 같음을 말하는 것이다. '당 위에서 잔걸음으로 빨리 다니지 않는다'는 것은 또한 아버지가 살아 계실 경우를 말한다. 급박하게 하면 아버지의 마음에 영향을 줄 수 있다. 그러므로 여유 있음을 보이는 것이다. '苴杖', 圓而象天, '削杖', 方以象地. 又以桐爲同之義. 言哀戚同於喪父也. '堂上不趨', 亦謂父在時也. 急5)遽則或動父之情. 故示以寬暇.

**1** 【분장】 : 본 편은 권근의 按說도 없고 경문을 재배치하지도 않아 분장을 하지 않았다.

**2** 가슴을 ~ 전송한다 : 이 부분은 『孝經』「喪親」에 보인다. 『孝經』에는 '辟'이 '擗'으로 되어 있다. 楊天宇는 여기까지가 인용된 것으로 이해하였다. 십삼경주소정리본에는 '迎精而反'까지 인용된 것으로 표점이 되어 있다. 본 번역본에서는 楊天宇의 설을 따랐다.

**3** 室 : 『예기천견록』에는 '堂'으로 되어 있으나 『예기집설대전』에 따라 바꾼다.

**4** 響 : 閩·毛本·衛湜의 『禮記集說』에는 '享'으로 되어 있다. 혜동의 校宋本·石經·宋監本·岳本·嘉靖本에는 모두 '響'으로 되어 있다. 『예기정의』, 1791쪽 교감 참조.

**5** 急 : 『예기천견록』에는 '忽'으로 되어 있으나 『예기집설대전』에 따라 바꾼다.

[복문 1]¹⁾

『전傳』에 "가볍게 복을 하는 사람을 따르면서 무겁게 복을 하는 경우가 있다"고 하였는데, 공자公子의 처가 그 황고皇姑(시어머니)를 위해 하는 경우이다.²⁾

『傳』曰: "有從輕而重", 公子之妻爲其皇姑.

集說 "속종屬從이 있고, 도종徒從이 있다."³⁾ 그러므로 모두 '종從'(다른 사람을 따라서 상복을 하는 것)을 가지고 말한 것이다. ○ 소疏에서 말한다. "'공자公子'는 제후의 첩의 아들이다. '황고皇姑'는 곧 공자의 어머니이다. 제후가 살아 있으면 (제후의) 존귀함으로 첩의 아들을 눌러서 어머니를 위해 연관練冠을 쓰도록 하고⁴⁾, 제후가 이미 죽었다면 첩의 아들은 어머니를 위해 대공복을 할 수 있다. 그런데 첩의 아들의 처는 제후가 살아 있든 아니든 상관없이 남편의 친어머니를 위해 기년복을 한다. 그 남편이 연관練冠을 하는 것은 가벼운 것이고, 처가 시어머니를 위해 기년의 복을 하는 것은 무거운 것이다. 그러므로 '가볍게 복을 하는 사람을 따르면서 무겁게 복을 하는 경우가 있다'고 한 것이다. '황皇'은 군주(君)라는 뜻이다. 이 첩은 이미

천하기 때문에 만약 단지 '고姑'라고만 말하면 제후의 적처(嫡女君)라는 혐의를 받을 수 있다. 이제 '황皇' 자를 붙여 여군女君(제후의 적처)<sup>5)</sup>이 아님을 밝히면서, 이 며느리가 그 시어머니를 높이는 것은 여군에 대해 높이는 것과 동일하기 때문에 '황고皇姑'라고 한 것이다." "有屬從, 有徒從." 故皆以'從'言.

○ 疏曰: "'公子', 諸侯之妾子也. '皇姑', 卽公子之母也. 諸侯在, 尊厭妾子, 使爲母練冠, 諸侯沒, 妾子得爲母大功. 而妾子之妻則不論諸侯存沒, 爲夫之母, 期也. 其夫練冠, 是輕也, 而妻爲之期, 是重. 故云'有從輕而重'也. '皇', 君也. 此妾旣賤, 若惟云'姑', 則有嫡女君之嫌. 今加'皇'字, 明非女君, 而此婦尊之與女君同, 故云'皇姑'也."

---

**[복문 2]**

(『전傳』에) "무겁게 복을 하는 사람을 따라 가볍게 복을 하는 경우가 있다"고 하였는데, 처의 부모를 위해 복을 하는 경우이다.<sup>6)</sup>
"有從重而輕", 爲妻之父母.

**集說** 처는 자기 부모를 위해 자최복을 한다. 이것이 복을 무겁게 하는 것이다. 남편은 처를 따라 장인·장모를 위해 복을 할 때 시마복으로 한다. 이것이 '무겁게 복을 하는 사람을 따라 가볍게 복을 하는 경우'이다. 妻爲其父母齊衰. 是重也. 夫從妻而服之, 乃緦麻, 是'從重而輕'也.

---

**[복문 3]**

(『전傳』에) "복이 없는 사람을 따라 복을 하는 경우가 있다"고 하

였는데, 공자公子의 처가 공자의 외형제를 위해서 복을 하는 경우이다.7)

"有從無服而有服", 公子之妻爲公子之外兄弟.

**集說** 소疏에서 말한다. "공자는 (제후의 존尊에) 눌려서 자기 어머니의 외가에 대해 복을 하지 않는다. 이것이 '복이 없다'(無服)는 것이다. 그러나 처는 오히려 공자公子를 따라 공자의 외조부모 및 종모從母를 위해 시마복을 한다. 이것이 '복이 없는 사람을 따라 복을 한다'(從無服而有服)는 것이다." (소疏에서 말한다.) "경문에는 단지 '공자의 외형제'라고만 말했지만, 그 외형제가 공자의 고모의 아들이 아님을 알 수 있는 것은 『의례』「상복」8)에 '남편이 복을 하는 형제에 대해 처는 모두 한 등급을 낮춘다'고 하였기 때문이다. 남편이 고모의 아들을 위해 시마복을 한다면, 처는 복이 없게 되는데, 이제 공자公子의 처가 그들을 위해 복을 하므로 '공자의 외조부모 및 종모를 위해 복을 하는 것'임을 알 수 있다. 이러한 것들은 모두 소공의 복이다. 무릇 소공복은 형제를 위해 하는 복을 가리키는데, 동종同宗이라면 곧바로 '형제'라고 칭하지만, 외족外族9)이기 때문에 '외형제'라고 칭한 것이다." 疏曰: "公子被厭, 不服己母之外家. 是'無服'也. 妻猶從公子而服公子外祖父母·從母緦麻. 是'從無服而有服'也." "經惟云'公子外兄弟', 而知其非公子姑之子者, 以「喪服小記」云, '夫之所爲兄弟服, 妻皆降一等.' 夫爲姑之子緦麻, 妻則無服, 今公子之妻爲之有服, 故知其爲公子外祖父母·從母'也. 此等皆小功之服. 凡小功者, 謂爲兄弟, 若同宗, 直稱'兄弟', 以外族, 故稱'外兄弟'也."

(『전傳』에) "복을 하는 사람을 따라 복을 하지 않는 경우가 있다"고
하였는데, 공자公子가 그 처의 부모를 위해 하는 경우이다.[10]
"有從有服而無服", 公子爲其妻之父母.

 정씨鄭氏(鄭玄)는 말한다. "무릇 공자公子는 군주의 존귀함에 눌려서
그 사친私親에 대해 낮춘다. 여군女君의 아들은 낮추지 않는다." ○ 소疏에
서 말한다. "비록 공자의 처라도 오히려 부모를 위해 기년복을 한다. 이것
이 '복이 있다'(有服)는 것이다. 공자公子는 눌려서 처를 따라 복을 하지는
않는다. 이것이 '복을 하는 사람을 따라 복을 하지 않는다'(從有服而無服)는
것이다." 鄭氏曰: "凡公子厭於君, 降其私親. 女君之子不降也." ○ 疏曰: "雖爲公子之
妻, 猶爲父母期. 是'有服'也. 公子被厭, 不從妻而服之. 是'從有服而無服'也."

『전傳』에 "생모가 쫓겨났다면 계모의 친족을 위해 복을 하고, 계모
繼母가 죽었다면 쫓겨난 생모(出母)의 친족을 위해 복을 한다"고 하
였다. 쫓겨난 생모의 친족을 위해 복을 하였다면, 계모의 친족을
위해서는 복을 하지 않는다.
『傳』曰: "母出則爲繼母之黨服, 母死則爲其母之黨服." 爲其母之
黨服, 則不爲繼母之黨服.

 '어머니가 죽었다'(母死)는 것은 계모가 죽었다는 뜻이다. '그 어머

니'(其母)는 쫓겨난 어머니를 가리킨다. ○ 정씨鄭氏(정현鄭玄)는 말한다 "비록 외친이라 하더라도 통統을 둘로 하는 경우는 없다." '母死', 謂繼母死也. '其母', 謂出母也. ○ 鄭氏曰: "雖外親亦無二統."

---

## [복문 6]

삼년상을 하면서 연제練祭를 지낸 후에 기년상을 당해 장례葬禮를 마쳤다면, 요대는 본래의 갈대葛帶(삼년상에서 연제를 지낸 후 두르는 칡으로 만든 띠)를 착용하고, 수질은 기년상의 갈질葛絰을 착용하고, 최복은 대공의 최복(功衰)을 입는다.

三年之喪旣練矣, 有期之喪旣葬矣, 則帶其故葛帶, 絰期之絰, 服其功衰.

**集說** 疏에서 말한다. "삼년상에서 연제를 지낸 후에 또 기년상을 당해 장례葬禮를 마쳤을 때의 의절을 말한 것이다. '본래의 갈대'(故葛帶)란 삼년상에서 연제를 지낼 때에 착용하는 갈대葛帶를 가리킨다. 이제 기년상에서 장례葬禮를 마쳤다면, 남자의 경우는 마땅히 갈대를 착용해야 한다. 이 갈대는 삼년상의 갈대와 올수가 완전히 똑같은데, 아버지의 갈대를 중하게 여기기 때문에 본래의 갈대를 착용하는 것이다. '수질은 기년상의 갈질을 착용한다'(絰期之絰)는 것은 삼년상에서 연제를 지낸 후 수질首絰을 벗었기 때문에, 기년복의 갈질葛絰을 수질로 착용한다는 뜻이다. 부인의 경우는 연제를 지낸 후에 마대麻帶를 벗으므로 본래의 갈질을 수질로 두르고 기년상의 마대를 요대로 착용하는데, 부인은 갈대를 착용하지 않기 때문이다. '대공의 최복'(功衰)은 아버지의 상에서 연제를 지낸 후에 입는 최복이다." 「잡

기상」(3-23)의 공영달의 소에서 "삼년상에서 연제를 지낸 후 입는 최복은 승수가 대공복과 같다. 그러므로 '대공의 최복'(功衰)이라고 한 것이다"라고 하였다. 疏曰: "謂三年之喪練祭之後, 又當期喪旣葬之節也. '故葛帶'謂三年喪之練葛帶也. 今期喪旣葬, 男子則應著葛帶. 此葛帶與三年之葛帶麤細正同, 而以父葛爲重, 故帶其故葛帶也. '絰期之絰'者, 謂三年之喪練後首絰旣除, 故絰期之葛絰. 若婦人, 練後麻帶除矣, 則絰其故葛絰, 帶期之麻帶, 以婦人不葛帶故也. '功衰'者, 父喪練後之衰也."「雜記」疏云: "三年喪練後之衰, 升數與大功同. 故云'功衰'也."

<br>

## [복문 7]

(삼년상을 하면서 이미 연제를 지낸 후에) 대공大功상을 당해 (장례葬禮를 마쳤다면) 또한 마찬가지로 하지만, 소공小功상을 당했다면 복을 바꾸지 않는다.

有大功之喪, 亦如之, 小功, 無變也.

**集說** 疏에서 말한다. "삼년상을 하면서 연제를 지낸 후에 대공상을 당해 또한 이미 장례葬禮를 지냈다면 또한 요대要帶는 본래의 갈대葛帶를 착용하고, 수질首絰은 기년상에 착용하는 갈질葛絰을 착용한다. 그러므로 '또한 마찬가지로 한다'고 한 것이다. '소공小功상을 당했다면 복을 바꾸지 않는다'는 것은 먼저 대공 이상의 상복을 하고 있는데 이제 소공상을 당했다면 앞서 하고 있는 상복에 변함이 없다는 뜻으로, 가벼운 복 때문에 무거운 복을 줄여 누가 되게 하지는 않음을 말하는 것이다." 疏曰: "三年喪練後, 有大功喪, 亦旣葬, 亦帶其故葛帶, 而絰期之葛絰也. 故云'亦如之'. '小功無變'者, 言先有大功以上喪服, 今遭小功之喪, 無變於前服, 不以輕服減累於重也."

## [복문 8]

(삼년상을 하면서 연제를 지낸 후에) 뿌리를 잘라내지 않은 마로 만든 마대麻帶를 착용하는 대공의 상喪을 당했다면 그 마대로 삼년 상에 착용하는 갈대葛帶를 바꾼다.

麻之有本者, 變三年之葛.

**集說** 疏에서 말한다. "대공상 이상에서 띠를 만들 때는 마의 뿌리를 모두 남겨 두고 황색 실과 합하여 띠를 만든다. 이와 같은 경우는 삼년상에서 연제를 지낸 뒤 착용하는 갈대葛帶을 바꿀 수 있는 것이다. 소공상 이하에서는 그 수질을 만들 때 마麻를 썼고 뿌리를 잘라내므로, 삼년상에 착용하는 갈葛을 바꿀 수 없다. '삼년상에 착용하는 갈대葛帶를 바꾼다'고 말한 것은 그 무거운 것을 예로 든 것이다. 실제로는 기년상의 갈이 뿌리를 잘라내지 않은 경우도 역시 바꿀 수 있다." 疏曰: "大功以上爲帶者, 麻之根本并留之, 合枲爲帶. 如此者, 得變三年之練葛. 小功以下, 其經澡麻斷本, 不得變三年之葛也. 言'變三年之葛', 擧其重者. 其實期之葛有本者, 亦得變也[11]."

## [복문 9]

(삼년상을 하면서) 연제를 지낸 후에 뿌리를 모두 잘라낸 마로 만든 마질麻經을 착용하는 소공의 상을 당했다면 (삼년상에 대한 상복은 바꾸지 않지만), 문免을 할 일이 있을 때에는 거기에 소공의 수질을 추가로 착용하고 문을 마치면 수질을 벗으며, 질을 해야 할

일이 있을 때마다 반드시 수질을 추가로 착용하고, 수질을 착용하는 일이 끝나면 벗는다.

既練, 遇麻斷本者, 於免経之, 既免去経, 毎可以経必経, 既経則去之.

**集說** 소疏에서 말한다. "참최의 상에서 연제練祭를 지낸 후에 소공의 상을 당했다면, 비록 참최에 하는 상복을 바꾸지는 않지만, 거기에 수질首経을 추가로 착용할 수는 있다. '문免을 할 때에는 수질을 착용한다'(於免経之)는 것은 연제를 지냈으므로 수질首経이 없지만, 이 소공의 상에 문을 할 일이 있을 때에는 거기에 소공의 수질首経을 추가로 착용한다는 뜻이다. 문을 마친 이후에는 그 소공의 수질을 벗고, 질을 해야 할 때마다 반드시 추가로 수질을 착용하며, 수질을 착용하는 일을 마치면 벗어 참최상의 연제練祭 뒤에 하는 상복 그대로 한다." 疏曰: "斬衰既練之後, 遭小功之喪, 雖不變服, 得爲之加経也. '於免経之'者, 以練無首経, 於此小功喪有事於免之時, 則爲之加小功之経也. 既免之後, 則脫去其経, 毎可以経之時, 必爲之加経, 既経則去之, 自練服也."

## [복문 10]

(삼년상에서 연제를 지낸 후에) 소공의 상을 당하면 삼년상의 연관練冠을 바꾸지 못한다. 만일 문免을 할 일이 있으면 수질은 시마 또는 소공의 수질로 착용하고, 요대는 그 처음 삼년상의 갈대葛帶를 그대로 착용한다. 시마의 마질이 소공의 갈질을 바꾸지 못하고, 소공의 마질이 대공의 갈질을 바꾸지 못하는 이유는 수질이 뿌리를

잘라내지 않은 마로 만든 것이어야 바꿀 수 있는 것으로 삼기 때문이다.

小功不易喪之練冠. 如免, 則経其緦·小功之経, 因其初葛帶. 緦之麻不變小功之葛, 小功之麻不變大功之葛, 以有本爲稅.

**集說** 疏에서 말한다. "소공 이하의 상喪은 삼년상의 연관을 바꾸는 데에 부합하지 못하며 그 기년상의 연관練冠도 역시 바꿀 수 없음을 말한 것이다. 만일 (삼년상을 하면서 연제를 지낸 후에) 시마 또는 소공의 상을 당하여 문免을 해야 할 의절儀節에 처하게 되면 수질은 시마와 소공의 수질로 착용한다. 뒤에 당한 상을 위하여 시마의 수질을 착용하는 것은 앞에 당한 삼년상에서 연관練冠을 착용하고 수질은 벗었기 때문이다. 허리에 착용하는 것은 처음 삼년상을 당해서 연제를 지낸 후 착용하는 갈대葛帶를 그대로 따른다. 가벼운 상의 마질은 본복本服이 이미 가볍기 때문에 비록 초상初喪 때 하는 마질이라도 먼저 당한 무거운 상의 갈질을 바꾸지 못한다." '태稅'는 바꾼다(變易)는 뜻이다. 시마와 소공은 마질麻経이 이미 뿌리가 없는 마로 만든 것이므로 먼저 당한 삼년상을 바꾸는 것은 합당하지 않다. 오직 대공 이상으로 마질麻経이 뿌리를 잘라내지 않은 마로 만든 것이어야 먼저 당한 삼년상의 갈질葛経을 바꿀 수 있는 것이다. 疏曰: "言小功以下之喪, 不合變易三年喪之練冠, 其期之練冠亦不得變12)也. 如當緦·小功著免之節, 則首経其緦與小功之経. 所以爲後喪緦経者, 以前喪練冠首経已除故也. 要中所著, 仍因其初喪練之葛帶. 輕喪之麻, 本服既輕, 雖初喪之麻, 不變前重喪之葛也." '稅'謂變易也. 緦與小功, 麻経既無本, 不合稅變前喪. 惟大功以上麻経有本者, 得稅變前喪也.

상상喪殤 가운데 장상長殤과 중상中殤을 당했을 경우 삼년상의 갈을 바꾸며, 마麻로 상상喪殤의 달수를 마치고 나서 다시 되돌아가 삼년상의 갈로 바꾸어 입는다. 이는 마麻를 중시해서가 아니라 (喪殤에서는) 졸곡 때 바꾸어 입는 의절이 없기 때문이다. 하상下殤에는 삼년상의 갈을 바꾸지 않는다.

殤長·中, 變三年之葛, 終殤之月算, 而反三年之葛. 是非重麻, 爲其無卒哭之稅. 下殤則否.

**集說** 소疏에서 말한다. "'상상喪殤 가운데 장상長殤과 중상中殤을 당했을 경우'(殤長·中)란 본복은 대공인데 이제 장상이나 중상으로 죽은 경우, 남자는 그들을 위해 소공의 복을 하고, 부인은 장상으로 죽은 이를 위해서는 소공으로 복을, 중상으로 죽은 경우에는 시마복을 한다는 것이다. 이와 같은 경우에는 (앞서 당한) 삼년상의 갈葛을 바꿀 수 있다. 이 상복殤服의 마麻를 착용하고 이 상상喪殤의 달수를 끝까지 마친다. 예를 들면 소공이라면 5월, 시마라면 3월에 마친다. 그 뒤에는 다시 되돌아가 삼년상의 갈葛로 바꾸어 입는다. 마최麻衰의 복을 그대로 하고 바꾸지 않았는데, 또 삼년상의 갈을 바꾸는 것은 이 마麻를 무겁게 여겨서가 아니다. 상상喪殤을 위해 입는 마최麻衰 자체가 질박하고 간략해서 초상初喪 때 마를 입은 이후로 졸곡 때 마麻를 벗고 갈葛을 입는 의절 자체가 없기 때문이다. '하상下殤이라면 그렇게 하지 않는다'(下殤則否)는 것은 대공 이하 친족으로 상상喪殤인 경우 남자와 부인 모두 그를 위해 시마복을 하므로 그 정情이 가벼워서 삼년상의 갈葛을 바꿀 수 없기 때문이다. 살펴보건대, 앞의 경문에서 '(삼년상을 하면서 연제를 지낸 후에) 뿌리를 잘라내지 않은 마로 만든 마대麻帶를 착용하는 대공

의 초상初喪을 당했다면 그 마대로 삼년상에 착용하는 갈대葛帶를 바꾼다'고 하였다. 그렇다면 자최의 하상은 비록 소공이지만 또한 뿌리를 잘라내지 않은 마로 만든 마대를 착용하는 것이다. 그러므로 「상복소기」(2-32)에 '하상下殤의 소공복小功服에서 요대要帶는 마麻를 씻어 만들고 뿌리를 잘라내지 않으며, 구부려 반대로 향하게 하고 합하여 꼰다'고 한 것이다. 그러나 자최복을 하는 하상下殤에서는 삼년상의 갈을 바꾼다. 이제 대공의 장상長殤에서 마가 뿌리가 없는데도 삼년상의 갈을 바꿀 수 있는 것은 우제와 졸곡 때 바꾸어 입는 의절이 없기 때문이다. 그러므로 특별히 바꿀 수 있는 것이다. 만약 성인으로 죽은 이를 위한 소공복이나 시마복이라면 마麻에 이미 뿌리가 없기 때문에 바꿀 수 없다." 疏曰: "殤長·中者, 謂本服大功, 今乃降在長·中殤, 男子則爲之小功, 婦人爲長殤小功, 中殤則總麻. 如此者, 得變三年之葛. 著此殤服之麻, 終竟此殤月數. 如小功則五月, 總則三月. 還反服其三年之葛也. 旣服麻不改, 又變三年之葛, 不是重此麻也. 以殤服質略, 自初死服麻以後, 無卒哭時稅麻服葛之禮也. '下殤則否'者, 以大功以下之殤, 男子·婦人俱爲之總麻, 其情輕, 不得變三年之葛也. 按上文麻有本者, 得變三年之葛'. 則齊衰下殤雖是小功, 亦是麻之有本者. 故「喪服小記」云, '下殤小功帶澡麻, 不絶本.' 然齊衰下殤, 乃變三年之葛. 今大功長殤麻旣無本, 得變三年之葛者, 以無虞·卒哭之稅. 故特得變之. 若成人小功·總麻, 麻旣無本, 故不得變也."

<br>

**[복문 12]**

제후(君)13)는 천자를 위해 삼년복을 하고, 제후의 부인은 외종外宗이 군주를 위해 하는 상복과 같게 한다. 제후의 세자世子는 천자를 위해 복을 하지 않는다.

君爲天子三年, 夫人如外宗之爲君也. 世子不爲天子服.

**集說** 　제후는 천자를 위해 참최복을 한다. '외종外宗'은 앞 편에 설명이 보인다. 제후의 외종의 부인婦人은 군주를 위해 기년복을 하는데, 부인夫人도 천자를 위해 기년복을 한다. 그러므로 '부인은 외종外宗이 군주를 위해 하는 상복과 같게 한다'고 한 것이다. 세자는 선대를 계승하는 도리가 있다. 천자를 위해 복을 하지 않는 것은 혐의를 멀리하기 위한 것이다. 諸侯爲天子, 服斬衰三年. '外宗'見前篇. 諸侯外宗之婦爲君期, 夫人爲天子亦期. 故云'夫人如外宗之爲君也'. 世子有繼世之道. 不爲天子服者, 遠嫌也.


## [복문 13]

군주가 상주가 되는 경우는 정처(夫人妻) · 적자(大子) · 적부適婦 등의 상에 대해서다.

君所主, 夫人妻 · 大子 · 適婦.

**集說** 　'부인夫人'은 군주의 정처이기 때문에 '부인처夫人妻'라고 한 것이다. '대자大子'는 적자適子이며, 그 처가 적부適婦가 된다. 세 사람은 모두 정正(통統이 바른 것)이기 때문에 군주가 상주가 된다. '夫人'者, 君之適妻, 故云'夫人妻'. '大子', 適子也, 其妻爲適婦. 三者皆正, 故君主其喪.

## [복문 14]

대부의 적자는 국군國君·부인夫人·자신의 적자(大子) 등을 위해 상복을 하는데 사士가 국군을 위해 하는 상복과 같게 한다.

大夫之適子爲君·夫人·大子, 如士服.

**集說** 정씨鄭氏(정현鄭玄)는 말한다. "사士는 국군國君을 위해 참최복을 하고, 소군小君(국군의 정처)을 위해 기년복을 한다. 자신의 적자(大子)에 대해서 국군은 참최복을 하고, 신하는 국군을 따라서 기년복을 한다." ○ 소疏에서 말한다. "대부에게는 선대를 계승하는 도리가 없기 때문에 그 아들은 혐의를 받지 않는다. 그러므로 군주와 부인 및 군주의 적자를 위해 상복을 할 수 있는데, 사士가 국군을 위해 하는 복과 같게 한다." 鄭氏曰: "士爲國君斬, 小君期. 大子君服斬, 臣從服期." ○ 疏曰: "大夫無繼世之道, 其子無嫌. 故得爲君與夫人及君之大子著服, 如士服也."

## [복문 15]

군주의 어머니가 부인夫人이 아니라면 군신群臣은 상복이 없다. 다만 근신近臣 및 복僕·참승驂乘 등은 종복從服을 하는데, 오직 군주가 상복을 하는 것에 따라 상복을 한다.

君之母非夫人, 則群臣無服. 唯近臣及僕·驂乘從服, 唯君所服服也.

**集說** 소疏에서 말한다. "군주의 어머니가 적부인이라면 군신群臣(근신近臣

이 아닌 여러 신하)들은 기년복을 한다. 부인이 아니라면 군주가 시마복을 하기 때문에 군신들은 복이 없다. '근신近臣'은 혼시閽寺(군주를 가까이에서 모시는 시종과 환관 따위) 등을 가리킨다. '복僕'은 군주의 수레를 모는 자이다. '참승驂乘'은 수레의 오른쪽에 동승하여 호위하는 병사이다. '오직 군주가 상복을 하는 것에 따라 상복을 한다'는 것은 군주가 시마복을 한다면, 이들도 또한 시마복을 한다는 뜻이다." 疏曰: "君母是適夫人, 則群臣服期, 非夫人, 則君服緦, 故群臣無服也. '近臣', 閽寺之屬. '僕', 御車者. '驂乘', 車右也. '唯君所服服'者, 君緦則此等人亦緦也."

## [복문 16]

공公은 경과 대부의 상喪을 당하면 궁궐에서 석최錫衰를 입고 지내며, 다른 일이 있어 외출할 때에도 마찬가지로 석최를 입고 있으며, (직접 가서 조문해야 할) 일을 당해서는 머리에 변질弁絰을 착용한다. 대부 사이에 복을 할 때에도 군주가 경과 대부의 상에 하는 것과 같이 한다. 대부 사이에 상대방 처의 상에 조문하러 갈 경우는 석최를 입고, 다른 일로 외출할 때에는 입지 않는다.
公爲卿大夫錫衰以居, 出亦如之, 當事則弁絰. 大夫相爲亦然. 爲其妻, 往則服之, 出則否.

**集說** 소疏에서 말한다. "군주는 경과 대부의 상을 당했을 때 성복을 한 후에는 궁궐에서 석최錫衰[14]를 입고 지낸다. '외출한다'(出)는 것은 다른 일이 있어 외출하고 상가에 들르는 것이 아님을 말하며, 이때에도 석최를 입고 머리에는 피변皮弁을 한다. '(가서 조문해야 할) 일을 당해서'(當事)란 대

렴 및 빈을 차리거나, 장례葬禮를 행하려고 빈殯을 여는 등의 일이 있을 때15)로서, 머리에는 변질을 두르고 몸에는 석최를 입는다. 사士의 상사喪事인 경우라면 군주는 머리에 피변을 쓴다. '대부 사이에 복을 할 때에도 군주가 경과 대부의 상에 하는 것과 같이 한다'는 것은 군주가 경과 대부의 상에 상복을 할 때처럼 한다는 뜻이다. 군주가 경과 대부의 처가 사망한 상사에 또는 경과 대부가 서로 상대방의 처가 사망한 상사에 조문하러 갈 때에도 석최를 입는다. 다만 항상 그것을 입고 지내는 것은 아니며 혹 다른 일로 외출할 때에는 입지 않는다." ○ 석최의 베는 시마緦麻의 베로 만들고 잿물을 가하여 씻어낸다. 변질은 작변과 형태가 같은데 흰색으로 만들며 그 위에 환질環絰을 부가한다. 疏曰: "君爲卿大夫之喪, 成服之後, 著錫衰以居也. '出'謂以他事而出, 非至喪所, 亦著錫衰, 首則皮弁也. '當事', 若大斂及殯幷將葬啓殯等事, 則首著弁絰, 身衣錫衰. 若於士, 則首服皮弁也. '大夫相爲亦然'者, 亦如君於卿大夫也. 若君於卿大夫之妻及卿大夫相爲其妻, 而往臨其喪, 亦服錫衰. 但不常著之以居, 或以他事出, 則不服也." ○ 錫衰之布以緦布而加灰治. 弁絰制如爵弁, 素爲之, 加環絰其上.

<br>

**[복문 17]**

무릇 다른 사람을 찾아가 만날 때에도 수질首絰을 벗지 않으며, 비록 군주를 알현하더라도 수질을 벗지 않는다. 다만 국군國君의 문(公門)에 들어갈 때에는 자최복을 벗는 것이 있다. 『전傳』에 "군자는 남이 거상하는 슬픔을 강제로 빼앗지 않으며, 다른 사람에 의해 거상하고 있는 슬픔을 억지로 빼앗겨서도 안 된다"고 하였다.

凡見人無免絰, 雖朝於君無免絰. 唯公門有稅齊衰. 『傳』曰: "君

> 子不奪人之喪, 亦不可奪喪也."

**集說** '사람을 만난다'(見人)는 것은 자신이 찾아가서 다른 사람을 만나는 것이다. 질은 중요하기 때문에 벗어서는 안 된다. 국군國君의 문(公門)에 들어갈 때 비록 자최복을 벗지만 또한 수질은 벗지 않는다. 이 경문은 지팡이를 하지 않는 자최복을 가지고 말한 것이다. 만약 지팡이를 하는 자최복 및 참최복의 경우라면 비록 국군國君의 문에 들어가더라도 상복을 벗지 않는다. '見人', 往見於人也. 経重, 故不可釋免. 入公門, 雖稅齊衰, 亦不稅経也. 此謂不杖齊衰. 若杖齊衰及斬衰, 雖入公門, 亦不稅.


## [복문 18]

> 『전전傳』에 "죄는 많아도 형벌을 주는 것은 다섯 가지이고, 상喪은 많아도 상복을 하는 것은 다섯 가지다. 위로 붙이고 아래로 붙이는 것은 비등하게 배열하는 것이다"라고 하였다.
> 『傳』曰: "罪多而刑五, 喪多而服五. 上附下附, 列也."

**集說** 죄가 무거운 자는 상형에 붙이고, 죄가 가벼운 자는 하형에 붙인다. 이것이 오형五刑(다섯 가지 형벌)에서 위로 붙이고 아래로 붙이는 것이다. 대공 이상은 친한 이에 붙이고, 소공 이하는 소원한 이에게 붙이다. 이것이 오복五服(다섯 가지 상복)에서 위에 붙이고 아래에 붙이는 것이다. (오형과 오복에서) 열을 비등하게 하는 것이 서로 유사하므로 '열列'(배열한다)이라고 한 것이다. 罪重者, 附於上刑, 罪輕者, 附於下刑. 此五刑之上附下附也. 大功以上, 附於親, 小功以下, 附於疏. 此五服之上附下附也. 等列相似, 故云'列'也.

**1** 【분장】 : 본 편은 권근의 按說도 없고 경문을 재배치하지도 않아 분장을 하지 않았다.

**2** 『전』에 ~ 경우이다 : 「大傳」(3-6) 경문 및 정현의 주에 나오는 말이다.

**3** 속종이 ~ 있다 : 이 말은 「大傳」(3-6)에 나오는 말이다. 여기서 '屬'은 친속의 뜻이다. '속종'이란 아들이 어머니를 따라서 어머니의 친족을 위해 복을 하고, 처가 남편을 따라서 남편의 친족을 위해 복을 하고, 남편이 처를 따라서 처의 친족을 위해 복을 하는 경우를 말한다. '徒'는 비어 있다는 뜻이다. '도종'이란 친속이 아닌데도 그냥 따라서 그의 친족을 위해 복을 하는 것을 말한다. 신하가 군주를 따라 군주의 친족을 위해 복을 하고, 처가 남편을 따라서 남편의 군주를 위해 복을 하고, 첩이 女君의 친족을 위해 복을 하고, 서자가 君母의 부모를 위해 복을 하고, 아들이 어머니의 君母를 위해 복을 하는 경우 등이 있다. 「大傳」(3-6) 경문 및 정현 주와 陳澔의 集說 참조.

**4** 연관을 쓰도록 하고 : 『의례』 「喪服」의 "공자는 자신의 생모를 위해 연관을 한다"(公子爲其母練冠)에 대한 정현의 주에 따르면, 公子는 군주의 妾子를 가리킨다. 妾子는 군주의 존귀함에 눌려 자신의 생모에 대하여 練冠을 하는 것으로 상복을 대신한다. 練冠은 小祥 때 입는 布와 같은 것으로 관을 만든 것이다.

**5** 여군 : 군주의 正妻에 대하여 妾이 부르는 칭호이다. 『의례』 「喪服」에 "첩이 女君을 섬기는 것은 며느리가 시부모를 섬기는 것과 같다"(妾之事女君, 與婦之事舅姑等)고 하였다. 정현은 주에서 "여군은 군주의 정처이다"(女君, 君嫡妻也)라고 하였다. 『爾雅』 「釋名 · 釋親屬」에 "첩이 남편의 정처에 대하여 女君이라고 부른다. 남편은 男君이므로 그 처에 대하여 女君이라고 부른다"(妾謂夫之嫡妻曰女君. 夫爲男君, 故名其妻曰女君)라고 하였다.

**6** (『전』에) "무겁게 ~ 경우이다 : 「大傳」(3-6) 경문 및 정현의 주에 나오는 말이다.

**7** (『전』에) "복이 ~ 경우이다 : 「大傳」(3-6) 경문 및 정현의 주에 나오는 말이다.

**8** 『의례』 「상복」 : 원문에는 「喪服小記」로 되어 있지만, 인용문은 『의례』 「喪服」에 나온다.

**9** 외족 : 어머니 또는 처의 친족으로 인척이 되는 사이를 말한다. 고대에는 인척도 형제의 범위에 포함하였다.

**10** (『전』에) "복을 ~ 경우이다 : 「大傳」(3-6) 경문 및 정현의 주에 나오는 말이다.

**11** 也 : 『예기집설대전』에는 '之'로 되어 있다.

**12** 變 : 『예기집설대전』에는 '易'으로 되어 있다.

**13** 제후 : 공영달의 소에 君을 列國의 諸侯로서 君主인 사람들이라고 하였다.

**14** 석최 : 『주례』 「春官 · 司服」에 "(조문할 때) 천자는 三公과 六卿에 대하여 錫衰를 하고, 제후에 대하여 緦衰를 하고, 대부와 사에 대해 疑衰를 한다. 그 머리의 복장은 弁을 하고 絰을 두른다"(王爲三公六卿錫衰, 爲諸侯緦衰, 爲大夫士疑衰. 其首服皆弁経)고 하

였다. 「喪服小記」(2-11)에도 "제후가 다른 나라의 신하의 상喪에 조문을 할 때는 반드시 피변皮弁과 석최錫衰를 한다"(諸侯弔必皮弁錫衰)라고 하였다. 錫衰는 7升 半의 麻를 매끄럽게 가공하여 만든 옷으로 천자가 삼공과 육공에 대하여 조문할 때 입는 옷이다. 『三禮辭典』 '錫衰(1142쪽) 참조.

**15** 대렴 및 빈을 ~ 있을 때 : 이때에는 군주가 상가에 직접 찾아가 살펴보고 조문한다.

# 간전
## 間傳

양촌에 사는 후학 권근 지음

> 정씨鄭氏(정현鄭玄)는 말한다. "「간전」이라 이름붙인 것은 상복들 사이에 경중의 합당한 바를 기록했기 때문이다."
>
> 鄭氏曰: "名「間傳」者, 以其記喪服之間輕重所宜."

## [간전 1]¹⁾

참최斬衰의 상에 무엇 때문에 저苴(조악한 암마)로 만든 것을 착용하는가?²⁾ '저苴'는 조악한 모습이니, 안에 있는 것을 표출하여 밖으로 드러내기 위함이다. 참최의 상을 당하면 얼굴빛이 조악한 암마(苴)처럼 검푸르고, 자최의 상을 당하면 모습이 숫마(枲)처럼 얼굴빛이 어둡고, 대공의 상에는 얼굴빛이 마치 구애를 받아 굳어서 펴지 못하는 듯 하고, 소공과 시마의 상에는 얼굴빛이 평소처럼 해도 괜찮다. 이는 슬픔이 얼굴과 몸에 나타나는 모습이다.

斬衰何以服苴? '苴', 惡貌也, 所以首其內而見諸外也. 斬衰貌若

苴, 齊衰貌若枲, 大功貌若止, 小功・緦麻容貌可也. 此哀之發於
容體者也.

**集說** '참최의 상에 저苴로 만든 것을 착용한다'(斬衰服苴)는 것은 저질苴絰
과 저장苴杖을 하는 것을 가리킨다. 씨가 있는 마로 저질苴絰을 만들며, 대
나무로 만든 지팡이를 저장苴杖이라고 한다. '조악한 모습'(惡貌)에 대해 공
영달의 소에는 "저苴는 검은 빛(黎墨色)이다"라고 하였고, 또 「상복소기」(1-4)
에 대한 공영달의 소에는 "지극한 고통이 안에서 맺히면 반드시 형태와 빛
깔이 밖으로 드러난다. 최衰와 상裳과 질絰과 장杖에 모두 저苴의 색을 갖추
는 까닭이다"라고 하였다. '수首'는 표출한다는 의미다. 대체로 그 속마음의
슬픔과 고통을 밖으로 명확히 나타내 보인다는 뜻이다. '시枲'는 숫마(牡麻)
로서 마르고 어두운 빛깔이니 그와 유사하다. 대공의 상은 비록 자최나 참
최의 애통함만은 못하지만, 그 용모에 또한 구애받아 굳어서 펴지 못하는
바가 있는 듯이 하게 되니, 대개 그 평상시 행하던 법도를 바꾸는 것이다.
'斬衰服苴', 苴絰與苴杖也. 麻之有子者, 以爲苴絰, 竹杖亦曰苴杖. '惡貌'者, 疏云: "苴是
黎墨色", 又「小記」疏云: "至痛內結, 必形色外章. 所以衰裳絰杖, 俱備苴色也." '首'者,
標表之義. 蓋顯示其內心之哀痛於外也. '枲', 牡麻也, 枯黯之色似之. 大功之喪, 雖不如
齊斬之痛, 然其容貌亦若有所拘止而不得肆者, 蓋亦變其常度也.

## [간전 2]

참최의 상을 당하였을 때 곡소리는 마치 가서 되돌아오지 못할 듯
이 하고, 자최의 상을 당하였을 때 곡소리는 마치 가서 되돌아오는

듯이 하고, 대공의 상에 곡소리는 세 번 꺾이어 완곡하게 하고, 소공과 시마의 상에는 슬픈 모습을 하면 된다. 이는 애통함이 음성에 나타나는 모습이다.

斬衰之哭, 若往而不反, 齊衰之哭, 若往而反, 大功之喪, 三曲而偯, 小功·緦麻, 哀容可也. 此哀之發於聲音者也.

'약若'은 같다(如)는 뜻이다. '가서 되돌아오지 못한다'(往而不反)는 것은 한 번 소리를 내면 기氣가 끊어질 때까지 이르러서 목소리를 되돌리지 못하는 듯이 한다는 뜻이다. '세 번 꺾인다'(三曲)는 것은 한번 소리를 내면 세 번 꺾인다는 뜻이다. '의偯'는 목소리의 여운이 완곡하다는 뜻이다. 소공과 시마는 정이 가벼우므로 비록 애통한 소리가 차분하더라도 괜찮다. '若', 如也. '往而不反', 一擧而至氣絶, 似不回聲也. '三曲', 一擧聲而三折也. '偯', 餘聲之委曲也. 小功·緦麻, 情輕, 雖哀聲之從容, 亦可也.

## [간전 3]

참최의 상에는 응하기만 하고 말로 대답하지 않으며, 자최의 상에는 말로 대답하지만 먼저 다른 사람에게 말을 걸지 않으며, 대공의 상에는 다른 사람에게 먼저 말은 걸지만 다른 일을 논하지는 않으며, 소공과 시마의 상에는 다른 일을 논하지만 즐거워함에 이르지는 않는다. 이는 애통함이 대화에서 나타나는 모습이다.

斬衰唯而不對, 齊衰對而不言, 大功言而不議, 小功·緦麻議而不及樂. 此哀之發於言語者也.

**集說** '유唯'는 응하는 말이다. '대답하지 않는다'(不對)는 것은 다른 사람에게 말로 대답하지 않는다는 뜻이다. '말하지 않는다'(不言)는 것은 다른 사람에게 먼저 말을 걸지 않는다는 뜻이다. '의논하지 않는다'(不議)는 것은 다른 일을 두루 논하지 않는다는 뜻이다. '唯', 應辭也. '不對', 不答人以言也. '不言', 不先發言於人也. '不議', 不泛論他事也.

---

### [간전 4]

참최의 상에는 3일 동안 먹지 않고, 자최의 상에는 2일 동안 먹지 않고, 대공의 상에는 세 끼를 먹지 않고, 소공과 시마의 상에는 두 끼를 먹지 않고, 사士가 염에 참여했다면 한 끼를 먹지 않는다. 그러므로 부모의 상에 빈궁을 차리고 나서 죽을 먹는데, 아침에 1일溢의 쌀 저녁에 1일의 쌀이다. 자최의 상에는 거친 밥에 음료수를 마시지만 채소와 과일은 먹지 않는다. 대공의 상에는 젓갈을 먹지 않는다. 소공과 시마의 상에는 단술(醴酒)을 마시지 않는다. 이는 애통함이 음식에 나타나는 모습이다.

斬衰三日不食, 齊衰二日不食, 大功三不食, 小功·緦麻再不食, 士與斂焉, 則壹不食. 故父母之喪, 既殯食粥, 朝一溢米, 莫一溢米. 齊衰之喪, 疏食水飲, 不食菜果. 大功之喪, 不食醯醬. 小功·緦麻, 不飲醴酒. 此哀之發於飲食者也.

**集說** 1일溢은 1/24승카이다. '소사疏食'는 거친 밥이다. 一溢, 二十四分升之一也. '疏食', 粗飯也.

## [간전 5]

부모의 상에 우제와 졸곡을 마치면 거친 밥과 음료수를 마시지만 채소와 과일은 먹지 않는다. 1년 만에 소상제小祥祭를 지내면 채소와 과일을 먹는다. 다시 1년 만에 대상제大祥祭를 지내면 젓갈을 먹는다. 다시 한 달을 건너뛰어 담제禪祭를 지내는데, 담제를 지내면 단술(醴酒)을 마신다. 처음 술을 마시는 경우에는 먼저 단술을 마시고, 처음 고기를 먹는 경우에는 먼저 말린 고기를 먹는다.

父母之喪, 旣虞·卒哭, 疏食水飮, 不食菜果. 期而小祥, 食菜果. 又期而大祥, 有醢醬. 中月而禪, 禪而飮醴酒. 始飮酒者, 先飮醴酒, 始食肉者, 先食乾肉.

**集說** '중월中月'은 한 달을 건너뛴다는 뜻이다. 전편에 '한 세대를 건너뛰어 위로 올려서'(中一以上)에서도 건너뛴다(間)의 뜻으로 풀이했다.[3] 25개월에 대상제를 지내고, 27개월에 담제를 지내는 것이다. ○ 소疏에서 말한다. "효자孝子는 처음부터 맛있는 음식을 식탁에 올려 먹는 것을 차마 하지 못한다. 그러므로 단술을 마시고 말린 고기를 먹는 것이다." '中月', 間一月也. 前篇'中一以上', 亦訓爲間. 二十五月大祥, 二十七月而禪也. ○ 疏曰: "孝子不忍發初御醇厚之味. 故飮醴酒食乾肉."

## [간전 6]

부모의 상에는 의려倚廬에 거처하면서 거적에서 자고 흙덩이를 베게로 삼으며 질絰과 대帶를 벗지 않는다. 자최의 상에는 악실堊室에 거처하면서 양 끝을 베어서 가지런하게만 하고 끝을 엮어 안으로 넣지 않은 부들자리를 사용한다. 대공의 상에는 자리를 깔고 잔다. 소공과 시마의 상에는 침상에서 잠을 자도 된다. 이는 슬픔이 거처에 나타나는 모습이다.

父母之喪, 居倚廬, 寢苫枕塊, 不稅絰·帶. 齊衰之喪, 居堊室, 苄翦不納. 大功之喪, 寢有席. 小功·緦麻, 牀可也. 此哀之發於居處者也.

**集說** '의려倚廬'와 '악실堊室'은 「상대기喪大記」(55와 59)에 보인다. '하苄'는 자리를 만들 수 있는 부들인데, 그것을 베어서 가지런하게만 하고 그 끝을 엮어 넣어 안쪽에 감추지 않는다. '倚廬·堊室', 見「喪大記」. '苄', 蒲之可爲席者, 但翦之使齊, 不編納其頭而藏於內也.


## [간전 7]

부모의 상에서 우제와 졸곡을 마친 뒤에, 의려倚廬의 처마에 나무를 떠받치고, 출입문 곁 담장의 풀을 제거하며, 양 끝을 베어서 가지런하게만 하고 끝을 엮어 안으로 넣지 않은 부들자리를 사용한다. 1년 만에 소상제를 지내면 악실堊室에 거처하고 자리를 깔고 잔다. 또 1년이 지나 대상제를 지내면 평소의 침실에 거처한다. 한 달을 건너뛰고 담제를 지내는데, 담제를 지내고 나서는 침상에서 잠을 잔다.

父母之喪, 旣虞・卒哭, 柱楣翦屛, 芐翦不納. 期而小祥, 居堊室, 寢有席. 又期而大祥, 居復寢. 中月而禫, 禫而牀.

**集說** '주미柱楣'는 담장에 기댔던 의려의 나무를 일으켜 세워 처마를 떠받쳐서 조금 더 넓고 밝게 한다는 뜻이다. '전병翦屛'은 호戶(출입문) 옆의 양쪽 담장의 드리워진 풀을 제거한다는 뜻이다. 앞 장([간전 3])의 '응하기만 하고 말로 대답하지 않는다'(唯而不對)에서 여기까지에는 「잡기」, 「상대기」, 「상복소기」의 문장과 다른 곳이 있다. 기록한 자가 들은 바가 다르거나 또는 또한 각각 의미가 있기 때문일 것이다. '柱楣', 謂擧倚廬之木, 拄之於楣, 使稍寬明也. '翦屛'者, 翦去戶旁兩廂屛之餘草也. 自上章'唯而不對'以下至此, 有與「雜記」・「喪大記」・「喪服小記」之文不同者. 記者所聞之異, 亦或各有義歟.

## [간전 8]

참최복에는 3승의 베를 사용하고, 자최복에는 4승・5승・6승의 베를 사용하고, 대공복에는 7승・8승・9승의 베를 사용하고, 소공복에는 10승・11승・12승의 베를 사용한다. 시마복에는 15승의 베를 사용하는데 그 절반을 제거한다. 그 올에 일(삶는 것)을 가하고 그 베에 일을 가하지 않는 것을 '시緦'라고 한다. 이는 슬픔이 의복에 나타나는 모습이다.

斬衰三升, 齊衰四升·五升·六升, 大功七升·八升·九升, 小功十升·十一升·十二升. 緦麻十五升, 去其半. 有事其縷, 無事其布曰‘緦’. 此哀之發於衣服者也.

**集說** 1승마다 모두 80올이 들어간다. 참최에서 정복正服은 3승의 베를 사용하이고, 의복義服은 3승 반의 베를 사용한다. 자최에서는 강복降服은 4승의 베를 사용하고, 정복은 5승의 베를 사용하고, 의복은 6승의 베를 사용한다. 대공에서는 강복은 7승의 베를 사용하고, 정복은 8승의 베를 사용하고, 의복은 9승의 베를 사용한다. 소공에서는 강복은 10승의 베를 사용하고, 정복은 11승의 베를 사용하고, 의복은 12승의 베를 사용한다. 시마에서는 강복·정복·의복이 같아서 15승의 베를 사용하여 그 중 7승 반의 올을 제거한다. 무릇 15승은 조복에 사용하는 베로서 그 폭의 날실은 1200올이다. 이제 시마의 베는 그 절반인 600올을 사용하여 날실을 삼으니, 이것이 ‘그 절반을 제거한다’는 것이다. ‘그 올에 일을 가한다’(有事其縷)고 했을 때의 ‘일’(事)이란 그 올실을 삼고 누인 후에 베를 짜는 것을 가리킨다. ‘그 베에 일을 가하지 않는다’(無事其布)는 것은 베 짜는 것이 완성되면 그 베를 씻지 않고 곧바로 그것으로 시마복을 만든다는 뜻이다. 만약 그것으로 석최錫衰를 만들 경우에는 잿물로 씻는다. 그러므로 앞의 경문4)에서는 ‘그 베를 잿물로 씻어내어 석최錫衰를 만든다’고 한 것이다. 그렇다면 시마복은 삶은 올에 생 베로 베를 만드는 것이고, 그 소공 이상은 삶지 않은 올로 짜는 것이다. 每一升, 凡八十縷. 斬衰正服三升, 義服三升半. 齊衰降服四升, 正服五升, 義服六升. 大功降服七升, 正服八升, 義服九升. 小功降服十升, 正服十一升, 義服十二升. 緦麻降·正·義同, 用十五升布, 去其七升半之縷. 蓋十五升者, 朝服之布, 其幅之經, 一千二百縷也. 今緦布, 用其半六百縷爲經, 是‘去其半’也. ‘有事其縷

者, '事'謂煮治其紗縷而後織也. '無事其布者', 及織成則不洗治其布而卽以製緦服也. 若
用爲錫衰, 則加灰以洗治之. 故前經云'加灰錫'也. 然則緦服是熟縷生布, 其小功以上, 皆
生縷以織矣.

## [간전 9]

참최에는 3승의 베를 사용하는데, 우제와 졸곡을 마치면 성포成布
6승으로 수복受服(상복을 바꾸어 입는 것)하고 관은 7승의 베를 사용한
다. 어머니를 위해서 상복을 할 때는 소최疏衰 4승의 베를 사용하는
데, 성포 7승으로 수복하고 관은 8승의 베를 사용한다. 허리의 마
질麻絰을 벗고 갈질葛絰을 착용하며 갈대葛帶는 세 겹으로 한다. 1년
만에 소상제小祥祭를 지내면 누인 비단으로 관冠을 만들고 분홍빛으
로 가선을 두르며, 요질腰絰은 제거하지 않는다.

斬衰三升, 旣虞・卒哭, 受以成布六升, 冠七升. 爲母疏衰四升,
受以成布七升, 冠八升. 去麻服葛, 葛帶三重. 期而小祥, 練冠縓
緣, 要絰不除.

**集説** 오복五服 가운데 참최・자최・대공에만 수복受服이 있는 것은 장례
葬禮를 마친 후에 관冠을 만든 베의 승수로 최복衰服을 만들기 때문이다.
예를 들면 참최에서 관은 6승의 베를 사용하는데, 장례를 마친 후에 6승의
베로 최복을 만들고, 자최에서 관은 7승의 베를 사용하는데 장례를 마친
후에 7승의 베로 최복을 만든다. '성포成布'라고 한 것은 3승 이하의 베는
매우 거칠고 성겨서 아직 완성되지 못한 듯한데, 6승 이하는 점차 정밀하
고 섬세해져서 길복吉服의 베와 비슷하다. 그러므로 '성成'이라고 한 것이

다. '마질麻絰를 벗고 갈질葛絰을 착용한다'(去麻服葛)는 것은 장례葬禮를 마치고 나서 남자는 허리에 차던 마질麻絰을 벗고 갈질葛絰을 착용하고, 부인은 머리의 마질을 벗고 갈질을 착용하는 것을 가리킨다. '갈대는 세 겹으로 한다'(葛帶三重)는 말은 남자의 경우를 가리킨다. 장례葬禮를 마친 후 갈질로 허리의 마질을 바꾸는데, 전보다 조금 작게 하여 네 가닥으로 꼬아서 쌓아 서로 겹치게 하므로 세 겹이 된다. 홑가닥으로 꼬아서 한 겹이 되고, 양 가닥을 합쳐서 한 줄을 만들면 두 겹이고, 두 줄을 합쳐서 한 줄을 만들면 세 겹이 된다. ○ 소疏에서 말한다. "소상제를 지내고 또 졸곡 후에 쓰는 관의 승수로 그 최복을 수복하고 누인 명주실로 그 관을 바꾸며 또 누인 비단으로 중의中衣를 만들고 분홍빛으로 옷깃을 삼는다." '요질要絰'은 갈질을 가리킨다. '전연纏緣'은 「단궁상檀弓上」(1-6)에 보인다. 五服惟斬衰 · 齊衰 · 大功有受者, 葬後, 以冠之布升數爲衰服. 如斬衰冠六升, 則葬後以六升布爲衰, 齊衰冠七升, 則葬後以七升布爲衰也. 謂之'成布'者, 三升以下之布, 其疏之甚, 若未成然, 六升以下, 則漸精細, 與吉服之布相近. 故稱'成'也. '去麻服葛'者, 葬後, 男子去要之麻絰而繫葛絰, 婦人去首之麻絰而著葛絰也. '葛帶三重', 謂男子也. 葬後, 以葛絰易要之麻絰, 差小於前, 四股糾之, 積而相重, 則三重也. 蓋單糾爲一重, 兩股合爲一繩, 是二重, 二繩又合爲一繩, 是三重也. ○ 疏曰: "至小祥, 又以卒哭後冠受其衰, 而用練易其冠, 又以練爲中衣, 以纁爲領緣也." '要絰', 葛絰也. '纏緣'見「檀弓」.

## [간전 10]

남자는 수질首絰을 벗고 부인은 요대腰帶를 벗는다. 남자는 왜 수질首絰을 벗고, 부인은 왜 요대腰帶를 벗는가? 남자는 머리를 중시하고 부인은 띠를 중시하기 때문이다. 복을 벗을 때에는 중요한 것을 먼저 벗고, 복을 바꿀 때에는 가벼운 것을 먼저 바꾼다.

男子除乎首, 婦人除乎帶. 男子何爲除乎首也, 婦人何爲除乎帶也? 男子重首, 婦人重帶. 除服者先重者, 易服者易輕者.

集說 소상小祥을 마치고 남자는 수질首絰을 벗고 부인은 요대腰帶를 벗는다. 이것이 상복을 벗을 때 중요한 것을 먼저 벗는다는 것이다. 무거운 상을 하고 있다가 가벼운 상을 당했을 경우, 남자는 요질을 바꾸고 부인은 수질을 바꾼다. 이는 가벼운 것을 바꾸는 것이다. 小祥男子除首絰, 婦人除要帶. 此除先重也. 居重喪而遭輕喪, 男子則易要絰, 婦人則易首絰. 此易輕者也.


[간전 11]

소상 뒤에 또 1년 만에 대상제를 지내는데, 누이지 않은 흰 비단의 관(縞冠)에 흰색의 누인 비단으로 가선을 둘러쓰고 마의麻衣를 입는다. 한 달을 건너뛰어 담제를 지내는데, 담제를 지낸 뒤에는 섬관纖冠에 소단素端의 복장을 하며 차지 않는 것이 없다.

又期而大祥, 素縞麻衣. 中月而禫, 禫而纖, 無所不佩.

集說 소疏에서 말한다. "25개월 만에 대상제를 지낸다. 이날에 상복을 벗으면 머리에 흰색의 관을 쓰는데 비단으로 가선을 두른다. 몸에는 조복을 입고 제사를 지낸다. 제사가 끝나도 슬픈 마음이 아직 사라지지 않았기 때문에 다시 도리어 약간 흉한 복장을 하여, 머리에 비단으로 짠 관을 쓰고

흰색으로 가선을 두르며, 몸에는 15승의 마로 만든 심의를 입는데 아직 채색의 옷깃을 하지는 않는다. 그러므로 '누이지 않은 흰 비단의 관을 쓰고 마麻로 된 옷을 입는다'(素縞麻衣)라고 한 것이다. 대상제 이후 다시 한 달을 건너 담제를 지낸다. 제사를 지낼 때에는 현관玄冠에 조복朝服을 입는다. 제사가 끝나면 머리에 섬관纖冠을 쓰고, 몸에는 소단素端5)과 황상黃裳을 입으며, 길제吉祭에 이르러 평상시 착용하던 물건을 모두 차게 된다. 날실을 검은색으로 하고 씨실을 흰색으로 하여 짜는 것을 '섬纖'이라고 한다." 疏曰: "二十五月大祥祭. 此日除脫, 則首服素冠, 以縞紕之. 身著朝服而祭. 祭畢而哀情未除, 更反服微凶之服, 首著縞冠, 以素紕之, 身著十五升麻深衣, 未有采緣. 故云'素縞麻衣'也. 大祥之後, 更間一月而爲禫祭. 禫祭之時, 玄冠朝服. 祭訖則首著纖冠, 身著素端黃裳, 以至吉祭, 平常所服之物無不佩也. 黑經白緯曰'纖'."

---

**[간전 12]**

복을 바꿀 때 왜 가볍게 여기는 것을 바꾸는가? 참최의 상에서 이미 우제虞祭와 졸곡卒哭을 마쳤는데, 자최의 초상初喪(사망 후 매장 전까지 기간)을 당했다면, 가볍게 여기는 것은 겸해서 포괄하고, 중시하는 것은 단독으로 행하기 때문이다.

易服者何爲易輕者也? 斬衰之喪, 旣虞·卒哭, 遭齊衰之喪, 輕者包, 重者特.

**集說** 정현鄭玄은 "낮은 쪽에 대해 행하는 것은 존귀한 쪽과 더불어 양 쪽에 적용할 수 있지만, 존귀한 쪽에 대해 행하는 것은 다른 쪽에도 함께 적용할 수 없다"고 하였다. ○ 소疏에서 말한다. "참최의 상에서 수복을 할

때에 자최의 초상初喪(사망 후 매장 전까지 기간)을 당했다면 남자는 가볍게 여기는 허리에는 자최의 요대要帶를 착용하여 참최의 요대를 겸하여 포괄할수 있다. 부인은 머리를 가볍게 여기므로 자최의 수질首経을 두르고 참최의 질을 겸하여 포괄할 수 있다. 그러므로 '가볍게 여기는 것은 포괄할 수있다'(輕者包)고 한 것이다. 남자는 머리를 중요하게 여기기 때문에 특별히참최의 갈질葛経을 그대로 두고, 부인은 허리를 중요하게 여기기 때문에 특별히 참최의 요대要帶를 그대로 둔다. 이것이 '중요하게 여기는 것은 특별히 그대로 둔다'(重者特)는 뜻이다. 내가 생각건대, '특特'은 단독으로 하여겸하는 바가 없다는 뜻을 말하는 것이지, 특별히 그대로 둔다는 뜻이 아니다."鄭氏曰: "卑可以兩施, 而尊者不可貳." ○ 疏曰: "斬衰受服之時, 而遭齊衰初喪, 男子所輕要者, 得著齊衰要帶, 而兼包斬衰之帶. 婦人輕首, 得著齊衰首経, 而包斬衰之経. 故云'輕者包'也. 男子重首, 特留斬衰之経, 婦人重要, 特留斬衰要帶. 是'重者特'也. 愚謂'特'者單獨而無所兼之義, 非謂特留也."

## [간전 13]

(참최복에서) 연제를 지낸 후에 대공의 상을 당했다면 마麻와 갈葛이 중시된다.

既練, 遭大功之喪, 麻葛重.

**集說** 소疏에서 말한다. "참최의 상에서 연제를 지내고 난 후, 남자는 요대만, 부인은 단지 수질만 착용하고 있다. 이를 '단單'이라고 한다. 이제 대공의 상을 당하면, 남자는 머리에 아무 것도 없으므로 대공의 마질麻経을 착용하고 또 대공의 마대를 착용하여 연제를 지낼 때에 착용한 갈대葛帶를

대체한다. 부인은 허리에 아무 것도 없으므로 대공의 마대麻帶를 착용하고, 또 대공의 마질麻経로 연제를 지낼 때에 착용한 갈질葛経을 바꾼다. 이것이 '마麻를 중시한다'는 것이다. 대공의 상에서 우제와 졸곡을 마치게 되면, 남자는 연제를 지낼 때에 착용한 본래의 갈대葛帶를 요대要帶로 착용하고, 수질首経은 기년복의 갈질葛経을 착용한다. 부인은 연제를 지낼 때 쓴 본래의 갈질葛経을 수질首経로 착용하고, 요대要帶는 기년복의 갈대葛帶를 착용한다. 이것이 '갈葛을 중시한다'는 것이다." ○ 소疏에서 '기년복의 갈질葛経과 기년복의 갈대葛帶'라고 한 것은 그 거칠고 섬세한 정도가 기년복의 것과 같다는 뜻이지만, 실제로는 대공복의 갈질과 갈대이다. ○ 또 살펴보건대, 「단궁상」(2-20)에서 "부인은 칡베로 만든 요대腰帶를 하지 않는다"고 한 것은 참최와 자최복을 말한 것이다. 『의례』「상복喪服・대공大功」에 남녀가 나란히 진설할 경우 "칡으로 만든 질을 하고 아홉 달을 채운다"(卽葛九月)는 문장이 있다. 이는 대공의 상에서 부인 역시 갈질을 착용한다는 뜻이다. 또 『의례』「사우례士虞禮」시尸장의 정현의 주에 "부인이 대공과 소공의 상을 할 경우 갈대葛帶를 한다"고 하였다. 疏曰: "斬衰既練, 男子惟有要帶, 婦人惟有首経. 是'單'也. 今遭大功之喪, 男子首空, 著大功麻経, 又以大功麻帶易練之葛帶. 婦人要空, 著大功麻帶, 又以大功麻経易練之葛経. 是'重麻'也. 至大功既虞・卒哭, 男子帶以練之故葛帶, 首著期之葛経. 婦人経其練之故葛経, 著期之葛帶. 是'重葛'也." ○ 疏言'期之葛経・期之葛帶', 謂麤細與期同, 其實是大功葛経・葛帶也. ○ 又按「檀弓」云: "婦人不葛帶"者, 謂斬衰齊衰服也. 「喪服・大功」章, 男女並陳, 有"卽葛九月"之文. 是大功婦人亦受葛也. 又「士虞禮」餞尸章註云: "婦人大功・小功者, 葛帶."

## [간전 14]

자최의 상에서 우제와 졸곡을 마쳤는데 대공의 상을 당했다면 마麻
(마대麻帶)와 갈葛(갈질葛経)을 겸하여 착용한다.

齊衰之喪, 旣虞·卒哭, 遭大功之喪, 麻葛兼服之.

**集說** 이는 남자의 경우에 의거하여 말한 것이다. 대공의 마대麻帶로 자최
의 갈대葛帶를 바꾸지만 머리에는 여전히 자최의 갈질葛経을 착용한다. 머
리에 갈질葛経을 허리에 마대麻帶를 착용하고 있는 것, 이것이 마와 갈을
겸하여 착용하는 것이다. 此據男子言之. 以大功麻帶易齊衰之葛帶. 而首猶服齊衰葛
経, 首有葛要有麻, 是麻葛兼服之也.

## [간전 15]

참최의 갈葛은 자최의 마麻와 거칠고 세밀한 정도가 같다. 자최의
갈은 대공의 마와 거칠고 세밀한 정도가 같다. 대공의 갈은 소공의
마와 거칠고 세밀한 정도가 같다. 소공의 갈은 시마緦麻의 마와 거
칠고 세밀한 정도가 같다. 마麻가 같으면, 겸하여 포괄해서 착용한
다. 겸하여 포괄해서 착용할 때에는 중요하게 여기는 것을 착용하
고 가볍게 여기는 것을 바꾼다.

斬衰之葛, 與齊衰之麻同. 齊衰之葛, 與大功之麻同. 大功之葛,
與小功之麻同. 小功之葛, 與緦之麻同. 麻同則兼服之. 兼服之,
服重者, 則易輕者也.

**集說** '같다'(同)는 것은 앞의 상에서 장례葬禮를 마친 후에 착용하는 갈葛이 뒤에 당한 상에서 초상初喪 때 입는 마麻와 거칠고 세밀한 정도에서 차이가 없다는 뜻이다. '겸하여 착용한다'(兼服)는 것은 뒤에 당한 상의 마麻를 착용하고 겸하여 앞서 당한 상에서 갈葛도 착용한다는 뜻이다. '중시하는 것을 착용한다'(服重)는 것은 곧 위 장의 '중시하는 것은 단독으로 행한다'(重者特之)는 설이며, '가볍게 여기는 것을 바꾼다'(易輕)는 것은 곧 '가볍게 여기는 것은 겸하여 포괄한다'(輕者包)는 것이 그것이다. 「복문服問」(10)에서 "시마의 마질이 소공의 갈질을 바꾸지 못하고, 소공의 마질이 대공의 갈질을 바꾸지 못한다"고 하였는데, 성인成人의 상을 두고 말한 것이다. 이 경문에서 대공 이하는 같기 때문에 겸하여 입는다고 한 것은 대공의 장상長殤과 중상中殤에 의거하여 말한 것이다. ○ 소疏에서 말한다. "겸하여 입는 것은 단지 남자에게만 적용되고 부인은 포함하지 않는다. 이제 가볍게 여기는 것을 바꾼다고 하였다. 그렇다면 남자는 허리에 있는 것(요대)을 바꾸고, 부인은 머리에 있는 것(수질)을 바꾸는 것이다." '同'者, 前喪既葬之葛, 與後喪初死之麻, 麤細無異也. '兼服'者, 服後麻, 兼服前葛也. '服重'者, 卽上章 '重者特之'說也, '易輕'者, 卽 '輕者包', 是也. 「服問」篇云: "緦之麻不變小功之葛, 小功之麻不變大功之葛", 言成[6]人之喪也. 此言大功以下同, 則兼服者, 是據大功之長殤·中殤也. ○ 疏曰: "兼服之, 但施於男子, 不包婦人. 今言易輕者, 則是男子易於要, 婦人易於首也."

**1** 【분장】 : 본 편은 권근의 按說도 없고 경문을 재배치하지도 않아 분장을 하지 않았다.

**2** 참최의 ~ 착용하는가? : 『의례』「상복」, 참최3년장, "단을 집지 않은 상의(衰)와 하의(裳)를 입고, 검고 조악한 암마(苴)로 만든 首経과 要経을 하고, 대나무로 만든 지팡이(杖)를 짚고, 마를 줄 모양으로 꼬아서 만든 띠(絞帶)를 차고, 베를 구부려 만든 줄 모양의 갓끈을 단 관(冠繩纓)을 쓰고, 엄짚신(菅屨)을 신는 경우는 다음과 같다."(喪服. 斬衰裳, 苴経·杖·絞帶, 冠繩纓, 菅屨者)

**3** 전편에 ~ 풀이했다 : 「喪服小記」(2-5)의 경문 및 진호의 집설 참조.

**4** 앞의 경문 : 「雜記上」(4-4) 참조.

**5** 소단 : 素端은 古代 諸侯·大夫·士 등이 입었던 祭服의 일종이다. 『주례』「春官·司服」에 "재계할 때(致齋) 입는 옷에 玄端과 素端이 있다."(其齊服有玄端·素端)라고 하였다. 정현은 주에서 "사가 재계할 때 素端을 입는 것은 또한 역병과 재난이 있을 때 기도하는 것이 있기 때문이다. 素服을 바꾸어 素端으로 말한 것은 특별한 제도임을 밝힌 것이다"(士齊有素端者, 亦爲札荒有所禱請. 變素服言素端者, 明異制)라고 하였다. 가공언은 소에서 "소단은 곧 위의 소복으로 역병과 재난이 발생하여 제사를 올려 기도할 때 입는 옷이다"(素端者, 卽上素服, 爲札荒祈請之服也)라고 하였다. 「雜記上」(3-8)의 "소단 한 벌, 피변복 한 벌, 작변복 한 벌, 현면복 한 벌 등이었다"(素端一·皮弁一·爵弁一·玄冕一)에 대하여 孫希旦은 『禮記集解』에서 "소단의 제도는 현단복과 같은데 흰색 베를 사용하여 만든다. 대개 역병과 재난이 있을 때 재계를 하기 위해(致齊) 입는 옷이다"(素端制若玄端, 而用素爲之. 蓋凶札祈禱致齊之服也)라고 하였다.

**6** 成 : 『예기천견록』에는 '或'으로 되어 있으나 오기로 보인다.

## [삼년문 1][1)]

"삼년상을 하는 것은 왜인가?" "인정人情의 경중을 헤아려 문文(표현방식)을 제정하고, 그것으로 친족의 무리를 문식하여 친소와 귀천에 따른 절도節度(절차와 도수)를 구별하는데, 덜거나 더할 수 없다. 그러므로 '바꾸지 못하는 도'라고 하는 것이다. 상처가 크면 그 아무는 날 수가 오래가고, 고통이 심하면 그 낫는 것이 더디다. 3년으로 한 것은 인정을 헤아려서 문文을 제정한 것으로 지극한 고통에 한계를 두기 위한 것이다. 참최의 상에 저장苴杖을 짚고, 의려倚廬에서 거상을 하며, 죽을 먹고, 거적자리에서 자고, 흙덩이를 베게로 삼는 것은 지극한 고통을 문식하기 위한 것이다. 삼년상은 25개월만에 마치는데 애통함이 다 끝나지 않고 그리움이 다 잊히지 않는다. 그런데도 상복을 이 기간으로 끊는 것은 죽은 이를 보내는 데에 마침이 있고, 살아 있는 이의 생활로 되돌아가는 데에 절도가 있기 때문이 아니겠는가!"

"三年之喪, 何也?" 曰: "稱情而立文, 因以飾群, 別親疏・貴賤
之節, 而弗可損益也. 故曰'無易之道也.' 創鉅者其日久, 痛甚者
其愈遲. 三年者, 稱情而立文, 所以爲至痛極也. 斬衰苴杖, 居倚
廬, 食粥, 寢苫枕塊, 所以爲至痛飾也. 三年之喪, 二十五月而畢,
哀痛未盡, 思慕未忘. 然而服以是斷之者, 豈不送死有已, 復生有
節也哉!"

**集說** 사람은 사회를 이루어 살지 않을 수 없고, 사회를 이루면 구별이
없을 수 없다. 文文을 세워 표현하면 친소와 귀천의 등급이 분명해진다.
'덜거나 더할 수 없다'(弗可損益)는 것은 합당한 제도는 모자라서도 안 되고
지나쳐서도 안 된다는 뜻이다. 이것이 이른바 '바꾸지 못하는 도'(無易之道)
라는 것이다. 친소와 귀천에 따른 절도節度(절차와 도수)를 제도로 나타내는
것은 오직 상복에서 그 상세함을 다할 수 있다. 상복은 참최斬衰보다 더
무거운 것이 없고, 상기喪期는 3년보다 더 오래 하는 것이 없다. 그러므로
이 편에서는 오복의 경중을 나열하면서 무거운 것부터 시작하였다. ○ 석
량왕씨石梁王氏는 말한다. "24개월 만에 2주년이 되는데, (대상제大祥祭를
지내는) 그 달 남은 날 수가 며칠인지는 상관하지 않기 때문에 25개월이
된다. '한 달을 중간에 띄워두고(中月) 담제를 지낸다'의 주에서 정현鄭玄은
'한 달 동안 간격을 두는 것'이라고 하였다.2) 그렇다면 사이를 두는 달 이
것은 비어 있는 한 달이므로 26개월이 되는 것이고, 그 달을 넘겨 담제를
지내니 27개월이 되며, 담제를 지낸 달을 넘기면(徙月)3) 음악을 연주한다."

人不能無群, 群不可無別. 立文以節4)之, 則親疏・貴賤之等明矣. '弗可損益'者, 中制不
可不及, 亦不可過. 是所謂無易之道也. '治親疎・貴賤之節'者, 惟喪服足以盡其詳. 服
莫重於斬衰, 時莫久於三年. 故此篇列言五服之輕重, 而自重者始. ○ 石梁王氏曰: "二十
四月再期, 其月餘日不數, 爲二十五月. '中月而禫', 註謂'間一月'. 則所間之月, 是空一月,

爲二十六月, 出月禫祭, 爲二十七月, 徙月則樂矣."

**權近** 　　살펴건대, '살아 있는 이의 생활로 되돌아가는 데에 절차가 있다'는 것은 슬픔과 훼손이 심하면 생기를 손상시키고 본성을 멸절시킨다. 그러므로 성인이 중용의 제도를 제정해서 그들로 하여금 살아 있는 자의 생활로 돌아가게 한 것이다. 近按, '復生有節', 謂哀毀過, 則傷生滅性. 故聖人爲中制使之復生也.

## [삼년문 2]

"무릇 하늘과 땅 사이에 태어난 것 가운데 혈기를 가진 무리는 반드시 지각이 있으며, 지각이 있는 무리 가운데 자기 동류를 사랑할 줄 모르는 것은 없다. 이제 큰 날짐승과 들짐승은 그 뭇 짝을 잃고 한 달을 넘기고 계절을 지나게 되면, 반드시 그 고향으로 되돌아가 주위를 맴돌고 울부짖으며 머뭇거린 후에야 그곳을 떠난다. 제비와 참새 같이 작은 것에 이르러서도 오히려 잠시 짹짹거리며 울부짖은 뒤에야 비로소 떠난다. 그러므로 혈기를 가진 무리 가운데 사람만큼 지각이 있는 것이 없다. 그러므로 사람은 그 친족에 대해 그리워함이 죽을 때까지 끝나지 않는다."

"凡生天地之間者, 有血氣之屬必有知, 有知之屬莫不知愛其類. 今是大鳥獸, 則失喪其群匹, 越月踰時焉, 則必反巡過其故鄕, 翔回焉, 鳴號焉, 蹢躅焉, 踟躕焉, 然後乃能去之. 小者至於燕雀, 猶有啁噍之頃焉, 然後乃能去之. 故有血氣之屬者, 莫知於人. 故人於其親也, 至死不窮."

**集說** 날짐승과 들짐승은 그 동류를 사랑할 줄 알지만 사람이 인류에 대한 의식을 가득 채울 수 있는 것만 못하다. 이것이 천지 사이에 성性을 지닌 존재 가운데 사람이 귀한 존재가 되는 이유이다. 鳥獸知愛其類, 而不如人之能充其類. 此所以天地之性人爲貴也.

**權近** 살피건대, '죽음에 이르기까지 끝나지 않는다'는 것은 곧 죽을 때까지 부모를 그리워한다는 뜻이다. 近按, '至死不窮', 卽終身慕父母之意.

---

## [삼년문 3]

"장차 저 해치는 사악하고 음탕한 사람을 따르겠는가? 저들은 아침에 상사喪事가 발생해도 저녁이면 잊어버린다. 그런데도 그들을 따른다면 이는 날짐승·들짐승만도 못하게 될 것이다. 어찌 그들과 함께 무리지어 살면 혼란하지 않을 수 있겠는가?"

"將由夫患邪淫之人與? 則彼朝死而夕忘之. 然而從之, 則是曾鳥獸之不若也. 夫焉能相與群居而不亂乎?"

**集說** '환患'은 해친다(害)는 뜻과 같다. 사악하고 음탕함이 본성을 해치는 것이 질병과 고통이 몸을 해치는 것과 같다. 그러므로 '해치는 사악하고 음탕한'이라고 말한 것이다. 날짐승보다 못한 것은 예가 없기 때문이다. 예가 없으면 혼란해진다. '患', 猶害也. 邪淫之害性, 如疾痛之害身. 故云'患邪淫'也. 不如鳥獸, 爲無禮也. 無禮則亂矣.

## [삼년문 4]

"장차 저 닦고 문식하는 군자를 따르겠는가? 삼년상은 25개월 만에 끝나는데, 마치 네 마리 말이 끄는 수레가 틈을 지나가듯 빠르다. 그런데 끝까지 이루게 한다면, 이는 끝날 날이 없게 된다. 그러므로 선왕이 그를 위해 중용의 도리를 세우고 절도를 제정하여 누구라도 문리文理(문식하는 도리)를 이룰 수 있게 하였고, 그러고 나서 복을 벗게 하였다."

"將由夫脩飾之君子與? 則三年之喪, 二十五月而畢, 若駟之過隙. 然而遂之, 則是無窮也. 故先王焉爲之立中制節, 一使足以成文理, 則釋之矣."

**集說** 선왕이 예를 제정할 때는 대체로 넘치게 행하는 자에게는 굽혀서 중용에 나아가게 해서, 죽은 이를 보내는 데에 마침이 있고 살아 있는 이의 생활로 되돌아오는 데에 절도가 있게 하고자 하였다. 모자라게 행하는 자에게는 발돋움하여 중용에 이르게 해서 날짐승·들짐승만도 못한 지경에는 이르지 않게 하고자 하였다. '누구라도 문리文理를 이룰 수 있게 한다'는 것은 군자와 소인의 구분이 없이 모두 예절을 준행하여 무리를 문식하는 문리文理를 이루게 한다는 것이다. 그렇게 되면 선왕이 세상을 염려하여 가르침을 세운 마음이 이루어지게 된다. 그러므로 '벗게 하였다'(釋之)고 한 것이다. 先王制禮, 蓋欲(使過5))之者, 俯而就之, 則送死有已, 復生有節. 不至者, 跂而及之, 則不至於鳥獸之不若矣. '一使足以成文理', 謂無分君子·小人, 皆使之遵行禮節, 以成其飾群之文理. 則先王憂世立敎之心遂矣. 故曰'釋之矣6).

**權近** 살펴건대, 이 부분은 자식의 애통해하는 마음이 끝이 없지만 상의

제도에 제한을 둔 것은 비록 그 끝없는 마음을 이루지 못하더라도 3년의
제도를 다하면 친족을 문식하는 문리를 이룰 수 있어 효자의 애통해하는
마음이 조금은 풀릴 수 있음을 말한 것이다. 近按, 此言人子哀痛之心無窮, 而喪
制有限, 是雖不得遂其無窮之心, 然盡三年之制, 足以成其飾羣之文理, 則孝子哀痛之心,
庶可以小釋之矣.

## [삼년문 5]

"그렇다면 무엇 때문에 기년에 이르러 복을 벗는가?" "지극한 친족
이라도 기년으로 끊는 것이다." "이는 무엇 때문인가?" "하늘과 땅
의 기운이 이미 바뀌고, 네 계절이 이미 변하였기 때문이다. 하늘
과 땅 사이에 존재하는 것 가운데 다시 시작하지 않는 것이 없다.
이를 본받는 것이다."

"然則何以至期也?" 曰: "至親以期斷." "是何也?" 曰: "天地則已易
矣, 四時則已變矣. 其在天地之中者, 莫不更始焉. 以是象之也."

**集說** 疏에서 말한다. "'부모를 위해서는 본래 삼년상을 하는데 무엇 때
문에 기년으로 복을 벗는가?'라는 것은 1주년이 되면 복을 벗어야 되는 의
리를 물은 것이다. 그러므로 '지극한 친족이라도 기년으로 끊는다'고 답한
것이다. 이는 1주년 만에 복을 벗을 수 있는 절도를 밝힌 것이다. 그러므로
기년이 되면 연제를 지내고 남자는 수질을 벗고 부인은 요대를 벗는다. 아
래 문장에서는 '더욱 높이므로 삼 년에 이르러 복을 벗게 된다'고 하였다."
疏曰: "父母本三年, 何以至期?', 是問其一期應除之義. 故答云'至親以期斷'. 是明一期可
除之節. 故期而練, 男子除絰, 婦人除帶. 下文云: '加隆, 故至三年.'"

## [삼년문 6]

"그렇다면 무엇 때문에 3년으로 하는가?" "더욱 높이는 것이다. 그 때문에 두 배로 행하게 하는 것이다. 그러므로 기년의 복을 두 번 한다."

"然則何以三年也?" 曰: "加隆焉爾也. 焉使倍之. 故再期也."

**集說** 또 이미 기년으로 끊었는데 왜 3년으로 하는가를 물은 것이다. 대답은 효자가 부모에게는 더욱 높여서 두텁게 하기 때문에 이와 같이 한다는 것이다. '언언焉'은 어사語辭인데 '소이所以'라고 말하는 것과 같다. 又問旣是以期斷矣, 何以三年也. 答謂孝子加隆厚於親, 故如此也. '焉', 語辭, 猶云'所以'也.


## [삼년문 7]

"9월 이하의 상복을 하는 것은 무엇 때문인가?" "미치지 못하기 때문이다. 그러므로 삼년상을 높여서 행하는 것으로 삼고, 시마總麻와 소공小功의 상을 줄여서 행하는 것으로 삼고, 기년期年과 9월의 상을 중간 정도로 행하는 것으로 삼는 것이다. 위로 하늘에서 상象을 취하고, 아래로 땅에서 법法을 취하고, 중간으로 사람에게서 법칙(則)을 취한다. 사람이 무리지어 살면서 인정人情이 화목하고 예가 모두에게 통용될 수 있는 이치가 완전해진다. 그러므로 삼년상은 인간 도리의 지극한 문식이다. 이를 지극히 높이는 것(至隆)이라고 한다. 이는 모든 왕들이 똑같이 여기던 바이며 옛날이나 지금이

나 한결같이 생각하던 바이다. 그것이 유래하는 바를 아는 자는 아직까지 없다. 공자께서는 '자식이 태어난 지 3년이 지난 후에 부모의 품에서 벗어난다'고 하였다. 삼년상은 천하에 공통된 상이다."

"由九月以下, 何也?" 曰: "焉使弗及也. 故三年以爲隆, 緦·小功以爲殺, 期·九月以爲間. 上取象於天, 下取法於地, 中取則於人. 人之所以群居和壹之理盡矣. 故三年之喪, 人道之至文者也. 夫道之謂至隆. 是百王之所同, 古今之所壹也. 未有知其所由來者也. 孔子曰, '子生三年, 然後免於父母之懷.' 夫三年之喪, 天下之達喪也."

集說 '미치지 못한다'(弗及)는 것은 은혜가 줄어든다는 뜻이다. 3월의 상은 5월의 상에 미치지 못하고, 5월의 상은 9월의 상에 미치지 못하고, 9월의 상은 기년상에 미치지 못한다. 기년상과 대공의 상은 높이고 줄이는 것의 사이에 있다. 그러므로 '기년과 9월을 중간으로 삼는다'고 한 것이다. '하늘과 땅에서 상象(본보기)을 취한다'는 것은 3년은 윤년을 본받고, 기년은 한 해를 본받고, 9월은 사물이 세 계절 만에 완성됨을 본받고, 5월은 오행을 본받고, 3월은 한 계절을 본받은 것을 말한다. '사람에게서 법칙(則)을 취한다'는 것은 처음 태어난 지 3개월 만에 머리카락을 자르고, 3년이 지난 후에 부모의 품에서 벗어나기 때문이다. '화和는 정리(情)를 가지고 말한 것으로 정리에 화목하지 않음이 없다는 뜻이다. '일壹'은 예禮를 가지고 말한 것으로, 예가 이르지 않음이 없다는 뜻이다. 사람이 무리를 이루어 살면서 정이 화목하고 예가 공통되는 것은 그 이치가 상복에서 다한다. 부모의 상에는 귀하고 천함이 없다. 그러므로 '천하의 공통된 상'이라고 말한 것이다. '달達'은 『논어』에는 '통通'으로 되어 있다. '弗及', 恩之殺也. 三月不及五月,

五月不及九月, 九月不及期也. 期與大功, 在隆殺之間. 故云'期·九月以爲間'也. '取象於
天地'者, 三年象閏, 期象一歲, 九月象物之三時而成, 五月象五行, 三月象一時也. '取則
於人'者, 始生三月而翦髮, 三年而免父母之懷也. '和'以情言, 謂情無不睦也. '一'禮言, 謂
禮無不至也. 人之所以相與群居而情和禮一者, 其理於喪服盡之矣. 父母之喪, 無貴賤. 故
曰'天下之達喪也'. '達'『論語』作'通'.

**1** 【분장】: 본 편은 권근의 按說이 있으나 분장과 관련한 언급이 없고 경문을 재배치하지
도 않아 분장을 하지 않았다.

**2** '한 달을 ~ 하였다 : 『의례』「士虞禮」, '中月而禫'의 정현 주에 보인다.

**3** 달을 넘기면 : 곧 逾月이다. 상가에서 복을 벗은 다음 달을 말한다. 「檀弓上」(2-22) "大
祥을 지내고 縞冠을 쓴다. 이 달에 禫祭를 지내고, 달을 넘기면 음악을 쓴다"(祥而縞.
是月禫, 徙月樂)에 대한 정현의 주에 "담제를 지낸 다음 달에 음악을 사용할 수 있음을
말한다"(言禫明月可以用樂)고 하였다.

**4** 節 : 『예기집설대전』에는 '飾'으로 되어 있다.

**5** 過 : 『예기천견록』에는 '遂'로 되어 있으나 『예기집설대전』에 따라 바꾼다.

**6** 矣 : 『예기집설대전』에는 '也'로 되어 있다.

# 심의
## 深衣
양촌에 사는 후학 권근 지음

**[심의 1]**[1)]

옛날에 심의深衣는 대개 제도가 있어서 그림쇠·곱자·먹줄·저울의 기준에 상응해서 만들었다. 짧게 하더라도 속살을 드러내지 않게 하고, 길게 하더라도 땅에 끌리지 않게 하였으며, 임衽(옷섶)을 이어서 가장자리를 갈고리 모양이 되게 하고(續衽鉤邊), 허리는 아래쪽의 절반이 되게 꿰맸다.[2)]

古者深衣, 蓋有制度, 以應規·矩·繩·權衡. 短毋見膚, 長毋被土, 續衽鉤邊, 要縫半下.

**集說** 조복朝服·제복祭服·상복喪服은 모두 웃옷과 치마가 나누어지지만, 심의만은 달리 하지 않아 몸을 가리는 것이 깊다. 그러므로 '심의深衣'라고 부른다. 형태는 같아도 명칭이 다른 것이 네 가지가 있다. 채색 비단으로 가선을 두르면 심의深衣라고 하고, 흰색 비단으로 가선을 두르면 장의長衣라고 하고, 베로 가선을 두르면 마의麻衣라고 하고, 조복과 제복의 안에 입으면 중의中衣[3)]라고 한다. 다만 대부 이상이 천자의 제사에 참여하여 도울 경우 면복冕服을 착용하고, 자신이 직접 제사를 지낼 경우 작변복爵弁服을

착용하는데, 흰색 비단으로 중의를 짓는다. 사土는 제사지낼 때 조복을 착용하므로 베로 중의를 짓는다.[4] 모두 천자의 대부와 사인 경우이다. 상복에도 중의를 착용하니, 「단궁상檀弓上」(2-21)에서 "(소상小祥에는) 누인 명주로 만든 중의中衣를 입는데, 황색으로 안감을 대고 옅은 분홍색 비단(綵)으로 깃과 가선을 장식한다"라고 한 것이 이것이다. 다만 이어서 1척을 가리는 것은 할 수 없다.[5] ○ 양씨楊氏(양복楊復)는 말한다. "심의의 제도에서 '촉임구변續衽鉤邊' 한 구절은 고증하기 어렵다. 정현의 주에서 '촉임續衽' 두 글자의 뜻이 매우 분명한데, 소疏의 주석가들이 이를 어지럽혀 놓았다. 정현의 주에서 '촉續'은 잇는다(屬)는 뜻과 같다. '임衽'은 치마의 옆폭에 있는 것으로, 그것을 잇고 연결시켜 치마의 앞과 뒤가 구별되지 않게 한다고 하였다. 정현의 생각은 대개 다음과 같다. 무릇 치마의 앞쪽은 3폭 뒤쪽은 4폭으로 하여 앞과 뒤를 나누므로 그 곁의 2폭이 분리되어 서로 이어지지 않는다. 그러나 심의의 치마는 12폭으로 그것을 엇갈리게 갈라서 자르며, (각 폭을) 모두 '임衽'이라고 부른다. 이른바 '촉임續衽'이란 치마 옆쪽의 2폭을 가리켜서 말한 것으로, 치마 옆쪽의 2폭을 연결시켜 붙여서 치마의 앞폭과 뒤폭을 분리하지 않음을 뜻한다." 또 「가례도家禮圖・심의深衣」에서 말한다. "이미 합하여 꿰매고 다시 뒤집어서 꿰매면 착용하기에 편리하다. 합하여 꿰맨 것을 촉임續衽, 뒤집어 꿰맨 것을 구변鉤邊이라고 한다." ○ 허리를 꿰매는 것은 7척 2촌으로, 치마 아랫자락의 1장 4척 4촌에 비하면 절반으로 하는 것이 된다. 「옥조玉藻」(8-2)에서 "치마 아랫자락을 꿰매는 것은 허리의 배가 되게 한다"라고 말한 것이 그것이다. 朝服・祭服・喪服, 皆衣與裳殊, 惟深衣不殊, 則其被於體也深邃. 故名'深衣'. 制同而名異者有四焉. 純之以采曰深衣, 純之以素曰長衣, 純之以布曰麻衣, 著在朝服・祭服之内曰中衣. 但大夫以上, 助祭用冕服, 自祭用爵弁服, 則以素爲中衣. 士祭用朝服, 則以布爲中衣也. 皆謂天子之大夫與士也. 喪服亦有中衣, 「檀弓」云: "練衣, 黃裏縓緣", 是也. 但不得繼揜尺耳. ○ 楊氏曰:

"深衣制席, 惟'續衽鉤邊'一節難考. 鄭註續衽二字, 文義甚明, 特疏家亂之耳. 鄭註云 '續', 猶屬也. '衽', 在裳旁者也, 屬連之, 不殊裳前後也. 鄭意蓋言, 凡裳前三幅後四幅, 旣分前後, 則其旁兩幅, 分開而不相屬. 惟深衣裳十二幅, 交裂裁之, 皆名爲'衽'. 所謂續 衽者, 指在裳旁兩幅言之, 謂屬連裳旁兩幅, 不殊裳之前後也." 又「衣圖」云: "旣合縫了, 又再覆縫, 方便於著. 以合縫者爲續衽, 覆縫爲鉤邊." ○ '要縫', 七尺二寸, 是比下齊之 一丈四尺四寸爲半之也.「玉藻」云: "縫齊倍要", 是也.

## [심의 2]

진동솔기(袼)의 높낮이는 팔꿈치를 돌릴 수 있게 하고, 소매의 길이 는 반대로 접어서 팔꿈치에까지 이르게 한다. 띠(帶)는 아래로 넓적 다리를 누르지 않게 하고 위로 갈비뼈를 누르지 않게 하니, 뼈가 없는 부분에 위치하게 해야 한다.

袼之高下, 可以運肘, 袂之長短, 反詘之及肘. 帶, 下毋厭髀, 上毋 厭脅, 當無骨者.

**集說** 유씨劉氏는 말한다. "'진동솔기'(袼)는 소매와 웃옷이 만나 겨드랑이 아래 부분에서 꿰매어 합쳐지는 곳이다. '운運'은 회전한다는 뜻이다. 「옥 조玉藻」(8-2)에 '소매는 팔꿈치를 돌릴 수 있게 한다'라고 한 것이 그것이다. '팔꿈치'(肘)는 팔 가운데 구부러진 마디이다. '몌袂'는 소매이다. 진동솔기 (袼)의 높낮이는 옷의 몸체와 함께 똑같이 2척 2촌이다. 옛날에 베의 폭 또 한 2척 2촌이었는데, 심의의 몸체를 재단할 때 베 8척 8촌을 사용하여 중 간에서 접어 그것을 4첩으로 하면 정사각형이 된다. 소매는 본래 그것과 나란히 같게 하지만 조금씩 둥글게 줄여가면서 소매부리에 이르면 너비가

1척 2촌이 된다. 그러므로 아래 경문에서 '소매는 둥글어서 그림쇠에 상응한다'고 한 것이다. 웃옷은 4폭으로 하는데, 허리에서 꿰매어 7척 2촌이 된다. 또 등술(負繩)의 꿰맨 것과 깃 옆의 접어서 겹친 것(屈積) 각각 1촌을 제외하면 두 겨드랑이의 나머지는 앞뒤로 각각 3촌 남짓 되고, 2척 2촌 폭의 소매로 이으면 2척 5촌이 된다. 그러나 주대의 자 2척 5촌은 오늘날 사용하는 구척舊尺에 2척 모자라며, 겨우 발이 손과 나란히 같아서 반대로 접을수 있는 여유가 없다. '반대로 접어서 팔꿈치에까지 이르게 한다'고 하였으므로 소매를 잇는 것은 애초에 한 폭으로 한정하지 않은 것이다. 무릇 경문에서 '짧아도 피부를 드러내지 않게 하고, 길어도 땅에 끌리지 않게 한다'고 말한 것 과 '진동솔기(袼)는 팔꿈치를 돌릴 수 있게 하며, 소매는 반대로 접어서 팔꿈치에 이르게 한다'고 말한 것에서 모두 사람의 몸을 척도로 삼고 치수로 말하지 않은 것은 자로 베의 폭을 재는 것에 본래 옛날과 현재사이에 차이가 있고 사람의 몸 또한 크고 작고 길고 짧은 차이가 있기 때문이다. 주자朱子는 '길이(度)는 손가락 자(指尺)를 사용한다. 가운데 손가락의 중간 마디가 1촌이다'라고 하였으므로 각각 자신의 몸과 서로 상응하는 것이다. 「옥조」(11-6)에 조복과 제복의 띠(帶)는 '띠 아래 부분을 3등분하면, 띠의 늘어진 부분(紳)이 2등분을 차지한다'라고 하였고, 신紳의 길이 제도에서 사는 3척이므로 띠의 아래 부분은 4척 5촌이 된다. 심의의 띠는 아래로는 넓적다리뼈를 누르지 않게 하며, 위로 갈빗뼈에 닿아서는 안 된다. 단지 그 사이의 뼈가 없는 곳에 두르는데, 약간 아래쪽에 가깝게 두른다.6) 그러나 이 경문에서 띠(帶)의 제도를 말하지 않았으며, 「옥조」(11-4)에 '사는 누인 비단(繒)으로 만든 띠를 착용하는데, 양변 쪽을 꿰매고, 아래로 (늘어뜨리는 부분(紳)에만) 가선을 두른다'라고 말한 것 등은 모두 조복과 제복의 띠를 말한 것이다. 주자가 말한 심의의 띠는 또한 대체로 「옥조」의 경문과유사한데, 다만 홑으로 만들고 겹으로 만드는 것에 차이가 있다." 劉氏曰:

"‘袼’, 袖與衣接, 當腋下縫合處也. ‘運’, 回轉也. 「玉藻」云, ‘袂可以回肘’, 是也. ‘肘’, 臂中曲節. ‘袂’, 袖也. 袼之高下, 與衣身齊二尺二寸. 古者布幅亦二尺二寸, 而深衣裁身, 用布八尺八寸, 中屈而四疊之, 則正方. 袖本齊之, 而漸圓殺以至袪, 則廣一尺二寸. 故下文云: ‘袂圓應規’也. 衣四幅而要縫七尺二寸. 又除負繩之縫與領旁之屈積各寸, 則兩腋之餘, 前後各三寸許, 續以二尺二寸幅之袖, 則二尺有五寸也. 然周尺二尺五寸, 不滿今舊尺二尺, 僅足齊手, 無餘可反屈也. 曰‘反屈及肘’, 則接袖, 初不以一幅爲拘矣. 凡經言‘短毋見膚, 長毋被土’及‘袼可運肘, 袂及及肘’, 皆以人身爲度, 而不言尺寸者, 良以尺度布幅, 有古今之異, 而人身亦有大小長短之殊故也. 朱子云: ‘度用指尺. 中指中節爲寸’, 則各自與身相稱矣. 「玉藻」朝祭服之帶, ‘三分帶下, 紳居二焉’, 而紳長制士[7]三尺, 則帶下四尺五寸矣. 深衣之帶, 下不可厭髀骨, 上不可當脅骨. 惟當其間無骨之處, 則少近下也. 然此不言帶之制, 「玉藻」云, ‘士練帶, 率, 下辟’等, 皆言朝祭服之帶也. 朱子深衣帶, 蓋亦彷彿「玉藻」之文, 但襌複異耳."


## [심의 3]

심의 제도는 12폭을 사용하여 12달에 상응하게 한다. 소매는 둥글게 하여 그림쇠에 상응하게 하고, 굽은 깃(曲袷)은 곱자처럼 구부려서 직각(方 방정함)에 상응하게 하고, 등솔(負繩)은 발꿈치에 이르게 하여 수직(直 곧음)에 상응하게 하고, 아랫자락의 가지런함은 저울대(權衡)처럼 하여 수평(平 평평함)에 상응하게 한다.

制十有二幅, 以應十有二月. 袂圜, 以應規, 曲袷如矩, 以應方, 負繩及踝, 以應直, 下齊如權衡, 以應平.

 ‘겁겁(袷)’은 깃을 교차시킨 것(交領)이다. 옷의 깃이 교차되면 자연히 곱자와 같은 직각의 모양이 생긴다. '과踝'는 발꿈치다. 웃옷의 뒤쪽 꿰맨 것과 치마의 중간 꿰맨 것이 위아래로 서로 만나면 먹줄의 곧은 모양과 같다. 그러므로 '둥솔'(負繩 먹줄을 등에 지는 모양)이라고 한 것이다. '하자下齊'는 치마 끝의 꿰맨 곳이다. 그 가지런한 모양이 저울의 평평함과 같게 하려는 것이다. '袷', 交領也. 衣領既交, 自有如矩之象. '踝', 足跟也. 衣之背縫及裳之中縫, 上下相接, 如繩之直. 故云'負繩'也. '下齊', 裳末緝處也. 欲其齊如衡之平.

---

## [심의 4]

그러므로 '둥글게 하는 것'(規)은 걸어갈 때 손을 들어 용모를 갖추기 위한 것이다. '둥솔을 곧게 만들고(負繩) 옷깃을 직각을 이루게 만드는 것(抱方)'은 그 정사를 곧게 하고 그 의리를 방정하게 하기 위한 것이다. 그러므로 『역』에 "「곤坤」괘 육이六二의 움직임은 곧고 방정하다"[8]라고 한 것이다. '아랫자락이 저울대와 같은 것'(下齊如權衡)은 마음을 평정하게 하고 뜻을 편안히 하기 위한 것이다. 다섯 가지 법[9]이 이미 베풀어졌다. 그러므로 성인이 그것을 입은 것이다. 그러므로 규規(둥글게 하는 것)와 구矩(방형으로 하는 것)는 그 사사로움이 없음을 취한 것이고, 승繩(곧게 하는 것)은 그 곧음을 취한 것이고, 권형權衡(저울대처럼 평평하게 하는 것)은 그 평정함을 취한 것이다. 그러므로 선왕이 그것을 귀하게 여긴 것이다. 그러므로 (심의를 입고) 문을 삼을 수 있고, 무를 삼을 수 있으며, 빈상擯相의 일을 할 수 있으며, 군대의 일을 다스릴 수 있다. 견고하고 또 비용이 들지 않으니, 선의善衣 다음가는 복장이다.

故'規'者, 行擧手以爲容. '負繩抱方'者, 以直其政, 方其義也. 故
『易』曰: "「坤」六二之動, 直以方也." '下齊如權衡'者, 以安志而平
心也. 五法已施. 故聖人服之. 故規・矩取其無私, 繩取其直, 權
衡取其平. 故先王貴之. 故可以爲文, 可以爲武, 可以擯相, 可以
治軍旅. 完且弗費, 善衣之次也.

**集說** 疏에서 말한다. "소매를 둥글게 하여 그림쇠의 둥근 모양에 맞게
하는 것은 일을 하는 사람이 손을 들어 읍양을 하면서 용모의 격식을 갖추
게 하려는 것이다. '포방抱方'은 옷깃이 방정한(직각을 이루는) 것이다. '그 정
사를 곧게 한다'는 말로 '등솔을 곧게 하는 것'(負繩)을 풀이하고, '그 의리를
방정하게 한다'는 것으로 '옷깃이 직각을 이루게 하는 것'(抱方)을 풀이한 것
이다." ○ 여씨呂氏(여대림呂大臨)는 말한다. "심의를 입는 것은 신분의 상하
사이에 명칭을 함께 사용한다는 혐의를 받지 않으며, 길흉의 일에서 제도
를 함께한다는 혐의를 받지 않고, 남녀 간에 복장을 같이 한다는 혐의를
받지 않는다. 제후는 아침에 조복을 입고 저녁에 심의를 입으며, 대부와
사는 아침에 현단복을 입고 저녁에 심의를 입으며, 서인은 길복이 심의이
다. 이것이 신분의 상하 사이에 함께 사용한다는 것이다. 유우씨有虞氏는
심의를 입고서 노인을 봉양하였고,[10] 장군將軍 문자文子의 상喪에서 상주가
상복을 벗은 뒤 조문을 받을 때 연관을 쓰고 심의를 입었으며,[11] 친영할
때 신부가 시댁으로 오던 중에 신랑의 부모가 죽으면 심의와 생견으로 만
든 머리끈을 하고 분상奔喪한다.[12] 이것이 길흉의 일에 그리고 남녀 간에
함께 사용하는 것이다. 대개 간편한 복장은 조회하고 제사지낼 때가 아니
면 모두 입을 수 있다." ○ 방씨方氏(방각方慤)는 말한다. "'12폭으로 12달에

상응한다'는 것은 위로 하늘에서 살펴 법도를 취하는 것이고, '그 정사를 곧게 하고 그 의리를 방정하게 한다'는 것은 아래로 땅에서 살펴 법을 취하는 것이다. '진동솔기의 높낮이는 팔꿈치를 돌릴 수 있게 한다'는 것은 가까이 몸에서 법도를 취한 것이고, '그림쇠 · 곱자 · 먹줄 · 저울에 상응한다'는 것은 멀리 사물에서 법도를 취한 것이다. 그 제도가 본래 심원하다. 그러나 단면端冕[13]은 공경하는 모습을 지니고 있어 그것으로 문文을 삼는 것이요, 갑옷과 투구(介冑)는 욕보일 수 없는 모습을 갖추고 있어 그것으로 무武를 삼는 것으로, 단면端冕으로는 무를 삼을 수 없고, 갑옷과 투구로는 문을 삼을 수 없다. 문과 무를 겸하는 것은 오직 심의深衣뿐이다. 「옥조玉藻」(1-8)에 '저녁에는 심의를 입는다'고 하였으므로, 심의는 (공무에서 벗어나) 편안하게 쉴 때 입는 옷이다. 단면은 비록 예용禮容을 갖추기 위한 것이지만 또한 때때로 편안히 쉴 때도 있으므로 심의를 입고서 문文을 삼을 수 있다. 갑옷과 투구는 비록 전쟁에 임하기 위한 복장이지만 또한 때때로 한가히 쉴 때도 있으므로 심의를 입고서 무武를 삼을 수 있다. 심의 복장은 비록 문文이 될 수 있지만, 단면처럼 조회를 보고 제사에 참여할 수 있는 복장은 아니고, 단지 예를 도와 빈상擯相[14]의 일을 할 수 있을 뿐이다. 심의 복장이 비록 무가 될 수 있지만, 갑옷과 투구처럼 전쟁에 참여할 수 있는 복장이 아니어서 단지 책략을 계획하여 군사의 일을 다스릴 수 있을 뿐이다. 심의를 제작하는 제도에 다섯 가지 취하는 법도가 있다. 그러므로 '견고하다'(完)고 한 것이다. 심의의 재질은 베이고, 그 색깔은 흰빛이다. 그러므로 '비용이 들지 않는다'(弗費)라고 한 것이다. 길복은 조복朝服과 제복祭服을 최상으로 삼고, 편안히 쉴 때 입는 옷이 그 다음이다. 그러므로 '선의善衣 다음가는 옷이다'라고 한 것이다." 疏曰: "所以袂圜中規者, 欲使行者擧手揖讓以爲容儀也. '抱方', 領之方也. 以'直其政解負繩', 以'方其義解抱方'也." ○ 呂氏曰: "深衣之用, 上下不嫌同名, 吉凶不嫌同制, 男女不嫌同服. 諸侯朝朝服夕深衣, 大

夫·士朝玄端夕深衣, 庶人吉服深衣而已. 此上下同也. 有虞氏深衣而養老, 將軍文子, 除喪受弔, 練冠深衣, 親迎女在途, 而壻之父母死, 深衣縞總以趨喪. 此吉凶男女之同也. 蓋簡便之服, 非朝祭皆可服之也." ○ 方氏曰: "'十二幅應十二月'者, 仰觀於天也, '直其政, 方其義'者, 俯察於地也. '袼之高下, 可以運肘'者, 近取諸身也, '應規·矩·繩·權衡'者, 遠取諸物也. 其制度固已深矣. 然端冕則有敬色, 所以爲文, 介冑則有不可辱之色, 所以爲武, 端冕不可以爲武, 介冑不可以爲文. 兼之者, 惟深衣而已. 「玉藻」曰, '夕深衣', 深衣, 燕居之服也. 端冕, 雖所以脩禮容, 亦有時而燕處, 則深衣可以爲文矣. 介冑, 雖所以臨戎事, 亦有時而燕處, 則深衣可以爲武矣. 雖可爲文, 非若端冕可以視朝臨祭, 特可贊禮而爲擯相而已. 雖可爲武, 非若介冑可以臨衝, 特可運籌以治軍旅而已. 制有五法. 故曰'完'. 其質則布, 其色則白. 故曰'弗費'. 吉服, 以朝祭爲上, 燕衣則居其次焉. 故曰'善衣之次'也."

## [심의 5]

부모와 조부모가 모두 살아 계시면, 옷에 무늬를 그린 것으로 가선을 두른다. (조부모가 돌아가시고) 부모가 모두 살아 계시면, 옷에 청색으로 가선을 두른다. 만일 고자孤子(어려서 부모를 잃은 자식)라면 옷에 누이지 않은 흰색으로 가선을 두른다. 소매부리의 가선장식, 치마 아랫단의 가선장식, 웃옷과 치마 가장자리의 가선장식은 너비가 각각 1촌 반이다.

具父母·大父母, 衣純以繢. 具父母, 衣純以靑. 如孤子, 衣純以素. 純·袂緣·純邊[15], 廣各寸半.

**集說** '회繢'는 채색으로 무늬를 그린 것이다. '준純'은 옷의 가선이다. '몌연袂緣'은 소매부리에 가선을 두르는 것이다. '준변純邊'은 옷깃의 옆과 아래

에 가선을 두르는 것이다. 각각 너비가 1촌 반이고, 깃(袷)의 경우에는 너비가 2촌이다. ○ 여씨呂氏(여대림呂大臨)는 말한다. "30세 이하로서 아버지가 없을 경우 고孤라고 칭할 수 있다. 만일 30세 이상이라면 누군가의 아버지가 되는 도리가 있으므로 고孤라고 말하지 않는다. '준純', '몌연袂緣', '준변純邊'은 세 가지 일로서, 소매부리, 치마의 아랫자락, 웃옷과 치마의 가장자리에 모두 가선을 두른다는 뜻이다. 또한 『의례』「기석례旣夕禮」에도 보인다." '績', 畫文也. '純', 衣之緣也. '袂緣', 緣袖口也. '純邊', 緣襟旁及下也. 各廣一寸半, 袷則廣二寸也. ○ 呂氏曰: "三十以下無父者, 可以稱孤. 若三十之上, 有爲人父之道, 不言孤也. '純'・'袂緣'・'純邊', 三事也, 謂袂口・裳下・衣裳邊, 皆純也. 亦見「旣夕禮」."

**1** 【분장】 : 본 편은 권근의 按說도 없고 경문을 재배치하지도 않아 분장을 하지 않았다.
**2** 심의 :

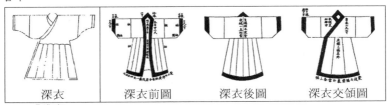

| 深衣 | 深衣前圖 | 深衣後圖 | 深衣交領圖 |

『禮書』
(宋 陳祥道)　　　　　　『欽定禮記義疏』(淸)

**3** 중의 : 祭服이나 朝服 등의 안에 받쳐 입는 옷이다. 『釋名』「釋衣服」에 "중의는 속옷의 겉에, 겉옷의 안에 있음을 말한다"(中衣言在小衣之外, 大衣之中也)라고 하였다. 「玉藻」 (8-3) 疏와 集說에 설명이 보인다.

**4** 대부 이상이 ~ 짓는다 : 『주례』「春官·司服」의 "公의 복장에서 袞冕 이하의 복장은 천자의 복장 제도와 같다"(公之服, 自袞冕而下如王之服)에 대한 주에서 정현은 "公의 袞冕에서 卿大夫의 玄冕에 이르기까지는 모두 천자를 朝見·聘問할 때 및 제사를 도울 때의 복장이다. 제후는 하와 은의 후손이 아니라면 그 나머지는 모두 현면을 입고 자신의 사당에서 제사를 지낸다. 「雜記上」(4-17)에 '大夫는 絺冕을 쓰고 군주의 제사를 도우며, 爵弁을 쓰고 자신의 사당에서 제사를 지낸다. 士는 爵弁을 쓰고 군주의 제사를 도우며, 玄冠을 쓰고 자신의 사당에서 제사를 지낸다'라고 하였다. 대부가 작변을 쓰고 家廟에서 스스로 제사를 지내는 것은 오직 孤의 경우이다. 그 나머지는 모두 玄冠을 쓰니 士와 같다. '현관을 쓰고 자신의 사당에서 스스로 제사를 올린다'는 것은 조복인 현단복을 입는다는 것이다"(自公之袞冕至卿大夫之玄冕, 皆以朝聘天子及助祭之服. 諸侯非二王後, 其餘皆玄冕而祭於己. 「雜記」曰 : '大夫冕而祭於公, 弁而祭於己. 士弁而祭於公, 冠而祭於己.' 大夫爵弁自祭家廟, 唯孤爾. 其餘皆玄冠, 與士同. '玄冠自祭其廟'者, 其服朝服玄端) 라고 하였다.

**5** 다만 ~ 없다 : 「玉藻」(8-3)에 "長衣와 中衣는 이어서 가리는 부분이 1척이다"(長·中, 繼掩尺)라고 하였다.

**6** 심의의 띠는 ~ 두른다 : 공영달의 소에 "뼈가 없는 곳에 두르는 것은 띠가 뼈에 닿으면 조이는 정도가 적당하게 되기 어렵다. 그러므로 뼈가 없는 곳에 두르는 것이다. 이것은 심의의 띠로 조복과 제복의 띠보다 아래에 두른다. 조복과 제복의 띠는 위쪽에 가깝다"('當無骨'者, 帶若當骨, 則緩急難中. 故當無骨之處. 此深衣帶, 下於朝·祭服之帶也. 朝·祭服之帶則近上)라고 하였다.

**7** 土 : 『예기천견록』에는 '上'으로 되어 있으나 『예기집설대전』에 따라 바꾼다.

**8** 「곤」괘 ~ 방정하다 : 『주역』「坤」 두 번째 효의 象傳에 "六二之動, 直以方也"라고 하였고 '坤卦'라는 말은 함께 나오지 않는다. '六二'의 '六'은 陰爻를, '二'는 안으로부터 두 번째 자리를 나타낸다. 곧 6개의 효 가운데 두 번째 놓인 음효를 가리킨다. 두 번째 자리는 신하의 자리며, 군주의 자리인 다섯 번째 자리와 상응한다.

**9** 다섯 가지 법 : 12개월을 본받아 12폭을 사용하는 것, 그림쇠를 본받아 소매를 둥글게 하는 것, 곱자를 본받아 꺾어진 깃(曲袷)을 직각이 되게 하는 것, 먹줄을 본받아 등솔기가 수직으로 되게 하는 것, 저울대를 본받아 치마 아랫자락이 수평이 되게 하는 것 등을 가리키는 것으로 보인다. 그러나 『朱文公家禮』 권1 「通禮」, '深衣制度'의 '曲裾' 注에는 劉璋의 말을 인용해서 "規 · 矩 · 繩 · 權 · 衡五法已施, 故聖人服之"라고 하였다. 곧 다섯 가지의 법을 規 · 矩 · 繩 · 權 · 衡으로 보았는데 그 전거가 불분명하다.

**10** 유우씨는 ~ 봉양하였고 : 「王制」(5-10), 「內則」(6-1) 등에 따르면 노인을 봉양할 때의 차림으로 유우씨는 深衣를, 夏后氏는 燕衣를, 殷人은 縞衣를, 周人은 玄衣를 입었다고 하였다.

**11** 장군 ~ 입었으며 : 「檀弓上」(1-28)에 "장군인 문자文子의 상에 이미 상복을 벗은 뒤에 월나라 사람이 조문을 오자 상주가 심의深衣에 연관練冠을 하고 묘廟에서 기다리면서 눈물을 흘렸다"라고 하였다.

**12** 친영할 때 ~ 분상한다 : 「曾子問」(4-5)에 "증자가 물었다. "친영을 하여 아내 될 사람이 오는 도중에 사위의 부모가 죽으면 어떻게 합니까?' 공자가 대답하였다. "여자는 복장을 바꿔 베로 만든 심의深衣를 입고 생명주로 만든 머리끈(縞總)을 하고 분상한다. 여자가 친영을 하여 오던 도중에 여자의 부모가 죽으면 여자는 되돌아가 奔喪한다"라고 하였다.

**13** 단면 : 玄衣와 玄冕을 가리키며, 고대 제왕과 귀족의 예복에 속한다. 玄冕은 大冠이라고도 한다. 「樂記」(전-9-1)에 "내가 현단복에 면관을 갖춰 입고 古樂을 들으면 눕게 될까 두려운데, 鄭과 衛의 음을 들으면 피곤한 줄을 모르겠습니다"(吾端冕而聽古樂, 則唯恐臥, 聽鄭衛之音, 則不知倦)고 한 부분의 정현 주에 "단은 현의다"(端, 玄衣也)라고 하였다. 공영달은 疏에서 "'단은 현의이다'라고 한 것은 현면을 두고 한 말이다. 무릇 冕服은 모두 그 제도가 정폭을 사용하는데, 소매가 2척 2촌, 소매부리가 1척 2촌이다. 그러므로 '端'이라고 칭하는 것이다"(云'端, 玄衣也'者, 謂玄冕也. 凡冕服, 皆其制正幅, 袂二尺二寸, 袪尺二寸. 故稱端也)라고 하였다.

**14** 빈상 : 빈객을 인도하고 예의를 도와 집행하는 사람이다. 『주례』 「秋官 · 司儀」의 정현 주에 "나아가 빈객을 맞이하는 것은 '擯'이라 하고, 들어와 예를 돕는 것을 '相'이라 한다"(出接賓曰'擯', 入贊禮曰'相')라고 하였다.

**15** 純 · 袂緣 · 純邊 : 진호의 집설에 따라 표점을 가한 것이다. 정현의 해석에 따르면 표점은 "純袂 · 緣 · 純邊"으로 되어야 한다.

예기|천견록 제25권

# 투호
## 投壺
양촌에 사는 후학 권근 지음

## [투호 1]<sup>1)</sup>

투호의 예에서 주인은 화살을 받들고 사사司射는 중中을 받들며, 사람을 시켜서 호壺를 잡게 한다. 주인은 "저에게 굽은 화살과 입이 비뚤어진 호가 있는데 이것으로 당신을 즐겁게 해 드리고 싶습니다"라고 청한다. 빈객은 "그대께서 맛난 술과 훌륭한 안주를 주셔서 저는 이미 은덕을 입었습니다. 또 거듭해서 즐거운 것을 내리시니 사양하겠습니다"라고 말한다. 주인은 "굽은 화살과 입이 비뚤어진 호이니 사양하실 것이 못됩니다. 감히 거듭 청합니다"라고 말한다. 빈객은 "저는 이미 은덕을 입었습니다. 또 즐거움을 거듭 내려주시니 거듭 사양하겠습니다"라고 말한다. 주인은 "굽은 화살과 입이 비뚤어진 호이니 사양하실 것이 못됩니다. 감히 거듭 청합니다"라고 말한다. 빈객은 "제가 거듭 사양하여도 허락해주시지 않으니, 감히 공경히 따르지 않을 수 있겠습니까?"라고 말한다.

投壺之禮, 主人奉矢, 司射奉中, 使人執壺. 主人請曰: "某有枉矢

투호 | 277

哨壺, 請以樂賓." 賓曰: "子有旨酒嘉肴, 某旣賜矣. 又重以樂, 敢
辭." 主人曰: "枉矢哨壺不足辭也. 敢固以請." 賓曰: "某旣賜矣.
又重以樂, 敢固辭." 主人曰: "枉矢哨壺不足辭也. 敢固以請." 賓
曰: "某固辭不得命, 敢不敬從?"

**集說** '중中[2]'은 산가지를 담는 그릇으로 사슴모양처럼 만들기도 하고, 혹
은 외뿔소·호랑이 또는 여閭 모양처럼 만들기도 한다. '여閭'는 나귀(驢) 모
양과 같은데 뿔이 하나이고 발가락이 여섯이다. 혹은 피수皮樹처럼 만들기
도 하는데, 피수는 또한 들짐승 이름으로 그 형상은 알려져 있지 않다. 중
은 모두 나무를 깎아서 만드는데 윗부분에 둥근 구멍이 있어서 산가지를
담는다. '왕枉'은 재목이 곧지 못한 것이다. '초哨'는 입이 바르지 못한 것이다.
이 편의 투호는 대부大夫와 사士의 예이다. 『춘추좌씨전』에 진후晉侯가 제
후齊侯와 연례에서 투호를 하였다고 되어 있으므로 제후에게도 투호가 있는
것이다. '中'者, 盛筭之器, 或如鹿, 或如兕, 或如虎, 或如閭. '閭'如驢形, 一角而歧蹄.
或如皮樹, 皮樹亦獸名, 其狀未聞. 皆刻木爲之, 上有圓圈, 以盛筭. '枉', 材不直也. '哨',
口不正也. 此篇投壺, 是大夫·士之禮. 『左傳』晉侯與齊侯燕投壺, 則諸侯亦有之也.

## [투호 2]

빈객이 두 번 배례하고 받으면, 주인은 감히 곧바르게 앞으로 나아
가지 못하고 주춤하여 옆으로 돌면서 "피하겠습니다"라고 말한다.
주인이 조계 위에서 배례하고 화살을 보내면, 빈객은 감히 곧게 나
아가지 못하고 주춤하여 옆으로 돌면서 "피하겠습니다"라고 말한다.

賓再拜受, 主人般還曰: "辟." 主人阼階上拜送, 賓般旋[3]曰: "辟."

集說 방씨方氏는 말한다. "주춤하여 옆으로 돈다'(般還)는 것은 감히 곧바르게 앞으로 나아가지 못함을 말하니, 곧 피하는 모습이다. '피하겠습니다'라고 말하는 것은 고하여 감히 자신이 감당하지 못함을 알게 하는 것이다."
方氏曰: "般旋[4]', 言不敢直前, 則辟之容也. '曰辟', 則告之使知其不敢當也."


## [투호 3]

주인은 배례를 하고 (화살을 전한 후에), (자신의 찬자贊者로부터) 화살을 받고서, 두 기둥(楹) 사이로 나아가 (투호를 행할 곳을 살펴본다.) 물러나 자신의 위치로 돌아와 빈객에게 읍을 하고 (투호를 하는) 대자리(筵)로 나아간다.

已拜, 受矢, 進卽兩楹間, 退反位, 揖賓就筵.

集說 주인은 배례를 하고 화살을 보내 준 후에, 주인의 찬贊이 화살을 집어 주인에게 주며, 주인은 조계 위에서 그것을 받고 기둥(楹) 사이로 나아가며, 투호의 장소를 살펴보고 다시 물러나 조계의 위치로 돌아와 서쪽을 향해 빈객에게 읍揖하고서 투호의 자리로 나아간다. 빈객과 주인의 자리는 모두 남쪽을 향한다. 主人拜送矢之後, 主人之贊者, 持矢授主人, 主人於阼階上受之而進就楹間, 視投壺之處所, 復退反阼階之位, 西向揖賓, 以就投壺之席也. 賓主之席, 皆南向.

**[투호 4]**

사사司射는 나아가 호壺를 설치할 위치를 계산하는데, 화살 두 개 반의 거리를 두어 설치한다. (서쪽 계단 위의) 위치로 돌아와 (중을 들고 나아가) 중中을 설치하고 동쪽을 향해 산가지 8개를 집어 들고 일어난다.

司射進度壺, 間以二矢半. 反位, 設中, 東面, 執八筭興.

**集說** 소疏에서 말한다. "사사司射는 서쪽 계단 위에서 호를 잡고 있는 사람의 위치에서 호를 받고 빈객과 주인의 대자리 앞으로 와서 거리를 계산하여 빈객과 주인의 대자리 남쪽에 호를 놓는다. '화살 두 개 반의 거리를 둔다'는 것은 다음과 같은 맥락이다. 투호를 하는 곳은 세 곳으로, 방(室中)과 당(堂上) 및 뜰(庭中)이다. 한낮에는 방에서 하고, 저녁 무렵에는 당에서 하고, 밤에는 뜰에서 하는데 각각 밝은 곳을 따르기 때문이다. 화살에 길고 짧은 차이가 있는데 또한 장소의 좁고 넓은 차이에 따른다. 방안은 좁기 때문에 화살의 길이가 5부扶이고, 당상은 조금 넓기 때문에 화살의 길이가 7부이고, 뜰 안은 매우 넓기 때문에 화살의 길이가 9부이다. 손가락 네 개의 폭을 '부扶'라고 한다. 1부는 너비가 4촌이므로, 5부는 2척이고, 7부는 2척 8촌이고, 9부는 3척 6촌이다. 화살에는 길고 짧은 차이가 있지만, 호의 위치를 계산할 때에는 모두 빈객과 주인의 자리로부터 호까지의 거리를 각각 화살 두 개 반의 거리가 되게 한다. 그렇게 하면 방에서는 자리와의 거리가 5척이고, 당에서는 자리와의 거리가 7척이고, 뜰에서는 자리와의 거리가 9척이 된다. 호를 설치하는 위치를 계산하는 것이 끝나면, 서쪽 계단 위의 자리로 돌아와 중을 쥐고 나아가 설치하고, 중을 설치한 후에는 중의 서쪽에서 동쪽을 향해 손으로 산가지 8개를 집고서 일어난다." 疏曰: "司射

於西階上, 於執壺之人處受壺, 來賓主筵前, 量度而置壺於賓・主筵之南. '間以二矢半'
者. 投壺有三處, 室中・堂上及庭中也. 日中則於室, 日晚則於堂, 太晚則於庭中, 各隨光
明故也. 矢有長短, 亦隨地之廣狹. 室中狹, 矢長五扶, 堂上稍廣, 矢長七扶, 庭中太廣,
矢長九扶. 四指曰'扶'. 扶廣四寸, 五扶者, 二尺也, 七扶者, 二尺八寸也, 九扶者, 三尺六
寸也. 矢雖有長短, 而度壺則皆使去賓・主之席, 各二矢半也. 是室中去席五尺, 堂上去席
七尺, 庭中則去席九尺也. 度壺畢, 仍還西階上之位, 而取中以進而設之, 旣設中, 乃於中
之西而東面, 手執八算而起."

[투호 5]

사사司射가 빈객에게 "화살의 앞머리가 들어가면 '들어갔다'고 하
고, 거듭해서 던진 경우에는 들어가도 화살을 덜어 놓지 않습니다.
이긴 사람은 이기지 못한 사람에게 술을 마시게 합니다. 술잔 권하
는 일이 이미 끝났다면, 이긴 사람을 위해 말을 세우도록 청합니
다. 한 말은 두 말을 따릅니다. 세 말이 이미 정해지면, 말을 많이
얻은 사람에게 축하한다고 말합니다'라고 고한다. 주인에게 고할
때에도 이와 같이 한다.
請賓曰: "順投爲'入', 比投不釋. 勝飮不勝者. 正爵旣行, 請爲勝
者立馬. 一馬從二馬. 三馬旣立, 請慶多馬." 請主人亦如之.

集說 疏에서 말한다. "사사司射가 산가지 8개를 집고 일어나 빈객에게,
'화살을 호에 던지는데, 화살의 앞머리가 들어간 경우라야 들어갔다고 하
고, 그를 표시하기 위해 산가지를 덜어 놓습니다. 만약 뒷머리가 들어가면
들어갔다고 하지 않고 또한 산가지를 덜어 놓지 않습니다'라고 알려준다.

'비比'는 연속해서 한다(頻는 뜻이다. 빈객과 주인이 번갈아 가면서 던져야 하는데, 앞에 던진 것이 이미 들어가 기쁜 나머지 뒷사람이 던지기를 기다리지 않고 자신이 잇달아서 던질 수 없다. 잇달아 던진 것이 비록 들어가더라도 또한 들어간 것을 표시하기 위해 산가지를 덜어 놓지 않는다. 던져서 이긴 자는 술을 따라 이기지 못한 사람에게 마시게 한다. '정작正爵'은 곧 이긴 사람이 이기지 못한 사람에게 마시게 하는 술잔이다. 그것이 정식 예로 하는 것이기 때문에 '정작正爵'이라고 한다. '이미 행했다'(旣行)라는 것은 술잔을 권하는 일이 끝났다는 뜻이다. '이긴 자를 위해 말을 세운다'는 것은 산가지를 취해 말로 삼아서 그 이긴 횟수를 표시하는 것을 말한다. 산가지를 말이라고 한 것은 말은 용맹한 무력을 위해 사용되는데 투호 및 활쏘기 역시 무용武勇을 익기는 것이기 때문에 '말'이라고 한 것이다. '한 말은 두 말을 따른다'는 것의 맥락은 다음과 같다. 한 번 이길 때마다 한 말을 세우는데, 예에서는 세 말로 한 판의 완결을 삼는다. 만약 세 말을 전부 차지하면 한 판이 완료되는 것이다. 다만 이긴 상대가 반드시 거듭해서 셋을 얻는 것은 아니다. 만약 이긴 상대가 둘을 얻고 열세한 짝이 하나를 얻었다면, 하나는 이미 둘 보다 열세이므로 열세한 짝의 하나를 취하여 이긴 짝의 둘에 채우면 셋이 된다. 그러므로 '한 말은 두 말을 따른다'라고 한 것이다. 만약 연거푸 세 말을 차지하거나, 혹은 상대의 것을 취하여 채워서 세 말이 된다면, 이것으로 그 승리가 이미 결정된 것이다. 그러면 또 술을 따라 말을 많이 얻은 사람을 축하한다. 이것은 사사司射가 빈객에게 고하는 말이다. 주인에게 고할 때에도 이 말로 한다. 그러므로 '주인에게 고할 때에도 이와 같이 한다'고 한 것이다." 疏曰: "司射執八筭起而告于賓曰, '投矢於壺, 以矢本入者, 乃名爲入, 則爲之釋筭. 若以末入, 則不名爲入, 亦不爲之釋筭也.' '比', 頻也. 賓主要更遞而投, 不得以前旣入而喜, 不待後人投之而已頻投. 頻投雖入, 亦不爲之釋筭也. 若投之勝者, 則酌酒以飮不勝者. '正爵', 卽此勝飮不勝之爵也. 以其正禮,

故謂之'正爵'. '旣行', 行爵竟也, '爲勝者立馬'者, 謂取筭以爲馬, 表其勝之數也. 謂筭爲
馬者, 馬是威武之用, 投壺及射, 亦是習武, 故云'馬'也. '一馬從二馬'者, 每一勝輒立一馬,
禮以三馬爲成. 若專三馬, 則爲一成. 但勝偶未必專頻得三. 若勝偶得二, 劣偶得一, 一旣
劣於二, 故徹取劣偶之一, 以足勝偶之二爲三. 故云'一馬從二馬'. 若頻得三成, 或取彼足
爲三馬, 是其勝已成. 又酌酒以慶賀多馬之人也. 此告賓之辭. 其告主人亦此辭也. 故曰
'請主人亦如之'."

權近 살펴건대, '비투比投'에 대해서 공영달의 소에는 '비比'를 '빈번히 하
다(頻)'는 뜻으로 해석하였다. 내 생각에 '비투比投'는 '순투順投'에 상대해서
말한 것이므로 '비比'는 '배北'자가 되어야 맞을 듯하고, '뒤'(背)의 뜻이다. 앞
쪽이 들어가는 것을 '순順'이라고 하였다. 그렇다면 뒤쪽이 들어가는 것은
'배背'이다. 만약 빈투頻投(빈번하게 던지는 것)로 본다면 이는 또한 앞의 화살
이 들어가지 않았기 때문에 뒤의 화살이 들어가기를 바라면서 빈번하게 던
진다는 뜻이 된다. 공영달의 소에서 "앞의 화살이 이미 들어가서 기쁘기
때문에 뒷사람을 기다리지 않고 빈번하게 던진다"라고 하였는데, 또한 잘
못된 설명인 듯하다. 近按, '比投', 疏以'比'訓'頻. 愚謂比投對'順投而言, 則比恐
當作'北', '背'也. 以本入者爲'順'. 則以末入者爲'背'矣. 若以爲頻投, 亦是前矢不入, 故欲
後矢之入而頻投也. 疏以爲"前矢旣入而喜, 故不待後人而頻投", 恐亦誤也.

---

[투호 6]

사사司射가 슬瑟을 타는 악공樂工에게 명하여 "「이수貍首」를 연주하
되, 중간에 절주를 고르고 한결같게 해주시오"라고 말한다. 태사大
師가 "예!"라고 대답한다.

命弦者曰: "請奏「貍首」, 間若一." 大師曰: "諾!"

**集說** 사사司射가 악공에게 명하여 『시』의 악장(詩章)을 연주하여 투호의 절도를 삼게 하는 것이다. '「이수貍首」'는 『시詩』의 편명인데, 지금은 없다. '간약일間若一'은 시의 악장이 연주되고 마치는 중간에 성글고 **빽빽한** 절주節奏를 고르고 한결같게 한다는 뜻이다. '태사大師'는 악관의 우두머리다. 司射命樂工奏『詩』章, 以爲投壺之節. '「貍首」', 『詩』篇名也, 今亡. '間若一'者, 詩樂作止所間疏數之節, 均平如一也. '大師', 樂官之長也.

---

**[투호 7]**

사사司射는 왼쪽의 주인과 오른쪽의 빈객에게 화살이 갖추어졌음을 고하고, 번갈아가면서 던질 것을 청한다. 화살이 호에 들어갈 경우 사사는 앉아서 산가지 하나를 덜어 놓는다. 빈객 측은 오른쪽에서 하고, 주인 측은 왼쪽에서 한다.

左右告矢具, 請拾投. 有入者, 則司射坐而釋一筭焉. 賓黨於右, 主黨於左.

**集說** 주인과 빈객의 자리는 모두 남쪽을 향하는데, 주인은 왼쪽에 있고 빈객은 오른쪽에 있다. 사사가 주인과 빈객에게 화살이 갖추어졌음을 고하고 또 번갈아가면서 던질 것을 청하면, 그 때 화살을 호에 던진다. 만약 화살이 호에 들어가면 사사는 앉아서 땅에다 산가지 하나를 덜어 놓는다. 사사는 동쪽을 향해 서 있다가 산가지를 덜어 놓을 때에는 앉는다. '빈객 측은 오른쪽에서 한다'는 것은 사사의 앞 조금 남쪽에서 한다는 뜻이다.

'주인 측은 왼쪽에서 한다'는 것은 사사의 앞 조금 북쪽에서 한다는 뜻이다. 사사는 동쪽을 향해 있으므로 남쪽이 오른쪽이 되고, 북쪽이 왼쪽이 된다. 主賓席皆南向, 則主居左賓居右. 司射告主賓以矢具, 又請更迭而投, 於是乃投壺也. 若矢入壺者, 則司射乃坐而釋一箅於地. 司射東面而立, 釋箅則坐也. '賓黨於右'者, 在司射之前稍南, '主黨於左'者, 在司射之前稍北. 蓋司射東面, 則南爲右北爲左矣.

---

**[투호 8]**

던지기를 마치면 사사는 산가지를 집고서 "왼쪽 편과 오른쪽 편에서 던지기를 마쳤으므로 계산하겠습니다"라고 말한다. 산가지 2개가 1전純이다. 1전씩 취하는데, 산가지 1개는 기奇가 된다. 이윽고 세고 남은 산가지로 고하여 "아무개가 아무개보다 몇 전이 뛰어납니다"라고 말한다. 이긴 것이 홀수라면 "(몇) 기奇입니다"라고 말하고, 똑같으면 "왼쪽 편과 오른쪽 편이 동등합니다"라고 말한다.

卒投, 司射執箅曰: "左右卒投, 請數." 二箅爲純. 一純以取, 一箅爲奇. 遂以奇箅告曰: "某賢於某若干純." 奇則曰: "奇", 鈞則曰: "左右鈞."

---

集說 疏에서 말한다. "'전純'은 전全의 뜻이다. 산가지 두 개를 합하여 1전全이 된다. 지면에서 산가지를 취할 때에 1전純씩 구별하여 취한다. '산가지 한 개'란 전純을 채우지 못하는 것을 말한다. '기奇'는 짝이 있는 것의 한 쪽(隻)이다. 그러므로 '산가지 1개는 기수가 된다'(一箅爲奇)고 말한 것이다. '기수의 산가지로 고한다'(以奇箅告)에서 '기수'는 세고 남은 나머지의 뜻이다. 왼쪽과 오른쪽에서 세어 똑같이 덜어내고 남은 나머지 산가지를 손

으로 잡고 '아무개가 아무개보다 몇 전이 뛰어납니다'라고 고한다. '뛰어나다'(賢)는 것은 이기는 것을 말한다. 이긴 사람에게 만약 짝수의 산가지가 있다면 '몇 전純'이라고 말한다. 가령 10개의 산가지라면 '5전'이라고 말한다. '이긴 것이 홀수라면 기奇라고 말한다'(奇則曰奇)는 것은 가령 9개의 산가지라면 9기奇라고 말하는 것이다. '양쪽의 수가 같으면, 왼쪽과 오른쪽이 등등하다고 말한다'(釣則曰左右釣)에서 '균釣은 동등하다(等)는 뜻과 같다. 동등할 경우에는 왼손과 오른손에 각각 산가지 1개씩 잡고서 고한다." 疏曰: "純, 全也. 二筭合爲一全. 地上取筭之時, 一純則別而取之. '一筭'謂不滿純者. '奇', 隻也. 故云'一筭爲奇'. '以奇筭告'者, '奇', 餘也. 左右數釣等之餘筭, 手執之而告曰'某賢於某若干純'. '賢'謂勝也. 勝者若有雙數, 則云'若干純'. 假令十筭則云'五純'也. '奇則曰奇'者, 假令九筭則曰九奇也. '釣則曰左右釣'者, '釣'猶等也. 等則左右各執一筭以告."

[투호 9]

> 술을 따르는 유사有司에게 명하여 "벌주 마시는 일을 행하도록 하겠습니다"라고 말하게 한다. 술을 따르는 사람은 "예!"라고 말한다. 술을 마셔야 하는 사람은 모두 무릎을 꿇고, 술잔을 받들면서 "마실 기회를 주셨습니다"라고 말한다. 이긴 자는 무릎을 꿇고 "공경히 보양할 기회를 드립니다"라고 말한다.
>
> 命酌曰: "請行觴." 酌者曰: "諾!" 當飮者皆跪, 奉觴曰: "賜灌." 勝者跪曰: "敬養."

集說 사사는 술을 따르는 유사有司에게 명하여 벌주를 주고받는 예를 행하도록 한다. 술을 따르는 사람은 이긴 쪽의 자제이다. 대답하고 나서 서

쪽 계단 위에서 남쪽을 향하여 풍豐(벌주 잔을 올려놓는 기물)을 설치하고, 술 잔을 씻어 올라가 술을 따르고 앉아서 풍豐 위에 놓는다. 술을 마셔야 할 사람은 무릎을 꿇고 풍 위의 술을 취하여 손으로 받들고 '마실 기회를 주셨습니다'(賜灌)라고 말한다. '관灌'은 마신다(飮)는 뜻과 같은 것으로 술을 마시도록 하사받은 것을 가리킨다. 좋은 것을 받아서 예의를 차려 존중하는 말을 하는 것이다. 이긴 사람은 무릎을 꿇고서 공경히 이 술잔으로 보양할 기회를 드리겠다고 말한다. 비록 벌주의 예를 행하지만 오히려 존중하는 말을 하여 '마실 기회를 주셨습니다'라고 말한 것에 답례하는 것이다. 司射命酌酒者行罰爵. 酌者, 勝黨之弟子也. 旣諾, 乃於西階上, 南面設豐, 洗觶升酌, 坐而奠於豐之上. 其當飮者, 跪取豐上之酒, 手捧之而言'賜灌'. '灌猶飮也, 謂蒙賜之飮也. 服善而爲尊敬之辭也. 其勝者則跪而言敬以此觴爲奉養也. 雖行罰爵, 猶爲尊敬之辭, 以答賜灌之辭也.

## [투호 10]

벌주를 주고받는 절차를 행한 후에 사사司射가 말을 세울 것을 청한다. 말은 각각 그 산가지를 덜어 놓은 곳에 세우는데, 말 하나는 말 둘을 따라서 축하를 한다. 축하하는 예에 "말 셋이 이미 갖추어졌으니, 말이 많은 사람을 축하해주기를 청합니다"라고 말한다. 빈객과 주인은 모두 "네!"라고 말한다. 벌주 마시는 일을 행한 후에 말을 치우도록 청한다.

正爵旣行, 請立馬. 馬各直其筭, 一馬從二馬, 以慶. 慶禮曰: "三馬旣備, 請慶多馬." 賓主皆曰: "諾!" 正爵旣行, 請徹馬.

**集說** 정례에서 벌주를 마시는 예를 행하여 마시기가 끝나면 사사는 빈객과 주인에게 고하여 이긴 자를 위해 그 말을 세울 것을 청한다. '치直'는 해당한다(當)는 뜻으로, 세운 말은 처음 산가지를 덜어 놓은 곳의 앞에 둔다. 투호와 사례射禮는 모두 세 번 하고 그친다. 이길 때마다 말 하나를 세우는데, 가령 세 번 모두 이기면 말 셋을 세우고, 두 번 이기면 말 둘을 세운다. 주인 쪽이 단지 한 번 이겼다면 말 하나를 세우고 곧바로 주인의 말 하나를 들어서 빈객의 말 둘에 더해준다. 이긴 자가 즐거움이 되도록 도우는 것이다. '이경以慶'은 이것으로 말이 많은 사람을 축하한다는 뜻이다. 정례에서의 축하 술잔을 마신 후에 사사는 곧바로 그 말을 치울 것을 청하는데, 투호의 예가 모두 끝났기 때문이다. 투호의 예가 모두 끝나면 무산작無算爵[5]의 예를 행한다. ○ 정씨鄭氏(정현鄭玄)는 말한다. "축하의 술잔을 마실 때에는 승부를 겨루었던 짝이 직접 술을 따르고 제자弟子를 시키지 않으며, 풍豐을 설치하지 않는다." ○ 소疏에서 말한다. "'말을 세우도록 청한다'는 것은 사사가 청하는 말이다. '말은 각각 그 산가지를 덜어 놓은 곳에 세우고, 말 하나는 말 둘을 따라서 축하한다'는 부분은 예학자가 일을 진술한 말이다. 축하하는 예에 '말 셋이 이미 갖추어졌다면 말이 많은 사람을 축하한다'라고 한 부분은 또한 사사가 청하는 말이다." 正禮罰酒之爵既行飲畢, 司射乃告賓主, 請爲勝者樹立其馬. '直', 當也, 所立之馬, 各當其初釋算之前. 投壺與射禮, 皆三番而止. 每番勝則立一馬, 假令賓黨三番俱勝, 則立三馬, 或兩勝而立二馬. 其主黨但一勝, 立一馬, 卽擧主之一馬, 益賓之二馬. 所以助勝者爲樂也. '以慶', 謂以此慶賀多馬也. 飲正禮慶爵之後, 司射抱請徹去其馬, 以投壺禮畢也. 禮畢則行無算爵. ○ 鄭氏曰: "飲慶爵者, 偶親酌, 不使弟子, 無豐." ○ 疏曰: "請立馬'者, 是司射請辭. '馬各直其算, 一馬從二馬, 以慶', 是禮家陳事之言. 慶禮曰'三馬旣備請慶多馬'者, 此還是司射請辭."

## [투호 11]

산가지의 개수는 좌석의 투호를 할 인원수를 살펴서 정한다. 투호의 화살(籌)은 방에서 하면 5부扶, 당堂에서 하면 7부扶, 뜰에서 하면 9부扶의 길이로 한다. 산가지(筭)는 길이가 1척 2촌이다. 호壺는 목의 길이가 7촌이고, 통의 길이가 5촌이고, 주둥이의 지름은 2촌 반으로서 1말 5되를 넣을 수 있다. 호 안에는 팥을 채워 두는데, 그 화살이 튀어 나오기 때문이다. 호는 자리에서 화살 두 개 반의 거리가 되는 곳에 둔다. 화살(矢)은 산뽕나무나 멧대추나무로 만드는데 그 껍질을 벗겨내지 않는다.

筭多少視其坐. 籌, 室中五扶, 堂上七扶, 庭中九扶. 筭, 長尺二寸. 壺頸脩七寸, 腹脩五寸, 口徑二寸半, 容斗五升. 壺中實小豆焉, 爲其矢之躍而出也. 壺去席二矢半. 矢, 以柘若棘, 毋去其皮.

**集說** 산가지 개수는 좌석상의 인원수를 살펴서 정한다. 사람마다 4개의 화살을 던지므로 또한 4개의 산가지가 필요하다. '주籌'는 화살이다. '부扶'는 부膚와 같은 뜻이다. '방에서 하면 5부의 화살을 사용하고'(室中五扶) 이하 세 구절은 설명이 위 장에 보인다. ○ 여씨呂氏는 말한다. "멧대추나무와 산뽕나무의 속이 튼실하므로 그 목재가 견고하고 또 무겁다. '그 껍질을 제거하지 않는다'는 것은 질박함을 취하는 것이다." 筭之多少, 視坐上之人數[6]. 每人四矢, 亦四筭也. '籌', 矢也. '扶'與膚同. '室中五扶'以下三句, 說見上章. ○ 呂氏曰: "棘柘之心實, 其材堅且重也. '毋去其皮', 質而已矣."

## [투호 12]

노魯나라에서는 제자弟子에게 명령하는 말에 "교만하지 말고, 오만하지 말고, 삐딱하게 서지 말고, 분수에 지나치게 말하지 말라. 삐딱하게 서고 분수에 지나치게 말하면, 평상시 벌주를 주는 잔으로 벌을 받는다"고 하였다. 설薛나라에서는 제자에게 명령하는 말에 "교만하지 말고, 오만하지 말고, 삐딱하게 서지 말고, 분수에 지나치게 말하지 말라. 그렇게 하면 벌을 받는다"고 하였다. 사사司射와 정장庭長 및 관사冠士와 입자立者는 모두 빈객 측에 속하고, 악인樂人 및 사자使者와 동자童子는 모두 주인 측에 속한다.

魯令弟子辭曰: "毋憮, 毋敖, 毋俏立, 毋踰言. 俏立 · 踰言有常爵." 薛令弟子辭曰: "毋憮, 毋敖, 毋俏立, 毋踰言. 若是者浮." 司射 · 庭長及冠士立者皆屬賓黨, 樂人及使者 · 童子皆屬主黨.

**集說** 석량왕씨石梁王氏는 "'사사司射'에서 '주당主黨'까지의 24글자는 위 문장 '설령제자약시자부薛令弟子若是者浮'와 서로 이어진다"[7]고 하였는데, 이 책에서는 이 설을 따랐다. ○ '제자弟子'는 빈객 측과 주인 측 가운데 나이가 어린 사람들이다. 투호를 할 때 당 아래에 서서 그들이 혹 서로 버릇없이 함부로 하기 때문에 경계시킨 것이다. 노魯나라와 설薛나라는 투호의 예에서 시행한 말이 뜻은 같고 문장만 조금 달랐다. 그러므로 기록한 자가 함께 나열한 것이다. '호憮'는 또한 오만하다(敖)는 뜻이다. '배립俏立'은 향하는 곳을 똑바로 하지 않는다는 뜻이다. '유언踰言'은 멀리 떨어져서 다른 일을 이야기한다는 뜻이다. '상작이 있다'(有常爵)는 것은 상례常禮로 벌주를 받음이 있다는 뜻이다. ○ 소疏에서 말한다. "'부浮'는 또한 벌罰의 뜻이다.

일설에 벌주의 잔이 가득 차서 넘친다는 뜻이라고 하였다. '정장庭長'은 곧 사정司正이다. '관사冠士'는 투호를 관람하러 온 외부 사람 가운데 관례를 한 성인의 사士를 가리킨다. '악인樂人'은 국자國子 가운데 연주할 수 있는 사람이며 음악을 연주하는 악공樂工은 아니다. '사자使者'는 주인이 음식을 올리도록 시킨 사람이다." 石梁王氏曰: "'司射'至'主黨'二十四字, 與上文薛令弟子若是者浮'相屬", 今從之. ○ '弟子', 賓黨·主黨之年穉者. 投壺時立於堂下, 以其或相褻狎, 故戒令之. 魯·薛之辭, 意同而文小異. 故記者並列之. '憮', 亦放也. '偝立', 不正所向也. '踰言', 遠談他事也. '有常爵', 謂有常例罰爵也. ○ 疏曰: "'浮', 亦罰也. 一說謂罰爵之盈滿而浮淀也. '庭長', 卽司正也. '冠士', 外人來觀投壺成人加冠之士也. '樂人', 國子之能爲樂者, 非作樂之瞽人也. '使者', 主人所使薦羞者也."

**權近** 살펴건대, 구주舊註(정현鄭玄의 주)에는 '유언踰言'을 '멀리 다른 일을 이야기한다'는 뜻으로 해석하였다. 나는 존장尊長 및 사사司射를 뛰어넘어 먼저 승부를 의론하지 말라는 뜻으로 생각한다. 近按, 舊註"踰言"遠談他事"也. 愚謂毋得踰越尊長及司射以先議勝負也.

---

**[투호 13]**

북(鼓)은 ○□○○○□□○○○□이다. 반半 ○□○□○○○□□ ○□○은 노나라의 북이다. ○□○○□○□□□○○□○□□○□ ○□□□, 반半 ○□○○○□□○은 설나라의 북이다. '반半 이하를 취하여 투호의 예로 삼고, 그것을 다 사용하여 사례射禮로 삼는다. 노나라의 북은 ○□○○○□□○○, 반半 ○□○○□□○□□ ○□○이다. 설나라의 북은 ○□○○○□○□□○○□○□□○□

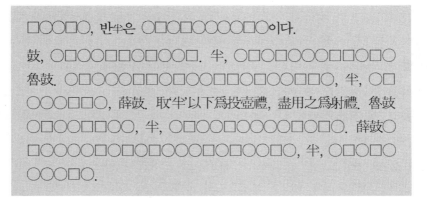

□○○○□, 반牛은 ○□○□○○○○□○이다.
鼓, ○□○○□□○○□. 牛, ○○□○□○○○□□○□○
魯鼓. ○□○○○□□○○□□○○□□○, 牛, □□
○○○□□○, 薛鼓. 取'牛'以下爲投壺禮, 盡用之爲射禮. 魯鼓
○□○○□□○○, 牛, ○□○□□○○○○□○□○. 薛鼓○
□○○○○□○□○□○○○□○○○□○, 牛, ○□○□
○○○□○.

집설(集說) 정씨鄭氏(정현鄭玄)는 말한다. "동그라미는 작은 북(鼙)을 치는 것이고, 네모는 북을 치는 것이다." ○ 소疏에서 말한다. "기록한 자가 노나라와 설나라에서 북을 치는 차이를 이용하여 그것을 도표로 만들어 기록한 것이다. 다만 연대가 오래되어 어느 정도 맞는지 알 수 없다. 절반의 북 절주를 사용하는 것이 투호이고, 전체의 북 절주를 사용하는 것이 사례射禮이다."

鄭氏曰: "圓者擊鼙, 方者擊鼓." ○ 疏曰: "記者因魯·薛擊鼓之異, 圖而記之. 但年代久遠, 無以知其得失. 用半鼓節, 爲投壺, 用全鼓節, 爲射禮."

**1** 【분장】: 본 편은 권근의 按說이 있으나 분장과 관련한 언급이 없고 경문을 재배치하지
도 않아 분장을 하지 않았다.

**2** 중 : 산가지를 넣어두는 통을 말한다. '中'의 제도는 나무로 만들고, 그 형상은 외뿔소
(兕)나 사슴(鹿)과 같은데, 등 위에 원형의 통을 만들어 8개의 산가지를 담는다. 그 종류
는 '鹿中'·'兕中'·'皮樹中'·'閭中'·'虎中' 등 다양하다.

鹿中　　　兕中　　　皮樹中　　　閭中　　　虎中

『欽定儀禮義疏』(淸)

**3** 旋 : 『예기집설대전』에는 '還'으로 되어 있다.

**4** 旋 : 『예기집설대전』에는 '還'으로 되어 있다.

**5** 무산작 : 전례를 행할 때 음주의 술잔 숫자를 정하지 않고 마시는 음주의 예로서 취한
후에 그친다.

**6** 坐上之人數 : 『예기천견록』에는 '坐上人之數'로 되어 있으나 『예기집설대전』에 따라 바
꾼다.

**7** '사사'에서 ~ 이어진다 : 『예기정의』, 1839쪽에는 이 24글자가 (투호 13)의 '取半以下爲
投壺禮, 盡用之爲射禮' 다음에 있다.

살피건대, 이 편의 말은 대체로 과장되고 절실하지 못한 것이 많다. 모두 후세 사람이 가탁한 것이다.

近按, 此篇之言率多浮夸而不切. 皆是後人之所托.

## [유행 1]¹⁾

노魯나라 애공哀公이 공자에게 물었다. "선생의 복장은 유자儒者의 복장입니까?" 공자가 대답하였다. "저는 어린 시절 노나라에 살 때에는 팔꿈치가 펑퍼짐한 옷을 입었고, 성장하면서 송나라에 살 때에는 장보章甫의 관을 썼습니다. 내 듣건대, 군자의 학문은 넓지만 그 복장은 고향에서 입던 것을 따릅니다. 구丘는 유자의 복장을 알지 못합니다."

魯哀公問於孔子曰: "夫子之服, 其儒服與?" 孔子對曰: "丘少居魯, 衣逢掖之衣, 長居宋, 冠章甫之冠. 丘聞之也, 君子之學也博, 其服也鄉. 丘不知儒服."

集說　정현은 "'봉逢'은 크다(大)는 뜻과 같다. 팔꿈치를 크게 한 옷이다"라고 하였다. ○ 소疏에서 말한다. "팔꿈치가 넓고 큰 것을 가리킨다. 그러므로 정현은 '소매가 큰 홑옷이다'라고 한 것이다." ○ 응씨應氏는 말한다. "'유儒'라는 명칭은 『주관周官』에 처음 보인다. '유儒이니 도道로써 백성을 얻는다'는 것인데,[2] 말세에는 그 도를 채우지 못하고 한갓 그 옷만 가지고 말하였다. 애공은 공자가 입은 옷이 단아하고 위의와 거동이 모두 시속時俗과 다른 점이 있음을 엿보고서 괴이하게 여겨 물은 것이다. 공자는 감히 '유儒'로써 자처하지 않았기 때문에 유자의 옷을 알지 못한다고 말한 것이다." ○ 「교특생郊特牲」(5-3)에 "장보章甫는 은나라의 도이다"라고 하였다. 대체로 치포관緇布冠을 은나라 시대에는 '장보'라고 칭하였다. '장章'은 밝다(明)는 뜻으로서, 장부丈夫임을 드러내는 것이다. 그러므로 '장보章甫'라고 불렀다.

鄭氏曰: "'逢'猶大也. 大袂之衣." ○ 疏曰: "謂肘掖之所寬大. 故鄭云: '大袂襌衣'也." ○ 應氏曰: "'儒'之名, 始見於『周官』. 曰'儒', 以道得民, 末世不充其道, 而徒於其服. 哀公覘孔子之被服儒雅, 而威儀進趨皆有與俗不同者, 怪而問之. 孔子不敢以'儒'自居也, 故言不知儒服." ○ 「郊特牲」云: "章甫, 殷道也." 蓋緇布冠, 殷世則名'章甫'. '章', 明也, 所以表明丈夫. 故謂之'章甫'耳.


[유행 2]

　애공이 말했다. "감히 유자의 행동에 대해 묻겠습니다." 공자가 대답했다. "갑자기 설명한다면 그 일을 끝까지 말할 수 없으며, 모두 설명한다면 오래 걸립니다. 복을 교체하더라도 다 설명할 수 없습니다." 애공이 자리를 마련하도록 명을 하자, 공자가 모시고 있다가 말하였다. "유자에게는 자리 위의 진귀한 물건을 놓고서 초빙되기를 기다리며, 밤낮으로 학문에 힘써서 질문 받기를 기다리며, 충성되고 신실한 마음을 갖고서 천거되기를 기다리며, 힘써 행해서 취해지기를 기다리는 바가 있습니다. 유자가 자신을 세우는 바에 이와 같은 점이 있습니다.

哀公曰: "敢問儒行." 孔子對曰: "遽數之不能終其物, 悉數之乃留. 更僕, 未可終也." 哀公命席, 孔子侍, 曰: "儒有席上之珍以待聘, 夙夜强學以待問, 懷忠信以待擧, 力行以待取. 其自立有如此者."

**集說** 갑작스럽게 헤아리면 그 일을 끝까지 말할 수 없고, 상세하게 모두 헤아리는 것은 오래도록 머물지 않으면 불가능하다. '복僕'은 빈객을 인도하고 의례의 진행을 돕는 신하로서 오래하면 피곤해진다. 비록 그 복僕을 교체하더라도 역시 말을 다할 수 없었던 것이다. 이에 애공이 자리를 설치하도록 명하고 공자로 하여금 앉아서 애공哀公을 모시고 말을 하게 한 것이다. ○ 여씨呂氏(여대림呂大臨)는 말한다. "'자리 위에 진귀한 보물'이란 자신을 귀하게 여겨 팔리기를 기다리는 것이다. 유자는 한가한 때에 강학을 하고 함께 있는 자리에서 드러내지 않지만 자신을 귀하게 여겨 천하에 쓰이기를 기다릴 줄 안다. 부지런히 학문을 닦아 물어오기를 기다리고, 충신忠信을 품고서 등용되기를 기다리고, 힘써 행하여 자리를 취하기를 기다릴 줄 안다. 모두 내가 자신을 세워놓고 기다리는 것이다. 덕이 귀하게 여길 만하면 사람들이 반드시 그를 예우하고, 학문이 넓으면 사람들이 반드시 그에게 묻고, 충신이 있어 맡길 만하면 사람들이 반드시 그를 천거하고,

힘써 행해서 일을 시킬 만하면 사람들이 반드시 그를 취한다. 그러므로 군자가 천하에 등용되는 것은 기다리는 바가 있고 구하지 않는다." 卒遽而數之, 則不能終言其事, 詳悉數之, 非久留不可. '僕', 臣之擯相者, 久則疲倦. 雖更[3]代其僕, 亦未可得盡言之也. 公於是命設席, 使孔子坐待而言之. ○ 呂氏曰: "'席上之珍', 自貴而待賈者也. 儒者講學於閒燕, 從容乎席上, 而知所以自貴以待天下之用. 强學以待問, 懷忠信以待擧, 力行以待取, 皆我自立而有待也. 德之可貴者, 人必禮之, 學之博者, 人必問之, 忠信可任者, 人必擧之, 力行可使者, 人必取之. 故君子之用於天下, 有所待而不求焉."

## [유행 3]

"유자에게는 의관을 올바르게 하고 마음과 행동을 신중하게 하는 바가 있습니다. 크게 사양할 때에는 오만한 듯하고, 작게 사양할 때에는 거짓된 듯하며, 용모의 대범한 모습은 위엄이 서린 듯하고, 용모의 세심한 모습은 부끄러워하는 듯한 바가 있습니다. 나아가는 것을 어려워하고 물러나는 것은 쉽게 하는 바가, 유약하여 마치 능력이 없는 것처럼 보이는 것이 있습니다. 유자가 용모를 나타내는 바에 이와 같은 점이 있습니다."

"儒有衣冠中, 動作愼. 其大讓如慢, 小讓如僞, 大則如威, 小則如愧. 其難進而易退也. 粥粥若無能也. 其容貌有如此者."

**集說** '중中'은 바르다(正)는 뜻과 같다. 『논어』에서 "군자는 그 의관을 바르게 한다"[4]고 하였다. ○ 방씨方氏(방각方慤)는 말한다. "'의관중衣冠中'이란 옷을 몸에 입는 것과 관을 머리에 쓰고 있는 것이 모두 예에 맞는다는 뜻

이다. '동작신動作愼'이란 마음을 움직이고 일을 하는 것이 모두 그 덕을 신중히 한다는 뜻이다. 큰 사양(大讓)은 자신의 입장으로 맞서는 것이므로 마치 오만하여 공경스럽지 못한 듯하고, 작은 사양(小讓)은 곡진함을 다하는 것이므로 마치 거짓되어 정성스럽지 못한 듯하다. 그 용모로 보이는 큰 부분에 이르러서는 범할 수 없는 바가 있다. 그러므로 위엄이 있는 듯하다. 그 용모로 나타내는 섬세한 부분에 이르러서는 함부로 하지 않는 바가 있다. 그러므로 부끄러워하는 듯하다. 세 번 읍을 한 후에 나아가기 때문에 '나아가기를 어려워한다'고 한 것이다. 한 번 사양하고는 드디어 물러나기 때문에 '물러나기를 쉽게 한다'고 한 것이다. '죽죽粥粥'은 유약한 모양이다. 그러므로 능력이 없는 듯하다. 이는 모두 예를 닦고 도에 참여한 결과이다.

'中'猶正也. 『論語』曰: "君子正其衣冠." ○ 方氏曰: "'衣冠中'者, 言衣之在身·冠之在首, 皆中於禮也. '動作愼'者, 言心之所動·事之所作, 皆愼其德也. 大讓, 所以自抗, 故如慢而不敬, 小讓, 所以致曲, 故如僞而不誠. 方其容貌之大也, 則有所不可犯. 故如威. 及其容貌之小也, 則有所不敢爲. 故如愧. 三揖而後進, 故曰'難進'. 一辭而遂退, 故曰'易退'. '粥粥'者, 柔弱之狀. 故若無能也. 是皆禮之所修, 道之所與也.

**[유행 4]**

"유자에게는 거처할 때 가지런하고 엄숙하며 처신할 때 공경스럽게 하는 바가 있습니다. 말은 반드시 신실함을 앞세우고, 행동은 반드시 중정中正5)하게 하는 바가 있습니다. 길을 갈 때에 험하고 쉬운 이로움을 다투지 않고, 겨울과 여름에 음양의 조화를 다투지 않는 바가 있습니다. 그 죽음을 아껴서 기다리는 바가 있으며, 그

몸을 길러서 일을 도모하는 바가 있습니다. 유자가 미리 대비함에
이와 같음이 있습니다."

"儒有居處6)齊難, 其坐起恭敬. 言必先信, 行必中正. 道塗不爭險
易之利, 冬夏不爭陰陽之和. 愛其死以有待也, 養其身以有爲也.
其備豫有如此者."

集說　정씨鄭氏(정현鄭玄)는 말한다. "'제난齊難'은 가지런하고 엄숙하여 두
려워하고 어렵게 여길 만한 것이다." ○ 여씨呂氏(여대림呂大臨)는 말한다.
"일은 미리 대비하면 확립되고, 미리 대비하지 못하면 폐해진다. 유자의 학
문은 모두 미리 대비하는 것이다. 헤아린 이후에 말을 하고, 의논한 이후에
행동한다. 그러므로 학문에 미리 대비하는 것이 있으면 의리가 정밀하고,
의리가 정밀하면 쓰임이 부족해지지 않는다. 만약 그 처음에 공경하지 못
하면 몸이 서지 못하고, 서지 못하면 도가 채워지지 않는다. 중궁仲弓이 인
仁에 대해 물었을 때, 공자는 '문을 나설 때에는 마치 큰 손님을 뵙는 듯하
고, 백성에게 일을 시킬 때에는 큰 제사를 받들 듯이 하는 것이다. 자기가
원하지 않는 것을 남에게 시키지 말라7)고 하였다. '거처할 때 가지런하고
엄숙하며, 처신할 때 공경스럽다. 말은 반드시 신실함을 앞세우고, 행동은
반드시 중정中正하게 한다'는 것은 이른바 '마치 큰 손님을 뵙는 듯이 하고
마치 큰 제사를 받들 듯이 한다'는 것으로서 경敬이다. '길을 갈 때에 험난
하고 쉬운 이로움을 다투지 않고, 겨울과 여름에 음양의 조화를 다투지 않
는다'는 것은 이른바 '자기가 원하지 않는 것을 남에게 시키지 말라'는 것으
로서 서恕이다. 경敬과 서恕를 실행하면 분함이 가라앉고 욕망이 제지되며
몸이 서고 덕이 채워져 천하의 변화를 맞이해서도 피하지 않고 천하의 중
책을 맡더라도 사양하지 않을 수 있다. 미리 대비하는 것이 지극함에 이르

면 이와 같음이 있는 것이다." ○ 유씨劉氏는 말한다. "'다투지 않는다'는 것은 단지 서恕를 실행할 뿐만이 아니다. 또한 죽는 것을 아끼고 몸을 길러서 일을 도모할 때를 기다리고, 작고 비근한 것을 다투어 크고 원대한 것을 해치지 않음이 있는 것이다." 鄭氏曰: "齊難', 齊莊可畏難也." ○ 呂氏曰: "事豫則立, 不豫則廢. 儒者之學, 皆豫也. 擬之而後言, 議之而後動. 故學有豫則義精, 義精則用不匱. 若其始也不敬, 則身不立, 不立則道不充. 仲弓問仁, 子曰: '出門如見大賓, 使民如承大祭. 己所不欲, 勿施於人.' '居處齊難, 坐起恭敬. 言必先信, 行必中正', 所謂如見大賓, 如承大祭', 敬也. '道塗不爭險易之利, 冬夏不爭陰陽之和', 所謂己所不欲, 勿施於人', 恕也. 惟敬與恕, 則忿懲欲窒, 身立德充, 可以當天下之變而不避, 任天下之重而不辭. 備豫之至, 有如此者也." ○ 劉氏曰: "不爭', 非特恕也. 亦以愛死養身, 以有待有爲, 不爭小者近者, 以害大者遠者也."

<br>

## [유행 5]

"유자에게는 금과 옥을 보물로 여기지 않고 충심과 신의를 보물로 여기며, 토지를 추구하지 않고 의리를 세우는 것으로 토지를 삼는 바가 있습니다. 축재를 많이 하기를 추구하지 않고 문장을 많이 배우는 것으로 부유함을 삼는 바가 있습니다. 얻는 것을 어렵게 여기고 봉록 받는 것은 하찮게 여기며, 봉복 받는 것을 하찮게 여기고 축재하는 것은 어렵게 여기는 바가 있습니다. 때가 아니면 드러내지 않으니, '얻는 것을 어렵게 여기는 것'이 아니겠습니까? 의義가 아니면 영합하지 않으니, '축재하는 것을 어렵게 여기는 것'이 아니겠습니까? 공로를 먼저 세운 후에 봉록을 받으니, 봉록을 하찮게 여기는 것이 아니겠습니까? 유자가 사람을 가까이하는 것에 이와 같은 점이 있습니다."

"儒有不寶金玉, 而忠信以爲寶, 不祈土地, 立義以爲土地. 不祈多積, 多文以爲富. 難得而易祿也, 易祿而難畜也. 非時不見, 不亦難得乎? 非義不合, 不亦難畜乎? 先勞而後祿, 不亦易祿乎? 其近人有如此者."

集說　여씨呂氏(여대림呂大臨)는 말한다. "유자儒者가 천하에 있어서 자신을 도모하는 것은 덕德일 뿐이며, 세상에 응하는 것은 의義일 뿐이다. 조맹趙孟이 귀하게 만든 것은 조맹이 천하게 만들 수 있지만, 내가 귀하게 여기는 것은 남이 빼앗을 수 없기 때문이다.8) 이는 금옥과 토지를 많이 축적하더라도 신의와 문장을 많이 배우는 것보다 귀하지 않다는 뜻이다. '얻는 것을 어렵게 여긴다'(難得), '축재하는 것을 어렵게 여긴다'(難畜)는 것은 의義에 중심을 두어 자신을 귀하게 여기는 것이다. 비록 '자신을 귀하게 여긴다'고 하였지만, 때에 맞으면 행동하고 의리에 부합하면 영합하고 공로를 세운 다음 봉록을 받으므로, 애당초 사람들을 멀리하여 자신을 남과 다르게 여긴 적이 없는 것이다." 呂氏曰: "儒者之於天下, 所以自爲者, 德而已, 所以應世者, 義而已. 趙孟之所貴, 趙孟能賤之, 我之所可貴, 人不得而奪也. 此金玉土地多積, 不如信義多文之貴也. '難得'·'難畜', 主於義而所以自貴也. 雖曰'自貴', 時而行, 義而合, 勞而食, 未始遠於人而自異也."

## [유행 6]

"유자에게는 남이 재화로 축적하게 해주고 좋아하는 것으로 물들게 하고자 하는 경우가 있어도, 이익을 보고 그 의義를 손상시키지 않는 바가 있습니다. 대중의 힘으로 그를 위협하고 병기로 그를 위협하더라도, 죽음을 보고 그 지키는 것을 바꾸지 않는 바가 있습니다. 사나운 짐승을 때려잡을 때에는 자신의 용맹이 감당할 수 있는지 여부를 따지지 않고, 무거운 정鼎을 끌어당길 때에는 그 힘으로 감당할 수 있는지의 여부를 따지지 않는 바가 있습니다. 과거의 일이 비록 실패했더라도 후회하지 않고, 다가올 일을 미리 예상하지 않는 것이 있습니다. 잘못된 말을 두 번 되풀이하지 않고, 떠도는 말을 끝까지 추궁하지 않는 것이, 그 위엄을 항상 지니고, 그 도모하는 것을 미리 익히지 않는 바가 있습니다. 유자가 독자적으로 자신을 세우는 것에 이와 같은 점이 있습니다."

"儒有委之以貨財, 淹之以樂好, 見利, 不虧其義. 劫之以衆, 沮之以兵, 見死, 不更其守. 鷙蟲攫搏, 不程勇者, 引重鼎, 不程其力. 往者不悔, 來者不豫. 過言不再, 流言不極, 不斷其威, 不習其謀. 其特立有如此者."

**集說** '잘못된 말'(過言)은 자기의 잘못에서 나온다. 잘못을 알았다면 고치므로 두 번 다시 하지 않는다. '떠도는 말'(流言)은 남이 나를 훼방하는 데에서 나온다. 예의에 따른 행동은 허물을 짓지 않으므로 결국 훼방당하지 않는다. '극極'은 결국(終)이라는 뜻과 같다. 결국 훼방당하는 바가 되지 않음을 말한다. '그 위엄을 항상 지닌다'(不斷其威)는 것은 위엄과 용모를 꺾어서

굴절시킬 수 없음을 말한다. '그 도모함을 미리 익히지 않는다'(不習其謀)는 것은 그 도모하는 것이 반드시 이루어질 수 있어서 시험해본 뒤에 쓰임 가운데에서 드러나는 것을 기다리지 않아도 됨을 말한다. ○ 정씨鄭氏(정현 鄭玄)는 말한다 "엄淹은 물들게 한다는 뜻이다. '겁劫'은 위협한다는 뜻이다. '저沮'는 두렵게 한다는 뜻이다. '지충鷙蟲'은 사나운 날짐승과 사나운 들짐 승을 가리킨다." ○ 방씨方氏(방각方慤)는 말한다. "'지鷙'는 사나운 동물로 마 땅히 잡아야 하니, 자신의 용맹을 헤아린 후에 가지 않는다. 이는 유자의 용기가 어려움에 맞서 대적하면서 뒤돌아보지 않기에 충분함을 비유한 것이 다. '무거운 정鼎을 끌어당길 때 자신의 힘을 헤아리지 않는다'는 것은 또 유자의 재능이 일을 맡아서 이겨낼 수 있기에 충분함을 비유한 것이다. '과거의 일에 대하여 후회하지 않는다'는 것은 인색하여 고치지 않음이 있 다는 것이 아니라 행동할 때 이치에 합당하게 하여 후회에 이르지 않기 때문이다. '다가올 일에 대해 미리 대비하지 않는다'는 것은 소홀히 하여 방비하지 않음이 있다는 것이 아니라 그 기민함이 변화에 충분히 대응할 수 있어 반드시 미리 준비할 필요가 없기 때문이다. 잘못된 말은 그 올바 름을 잃은 것이요, 떠도는 말은 그 근원을 잃은 것이다. 잘못된 말을 발설 하지 않을 수는 없지만 한 번으로도 심한 것이 되는데 하물며 다시 두 번 하겠는가? 떠도는 말을 듣지 않을 수는 없지만, 반드시 지혜를 써서 그치 게 할 뿐이니, 어찌 끝까지 추궁할 수 있겠는가?" '過言', 出於己之失. 知過則 改, 故不再. '流言', 出於人之毁. 禮義不詈, 故不極. '極猶終也. 言不終爲所毁也. '不斷 其威'者, 言其威容不可得而挫折也. '不習其謀'者, 言其謀必可成, 不待嘗試而後見於用 也. ○ 鄭氏曰: "淹謂浸漬之. '劫', 脅也. '沮', 恐怖之也. '鷙蟲', 猛鳥獸也." ○ 方氏 曰: "鷙', 猛之蟲, 當攫搏之, 不程量其勇而後往. 此況儒者勇足以犯難而無顧也. '引重 鼎, 不程其力', 又以況儒者材足以任事而有所勝也. '往者不悔', 非有所吝而不改也, 爲其 動則當理而未嘗至於悔. '來者不豫', 非有所忽而不防也, 爲其機足以應變而不必豫耳. 過

言則失其正, 流言則失其原. 過言不免乎出, 然一之爲甚也, 矧可再而二乎? 流言不免乎聞, 必止之以智也, 詎可極而窮乎?

**權近** 살피건대, '사나운 짐승을 때려잡을 때에는 용기로 감당할 수 있는 지의 여부를 따지지 않는다'는 것은 난폭한 호랑이 가운데에서도 뛰어난 경우이고, '무거운 솥을 끌어당길 때에는 그 힘으로 감당할 수 있는지의 여부를 따지지 않는다'는 것은 짊어지고 타는 것 가운데서도 심한 경우이다. '과거의 일이 비록 실패했더라도 후회하지 않는다'는 것은 그 잘못을 보고 안으로 스스로 반성하지 않는다는 뜻이며, '장래의 일을 미리 준비하지 않는다'는 것은 모든 일을 미리 계획을 세우지 않는다는 뜻이다. 모두 공자의 말이 아니다. 近按, '鷙蟲攫搏, 不程勇'者, 暴虎之尤也, '引重鼎, 不程力'者, 負且乘之甚者也. '往者不悔', 非見其過而內自訟之意也, '來者不豫', 非凡事豫則立之意. 皆非孔子之言也.

**[유행 7]**

"유자에게는 친애할 수는 있지만 위협할 수는 없으며, 가까이 할 수는 있지만 핍박할 수는 없으며, 죽일 수는 있지만 욕되게 할 수는 없는 바가 있습니다. 그 거처할 때에 사치스럽지 않고 그 먹고 마실 때에 욕구대로 하지 않는 것이 있습니다. 그 잘못을 조용히 가릴 수는 있지만 면전에서 지적할 수는 없는 바가 있습니다. 유자가 강직하고 굳셈에 이와 같은 점이 있습니다."

"儒有可親而不可劫也, 可近而不可迫也, 可殺而不可辱也. 其居處不淫, 其飲食不溽. 其過失可微辨而不可面數也. 其剛毅有如此者."

**集說** 여씨呂氏(여대림呂大臨)는 말한다. "유자가 서는 것은 의리에서 설 뿐이다. 강직하고 굳세어서 그 뜻을 빼앗을 수 없는 것은 의리를 견지하기 때문이다. 의義로써 교제해오면, 비록 소원한 사이라도 반드시 친하고, 의가 아닌 것으로 가해오면, 비록 강요하더라도 두려워하지 않는다. 그러므로 친할 수도 가까이 할 수도 죽일 수도 있는 이치는 있지만, 위협하여 욕되게 할 수는 없다. '음淫'은 사치스럽고 넘친다는 뜻이다. '욕溽'은 진하고 두텁다는 뜻이다. 그 거처를 사치스럽게 하고 그 음식을 너무 후하게 하는 것은 욕망이 지나치기 때문이다. 욕망이 지나치면 의리가 확립될 수 없다. 넘치지 않게 하고 너무 후하게 하지 않는 것은 의를 확립하기 위한 것이다. '그 잘못을 조용히 가릴 수는 있지만 면전에서 지적할 수는 없다'는 이 한 구절은 기세를 숭상하고 이기기를 좋아하는 말로 맥락에 덜 맞는다. 유자에게 귀한 것은 의義를 보면 반드시 행하고 잘못을 지적받으면 고치는 것이기 때문이다. 무슨 뜻인가? '조용히 가릴 수는 있지만 면전에서 지적할 수는 없다'는 말은 다른 사람을 대하는 방식으로서는 괜찮지만, 자신에 대해서는 옳지 않다. 자로子路는 잘못을 지적받으면 기뻐하였고, 공자는 남들이 잘못을 알아주는 것을 다행이라고 여겼으며, 탕왕은 잘못을 고치는 데에 인색하지 않았다. 이 마음을 미루어보면, 잘못을 저질러 비록 원망과 꾸짖음을 받더라도 또한 수용할 것인데, 하물며 면전에서 지적하는 것을 수용하지 않을 리가 있겠는가?" 呂氏曰: "儒者之立, 立於義理而已. 剛毅而不可奪, 以義理存焉. 以義交者, 雖疏遠必親, 非義加之, 雖强禦不畏. 故有可親可近可殺之理, 而不可劫迫辱也. '淫', 侈溢也. '溽', 濃厚也. 侈其居處, 厚其飮食, 欲勝之也. 欲勝則義不得立. 不淫不溽, 所以立義也. '其過失可微辨而不可面數'此一句, 尙氣好勝之言, 於義理

未合. 所貴於儒者, 以見義必爲, 聞過而改者也. 何謂? '可微辨, 不可面數', 待人可矣, 自待則不可也. 子路聞過則喜, 孔子幸人之知過, 成湯改過不吝. 推是心也, 苟有過失, 雖怨詈, 且將受之, 況面數乎?'

<br>

## [유행 8]

"유자에게는 충심과 신실함으로 갑옷과 투구를 삼고, 예와 의로 크고 작은 방패를 삼고, 인을 머리에 이고 행하며, 의를 가슴에 안고 처하여 비록 폭정이 가해지더라도 자신의 처신을 바꾸지 않는 바가 있습니다. 유자가 자신을 세움에 이와 같은 점이 있습니다."

"儒有忠信以爲甲冑, 禮義以爲干櫓, 戴仁而行, 抱義而處, 雖有暴政, 不更其所. 其自立有如此者."

**集說** 정씨鄭氏(정현鄭玄)는 말한다. "'갑甲'은 갑옷(鎧)이다. '주胄'는 투구(兜鍪)이다. '간로干櫓'는 작은 방패와 큰 방패이다." ○ 여씨呂氏(여대림呂大臨)는 말한다. "충성스럽고 신실하면 속이지 않는다. 속이지 않는 자는 남들도 그를 속이지 않는다. '예禮'란 남을 공경하는 것이다. 남을 공경하는 자는 남들도 그를 업신여기지 않는다. 충신忠信과 예의禮義는 남들이 속이고 업신여기는 것을 막는 방법으로서 갑옷과 방패가 환난을 막을 수 있는 것과 같다. 일을 행할 때에는 인을 높이고 거처할 때에는 의를 지키는 것은 자신을 신실하게 하는 것이 독실해지는 방법이다. 비록 폭정이 그에게 가해져도 변하지 않는 바가 있다는 것은 자신을 세움이 지극한 것이다. 첫 장에서 '자립自立(자신을 세움)'을 말하여 그 신실한 바와 지키는 바가 천하의 변란을 개혁하기에 충분하지만 처신을 바꾸지 않음을 논하였다. 두 가지는

모두 자신을 세우는 것으로 본말과 선후의 차이가 있는 것이다." 鄭氏曰:
"'甲', 鎧. '冑', 兜鍪也. '干櫓', 小楯·大楯也." ○ 呂氏曰: "忠信則不欺, 不欺者, 人亦
莫之欺也. '禮'者, 敬人. 敬人者, 人亦莫之侮也. 忠信·禮義, 所以禦人之欺侮, 猶甲
冑·干櫓可以捍患也. 行則尊仁, 居則守義, 所以自信者篤. 雖暴政加之, 有所不變也, 自
立之至者也. 首章言'自立', 論其所信·所守足以更天下之變而不易. 二者皆自立也, 有本
末·先後之差焉."


## [유행 9]

"유자에게는 1묘畝 되는 담장과 담장으로 빙 둘러친 집을 소유하면
서, 대나무를 엮어 대문을 만들고 홀 모양의 협문(窬)을 만들며 쑥
을 엮어서 출입문(戶)을 만들고 깨진 옹기 주둥이로 창문(牖)을 만드
는 것이, 가족끼리 옷을 바꾸어 입고 외출을 하며, 이틀이나 사흘
에 하루분의 식사를 하는 것이 있습니다. 윗사람이 응하여 채택하
면 감히 의심하지 않고, 윗사람이 그의 응하여 채택하지 않아도 감
히 아첨하지 않는 것이 있습니다. 그 벼슬살이 하는 것에 이와 같
은 점이 있습니다."

"儒有一畝之宮, 環堵之室, 篳門圭窬, 蓬戶甕牖, 易衣而出, 幷日
而食. 上答之不敢以疑, 上不答不敢以諂. 其仕有如此者."


**集說** 疏疏에서 말한다. "'1묘畝'는 직경 1보步에 길이 100보를 말한다. 그
것을 잘라서 정사각형의 네모로 만들면 동서남북이 각각 10보가 된다. '궁
宮'은 담장(牆垣)으로서, 담장은 사방 6척이다. '환環'은 빙 두른다는 뜻이다.
사방 1장丈이 도堵가 되는데, 동서남북으로 각각 1도씩 두른다. '필문篳門'

은 가시나무나 대나무로 문을 엮은 것이다. '규유圭窬'는 담장을 뚫어서 만드는데, 문 옆의 작은 출입구로서, 위쪽은 뾰족하고 아래쪽은 네모진 형태로 그 모양이 홀(圭)과 같다. '봉호蓬戶'는 쑥을 엮어서 출입문을 만든 것이다. '옹유甕牖'는 들창이 둥글어서 마치 옹기의 주둥이 모양 같은 것이다. 또 깨진 옹기의 주둥이로 들창을 만든다고도 한다. '옷을 바꾸어 입고서 외출한다'(易衣而出)는 것은 온 집안사람들이 옷 한 벌을 공유하여 외출할 때만 바꾸어 입는다는 뜻이다. '날을 함께하여 먹는다'(幷日而食)는 것은 날마다 먹을 수가 없어서 2일이나 3일에 합쳐서 하루분의 식사를 한다는 뜻이다." ○ '윗사람이 응하여 채택하면 감히 의심하지 않는다'(上答之不敢以疑)는 것은 도가 합치되면 벼슬에 나아가서 곧 믿고 의심하지 않는다는 뜻으로 자리를 잃을까 근심하는 마음이 없는 것이다. '윗사람이 응하여 채택하지 않아도 감히 아첨하지 않는다'(上不答不敢以諂)는 것은 도가 합치되지 않으면 떠나가서 곧 편안히 여기고 아첨하지 않는다는 뜻으로, 자리를 얻을 수 있을까 근심하는 마음이 없는 것이다. 疏曰: "'一畝', 謂徑一步長百步也. 折而方之, 則東西南北各十步. '宮', 牆垣也, 牆方六丈. '環', 周廻也. 方丈爲堵, 東西南北各一堵. '篳門', 以荊竹織門也. '圭窬', 穿牆爲之, 門旁小戶也, 上銳下方, 狀如圭. '蓬戶', 編蓬爲戶也. '甕牖'者, 牖牕圓如甕口也. 又云以敗甕口爲牖. '易衣而出'者, 合家共一衣, 出則更著之也. '幷日而食'者, 謂不日日得食, 或三日二日, 幷得一日之食也." ○ '上答之不敢以疑'者, 道合則就, 卽信之而不疑, 無患失之心也. '上不答不敢以諂'者, 不合則去, 卽安之而不諂, 無患得之心也.

[유행 10]
"유자에게는 오늘날 사람과 함께 살면서 옛사람과 법식을 같이하

며, 오늘날 세상에서 행동하지만 후세사람을 법식으로 삼는 바가 있습니다. 끝내 세상을 만나지 못할 때에는 위에 있는 사람이 끌어서 등용하지 않으며, 아래에 있는 사람이 천거하지 않는 바가 있습니다. 헐뜯고 아첨하는 사람이 무리를 지어 그를 위태롭게 하는 경우가 있더라도, 몸은 위태롭게 할 수 있지만 뜻은 빼앗을 수 없는 바가 있습니다. 비록 기거를 위태롭게 할지라도, 끝내 그 뜻을 굽히지 않으며 오히려 백성의 고통을 잊지 않는 바가 있습니다. 그 근심하고 생각하는 것에 이와 같은 점이 있습니다."

"儒有今人與居, 古人與稽, 今世行之, 後世以爲楷. 適弗逢世, 上弗援, 下弗推. 讒諂之民, 有比黨而危之者, 身可危也, 而志不可奪也. 雖危起居, 竟信其志, 猶將不忘百姓之病也. 其憂思有如此者."

集說 '해楷'는 법식法式의 뜻이다. '위에서 끌어당기지 않는다'(上弗援)는 것은 위에 있는 사람이 나를 끌어서 올려주지 않는다는 뜻이다. '아래에서 밀어주지 않는다'(下弗推)는 것은 아래에 있는 사람이 나를 천거하여 나아가게 하지 않는다는 뜻이다. '기거를 위태롭게 한다'(危起居)는 것은 일을 기회로 무함하여 해친다는 뜻이다. '그 뜻을 신실하게 한다'(信其志)는 것은 그 뜻을 다른 사람이 빼앗을 수 없다는 뜻이다. 시대에는 비색한 시기와 번창하는 시기가 있고, 도에는 소통되는 경우와 막히는 경우가 있지만, 그들이 근심하고 생각하는 것에는 하루도 백성의 고통을 잊은 적이 없다. '楷', 法式也. '上弗援', 在上者不引我以升也. '下弗推', 在下者不擧我以進也. '危起居', 謂因事中傷之也. '信其志', 謂志不可奪也. 時有否泰, 道有通塞, 然其憂思則未嘗一日而忘生民之患也.

## [유행 11]

"유자에게는 널리 배워 멈추지 않고 독실하게 행하여 게을리하지 않으며, 홀로 거처할 때에도 어긋나지 않고 위로 영달하여도 덕이 곤핍困乏해지지 않는 것이 있습니다. 예를 행할 때에는 조화를 귀하게 여기고, 충신을 아름답게 여기고, 넉넉하고 부드러운 것을 법으로 삼는 것이 있습니다. 현자를 사모하면서도 대중을 받아들이며, 자신의 반듯한 방정함을 헐어서 기와처럼 합치는 것이 있습니다. 그 너그럽고 여유로움에 이와 같은 점이 있습니다."

"儒有博學而不窮, 篤行而不倦, 幽居而不淫, 上通而不困. 禮之以和爲貴, 忠信之美, 優游之法. 慕賢而容衆, 毁方而瓦合. 其寬裕有如此者."

**集說** '널리 배워 멈추지 않는다'는 것은 옛것을 되새기며 새로운 것을 아는 이로움이다. '독실하게 행하여 게을리하지 않는다'는 것은 현명한 사람이 오래도록 지속할 수 있는 덕이다. '홀로 있을 때 어긋나지 않는다'는 것은 "곤궁할 때에도 의를 잃지 않는다"[9]는 말이다. '위로 영달하여도 덕이 곤핍困乏해지는 일이 없다'는 것은 "영달하여도 도에서 벗어나지 않는다"[10]는 말이다. 예의 본질(禮)은 엄격함에 있지만 실행(用)에서는 조화를 귀하게 여긴다. 충신忠信은 예의 바탕이다. 그러므로 충신으로 아름다움을 삼는다. '우유優游(넉넉하고 여유로움)'는 실행에서 조화를 얻은 것이다. 그러므로 우유를 법으로 삼는다. 현자는 마땅히 사모해야 할 대상이지만, 대중 역시 용납하지 않을 수 없다. "널리 대중을 사랑하면서도 어진 이를 친애한다"[11]는 것 또한 이러한 의미다. '자신의 반듯한 방정함을 헐어서 기와처럼 합한다'는 것은 기와를 굽는 일에서 그 처음에는 둥근데, 쪼개서 네 개로 만들면

그 형태가 네모반듯하다. 그 둥근 것을 헐어서 네모반듯한 것을 만들고, 그 네모반듯한 것을 합하여 다시 둥글게 하는 것이다. 대체로 받아들이고 용납하는 가운데에도 분변하는 뜻이 없었던 적이 없다. 그러므로 '그 관대하고 너그러움에 이와 같은 점이 있다'고 한 것이다. '博學不窮, 溫故知新之益也.' '篤行不倦', '賢人可久[12]'之德也. '幽居不淫', "窮不失義"也. '上通不困', "達不離道"也. 禮之體嚴, 而用貴於和. 忠信, 禮之質也. 故以忠信爲美. '優游', 用之和也. 故以優游爲法. 賢雖在所當慕, 衆亦不可不容. "汎愛衆而親仁", 亦是意也. '毁方而瓦合'者, 陶瓦之事, 其初則圓, 剖而爲四, 其形則方. 毁其圓以爲方, 合其方而復圓. 蓋於涵容之中, 未嘗無分辨之意也. 故曰'其寬裕有如此者'.

---

## [유행 12]

"유자에게는 안으로 천거할 때 친족이라고 꺼리지 않고, 밖으로 천거할 때 원한 있는 사람이라고 꺼리지 않는 것이 있습니다. 공로를 계산하고 성과를 헤아려서 현명한 자를 천거하여 영달하게 하고 그 보답을 바라지 않는 것이 있습니다. 군주가 그 뜻을 이룰 수 있도록 도우며 국가를 이롭게 하면서 부귀를 바라지 않는 것이 있습니다. 유자가 현명한 자를 천거하고 유능한 자를 끌어주는 것에 이와 같은 점이 있습니다."

"儒有內稱不辟親, 外擧不辟怨. 程功積事, 推賢而進達之, 不望其報. 君得其志, 苟利國家, 不求富貴. 其擧賢援能有如此者."

**集說** 疏에서 말한다. "'군주가 그 뜻을 이룬다'는 것은 이 현명한 자가 자기 군주를 보좌하여 군주가 그 뜻을 이룰 수 있게 한다는 뜻이다." ○ 웅

씨應氏가 말한다. "그 공을 계산하고 그 일을 누적하여 헤아림은 함부로 가벼이 천거하지 않는 것이니, 아래로 남에게 보답을 바라지 않고, 위로 나라에 보답을 바라지 않는다." 疏曰: "君得其志, 謂此賢者輔助其君, 使君得遂其志也." ○ 應氏曰: "程算其功, 積累其事, 不輕薦也, 下不求報於人, 上不求報於國."


**[유행 13]**

"유자에게는 선한 것을 들으면 서로 알려주고, 선한 것을 보면 서로 보여주는 것이 있습니다. 작위爵位는 서로 양보하고, 환란에는 서로를 위해 생명을 바치는 것이 있습니다. 오래가더라도 서로 기다려주고, 멀리서도 서로 이루어주는 것이 있습니다. 그 임용하고 천거함에 이와 같은 점이 있습니다."

"儒有聞善以相告也, 見善以相示也. 爵位相先也, 患難相死也. 久相待也, 遠相致也. 其任擧有如此者."

**集說** 여씨呂氏(여대림呂大臨)는 말한다. "현명한 이를 천거하고 유능한 이를 끌어당기는 것은 유자가 천하의 선비를 대우하는 방법이요, 임용하고 천거하는 것은 그 붕우를 대우하는 방법이다. 그 좋아하고 싫어함을 반드시 같이하기 때문에 선한 것을 들으면 서로 고해 주고 선한 것을 보면 서로 보여준다. 근심하고 즐거워하는 것을 반드시 같이하기 때문에 작위를 서로 양보하고, 환란에 서로를 위해 목숨을 바친다. 저 사람이 비록 아랫자리에 있더라도, 그들 기다려 함께 오르지 못하면 오르지 않고, 저 사람이 비록 소원한 관계에 있더라도 그를 불러들여 함께 나아가지 못하면 나아가지 않

는다. 이처럼 붕우를 임용하고 천거하는 것을 천하의 선비를 대우할 때보다 더욱 중하게 하는 것은 의리에 두터움과 얇음이 있기 때문이다." 呂氏曰: "學賢援能, 儒者所以待天下之士也, 任舉者, 所以待其朋友而已. 必同其好惡也, 故聞善相告, 見善相示. 必同其憂樂也, 故爵位相先, 患難相死. 彼雖居下, 不待之同升則不升, 彼雖疎遠, 不致之同進, 則不進. 此任舉朋友, 加重於天下之士者, 義有厚薄故也."

## [유행 14]

"유자에게는 몸을 씻고 덕으로 목욕을 하여 말을 진술할 때에는 엎드리고, 윤곽이 드러나기 전에 바로잡는데, 윗사람이 알지 못할 때에는 은미하게 드러내지만 급하게 하지는 않는 것이 있습니다. 깊은 곳에 임하여 자신의 높음을 현창하지 않으며, 적은 것을 더하여 자신이 많다는 것을 드러내지 않는 것이 있습니다. 세상이 다스려질 때라고 덕을 가벼이 하지 않으며, 세상이 어지러울 때라고 지조를 그만두지 않는 것이 있습니다. 자신과 같다고 해서 함께하지 않고, 자신과 다르다고 해서 비난하지 않는 것이 있습니다. 그 은거하였을 때도 독자적으로 서고 세상에 나아가서도 독자적으로 실행하는 것에 이와 같은 점이 있습니다."

"儒有澡身而浴德, 陳言而伏, 靜而正之, 上弗知也, 麤而翹之, 又不急爲也. 不臨深而爲高, 不加少而爲多. 世治不輕, 世亂不沮. 同弗與, 異弗非也. 其特立獨行有如此者."

 '교교(翹)'는 "자신의 군주가 잘못한 것을 드러낸다"(招其君之過)[13]라고 할 때의 '드러낸다'(招)는 자의字義와 같은 것으로 지적한다(擧)는 뜻이다. 그 잘못을 지적하여 간諫(말로 따져서 바로잡음)한다는 의미다. ○ 여씨呂氏(여대림呂大臨)는 말한다. "대인만이 군주 마음의 잘못을 바로잡을 수 있다. 나에게 있는 것이 올바르지 못하면서 남을 바로잡을 수 있는 자는 없다. 그러므로 몸을 씻고 덕으로 목욕하는 것은 자기를 바르게 하는 방법이다. '말을 진술할 때에 엎드린다'는 것은 들어가 좋은 계책을 아뢰는데 밖으로 그것을 온순하게 표현한다는 뜻이다. '고요할 때에 바로잡는다'는 것은 그 훌륭한 점을 따르고 그 나쁜 점을 바로잡기를 항상 그 윤곽이 드러나기 전에 행한다는 것이다. 그러므로 '윗사람이 알지 못한다'고 한 것이다." ○ 방씨方氏(방각方慤)는 말한다. "'고요할 때에 바로잡는다'는 것은 은미하게 진언하는 것이다. '은미하게 드러낸다'는 것은 분명하게 고하는 것이다. 고요할 때에 바로잡았는데 알지 못하면, 그 뒤에 은미하게 드러내는데, 또한 완곡하게 하여 절도를 잃지 않는다. 그러므로 '급하게 하지 않는다'고 한 것이다. 그 행실이 높은 것은 모두 저절로 그렇게 될 뿐이지, 굳이 깊은 곳에 임하여 서로 모습을 드러낸 다음에 그 높음을 현창하는 것이 아니다. 그 문장이 박식한 것은 모두 평소부터 갖고 있었던 것일 뿐이지, 굳이 적은 것을 더하여 서로 증대한 뒤에 그 많음을 이루는 것이 아니다. 세상이 다스려질 때에도 덕이 항상 신중함을 보이기 때문에 '가볍지 않다'고 한 것이다. 세상이 어지러울 때에도 지조가 항상 변함없기 때문에 '그치지 않는다'고 한 것이다. 함께할 만한 사람과 함께하는 것이므로 그 함께하는 대상이 굳이 자기와 같은 편의 사람일 필요가 없다. 비난할 만한 사람을 비난하는 것이므로 그 비난하는 대상이 굳이 자기와 입장이 다른 사람일 필요가 없다." ○ 응씨應氏(응용應鏞)는 말한다. "다스려질 때에도 가벼이 나아가지 않는다는 것은 백이가 무왕에게서 벼슬하지 않은 경우 같은 것이다. 어지러울 때

에도 물러나 그치지 않는다는 것은 공자가 여러 나라를 돌아다니며 유세하
였던 경우와 같은 것이다. 은거할 때에 자기 한 몸에서 독자적으로 확립되
어 있을 뿐만 아니라 세상에 나아가서도 한 시대에 독자적으로 실행하는
것이다." '翹', 與"招其君之過"'招'字同, 舉也. 舉其過而諫之也. ○ 呂氏曰: "惟大人能
格君心之非. 在我者未正, 未有能正人者也. 故澡身浴德者, 所以正己也. '陳言而伏'者,
入告嘉謀而順之于外也. '靜而正之'者, 將順其美, 匡救其惡, 常在於未形也. 故曰'上弗知
也'." ○ 方氏曰: "'靜而正之'者, 隱進之也. '翹而翹之'者, 明告之也. 靜而正之, 旣不見
知, 然後翹而翹之, 然亦緩而不失節. 故曰'不急爲也'. 其行之高, 皆自然而已, 不必臨深
以相形, 然後顯其爲高. 其文之多, 皆素有而已, 不必加少以相益, 然後成其爲多. 世治而
德常見重, 故曰'不輕'. 世亂而志常自若, 故曰'不沮'. 與其所可與, 不必同乎已也. 非其所
可非, 不必異乎已也." ○ 應氏曰: "治不輕進, 若伯夷不仕於武王. 亂不退沮, 若孔子歷聘
於諸國. 非但處而特立於一身, 亦出而獨行於一世."

## [유행 15]

"유자에게는 위로 천자에게 신하 노릇을 하지 않고, 아래로 제후
를 섬기지 않는 일이 있습니다. 신중하고 조용하면서 관대함을 숭
상하고, 강인하고 굳센 지조를 가지고 다른 사람과 함께하고, 학문
을 넓게 하여 따를 줄 알고, 문장文章을 가까이하고, 모난 부분을
갈고 닦는 것이 있습니다. 비록 나라를 나누어 봉록으로 주더라도
1치鎦나 1수銖처럼 가볍게 여기고 신하 노릇을 하지 않고 벼슬하
지 않는 것이 있습니다. 그 도모하고 운용하는 것에 이와 같은 점이
있습니다."

"儒有上不臣天子, 下不事諸侯. 愼靜而尙寬, 强毅以與人, 博學
以知服, 近文章, 砥厲廉隅. 雖分國如錙銖, 不臣不仕. 其規爲有
如此者."

**集說** '신중하고 조용하다'(愼靜)는 것은 삼가고 경계하여 함부로 행동하지
않는다는 뜻으로 자신을 지키는 도리다. '관대함을 숭상한다'(尙寬)는 것은
관대하고 너그럽게 하여 포용한다는 뜻으로 남을 대하는 도리다. '강인하
고 굳센 지조를 가지고 다른 사람과 함께한다'(强毅以與人)는 것은 구차하게
자신을 속여가면서 다른 사람을 따르지 않는다는 뜻이다. '복종할 줄 안다'
(知服)는 것은 힘써 실행하는 요령을 아는 것이다. '학문을 넓게 하여 따를
줄 안다'는 것은 곧 '학문은 넓게 하면서도 예禮로써 수렴하는 것'(博文約
禮)14)을 두고 하는 말이다. 문文에서 멀어지면 질質이 지나쳐서 조야粗野해
진다. '문장을 가까이한다'고 하지만, 또한 문文(꾸미는 것)이 질質(바탕)을 가
리지 않도록 하는 것이다. '모난 것을 갈고 닦는다'(砥厲廉隅)는 것은 절착탁
마하는 이익을 구하는 것이지 모난 것을 깎아서 둥글게 만든다는 뜻이 아
니다. 계산법에 10서黍가 1류絫, 10류가 1수銖, 24수가 1냥兩, 8냥이 1치錙
이다. 군주가 현자를 좋아하여 비록 그 나라를 나누어 현자에게 봉록으로
주더라도 현자는 그것을 마치 1치나 1수처럼 가볍게 보고 오히려 신하 노
릇을 하지 않고 벼슬하지 않는다. 그 도모하고 운용하는 바에 이와 같은
점이 있는 것이다. '愼靜'者, 謹飭而不妄動, 守身之道也. '尙寬'者, 寬裕以有容, 待人
之道也. '强毅以與人', 不苟詭隨於人也. '知服', 知力行之要也. '博學知服', 卽'博文約禮'
之謂也. 遠於文則質勝而野. '近文章', 則亦不使文揜其質也. '砥厲廉隅'者, 求切磋琢磨之
益, 不刓方以爲圓也. 算法, 十黍爲絫, 十絫爲銖, 二十四銖爲兩, 八兩爲錙. 言人君好賢,
雖分其國以祿賢者, 視之如錙銖之輕, 猶不臣不仕也. 其所謀度, 其所作爲, 有如此者.

**[유행 16]**

"유자에게는 뜻을 합해 방향을 같이하며, 도를 꾀하여 방법을 같이하며, 나란히 서면 즐거워하며, 서로 자신을 낮추고 누르지 않으며, 오래도록 서로 보지 못하여도 떠도는 말을 듣고 믿지 않는 바가 있습니다. 그 행동은 방정함에 근본을 두고 의義에 입각하여, 상대가 길을 같이하면 나아가 따르고 같이하지 않으면 물러나 피하는 바가 있습니다. 유자가 벗을 사귀는 것에 이와 같은 점이 있습니다."

"儒有合志同方, 營道同術, 並立則樂, 相下不厭, 久不相見, 聞流言不信. 其行本方立義, 同而進, 不同而退. 其交友有如此者."

集說 '뜻을 합친다'(合志)는 것은 향하는 바를 가지고 말한 것이고, '도를 꾀한다'(營道)는 것은 익힌 바를 가지고 말한 것이다. '방方'은 곧 술術과 같은 의미다. '나란히 선다'(並立)는 것은 작위가 서로 대등하다는 뜻이다. '서로 낮춘다'(相下)는 것은 높은 자리를 서로 양보하여 자기가 그 아래에 처한다는 뜻이다. '떠도는 말'(流言)이란 나쁜 소문이 전파되는 것이다. 그 말을 듣고 믿지 않는 것은 사실로 여기지 않는 것이다. '그 행동이 방정함에 근본을 두고 의義에 입각한다'(其行本方立義)는 것은 근본을 두는 바가 반드시 방정하고, 입각하는 바가 반드시 사태에 마땅하게 함(宜)을 얻는다는 뜻이다. 의를 행하는 것에서 같이하면 나아가 그를 따르고, 그렇지 않으면 물러나 피한다. 그러므로 '길을 같이하면 나아가고, 같이하지 않으면 물러난다'라고 한 것이다. '合志', 以所向言. '營道', 以所習言. '方卽術也. '並立', 爵位相等也. '相下', 以尊位相讓, 而己處其下也. '流言', 惡聲之傳播也. 聞之不信, 不以爲實也. '其行

本方立義', 謂所本者必方正, 所立者必得其宜也. 同於爲義, 則進而從之, 不同, 則退而避
之. 故曰'同而進, 不同而退'.

## [유행 17]

"따뜻하고 어진 것(溫良)은 인에 근본을 둔 것이요, 공경하고 신중한
것(敬愼)은 인을 실천하는 것이요, 관대하고 너그러운 것(寬裕)은 인
을 확충하는 것이요, 겸손하게 교제하는 것(孫接)은 인을 잘 수행하
는 것이요, 예의와 절도에 맞는 것(禮節)은 인의 모습이요, 말하고
논하는 것(言談)은 인으로 아름답게 하는 것이요, 노래하고 음악을
연주하는 것(歌樂)은 인으로 조화를 이루는 것이요, 흩어서 나누어
주는 것(分散)은 인을 베푸는 것입니다. 유자는 모두 이를 겸하여
갖고 있으면서도 감히 인仁을 자처하지 않습니다. 유자가 인을 높
이고 선을 양보하는 것에 이와 같은 점이 있습니다."

"溫良者, 仁之本也, 敬愼者, 仁之地也, 寬裕者, 仁之作也, 孫接
者, 仁之能也, 禮節者, 仁之貌也, 言談者, 仁之文也, 歌樂者, 仁
之和也, 分散者, 仁之施也. 儒皆兼此而有之, 猶且不敢言仁也.
其尊讓有如此者."

**集說** '인의 본'(仁之本)이란 인에 근본을 둔다는 뜻이다. '지地'는 실천한다
(踐履)는 뜻과 같다. '작作'은 확충하고 넓힌다는 뜻이다. '능能'은 일을 잘 수
행한다는 뜻이다. 8가지는 모두 인이 드러나 나타나는 모습이다. 애공이
유자의 행동에 대해 묻자, 공자는 차례차례 열거하여 알려주고 나서, 인이

인의예지 네 가지 덕을 포괄하고 모든 덕행의 근원이 되므로 끝머리에 인을 가지고 설명한 것이다. 공자는 이 인仁의 행동을 겸하고 있으면서도 감히 스스로 인仁을 자처하지 않았는데, 이것이 인을 높이고 선을 양보하는 것이다. 그러므로 '높이고 양보하는 것에 이와 같은 점이 있습니다'라고 말한 것이다. '仁之本', 謂根本於仁也. '地'猶踐履也. '作', 充廣也. '能', 能事也. 八者皆仁之發見. 哀公問儒行, 夫子旣歷數以告之矣, 仁包四德百行之原, 故於其終也, 以仁爲說焉. 兼有此仁之行, 而不敢自以爲仁, 是尊仁而讓善也. 故曰'尊讓有如此者'.

---

**[유행 18]**

"유자는 빈천으로 의지를 상실하지 않고, 부귀로 교만하지 않으며, 군왕을 욕보이지 않으며, 윗사람에게 누를 끼치지 않으며, 유사를 괴롭히지 않습니다. 그러므로 '유자'(儒)라고 하는 것입니다. 이제 대중들이 유자로 명명하는 것은 망령된 것입니다. 항상 유자로써 서로 비난하고 괴롭히고 있습니다." 공자가 집에 도착했을 때 애공은 숙소에 머물게 하였는데, 이 말을 듣고서는 말에 더욱 신뢰함을 주었고, 행동을 더욱 의롭게 하여 "내가 세상을 마칠 때까지 감히 유자를 희롱하지 않겠습니다"라고 하였다.

"儒有不隕穫於貧賤, 不充詘於富貴, 不慁君王, 不累長上, 不閔有司. 故曰'儒. 今衆人之命儒也妄. 常以儒相詬病." 孔子至舍, 哀公館之, 聞此言也, 言加信, 行加義"終沒吾世, 不敢以儒爲戲"

集說 '운확'은 마치 떨어져 잃는 바가 있는 듯한 것이다. '확확'은 마치 자

르고 베는 바가 있는 듯한 것이다. '충充'은 교만한 기운으로 가득찬 것이다. '굴詘'은 인색한 기운으로 쭈그러져 있는 것이다 ○ 정씨鄭氏(정현鄭玄)는 말한다 "'운확隕穫'은 괴롭고 핍박을 당해 의지를 상실한 모습이다. '충굴充詘'은 기뻐서 절조를 잃은 모습이다. '흔慁'은 욕보인다(辱)는 뜻과 같다. '루累'는 구속을 준다(係)는 뜻과 같다. '민閔'은 괴롭힌다(病)는 뜻이다. 천자 · 제후 · 경 · 대부 그리고 뭇 관리들에 핍박을 받으면서도 도를 어기지 않는다는 뜻으로, 공자 자신을 말한다." ○ 방씨方氏는 말한다. "유자의 행실은 없고 유자의 복장만 걸치고, 유자의 실질은 없이 유자라는 이름만 도적질하기 때문에 '오늘날 대중들이 유자라고 부르는 이는 망령되다'라고 말하게 되었고, 망령되기 때문에 항상 사람들에게 비난을 받은 것이다. 공자가 이미 집에 도착했는데, 또 '숙소에 머물게 하였다'(館之)고 한 것은 음식을 갖추어 그 봉양을 다하고, 관리를 갖추어 그 섬기는 예를 다한 것이다. '말에 더욱 신뢰함을 주었다'고 하였으니 '유자'라고 하여 서로 비난하지 않은 것이요, '행동을 더욱 의롭게 하였다'고 하였으니 '유자'라고 서로 괴롭히지 않은 것이다." ○ 이씨李氏는 말한다. "「유행」편은 공자의 말이 아니요, 아마도 전국시대 호방한 선비가 세상에 높이 처신하고자 하였던 절조일 것이다. 그 조목이 15개이지만 의미가 중복되어서 그 귀결점을 요약한다면 두세 가지에 불과하다. 이 한 편 안에 비록 가끔 성인의 말씀과 합치되는 것이 있지만 일컫는 말이 지나치게 많다. 어떤 사람은 '애공이 유자를 경시하여, 공자가 목적이 있어서 말하였기 때문에 자신을 과장하여 그 군주의 마음을 동요시킨 것이 많다'고 하는데, 그렇게 하는 것이 어찌 이른바 공자이겠는가!" 隕者, 如有所墜失. '穫'者, 如有所割刈. '充'者, 驕氣之盈. '詘'者, 吝氣之歉. ○ 鄭氏曰: "隕穫, 困迫失志之貌. '充詘', 喜失節之貌. '慁'猶辱也. '累'猶係也. '閔', 病也. 言不爲天子 · 諸侯 · 卿 · 大夫 · 群吏所困迫而違道, 孔子自謂也." ○ 方氏曰: "無

儒者之行, 而爲儒者之服, 無儒者之實, 而盜儒者之名, 故曰'今衆人之命儒也妄', 以其妄故常爲人所詬病. 旣至舍矣, 又曰'館之'者, 具食以致其養, 具官以治其事也. '言加信'則不以'儒'相詬矣, '行加義'則不以'儒'相病矣." ○ 李氏曰: "「儒行」, 非孔子之言也, 蓋戰國時豪士所以高世之節耳. 其條十有五, 然旨意重複, 要其歸, 不過三數塗而已. 一篇之內, 雖有[15)]與聖人合, 而稱說多過. 或曰, '哀公輕儒, 孔子有爲而言, 故多自夸大以搖其君', 此豈所謂孔子者哉!"

**1** 【분장】: 본 편은 권근의 按說이 있으나 분장과 관련한 언급이 없고 경문을 재배치하지도 않아 분장을 하지 않았다.

**2** 유이니 ~ 것인데 : 『주례』「天官・太宰」에 "(太宰는) 9가지 제도로 邦國(제후국)의 백성들을 협동하고 결속하게 한다.…… 넷째 儒인데 道로써 백성들을 얻는다"(以九兩系邦國之民.……四曰儒, 以道得民)라고 하였다. 정현은 "儒는 제후의 保氏로 六藝로 백성을 가르치는 자이다"(儒, 諸侯保氏, 有六藝以敎民者)라고 하여 '道'를 '六藝'로 해석하였다.

**3** 更 : 『예기집설대전』에는 '更'이 빠져 있다.

**4** 군자는 ~ 한다 : 이 말은 『논어』「堯曰」에 나온다.

**5** 중정 : 도리와 절도에 합당함을 뜻한다.

**6** 居處 : 閩・監・毛本・石經・岳本・嘉靖本・衛湜의 『禮記集說』에는 모두 '居處'로 되어 있는데, 宋版에는 '居處' 위에 '其' 자가 더 있다. 『예기정의』, 1842쪽 참조.

**7** 문을 나설 ~ 말라 : 이 말은 『논어』「顔淵」에 나온다.

**8** 조맹이 ~ 때문이다 : 조맹은 춘추시대 晉의 대부 趙盾 및 그의 후손 趙武・趙鞅・趙無恤을 가리킨다. 조씨는 대대로 진의 국정을 장악하였다. "조맹이 귀하게 만든 것은 조맹이 천하게 만들 수 있다"는 말은 『맹자』「告子上」에 보인다. 楊伯峻은 진나라의 正卿 趙盾의 字가 '孟'이기 때문에 그의 자손들을 모두 조맹이라고 칭하였다고 한다.

**9** 곤궁할 ~ 않는다 : 『맹자』「盡心上」에 나오는 말을 인용한 것이다.

**10** 영달하여도 ~ 않는다 : 『맹자』「盡心上」에 나오는 말을 인용한 것이다.

**11** 널리 ~ 친애한다 : 이 말은 『논어』「學而」에 나오는 말이다.

**12** 久 : 『예기천견록』에는 '求'로 되어 있으나 『예기집설대전』에 따라 바꾼다.

**13** 자신의 ~ 드러낸다 : 이 말은 韓愈의 「爭臣論」에 나온다.

**14** 학문은 ~ 수렴하는 것 : 『논어』「雍也」에 "군자가 글을 널리 배우고 예로써 수렴하면 또한 어긋나지 않을 수 있다"(君子博學於文, 約之以禮, 亦可以弗畔矣夫)라고 하였다.

**15** 有 : 『예기집설대전』에는 '時'로 되어 있다.

# 대학
## 大學

주자장구朱子章句

생각건대, 학자가 물었다. 선현先賢인 동공董公은 「대학」 경전 가운데 '지지
이후유정知止而后有定'에서부터 '칙근도의則近道矣'에 이르는 두 절이 격물치
지格物致知의 전傳이 된다고 보았고 황씨黃氏 또한 받아들였다. 이는 과연
주자가 보지 못한 것을 본 것인가? 近按, 學者問曰: 先賢董公嘗以 「大學」 經中自
'知止而后有定', 至'則近道矣'兩節爲格物致知之傳, 黃氏亦取之矣. 是果能得朱子之所未
得者歟?

대답한다. 내가 이것을 본 적이 있는데 용의用意가 면밀하고 소견이 탁월
함에 감복感服하여 마음속에 품고 잊지 못한 지 몇 년이 되었다. 지금 고찰
해 보면 미안한 것이 있다. 이른바 '지지知止'라는 것은 '물격物格'·'지지知
至' 이후의 효과이고 '격물치지格物致知'는 「대학」에서 가장 먼저 노력을 기
울이는 곳이다. 여러 전傳에서 '성의誠意'장 이하를 모두 공부工夫로 말하고
있으니, 여기에서 갑자기 먼저 효과로 말해서는 안 된다. 이른바 '능득能得'
이라는 것은 '명명덕明明德'과 '신민新民'이 모두 멈출 곳을 얻었다는 것으로
치지致知의 전傳을 갑자기 언급해서는 안 된다. 曰: 愚嘗觀此, 服其用意之深,
而所見之卓, 服膺不忘, 蓋亦有年. 以今考之, 有未安者. 夫所謂'知止'者, '物格''知至'

以後之效, 而'格物致知'者, 「大學」最初用力之地也. 諸傳自'誠意'章而下, 皆以工夫而言, 不應於此遽先以效言之也. 所謂'能得'者, '明明德''新民'皆得所止之事, 不應遽及於致知之傳也.

게다가 이 절을 '치지致知'의 전傳으로 보면 '청송聽訟'장은 붙일 곳이 없게 된다. 주자朱子가 이에 관해서 어찌 깊이 고려하지 않았겠는가? 다만 '격물格物은 궁리窮理의 일이며, 격물은 외물을 막고 바로잡는 것이 아니라는 것'은 다른 책을 가져다 증명할 필요도 없이 이 절의 문세文勢를 통해 미루어 알 수 있는 것이다. 이미 '물物에는 본말本末이 있고 일에는 시종始終이 있다. 선후를 알면 도에 가깝다'고 하고, 또 '치지致知는 격물格物에 달려 있다'고 하였으니 물物은 외물外物이 아니고 격格은 막고 바로잡는 것이 아니며 치지致知와 두 가지 일이 되지 않는다는 것은 의미가 매우 명백하다. 그 전傳이 비록 궐실闕失되었지만 경문 위 문장의 어세語勢를 통해 자연스레 찾을 수 있다. 且以此節爲'致知'之傳, 則'聽訟'章, 又無所著落矣. 朱子於此, 豈不處之審哉? 但所謂'格物爲窮理之事, 而非扞格外物者', 則不必證以他書, 而於此節文勢, 可尋而知之矣. 旣曰'物有本末, 事有終始. 知所先後, 則近道矣', 又曰'致知在格物', 則物非外物, 格非扞格, 而與致知非爲兩事者, 意甚明白. 其傳雖闕, 而於經文自有上文語緖之可尋者矣.

묻는다. 그대가 '지지知止'는 '물격物格' · '지지知至' 이후의 효과로서 노력을 기울이는 초기에 우선적으로 말해서는 안 된다고 여기는 것은 그럴 듯하다. 그러나 전傳의 결어結語를 살펴보면 '이것을 지知의 지극함이라 한다'고 하였으므로 그 위의 궐문闕文은 반드시 '지지知至'의 효과를 언급한 것이었을 것이다. 이 절이 경문에서 팔목八目 공부의 앞에 있으니 그 순서가 어긋난 것은 아닌가? 曰: 子以'知止'爲'物格''知至'以後之效, 不應先言於用力之初者似矣.

然以傳之結語考之, 則曰'此謂知之至也', 則其上闕文, 必以'知至'之效言者也. 此節於經, 亦在八目工夫之前, 其序不亦舛乎?

대답한다. 전전傳의 결어結語는 효과로 말하고 있으므로 그 위의 궐문闕文은 반드시 지지知至의 효과일 것이다. 그러나 반드시 보전補傳의 의미와 마찬가지로 그 공부를 먼저 언급한 뒤에 그 효과를 언급하였을 것이다. 공부를 언급하지 않고 갑자기 그 효과를 언급해서는 안 되므로 이 절이 전전傳이 된다고 하더라도 '지지知止'의 윗부분에 달리 궐문이 있어야 한다. 이 절이 경문에서 팔목八目의 앞에 있더라도 이는 첫 장 강령의 공부를 이어서 '지지知止'의 효과를 언급함으로써 명명덕明明德과 신민新民이 지어지선止於至善을 얻었음을 언급한 것이다. 그러므로 경經 일장은 공부와 효과의 중간에서 말하고, 삼강령三綱領은 공부로 말하며, 이 절은 효과로 말하였던 것이다. '물物에는 본말이 있다'는 구절은 공부와 효과를 아우르면서 끝맺었다. 팔목八目 이전의 한 절은 공부로 말하고 뒤 한 절은 효과를 말하며, '자천자自天子' 한 절은 공부로 끝맺고 '본란本亂' 일 절은 효과로 끝맺었다. 曰: 傳之結語, 以效而言, 則其上闕文, 必是知至之效. 然必先言其功, 而後及其效, 有如補傳之意矣. 不應不言其功而遽及其效, 故雖將此節爲傳, '知止'之上又當別有闕文也. 此節於經雖在八目之前, 是乃承章首綱領之工夫而言'知止'之效, 以言明明德新民得止於至善也. 故經一章, 以工夫功效相間言之, 三綱領以功言, 而此節以效言. '物有本末'一節, 兼功效而結之. 八目前一節, 以功言, 而後一節以效言, '自天子'一節, 以功結之, 而'本亂'一節, 以效而反結之.

이것을 근거로 본다면 '지지知止' 한 절이 팔목八目 공부의 앞에 있기는 하지만 그 입언立言은 본디 순서가 있다. 게다가 삼강령三綱領과 명덕明德이 중요하기는 하지만 '지지선止至善' 역시 체요體要이다. 팔목八目에서 명덕과 신민을 해석하면서 이 절이 없다면 지선至善이 두 가지를 겸하고 있어 없는 곳이 없더라도 한 마디 말도 없이 풀이할 수는 없을 것이다. 만일 강령綱領의 세 가지 말의 순서에 따라 팔목八目의 뒤에서 지선至善이라는 말을 해석한다면, 이는 지지선止至善이 마치 평천하平天下의 뒤에 있으면서 달리 하나의 일이 되는 것처럼 보일 것이다. 그 때문에 강령을 이어서 팔목八目의 앞에서 해석하는 것이 마땅하다. 공부를 언급하면서는 먼저 본말을 나누고 뒤에 체요體要를 언급하며, 효과를 언급하면서는 체요만을 제시하여 본말을 아울러 통섭하였으니 그 입언立言 역시 원칙이 있다고 할 만하다.

以是而觀, 則知'止'一節, 雖在八目工夫之前, 其立言自有序矣. 且三綱領明德雖重, 而'止至善'亦其體要也. 八目釋明德新民, 而無此一節, 則至善雖兼二者無所不在, 亦不容無一言以釋之也. 若循綱領三言之序, 置釋至善之語於八目之後, 則是止至善若在平天下之後, 而別爲一事也. 故宜繼綱領而言之於八目之前. 夫言其功, 則先分本末, 而後及其體要, 言其效, 則專提體要而兼統其本末, 其立言亦可謂有法矣.


「대학」에 전을 세우고 문장을 바꾸어 지행, 본말, 후박의 세 절로 나눈 것에 대한 변의辨議. 「大學」立傳變文以分知行·本末·厚薄三節辨議.

'성의誠意'장은 단독으로 하나의 전傳을 만들다. '誠意'章獨作一傳.

위로 '치지致知'와 연결시키지 않는 것은 지행知行을 구분하지 않으려 하였기 때문이고, 아래로 '정심正心'과 접하게 하지 않은 것은 그것이 스스로를 수양하는 첫 단계여서 그 공부가 정심에만 그치지 않기 때문이다. 선현先賢이 이미 분명하게 변석하였다. 上不連'致知'者, 所以分知行, 下不接'正心'者, 以其自修之首, 其功不止於正心. 先賢已有明辨矣.

'수신제가修身齊家'장의 결어를 '그 집안을 가지런히 하는 것은 그 몸을 닦는 것에 달려 있다'고 하지 않고 문장을 바꾸어 '몸이 닦이지 않으면 그 집안을 가지런하게 할 수 없다'고 하였다. '修身齊家'章之結語, 不曰'齊其家, 在修其身', 而變文曰, '身不修, 不可以齊其家'.

생각건대, 이는 경문의 결어結語를 이어서 본말本末을 구분한 것이다. 경에 "천자로부터 서인에 이르기까지 하나같이 수신修身을 근본으로 삼는다. 그 근본이 혼란하면서 말단이 다스려지는 경우는 없다"고 하였으므로 전傳에서는 이를 이어서 "이는 몸이 닦이지 않으면 그 집안을 가지런하게 할 수 없다는 것이다"라고 하였다. 近按, 此承經文結語而分本末也. 經曰, "自天子以至於庶人, 壹是皆以修身爲本. 其本亂而末治者否矣", 故傳承之曰, "此謂身不修, 不可以齊其家".

'제가치국齊家治國'장의 서두에서 '나라를 다스리는 것은 그 집안을 가지런하게 하는 데 달려 있다'고 하지 않고 문장을 바꾸어 '나라를 다스리려면 반드시 먼저 그 집안을 가지런히 해야 한다고 한 것은 그 집안사람을 가르칠 수 없으면서 다른 사람을 가르칠 수 있는 경우는 없었기 때문이다'라고 하였다. '齊家治國'章之發端, 不曰, '治國在齊其家', 而變文曰, '治國, 必先齊其家者, 其家不可敎, 而能敎人者無之'.

생각건대, 이 역시 경문의 결어結語를 이어서 후박厚薄을 나눈 것이다. 경에 "후하게 할 것을 박하게 하고 박하게 할 것을 후하게 하는 경우는 없었다"라고 하였으므로 전傳에서 이를 이어서 "나라를 다스리려면 반드시 먼저 그 집안을 가지런히 해야 한다고 한 것은 그 집안사람을 가르칠 수 없으면서 다른 사람을 가르칠 수 있는 경우는 없기 때문이다"라고 하였다.

이 두 구절을 반드시 경문의 결어結語와 연관시켜 본다면 전傳에서 문장을 쓴 의미를 알 수 있다. 近按, 此亦承經文結語而分厚薄也. 經曰, "其所厚者薄, 而所薄者厚, 未之有也", 故傳承之曰, "所謂治國, 必先齊其家者, 其家不可敎, 而能敎人者無之". 此兩節必承經文結語而觀[1])之, 則傳者立文之意, 可見矣.

배우는 자가 물었다. 그대가 경문을 인용하여 전傳 8·9장에서 문장을 바꾼 것의 의미가 본말本末과 후박厚薄을 구분하기 위한 것이라고 본 것은 그럴 듯하다. 그러나 전傳에 근거해 볼 때 8장의 위 문장에서 이미 '친애親愛' 등에 가리는 폐단을 말하였고 다시 속담의 "자식의 악한 점을 아는 사람은 없다"고 한 말을 인용하고 있으므로, 그 결어結語에서 '이것은 몸이 닦이지 않으면 그 집안을 가지런하게 할 수 없다는 말이다'라고 한 것은 전傳의 위 문장의 말을 단서로 받아서 그렇게 한 것이지 멀리 경문을 이어서 전의 결어로 삼을 필요는 없다. 9장의 단서를 여는 말 역시 8장의 결어를 이은 것이지 멀리 경문을 이은 것은 아니다. 이제 그대의 말은 지나치게 견강부회한 것은 아닌가? 學者問曰: 子引經文以證傳八九章變文之意, 以爲分本末·厚薄者, 似矣. 然卽本傳觀之, 則八章上文旣言'親愛'等之僻, 又引諺'莫知子惡'之言, 故其結語曰, '此謂身不修, 不可以齊其家'者, 是承其傳上文語緒而然, 不必遠承經文以爲傳之結語也. 九章發端之言, 亦承八章結語, 亦不是遠承經文也. 今子之言無乃附會之甚邪?

대답한다. 그대가 전傳의 문세에 근거해서 말한 것은 절실하다고 할 만하다. 그러나 7장에서 '정심正心'과 '수신修身'을 말하고 다시 '분체忿懥' 등 바름을 얻지 못하는 것을 언급하고 마음이 있지 않은 것의 병폐를 말하면서 그 결어에서 '마음이 바르지 못하면 그 몸을 닦을 수 없다'고 하지 않고 직접 '몸을 닦는 것은 그 마음을 바르게 하는 것에 달려 있다'고 하였다. 이 두 장의 문장의 구성과 의미는 대개 유사한데도 유독 그 결어가 다른 것에 어찌 의미가 없겠는가? 경에서 이미 팔목八目을 진술하고 다시 몸과 집안을 제기하여 맺은 것은, 몸은 명덕明德의 표준이고 천하의 근본이며, 집안은 신민新民의 시작이고 천자의 의칙儀則이기 때문이다. 전傳이 이것에 대하여 어찌 주의를 기울이지 않았겠는가? 曰: 子卽本傳文勢而言者, 可謂切矣. 然第七章言'正心''修身', 亦言'忿懥'等之不得其正及心不在焉之病, 而其結語不曰, '心不正, 不可以修其身', 直曰, '修身在正其心'. 蓋此二章立文命意, 大抵相似, 而獨其結語不同, 豈無意乎? 夫經旣陳八目, 而又提身與家以結之者, 身爲明德之極而天下之本, 家爲新民之始而天下之則故也. 傳者於此豈不致意哉?

묻는다. '성의誠意'장은 독립적으로 하나의 전傳을 만들어 지행知行을 나누고, 본말本末과 후박厚薄에 대해서는 달리 전을 만들지 않고 문장을 바꾸어 뜻을 드러낸 것은 왜인가? 曰: '誠意'章自作一傳以分知行, 其於本末厚薄, 不別爲傳, 而變文見意何也?

대답한다. 지知와 행行 두 가지는 수레의 두 바퀴와 같아서 배우는 사람이 상호 힘을 쏟고 함께 나아가야 하는 것이다. 이는 분명히 두 가지 공부이다. 본말의 경우는 체용體用의 구별이 있기는 하지만 들어서 시행하는 과정에서는 실제로 하나의 것이다. 후박厚薄은 친소親疎의 구별이 있지만 미루어 가는 과정에서는 실제로 하나의 일이다. 曰: 知行二者如車兩輪, 學者所當交致其力而並進者也. 分明是兩件工夫也. 若夫本末雖有體用之殊, 而擧而措之, 實一物也. 厚薄雖有親疎之別, 而推以及之, 實一事也.

묻는다. '제가치국齊家治國'장에서 효孝·제弟·자慈를 언급하고 그 밑에서 「강고」의 문장을 인용하면서 '자유慈幼'로 맺은 것은 왜인가? 曰: '齊家治國章言孝·弟·慈, 而其下引「康誥」之文, 但以'慈幼'而結之, 何也?

대답한다. 이는 가장 절실하고 중요한 것을 가지고 말한 것이다. 집안을 예로 들어 말하면 효제孝悌를 행할 때는 엄격하지 않은 경우도 있지만 자식에게 자애롭게 대하는 마음은 절실하지 않은 경우가 없다. 이에 관해서는 선현先賢들이 이미 언급하였다. 나라를 예로 들어 말하면 군주를 섬기고 어른을 섬길 때는 모두 엄격하게 할 줄 알지만 백성들을 부리는 방법에 대해서는 소홀한 경우가 많다. 진실로 자유慈幼하는 마음으로 효제를 넓혀나가면 효제가 이르지 않는 곳이 없을 것이다. 자유慈幼하는 마음으로 백성들을 부리면 백성들을 부릴 때 엄격하게 할 바를 알게 될 것이다. 曰: 此以最切而要者言之也. 以家言之, 則孝悌或有不謹, 而慈幼之心無不切. 先賢已嘗言之矣. 以國言之, 則事君事長皆知所謹, 而使衆之道多所忽. 苟能以慈幼之心而觸孝弟, 則孝弟無不至矣. 以慈幼之心而推使衆, 則使衆知所謹矣.

묻는다. 이 책의 저술과 관련하여, 주자는 서문에서 "공자孔子가 암송하여 전하고, 증자曾子가 전의傳義를 지었다"고 하고, 경經의 후언後言에서는 공자의 말이라고 직접 말하지 못하고 전傳은 '증자의 뜻을 문인이 기록한 것'이라고 하였다. 그 말의 앞뒤가 다른 것은 왜인가? 曰: 此書之作, 朱子於序以爲"孔子誦而傳之, 曾子作爲傳義", 於經之後言, 蓋不敢質爲夫子之言, 其傳則曾子之意而門人記之'. 其言先後不同, 何也?

대답한다. 주자朱子는 경經의 말씀은 성인聖人이 아니면 할 수 없는 것이라고 여겼으므로 공자의 말이라고 생각하였다. 그러나 명백한 근거가 없어 옛 선민先民의 말일 수도 있다고 생각하여 의심하고 확정하지는 못하였다. 나는 망령되이 다음과 같이 생각한다. 공자는 당시의 상황을 가슴 아파하는 탄식 가운데 자주 옛사람 또는 옛일을 언급하였다. 예를 들면 '옛날 학자들은 자기를 위하였다'거나 '옛날의 어리석은 사람은 정직하였다'거나

'옛날에는 말을 행동보다 빠르게 하지 않았다'고 한 것 등이 그것이다. 이 경에서도 '옛날 명덕明德을 천하에 밝히고자 하는 사람'이라고 하여 옛일을 언급하면서 지금은 그렇지 못함을 탄식하고 있다. 공자 이전에는 성인聖人으로서 지위를 얻지 못한 사람이 없으므로, 옛날을 말하면서 지금을 탄식한 것은 바로 우리 공자의 일이다. 이것이 공자의 말이라고 여길 충분한 증거가 된다. 曰: 朱子以經之言非聖人不能及, 故以爲夫子之言. 又無左驗, 或意古昔先民之言, 故疑之而不敢質. 愚則妄. 謂夫子傷時之歎, 屢稱古以言之. 如曰, '古之學者爲己', '古之愚也直', '古者言之不出'之類, 是也. 此經亦曰, '古之欲明明德於天下', 言古以歎今之不然. 夫子之前, 未有聖人不得位者, 則言古歎今, 正吾夫子之事. 是足爲證以爲孔子之言也.

전 10장에서 인용한 『시』와 『서』의 문장 및 전을 세워 경의 의미를 해석한 것은 모두 증자曾子가 평상시 문인들에게 했던 말들이다. 다만 그 전傳의 글에서 '증자왈曾子曰'이라고 호칭한 것이 있으므로 증자의 수필手筆은 아니다. 그 때문에 '문인들이 기록하였다'고 본 것이다. 문인들이 기록하기는 하였지만 문인들 자신이 한 말이 아니므로 이는 증자가 지은 것과 마찬가지다. 여러 전傳이 모두 증자의 말이지만 유독 '십목十目' 한 절에서만 '증자왈'이라고 하였다. 이는 여러 전은 모두 경문을 직접 해석한 것이지만 이 한 절만은 증자가 '신독愼獨'이라는 말을 가지고 본 장의 언외言外의 의미를 밝혀 문인을 경계하고자 한 것이므로, 문인들도 '증자왈'이라고 특칭하여 그것을 표시하고 천만세 학자들의 경계하는 채찍으로 삼은 것이다. 지금 읽어보면 송연竦然하게 두렵고 부끄러운 곳이 있다. 『중용』의 '막현莫現'과 '막현莫顯'의 의미와 서로 밝혀주는 것이 있다. 이는 자사子思가 증자曾子로부터 얻은 것이다. 배우는 자가 체념하여 깊이 살펴야 한다. 其傳十章所引『詩』書』之文及立傳釋經之意, 皆曾子平日嘗以語門人之言. 但其傳文有稱'曾子曰'者,

則非曾子之手筆也. 故以爲'門人記之'. 雖門人記之, 非其自言, 則是猶曾子作之也. 諸傳旣皆曾子之言, 獨於'十目'一節, 特加'曾子曰'者. 諸傳皆是直釋經文而已, 唯此一節, 曾子因'愼獨'之言, 而特發本章言外之意, 以警門人, 故門人亦特稱'曾子曰'以表之, 以爲千萬世學者之警策. 至今讀之, 竦然自有惶愧處. 其與『中庸』'莫現''莫顯'之意, 互相發明. 此乃子思有得於曾子者. 學者所當體念而深省者也.

1 觀 : 『예기천견록』에는 '無'로 되어 있으나 '觀'의 오기이므로 바로잡는다.

# 관의
## 冠義

양촌에 사는 후학 권근 지음

소疏에서 말한다. "관례가 언제 시작되었는지, 전해지는 글에 제대로 된 문장이 없다. 『사기史記』 「세본世本」에서는 '황제黃帝가 기(旃)와 면冕을 만들었다'고 하였다. 이것은 면冕이 황제에게서 시작되었다는 것이다. 황제 이전에는 깃털과 가죽으로 관冠을 만들었는데 이후에 베와 비단을 사용하게 되었다. 관례를 하는 나이는 천자와 제후가 모두 12세이다."
○ 여씨呂氏(여대림呂大臨)는 말한다. "관례冠禮·혼례昏禮·사례射禮·향음주례鄕飮酒禮·연례燕禮·빙례聘禮는 천하에 통용되는 예이다. 『의례』에 실려서 예禮라고 부르는 것은 예의 경經이다. 『예기』에 실려서 의義라고 부르는 것은 모두 그 경의 절차와 제도를 들어서 그 제작制作한 의리를 기술한 것이다."

疏曰: "冠禮起早晚, 書傳無正文. 「世」云, '黃帝造旃冕.' 是冕起於黃帝也. 黃帝以前, 以羽皮爲冠, 以後乃用布帛. 其冠之年, 天子諸侯皆十二." ○ 呂氏曰: "冠·昏·射·鄕·燕·聘, 天下之達禮也. 『儀禮』所載謂之禮者, 禮之經也. 『禮記』所載謂之義者, 皆擧其經之節文, 以述其制作之義也."

살펴건대, 이 편 이하는 글이 모두 어그러지지 않았다. 다만 「사의射義」에서 '공자가 확상矍相에서 활을 쏜 것'을 인용한 부분부터 아래로 '제후가 되지 못한다'에 이르는 부분까지에는 그 사이에 허황되게 과장한 잘못이 있는 듯하다.

近案, 此篇以下文皆不差. 但「射義」, 自引'孔子射於矍相'以下至'不得爲諸侯'者, 其間似亦有浮夸之失.

## [관의 1]<sup>1)</sup>

무릇 사람이 사람다워지는 이유는 예의禮義 때문이다. 예의의 시작은 몸가짐(容體)을 바르게 하고 안색을 정제하고 말을 화순하게 하는 데 있다. 몸가짐이 바르고 안색이 정제되고 말이 화순한 뒤에야 예의가 갖추어진다. 예의를 갖춤으로써 임금과 신하의 관계를 바르게 하고 아버지와 자식의 관계를 친하게 하고 나이 많은 이와 나이 어린 이를 화목하게 한다. 임금과 신하의 관계가 바르고 아버지와 아들의 관계가 친하고 나이 많은 이와 나이 어린이가 화목한 뒤에야 예의가 성립된다. 그러므로 관을 한 뒤에 복색이 갖추어지고 복색이 갖추어진 후에 몸가짐이 바르고 안색이 정제되고 말이 화순하다. 그러므로 "관례는 예의 시작이다"라고 한다. 이 때문에 옛날에 성왕은 관례를 중시하였다.

凡人之所以爲人者, 禮義也. 禮義之始, 在於正容體, 齊顔色, 順辭令. 容體正, 顔色齊, 辭令順, 而後禮義備. 以正君臣, 親父子, 和長幼. 君臣正, 父子親, 長幼和, 而后禮義立. 故冠而后服備, 服備而后容體正, 顔色齊, 辭令順. 故曰: "冠者, 禮之始也." 是故古者聖王重冠.

**集說** 방씨方氏(방각方慤)는 말한다. "몸가짐(容體)은 법도가 될 만하기를 바라므로 바르다고 한다. 안색은 볼 만하기를 바라므로 정제되었다고 한다. 말은 따를 만하기를 바라므로 화순하다고 한다." 方氏曰: "容體欲其可度, 故曰正. 顏色欲其可觀, 故曰齊. 辭令欲其可從, 故曰順."

---

## [관의 2]

옛날에 관례를 할 때에 관례를 하는 날을 점치고 관을 씌워 줄 빈객을 점치는 것은 관례의 일을 공경하기 위함이요, 관례의 일을 공경하는 것은 예를 중시하기 위함이요, 예를 중시하는 것은 나라의 근본이 되기 때문이다.

古者冠禮, 筮日·筮賓, 所以敬冠事. 敬冠事所以重禮, 重禮所以爲國本也.

---

**集說** 여씨呂氏(여대림呂大臨)는 말한다. "예를 중시하면 인도人道가 세워진다. 이것이 나라가 나라다운 나라로 되는 근거이다. 그러므로 '나라의 근본이 된다'고 하였다." ○ 방씨方氏는 말한다. "'관례를 하는 날을 점치는 것'은 하늘의 길함을 구하는 것이다. '관을 씌워줄 빈객을 점치는 것'은 사람이 어진가를 가리는 것이다. 그런데 시초점을 치고 거북점을 치지 않는 것은 무엇 때문인가? 대개 옛날에 큰일에는 거북점을 쓰고 작은 일에는 시초점을 썼다. 천하의 일에서 시작(始)은 작은 일이 되고 마침(終)은 큰일이 되는데, 관례는 예의 시작이 된다. 성왕이 중시한 것은 그 시작을 중시한 것일 따름이요, 큰일은 아니다. 그러므로 단지 시초점을 쓴다. 상례나 제례와 같이 마침을 신중하게 행하는 경우에 이르면 큰일이라고 일컫는다. 그러므로

이에 대해서는 거북점을 쓴다." 呂氏曰: "禮重則人道立. 此國之所以爲國也. 故曰'爲國本'." ○ 方氏曰: "'筮日', 所以求夫天之吉. '筮賓', 所以擇夫人之賢. 然筮而不卜, 何哉? 蓋古者大事用卜, 小事用筮. 天下之事, 始爲小, 終爲大, 冠爲禮之始. 聖王之所重者, 重其始而已, 非大事也. 故止用筮焉. 至於喪祭之愼終, 則所謂大事也. 故於是乎用卜."

## [관의 3]

그러므로 조계阼階 위에서 관례를 행하는 것은 자식이 아버지를 대신하는 의리를 드러내는 것이다. 빈객의 자리(서쪽 계단 위)에서 초례醮禮를 행하며 세 차례 점점 존귀한 관을 씌우는 것은 성인의 일이 더해감이 있음을 나타내는 것이다. 이미 관례하고 나면 자字를 지어 부르는 것은 성인成人의 도이다.

故冠於阼, 以著代也. 醮於客位, 三加彌尊, 加有成也. 已冠而字之, 成人之道也.

**集說** 여씨呂氏는 말한다. "주인이 당에 올라가 당의 담벽(序)2)끝에서 서쪽을 향하여 선다. 찬자贊者는 당의 동쪽 담벽(東序)의 약간 북쪽에서 서쪽을 향하여 자리를 깐다. 장차 관례를 할 사람은 자리에 나아가 관례를 한다. 이 자리는 주인과 마찬가지로 조계 위에 있다. 아버지가 늙으면 아들에게 (권한을) 전해주는데, (조계에서 관례를 하는 것은) 그 전하여 맡기는 뜻을 드러내기 위한 것이다. 술잔을 받고서 되돌려서 따라 올리는 절차가 없는 것을 '초醮'라고 한다. 출입문 서쪽에서 남쪽을 향하여 초례醮禮를 하는데, 곧 빈객의 자리다. 빈객을 예우하는 예로써 그 자식을 예우하는 것은

성인으로 공경하기 위함이다. 처음에 치포관을 쓰고 다시 피변을 쓰고 다음에 작변을 쓴다. 세 번 관을 쓰면서 복색이 더욱 존귀해지는 것도 성인으로 공경하기 위함이다. 조계 위에서 관례를 하고 빈객의 자리에서 초례를 하는 것은 적자適子의 경우이다. 서자庶子의 경우에는 방 밖에서 남쪽을 향하여 관례를 하고 이어서 초례를 한다. 두 경우가 다른 까닭은 서자는 아버지를 대신하는 것을 나타내지 않기 때문이다. 옛날에 동자童子는 비록 귀한 신분이라고 해도 이름을 불렀을 뿐이고, 관례를 하고 난 뒤에야 성인成人의 도로서 빈객이 자字를 지어주었다. 그러므로 그 이름을 공경하는 것이다." 呂氏曰: "主人升立于序端西面, 贊者筵于東序少北西面, 將冠者即筵而冠, 是位與主人同在阼也. 父老則傳之子, 所以著其傳付之意也. 酌而無酬酢曰醮, 醮于戶西南面, 賓位也. 以禮賓之禮, 禮其子, 所以爲成人敬也. 始加緇布冠, 再加皮弁, 次加爵弁. 三加而服彌尊, 亦所以爲成人敬也. 冠於阼, 醮於客位者, 適子也. 若庶子, 則冠于房外南面, 遂醮焉. 所以異者, 不著代也. 古者童子雖貴, 名之而已, 冠而後, 賓字之以成人之道. 故敬其名也."

## [관의 4]

어머니를 뵈면 어머니가 그에게 배례拜禮를 하고, 형제를 뵈면 형제가 그에게 배례를 하는 것은 성인이 되었으므로 더불어 예를 행하는 것이다. 현관玄冠과 현단玄端의 복색으로 임금에게 폐백을 올리고, 폐백을 가지고 향대부鄕大夫와 향선생鄕先生을 뵙는 것은 성인成人의 예로 뵙는 것이다.

見於母, 母拜之, 見於兄弟, 兄弟拜之, 成人而與爲禮也. 玄冠·

玄端, 奠摯於君, 遂以摯見於卿大夫·鄕先生, 以成人見也.

**集說** 　어머니가 아들에게 배례를 하는 것에 대해 선유先儒가 의심하였다. 소疏에서는 포脯가 종묘 안으로부터 왔기 때문에 그것에 대하여 배례를 하고 받는 것이지 아들에게 배례를 하는 것이 아니라고 여겼다. 여씨呂氏는 어머니에게는 아들을 따르는 도리가 있기 때문에 공경을 받는 평소의 도리를 굽혀서 특정한 상황에서 잠시 공경하는 도리를 편 것으로 여겼다. 방씨方氏는 소疏의 뜻을 따랐다. 그러나 모두 옳지 않다. 이것은 '성인成人이 되었으므로 더불어 예를 행하는 것'이라는 한 구절이 관례를 하는 모든 경우에 다 그렇게 하는 것처럼 보여서 독자에게 의혹을 야기한 것이다. 석량왕씨石梁王氏만 "기록한 자는 이 예가 적자適子를 위한 것임을 몰랐다. 장자長子로서 아버지를 대신하여 할아버지를 계승한 자는 할아버지와 정체正體가 된다. 그러므로 예가 중자衆子의 경우와는 다르다"고 했는데, 이 말이야말로 뜻을 다 밝혀주고 있다. '현관玄冠'은 재계할 때 쓰는 관이다. '현단복玄端服'은 천자가 사적으로 편안히 거처할 때의 복색이고, 제후와 경·대부·사가 재계할 때 하는 복색이다. 폐백에는 꿩을 쓴다. '향선생'은 고을(鄕)에서 나이와 덕망이 모두 높은 사람으로 혹 관직에서 은퇴한 사람이다. 母之拜子, 先儒疑焉. 疏以爲脯自廟中來, 故拜受, 非拜子也. 呂氏以爲母有從子之義, 故屈其庸敬以伸斯須之敬. 方氏從疏義. 皆非也. 此因'成人而與爲禮'一句, 似乎凡冠者皆然, 故啓讀者之疑. 惟石梁王氏云: "記者不知此禮爲適. 長子代父承祖者, 與祖爲正體, 故禮之異於衆子也", 斯言盡之矣. '玄冠', 齊冠也. '玄端服', 天子燕居之服, 諸侯及卿·大夫·士之齊服也. 摯用雉. '鄕先生', 鄕之年德俱高者, 或致仕之人也.

## [관의 5]

성인으로 대우한다는 것은 성인의 예를 요구하려는 것이다. 성인의 예를 요구한다는 것은 사람의 아들이 되고, 아우가 되고, 신하가 되고, 젊은이가 되는 자로서의 예를 행할 것을 요구하려는 것이다. 사람에게 장차 네 가지의 행실을 요구하려는 것이니 그 예가 중하지 않을 수 있겠는가? 그러므로 효孝·제弟·충忠·순順의 행실이 세워진 뒤에야 사람이 될 수 있고, 사람이 될 수 있은 후에야 사람을 다스릴 수 있다. 그러므로 성왕이 예를 중시한 것이다. 그래서 "관례冠禮란 예의 시작이고 가례嘉禮에서 가장 중요한 것이다"라고 한다. 이러한 까닭에 옛날에 관례를 중시하였다. 관례를 중시하므로 종묘에서 거행하였다. 종묘에서 거행하는 것은 중요한 일로 존중하기 위함이다. 중요한 일로 존중하므로 중요한 일을 감히 마음대로 하지 않는 것이다. 중요한 일을 감히 마음대로 하지 않음은 자기를 낮추고 조상을 높이기 위함이다.

成人之者, 將責成人禮焉也. 責成人禮焉者, 將責爲人子·爲人弟·爲人臣·爲人少者之禮行焉. 將責四者之行於人, 其禮可不重與? 故孝弟忠順之行立, 而后可以爲人, 可以爲人, 而后可以治人也. 故聖王重禮. 故曰: "冠者, 禮之始也, 嘉事之重者也." 是故古者重冠. 重冠, 故行之於廟. 行之於廟者, 所以尊重事. 尊重事而不敢擅重事. 不敢擅重事, 所以自卑而尊先祖也.

**集說** 여씨呂氏(여대림呂大臨)는 말한다. "성인成人이라고 하는 것은 사지와 피부가 어린아이와 다른 것을 말하는 것이 아니요, 반드시 인륜을 갖출 것

을 아는 것이다. 친속을 친하게 여기고, 존귀한 사람을 존귀하게 여기고, 연장자를 연장자로 여김에 있어서, 그 윤서倫序를 잃지 않는 것을 갖추었다고 한다. 이것이 사람의 아들이 되고, 아우가 되고, 신하가 되고, 젊은이가 되는 자로서의 예를 행하여, 효孝·제弟·충忠·순順의 행실이 세워지는 이유이다. 자기에게 갖춘 뒤에야 다른 사람에게 요구할 수 있다. 그러므로 성인成人이 된 뒤라야 사람을 다스릴 수 있다. 옛날에 중대한 일은 반드시 종묘 안에서 거행하였다. 혼례婚禮에서는 납채納采에서 친영親迎에 이르기까지 다 주인이 종묘에 자리를 깔고 궤几를 설치하였다. 빙례聘禮에서는 임금이 직접 대문 밖에서 배례를 하고 맞이하여 종묘에서 향례享禮를 받았다. 덕이 있는 사람에게 작위를 내리고 공이 있는 사람에게 녹을 줄 때에는 임금이 친히 종묘에서 책명策命을 내렸다. 상례는 계빈啓殯을 하면 종묘에서 조상을 뵈었다.[3] 모두 높이는 바가 있어서 감히 마음대로 하지 못함을 보이기 위한 것이다. 관례란 인도人道의 시작이므로 뒤로 미루어 할 수 없는 것이다. 효자가 부모를 섬김에 있어서 큰일이 있으면 반드시 사당에 고유하고 나서 행하고, 돌아가면 상제喪祭를 사당에서 행하는 것은 오히려 이러한 의리다. 그러므로 '대효大孝는 몸을 마칠 때까지 부모를 섬긴다'[4]라고 한 것은 부모의 몸을 마칠 때까지가 아니라 자기의 몸을 마칠 때까지를 말하는 것이다." 呂氏曰: "所謂成人者, 非謂四體膚革異於童稚也, 必知人倫之備焉. 親親貴貴長長不失其序之謂備. 此所以爲人子·爲人弟·爲人臣·爲人少者之禮行, 孝弟忠順之行立也. 有諸己, 然後可以責諸人. 故成人然後可以治人也. 古者重事必行之廟中. 昏禮, 納采至親迎, 皆主人筵几於廟. 聘禮, 君親拜迎於大門之外而廟受. 爵有德, 祿有功, 君親策命于廟. 喪禮, 旣啓則朝廟. 皆所以示有所尊而不敢專也. 冠禮者, 人道之始, 所不可後也. 孝子之事親也, 有大事, 必告而後行, 沒則行諸廟, 猶是義也. 故'大孝終身慕父母者', 非終父母之身, 終其身之謂也."

**1** 【분장】 : 본 편은 권근의 按說도 없고 경문을 재배치하지도 않아 분장을 하지 않았다.

**2** 당의 담벽 : 堂의 동서 담벽을 말한다.

**3** 계빈을 하면 ~ 뵈었다 : 喪葬禮에서 啓殯 후에 시신을 실은 관이 종묘에 가서 영결을 고하는 朝祖의 의례를 말한다.

**4** 대효는 ~ 섬긴다 : 이 말은 『맹자』 「萬章上」에 나온다.

소疏에서 말한다. "혼昏이라고 한 것은 아내에게 장가드는 예는 저녁(昏)을 혼례의 시기로 삼기 때문에 이로 인해서 이름을 붙인 것이다. 반드시 저녁에 하는 것은 양陽이 가고 음陰이 오는 의리를 취한 것이다." ○ 여씨呂氏(여대림呂大臨)는 말한다. "사물이 구차하게 합해질 수 없다. 그러므로 문식하는 것(賁)으로 받아들인다.1) 천하의 모든 정情은 합하지 않으면 이루지 못한다. 그 합하는 방식에 있어, 공경하면 끝까지 잘 마치지만, 구차하면 이반離反하기 쉽다. 반드시 문식함을 극진히 하는 것을 통해서 받아들이는 것은 공경하고 구차하지 않으려는 것이다. 혼례란 그 문식함을 받아들이는 의리인 것이다!"

疏曰: "謂之昏者, 娶妻之禮, 以昏爲期, 因名焉. 必以昏者, 取陽往陰來之義." ○ 呂氏曰: "物不可以苟合而已. 故受之以賁. 天下之情不合則不成. 而其所以合也, 敬則克終, 苟則易離. 必受之以致飾者, 所以敬而不苟也. 昏禮者, 其受賁之義乎!"

## [혼의 1]2)

혼례란 장차 두 성姓이 좋아하는 마음을 합하여 위로는 종묘宗廟를

섬기고 아래로는 후세를 이으려는 것이다. 그러므로 군자가 중시
하였다. 그러므로 혼례는 납채納采3) · 문명問名4) · 납길納吉5) · 납징
納徵6) · 청기請期7)의 과정을 모두 주인이 종묘에 자리를 깔고 궤几
를 설치하여, 문 밖에서 배례를 하고 맞이한 뒤, 들어가서는 읍揖하
고 사양하면서 당에 올라, 종묘에서 명령을 듣는다. 이것은 혼례를
공경하고 삼가며 존중하고 바르게 하려는 것이다.

昏禮者, 將合二姓之好, 上以事宗廟, 而下以繼後世也. 故君子重
之. 是以昏禮納采 · 問名 · 納吉 · 納徵 · 請期, 皆主人筵几於廟,
而拜迎於門外, 入揖讓而升, 聽命於廟. 所以敬愼重正昏禮也.

**集說** 방씨方氏는 말한다. "'납채納采'란 기러기를 바쳐서 채택하는 예로 삼
는 것이다. '문명問名'이란 신부될 여자를 낳은 어머니의 이름과 성씨를 묻
는 것이다. '납길納吉'이란 길한 점을 얻어서 바치는 것이다. '납징納徵'이란
폐백을 바쳐서 혼인하는 증표로 삼는 것이다. '청기請期'란 혼인할 날짜를
청하는 것이다. 채택하는 것은 나로부터 나오지만 이름과 성씨는 상대방에
게 있다. 그러므로 납채의 예를 가장 먼저 하고 다음에 문명의 예를 행한
다. 이들 절차는 사람이 도모하는 것을 빌어서 전달하는 것이다. 서로 도
달하면 마땅히 귀신이 도모하는 것을 귀하게 여겨서 그로써 결단을 한다.
그러므로 또 다음에 납길로써 하는 것이다. 사람이 도모하는 것과 귀신이
도모하는 것이 다 서로 도와서 따르게 되면, 그 후에 납폐로써 증표를 삼고
혼례 날짜를 청해서 기약을 한다. 그러므로 그 차례가 이와 같다." 方氏曰:
"'納采'者, 納鴈以爲采擇之禮. '問名'者, 問女生之母名氏也. '納吉'者, 得吉卜而納之
也. '納徵'者, 納幣以爲昏姻之證也. '請期'者, 請昏姻之期日也. 夫采擇自我, 而名氏在
彼. 故首之以納采, 而次之以問名. 此資人謀以達之也. 謀旣達矣, 則宜貴鬼謀以決之. 故

又次之以納吉焉. 人謀鬼謀皆協從矣, 然後納幣以徵之, 請日以期之. 故其序如此."

## [혼의 2]

아버지가 친히 아들에게 초례를 하여 친영親迎할 것을 명하는 것은
남자가 여자보다 앞서는 것이기 때문이다. 아들이 명을 받들어 친
영을 가면, 주인(신부의 아버지)은 종묘에 자리를 깔고 궤를 설치한
뒤, 문 밖에서 배례를 하고 맞이한다. 신랑이 기러기를 잡고 들어
와서 읍하고 사양하면서 당堂으로 올라가 재배再拜를 하고 기러기
를 올린다. 이는 신부의 부모로부터 신부를 직접 받음을 보이는
것이다. 신랑은 서쪽 계단으로 내려와 대문을 나가서 신부의 수레
를 모는데, (신부가 수레에 올라탈 때) 신랑은 수레의 끈을 신부에
게 준다. 신랑이 직접 수레를 바퀴가 세 번 돌 때까지 몬다. 신랑은
자신의 집으로 먼저 가서 침문寢門 밖에서 기다린다. 신부가 이르
면 신랑이 신부에게 읍揖을 하여 맞이하고 들어온다. 희생을 함께
하여 먹고 표주박 술잔을 합하여 술을 마시는 것은 몸을 합하여
존귀하고 비천함을 함께 함으로써 친하게 하기 위한 것이다.

父親醮子而命之迎, 男先於女也. 子承命以迎, 主人筵几於廟, 而
拜迎於門外. 壻執鴈入, 揖讓升堂, 再拜奠鴈. 蓋親受之於父母
也. 降出, 御婦車, 而壻授綏. 御輪三周. 先俟于門外. 婦至, 壻揖
婦以入. 共牢而食, 合卺而酳, 所以合體同尊卑, 以親之也.

集說　소疏에서 말한다. "'희생을 같이하여 먹는다'는 것은 하나의 희생을

같이 먹고 희생을 달리하지 않는 것이다. '표주박 술잔(졸)을 합하여 술을 마신다'는 것은, 하나의 표주박을 갈라서 두 개의 표주박을 만든 것을 표주박 술잔이라고 하는데, 신랑과 신부가 각각 한 쪽을 잡고서 술을 마시는 것이다. '술을 마신다'는 것은 입을 가시는 것이다. 식사를 마치고 술을 마셔 그 기운을 개운하고 편안하게 하는 것이다." ○ 정자程子는 말한다. "기러기를 올리는 것은 기러기가 두 번 짝짓지 않는 뜻을 취하는 것이다." ○ 주자朱子는 말한다. "그 음과 양이 오고 가는 것에 순응하는 뜻을 취한 것이다." ○ 방씨方氏는 말한다. "종묘에 자리와 궤를 설치하는 것은 귀신과 교접하여 자리에 모시고 귀신을 받들어 편안케 하려는 것이다. 아버지가 반드시 직접 초례를 행하는 것은 자식을 중시해서가 아니라 예를 중시해서일 따름이다. 자기 신부의 수레를 모는 것은 신부를 존중하기 때문이고, 수레의 끈을 신부에게 주는 것은 신부를 편안하게 하기 위해서이다. 수레바퀴가 세 번 도는 것으로 절도를 삼는 것은 음양의 홀수와 짝수가 셋으로 이루어지는 뜻을 취한 것이다. 바퀴가 세 번 돌고 나서는 마부가 대신 수레를 몬다. 희생을 같이하는 것은 다른 희생을 쓰지 않는 것이고, 표주박 술잔을 함께하는 것은 다른 술잔(爵)을 쓰지 않는 것이다. 표주박 술잔을 합하는 것은 몸을 합하는 뜻이 있고, 희생을 같이하는 것은 존귀함과 비천함을 같이하는 뜻이 있다. 몸이 합해지면 존귀함과 비천함이 같고, 존귀함과 비천함이 같으면 서로 친하여 서로 떨어지지 않는다." 疏曰: "'共牢而食'者, 同食一牲, 不異牲也. '合卺而酳'者, 以一瓠分爲兩瓢, 謂之卺, 壻與婦各執一片以酳. '酳', 演也. 謂食畢飮酒, 演安其氣也." ○ 程子曰: "奠鴈, 取其不再偶." ○ 朱子曰: "取其順陰陽往來之義也." ○ 方氏曰: "筵几於廟者, 交神以筵之, 奉神以安之也. 父必親醮, 非重子也, 重禮而已. 御其婦車, 所以尊之也, 授之綏, 所以安之也, 以輪三周爲節者, 取陰陽奇偶之數成也. 旣三周則御者代之矣. 共牢則不異牲, 合卺則不異爵. 合卺有合體之義, 共牢有同尊卑之義. 體合則尊卑同, 同尊卑則相親而不相離矣."

## [혼의 3]

공경하고 삼가며 존중하고 반듯하게 한 뒤에 친애하는 것이 예의 큰 원칙(大體)이니 그것으로서 남자와 여자 사이의 구별을 이루고 남편과 아내 사이의 의리를 세운다. 남자와 여자 사이에 구별이 있은 뒤에야 남편과 아내 사이에 의리가 있다. 남편과 아내 사이에 의리가 있은 뒤에야 아버지와 아들 사이에 친함이 있다. 아버지와 아들 사이에 친함이 있은 뒤에야 임금과 신하 사이에 올바름이 있다. 그러므로 "혼례란 예의 근본이다"라고 한다. 무릇 예는 관례에서 시작하고, 혼례에 근간根幹을 두며, 상례와 제례에서 그 융중隆重함을 체현하고, 조례朝禮와 빙례聘禮에서 존경함을 나타내고, 향음주례鄕飮酒禮와 사례射禮에서 친화를 다진다. 이것이 예의 큰 원칙이다.

敬愼重正, 而后親之, 禮之大體, 而所以成男女之別, 而立夫婦之義也. 男女有別, 而後夫婦有義. 夫婦有義, 而後父子有親. 父子有親, 而後君臣有正. 故曰: "昏禮者, 禮之本也." 夫禮始於冠, 本於昏, 重於喪祭, 尊於朝聘, 和於射鄕8). 此禮之大體也.

**集說** '아버지와 아들 사이가 친한 뒤에야 임금과 신하의 사이가 바르게 된다'는 것은 '아버지를 섬기는 도리로 임금을 섬기는데, 공경하는 마음은 똑같다'9)는 것이다. '父子親而後君臣正'者, '資於事父以事君, 而敬同也'.

## [혼의 4]

새벽에 일어나 신부는 목욕을 하고 시부모를 뵙기를 기다린다. 날이 밝을 무렵 찬자贊者가 신부가 시부모를 뵙게 한다. 신부는 대추와 밤과 단수段脩(포를 두드려 부드럽게 한 뒤 생강이나 계피로 조미한 것)를 넣은 폐백 상자(笲)를 들고 뵙는다. 찬자가 시부모를 대신하여 신부에게 상을 차려서 대접한다. 신부가 포脯(말린 고기)와 해醢(젓갈)를 고수레하고 단술(醴酒)을 고수레하는 것은 며느리가 되는 예를 이루는 것이다. 시부모가 적침(室)에 들어가면 며느리가 새끼 돼지로 음식을 올리는데 며느리로서 효순함을 밝히는 것이다.

夙興, 婦沐浴以俟見. 質明, 贊見婦於舅姑. 婦執笲, 棗·栗·段脩以見. 贊醴婦. 婦祭脯醢, 祭醴, 成婦禮也. 舅姑入室, 婦以特豚饋, 明婦順也.

**集說** '질명質明'은 혼례를 치른 다음 날, 날이 밝아질 무렵이다. '찬贊'은 예를 돕는 사람이다. '변笲'은 그릇 생김새가 광주리(筥)와 비슷한데, 대나무나 갈대로 만들어 푸른 비단을 입혀서, 여기에 대추·밤·단수 등 폐백을 담는다. '수脩'는 말린 고기(脯)다. 생강과 계피를 넣어 손질한 것을 '단수段脩'라고 한다. '찬자가 시부모를 대신하여 신부에게 상을 차려서 대접한다'(贊醴婦)는 것은, 신부가 방문(戶)과 창(牖)의 사이에 자리하고, 찬자가 술을 따라서 신부의 자리 앞에 놓으면 신부가 서쪽에 자리하여 동쪽을 향해 배례하고 받고, 찬자가 서쪽 계단 위에서 북향하여 배례하고 보낸다. 또 포脯(말린 고기)와 해醢(젓갈)를 배례하고 올린다. 신부가 자리에 올라가서 왼손으로는 술잔(觶)을 잡고 오른손으로는 포와 해를 고수레하기를 마치고 국자(柶)로 단술을 세 번 고수레한다. 포와 해를 고수레하고 단술을 고수레하는 것은 그 며느리가 된 예를 이루기 위함이다. 시부모가 적침適寢(室)에 들어가면 신부가 손을 씻고 음식을 올린다. 새끼돼지를 좌우로 갈라 함께

정鼎에 넣어두고 이것을 나누어 담는데, 왼쪽 고기는 시아버지의 조組에 담고, 오른쪽 고기는 시어머니의 조에 담는다. 말린 생선포(魚腊)를 올리지 않고 기장(稷)을 올리지 않는다. 시부모가 함께 서남쪽 아랫목에서 동향하여 남쪽을 윗자리로 삼아 앉고 예찬禮饌도 마찬가지 방향으로 진설한다. 이것은 그 며느리로서 효순함을 행하는 뜻을 밝히는 것이다. '質明', 昏禮之次日正明之時也. '贊', 相禮之人也. '筓'之爲器似筥, 以竹或葦爲之, 衣以靑繒, 以盛此棗栗段脩之贄. '脩', 脯也. 加薑桂治之曰'段脩'. '贊醴婦'者, 婦席於戶牖間, 贊者酌醴置席前, 婦於席西東面拜受, 贊者西階上北面拜送. 又拜薦脯醢. 婦升席, 左執觶, 右祭脯醢訖, 以柶祭醴三. 是祭脯醢祭醴者, 所以成其爲婦之禮也. 舅姑入于室, 婦盥饋. 特豚合升而分載之, 左胖載之舅俎, 右胖載之姑俎. 無魚腊, 無稷. 舅姑並席于奧, 東面南上, 饌亦如之. 此明其爲婦之孝順也.

## [혼의 5]

혼례를 치른 다음 날 시부모가 함께 일헌一獻의 예로서 며느리에게 향례饗禮를 베풀어주는데, 시어머니가 며느리에게서 받은 술잔을 마시지 않고 내려놓으면 정식 예가 끝난다(奠酬).[10] 시부모가 먼저 서쪽 계단으로 내려간 후에 며느리가 동쪽 계단으로 내려가는데, 그럼으로써 시부모의 일을 대신하게 되었음을 나타낸다.

厥明, 舅姑共饗婦以一獻之禮, 奠酬. 舅姑先降自西階, 婦降自阼階, 以著代也.

集說 '궐명厥明(그 다음날)'은 혼례를 치른 다음 날이다. 「사혼례士昏禮」의 정현鄭玄 주註에 "시부모가 함께 며느리에게 향례를 베풀어주는데, 시아버

지가 작爵으로 헌주獻酒하고 시어머니가 포와 해를 베풀어준다"라고 하였고, 또 "시아버지가 남쪽의 세洗에서 씻는다는 것은 작爵을 씻어서 며느리에게 헌주獻酒하는 것이요, 시어머니가 북쪽 세洗에서 씻는다는 것은 작爵을 씻어서 며느리에게 술을 따라 되돌려준다(酬는 뜻이다"[11]라고 하였다. 가공언賈公彦의 소疏에 "시아버지가 헌주獻酒를 하고 시어머니가 술을 따라 잔을 되돌려 주는 것이 함께 일헌一獻을 이루므로 시어머니가 포脯와 해醢를 올리는 것에 문제될 것이 없다"고 하였는데, 이 설명이 옳다. 다만 며느리가 시아버지에게 술잔을 올릴 때, 작爵(술잔)을 새로운 것으로 바꾸어서 사용하고 스스로 포와 해를 올리는 것이다. 가공언의 소에 또 말하기를 "받은 술잔을 마시지 않고 내려놓거나 술잔을 따라 올리는 것에서 다 장소를 말하지 않았다"라고 하였는데, 예例로써 미루어 보건대 시부모의 자리는 당연히 며느리가 시부모를 뵐 때 시아버지는 조계阼階 위에 자리하고 시어머니는 방 밖에 자리하여, 며느리가 작爵을 새로운 잔으로 바꾸어 사용하고 스스로 포와 해를 올리는 절차와 술잔을 자리에 놓고 바치는 예禮를 행하는 것과 같이 해야 한다. ○ 소疏에서 말한다. "시아버지가 술을 따라서 동쪽 계단(阼階)에서 며느리에게 주면, 며느리는 서쪽 계단에서 배례하고 받는다. 자리에 나아가 포와 해를 고수레하고 술을 고수레하는 것이 끝나면, 서쪽 계단 위에서 북쪽을 향하여 작의 술을 다 마신다. 며느리가 시아버지에게 술을 올리면 시아버지가 동쪽 계단 위에서 술잔을 받고 다 마신 다음 술을 따라 준다. 며느리가 작을 바꾸어 먼저 스스로 다 마신 다음 다시 술을 따라서 시어머니에게 술을 올린다. 시어머니는 작을 받아서 포와 해의 왼쪽에 놓고 작을 들어 마시지 않으며, 이로써 정례正禮가 완료된다. 계단을 내려오는 것은 각자 연침燕寢으로 돌아가는 것이다." ○ 방씨方氏(방각方慤)는 말한다. "조계阼階는 주인의 계단이다. 자식이 아버지를 대신하여 장차 밖에서 주인 노릇을 하며, 며느리가 시어머니를 대신하여 장

차 안에서 주인 노릇을 하게 된다. 그러므로 이 혼례와 관례에서 모두 대
신함을 드러낸다고 말하는 것이다."○ 석량왕씨石梁王氏는 말한다. "이것
은 다 총부冢婦12)가 되는 경우이다. 이제 살펴건대, 이 한 구절은 이해하기
가 어렵다. 『의례도儀禮圖』에서도 자세히 밝히지 않았다. 설명을 유보하고
아는 사람을 기다린다."'厥明', 昏禮之又明日也.「昏禮」註云: "舅姑共饗婦者13),
舅獻爵, 姑薦脯醢", 又云: "舅洗于南洗, 洗爵以獻婦也, 姑洗于北洗, 洗爵以酬婦也." 賈
疏云: "舅饗姑酬, 共成一獻, 仍無妨姑薦脯醢", 此說是也. 但婦酢舅, 更爵自薦. 又云:
"奠酬·酬酢, 皆不言處所", 以例推之, 舅姑之位當如婦見, 舅席于阼, 姑席于房外, 而婦
行更爵自薦, 及奠獻之禮歟. ○ 疏曰: "舅酌酒于阼階獻婦, 婦西階上拜受. 即席祭薦, 祭
酒畢, 於西階上北面卒爵. 婦酢舅, 舅於阼階上受酢, 飮畢乃酬. 婦更爵先自飮畢, 更酌酒
以酬姑. 姑受爵奠於薦左, 不擧爵, 正禮畢也. 降階, 各還燕寢也." ○ 方氏曰: "阼者, 主
人之階. 子之代父, 將以爲主於外, 婦之代姑, 將以爲主於內. 故此與冠禮並言著代也."
○ 石梁王氏曰: "此皆爲冢婦也. 今按, 此一節難曉. 『儀禮圖』亦不詳明. 闕之以俟知者."

## [혼의 6]

신부가 되는 예를 이루고 며느리의 효순함을 밝히고 또 거듭해서
시어머니를 대신함을 드러내는 것은 며느리의 효순함을 무겁게 요
구하기 위한 것이다. 며느리의 효순함이란 시부모에게 효순하고
집안사람들과 화목한 뒤에 남편과 잘 맞추어, 누에치고 길쌈하여
베와 비단 짜는 일을 이루며 가산을 모으고 저장하는 일을 잘 살펴
서 지키는 것이다. 이러한 까닭에 며느리가 효순한 덕행이 갖추어
진 뒤에 집안이 화목하게 잘 다스려지고, 집안이 화목하게 잘 다스

려진 뒤에야 가업이 오래갈 수 있는 것이다. 그러므로 성왕이 부녀자의 효순함을 중시하였다.

成婦禮, 明婦順, 又申之以著代, 所以重責婦順焉也. 婦順者, 順於舅姑, 和於室人, 而後當於夫, 以成絲麻布帛之事, 以審守委積蓋藏. 是故婦順備而後內和理, 內和理而後家可長久也. 故聖王重之.

**集說** 방씨方氏는 말한다. "시부모에 대해서는 효순함을 말하고 집안사람들에 대해서는 화목함을 말하는 것은, 대개 위와 아래가 서로 따르는 것을 순하다고 하는데 순하면 거스르지 않고, 좋든 싫든 서로 이루어주는 것을 화목함이라고 하는데 화목하면 편을 짓지 않기 때문이다. 시부모에 대한 예는 지극히 높으므로 따를 수는 있되 거스를 수는 없고, 집안사람들에 대한 예는 서로 동등한 것이므로 화목하게 하더라도 편을 지을 필요는 없으니, 이것이 구별되는 점이다." 方氏曰: "於舅姑言順, 於室人言和者, 蓋上下相從謂之順, 順則不逆, 可否相濟謂之和, 和則不同. 舅姑之禮至隆也, 故可順而不可逆, 室人之禮, 相敵也, 故雖和而不必同, 玆其別歟."

## [혼의 7]

이러한 까닭에, 옛날에 (임금과 동성인) 신부가 시집가기 석 달 전, 고조高祖의 묘廟가 아직 훼천毁遷 되지 않았으면 임금의 종묘(公宮)에서 가르침을 받는다. 고조의 묘가 훼천되었으면 대종大宗의 집(宗室)에서 가르침을 받는다. 신부다운 덕과 신부다운 언사와 신부다운 몸가짐과 신부로서 해야 할 일을 가르친다. 가르침이 이루어지면 조상에게 아뢰고 제사를 지내는데, 희생으로 물고기를 쓰고 빈채(蘋)와 조채(藻)를 섞어 넣고 국을 끓이는 것은 부녀자의 효순한 덕을 이루었음을 나타내는 것이다.

是以古者婦人先嫁三月, 祖廟未毁, 敎于公宮. 祖廟旣毁, 敎于宗室. 敎以婦德·婦言·婦容·婦功. 敎成, 祭之, 牲用魚, 芼之以蘋藻, 所以成婦順也.

**集說** '조묘祖廟가 아직 훼천되지 않았다'는 것은 이 시집갈 여자가 아직 이 선조에 대해서 오복五服 관계 안에 있으므로 임금에게 친속이 됨을 말한다. 그러므로 여사女師로 하여금 임금의 궁궐에서 가르치게 한다. 임금의 궁궐은 조상을 모신 종묘이다. '이미 훼천되었다'는 것은 오복 관계를 벗어나서 임금에 대해 친속 관계에서 멀어졌음을 말한다. 그러므로 종자의 집에서 가르친다. '(신부다운) 덕'은 바르고 순함이다. '말'은 예의에 맞는 언사[4]이다. '몸가짐'은 유순함이다. '해야 할 일'은 누에치고 길쌈하는 일이다. '제사를 지낸다'는 것은 자기가 나온 선조에게 제사지내는 것이다. '물고기'와 '빈채·조채'는 다 물에서 나는 것으로 음陰의 종류이다. '섞어 넣고 끓인다'(芼之)는 것은 국을 만드는 것이다. '祖廟未毁'者, 言此女猶於此祖有服也, 則於君爲親. 故使女師敎之于公宮. 公宮祖廟也. '旣毁', 謂無服也, 則於君爲疏. 故敎之于宗子之家. '德', 貞順也. '言', 辭令也. '容'則婉娩, '功'則絲麻. '祭之'者, 祭所出之祖也. '魚'與'蘋藻', 皆水物, 陰類也. '芼之'爲羹也.

## [혼의 8]

옛날에 천자의 왕후는 6궁宮 · 3부인夫人 · 9빈嬪 · 27세부世婦 · 81어처御妻를 세워서 천하의 일 가운데 안을 다스리는 일(內治)을 관장하였고 부녀의 효순함을 밝게 드러내었다. 그러므로 천하에 안(內)이 화목하고 집안이 다스려졌다. 천자는 6관官 · 3공公 · 9경卿 · 27대부大夫 · 81원사元士를 세워서 천하의 일 가운데 바깥을 다스리는 일(外治)을 관장하였고 모든 남자들의 교화를 밝게 드러내었다. 그러므로 바깥(外)이 화목하고 나라가 다스려졌다. 그러므로 "천자는 남자들의 교화를 관장하고 왕후는 부녀자의 효순함을 관장한다. 천자는 양陽의 도를 다스리고 왕후는 음陰의 덕을 다스린다. 천자는 바깥의 다스림을 관장하고 왕후는 안의 일을 관장한다. 교화와 효순함이 아름다운 풍속을 이루고 바깥과 안이 화목하여 서로 따르면 나라와 집안이 다스려진다. 이것을 성대한 덕이라고 한다"라고 하였다.

古者天子后立六宮 · 三夫人 · 九嬪 · 二十七世婦 · 八十一御妻, 以聽天下之內治, 以明章婦順. 故天下內和而家理. 天子立六官 · 三公 · 九卿 · 二十七大夫 · 八十一元士, 以聽天下之外治, 以明章天下之男敎. 故外和而國治. 故曰: "天子聽男敎, 后聽女順. 天子理陽道, 后治陰德. 天子聽外治, 后聽內職. 敎順成俗, 外內和順, 國家理治. 此之謂盛德."

**集說** 방씨方氏는 말한다. "6관官은 천지天地와 사시四時의 관官이다. 6경卿이 있는데, 또 9경卿이 있는 것은 3공公을 포함해서 헤아리면 9경이라고

하기 때문이다. 공공公에서 사土에 이르기까지 그 셋을 단위로 세어서 배로 더해나간다. 9에서 멈추는 것은 양의 수가 3에서 이루어지고 9에서 끝나는데, 그 다스리는 도리가 양陽의 도道이기 때문에 그 수가 이와 같다. 왕후는 음陰의 덕德을 다스리는데 그 수가 또한 같은 것은 아내는 남편을 따르기 때문이다. 6궁宮은 대침大寢 하나에 소침小寢이 다섯이다. 먼저 6궁을 말한 뒤에 6관을 말한 것은 나라를 다스리고 싶으면 먼저 그 집안을 다스린다는 뜻이기 때문이다." 方氏曰: "六官, 天地四時之官也. 有六卿而又有九卿者, 兼三公數之, 則謂之九卿. 由公至士, 其數三而倍之. 止於九者, 陽成於三而窮於九, 以其理陽道, 故其數如此. 后治陰德, 而其數亦如之者, 婦人從夫故也. 六宮, 謂大寢一, 小寢五也. 先言六宮而后言六官者, 欲治其國, 先齊其家之意也."

## [혼의 9]

이러한 까닭에 남자의 교화됨(男敎)이 닦이지 않아 양陽의 일들이 이루어지지 못하면, 책망함이 하늘에서 나타나 해에 일식日蝕이 생긴다. 부녀자의 효순함(婦順)이 닦이지 않아 음陰의 일들이 이루어지지 못하면, 책망함이 하늘에 나타나 달에 월식月蝕이 생긴다. 그러므로 일식이 일어나면 천자가 소복素服을 하고 6관官의 직무를 정비하며 천하의 잘못된 양陽의 일들을 쓸어 없앤다. 월식이 일어나면 왕후가 소복을 하고 6궁宮의 직무를 정비하며 천하의 잘못된 음陰의 일들을 쓸어 없앤다. 그러므로 천자가 왕후와 함께하는 것은 해가 달과 함께하는 것과 같고 음이 양과 함께하는 것과 같아서, 서로 의지한 뒤에 이루어지는 것이다. 천자가 남자의 교화됨를 닦는 것은 아버지의 도리이고, 왕후가 여자의 효순함을 닦는 것은 어머니의 도리다. 그러므로 "천자가 왕후와 함께하는 것은 아버지가 어머니와 함께하는 것과 같다"고 한다. 그러므로 천자를 위해서 참최복斬衰服을 하는 것은 아버지를 위해서 복을 하는 의리이고, 왕후를 위해서 자최복齊衰服을 하는 것은 어머니를 위해서 복을 하는 의리다.

是故男教不脩, 陽事不得, 適見於天, 日爲之食. 婦順不脩, 陰事不得, 適見於天, 月爲之食. 是故日食則天子素服而脩六官之職, 蕩天下之陽事. 月食則后素服而脩六宮之職, 蕩天下之陰事. 故天子之與后, 猶日之與月, 陰之與陽, 相須而后成者也. 天子脩男教, 父道也, 后脩女順, 母道也. 故曰: "天子之與后, 猶父之與母也." 故爲天王服斬衰, 服父之義也, 爲后服齊衰, 服母之義也.

**集說** 정씨鄭氏(정현鄭玄)는 말한다. "'적適'이란 말은 책망함을 뜻한다. '탕蕩'은 더럽고 악한 것들을 쓸어서 씻어내는 것이다." ○ 주자朱子는 말한다. "왕이 된 자가 덕을 닦아 정교를 시행하고 현능한 자를 등용하고 간악한 자를 제거함으로써 양이 왕성하여 음을 이기고 음이 쇠퇴하여 양을 침범할 수 없게 한다면, 해와 달의 운행에 비록 이지러져 손상되는 상황(일식과 월식)을 맞더라도 이지러지고 손상되지 않는다. 만약 나라에 정교가 없어서 신하가 임금을 배반하고 처첩이 지아비를 이기며 소인이 군자를 능멸하고 오랑캐가 중국을 침범하면 음이 왕성하고 양이 쇠미해져, 이지러져 손상되는 상황(일식과 월식)을 만나면 반드시 이지러지고 손상될 것이며, 비록 해의 운행이 정상적인 도수度數로 운행하여도 실은 예사롭지 않은 변고가 되는 것이다." ○ 엽씨葉氏(엽몽득葉夢得)는 말한다. "일식과 월식은 이치 상 정

상적으로 있는 일이다. 그것을 음과 양의 일에 비추어 돌이켜보는 것은 몸
소 자신의 덕을 독실하게 하는 도리다. 천자는 남자가 교화되는 도리로 천
하의 아들된 자들을 권면하니 그 도리가 아버지와 같다. 그러므로 천자가
죽으면 천하 사람들이 그를 위하여 참최복을 한다. 왕후는 여자가 효순하
는 도리로 천하의 며느리된 자들을 교화하니 그 도리가 어머니와 같다. 그
러므로 왕후가 죽으면 천하 사람들이 그를 위하여 자최복을 한다. 부모를
위해서 복을 하는 것은 그 은혜에 보답하는 것이다. 왕과 왕후를 위해서
복을 하는 것은 그 의義에 보답하는 것이다." 鄭氏曰: "適之言責也. '蕩', 蕩滌
其穢惡也." ○ 朱子曰: "王者, 脩德行政, 用賢去姦, 能使陽盛足以勝陰, 陰衰不能侵陽,
則日月之行, 雖或當食, 不食也. 若國無政, 臣子背君父, 妾婦乘其夫, 小人陵君子, 夷狄
侵中國, 則陰盛陽微, 當食必食, 雖日行有常度, 實爲非常之變矣." ○ 葉氏曰: "日月之
食, 理所常有也. 反之陰陽之事者, 躬自厚之道也. 天子以男教勉天下之爲子者, 其道猶父
也. 故其卒也, 天下爲之服斬衰. 后以女順化天下之爲婦者, 其道猶母也. 故其亡也, 天下
爲之服齊衰. 父母, 爲之服者, 報其恩也. 王與后, 爲之服者, 報其義也."

**1** 사물이 ~ 받아들인다 : 이 말은 원래 『주역』「序卦」에 "사물은 구차하게 합할 수 없다. 그러므로「賁」괘로 이어받는다. '賁'는 문식한다는 뜻이다"(物不可以苟合而已. 故受之 以賁. '賁'者, 飾也)라고 하였다. 여기서는 '賁'를 괘이름으로 해석하지 않고 문식하는 것이라는 단어 자체의 의미로 해석하였다.

**2** 【분장】: 본 편은 권근의 按說도 없고 경문을 재배치하지도 않아 분장을 하지 않았다.

**3** 납채 : 신랑 집에서 신부 집에 使者를 보내서 혼인하고자 하는 의사를 전하는 예이다.

**4** 문명 : 신랑 집에서 신부 집에 使者를 보내서 신부 될 여자의 이름을 묻는 예이다. 장차 그 길흉을 점치기 위해서이다. 이때의 여자 이름에 대하여 태어나서 3개월 만에 지어주 는 이름이 아니라 笄禮 후에 지어준 字를 말한다는 설과, 신부 될 여자 어머니의 성명으 로 보는 설이 있다. 전자의 설은 『의례』「士昏禮」, 가공언의 소에 나오고, 후자의 설은 『예기정의』, 공영달의 소에 나온다.

**5** 납길 : 신랑 집에서 혼인에 대해 점쳐서 길조를 얻으면 신부 집에 使者를 보내서 그 결과를 알리는 예이다.

**6** 납징 : 신랑 집에서 신부 집에 使者를 통해 폐백을 보냄으로써 定婚을 하는 예이다.

**7** 청기 : 신랑 집에서 혼례 날짜를 점쳐서 吉日을 잡은 뒤에 신부 집에 使者를 보내서 알리는 예이다.

**8** 射鄕 : 『예기집설대전』에는 '鄕射'로 되어 있다.

**9** 아버지를 ~ 똑같다 : 인용문은 「喪服四制」(3)에 나온다.

**10** 시부모가 함께 ~ 끝난다 : 공영달의 소에 따르면, "며느리에게 대접하는 一獻의 예는 먼저 시아버지가 阼階 위에서 며느리에게 술을 따라 올리면, 며느리가 배례를 하고 받고, 자리에 나아가 음식과 술을 고수레하는 절차를 행한다. 그리고 또 서쪽 계단 위 에서 북쪽을 향해 술을 다 마신다. 며느리가 받은 술잔을 시아버지에게 다시 올리면, 시아버지가 되돌린 잔을 阼階 위에서 받아 마시고 며느리에게 다시 술을 따라 준다. 며느리는 먼저 따라서 스스로 다 마신 다음, 다시 술을 따라 시어머니에게 올린다. 시 어머니가 그 술잔을 받아서 마시지는 않고 내려놓으면, 정식 예가 끝난다."(舅酌酒于阼 階獻婦, 婦西階上拜受, 卽席, 祭薦祭酒畢. 又西階上北面卒酌. 婦酢舅, 舅于阼階上受酢, 飮畢, 乃酬婦. 先酌自飮畢, 更酌酒以酬姑. 姑受爵奠于薦左, 不擧爵, 正禮畢也)

**11** 시아버지가 ~ 뜻이다 : 이 인용문은 정현의 주에 보이지 않는다. 楊復이 『儀禮圖』에서 한 말이다. 진호가 착오를 일으킨 것으로 보인다. 진호의 인용이 착오라는 지적은『陳 氏禮記集說補正』에 보인다.

**12** 총부 : 嫡長子의 妻를 말한다.

**13** 者 : 『의례』의 정현 주 원문에는 '者'가 없다.

**14** 예의에 맞는 언사 : 辭命은 각급의 인간관계를 소통시키는 禮에 맞는 언사를 말한다.

예기천견록 제25권

# 향음주의
## 鄉飲酒義
양촌에 사는 후학 권근 지음

여씨呂氏(여대림呂大臨)는 말한다. "'향음주鄉飲酒'란 향인鄉人들이 때에 따라 모여서 술을 마시는 예다. 향음주례에 이어서 활을 쏘면 향사례鄉射禮라고 한다. 정현鄭玄이 '3년마다 대비大比(인사고과)를 하여 현명한 자와 유능한 자를 승진시키면, 향로鄉老[1]와 향대부鄉大夫[2]가 관리들과 무리들을 이끌고 예禮로써 그들을 대접한다'고 한 것이 이 예이다. 3년에 한 번 거행하는데, 제후의 향대부가 자신의 군주에게 사士를 천거할 때 대개 또한 그와 같이 한다. 당정黨正은 해마다 나라에서 귀신들을 찾아서 제사지내는데[3] 이때 예로써 백성들을 모아서 서序에서 음주飲酒의 예를 행한다. 다만 이 예가 간략하여 싣지 않은 것이지만, 당정이 납향제(蜡祭)[4]를 지내고 이어 술을 마시는데 또한 이 예이다. 선유先儒는 향음주례鄉飲酒禮에 네 가지가 있다고 하였는데,[5] 첫째 삼 년마다 현명한 자와 유능한 자를 뽑아 빈객으로 대접하는 것이다. 둘째 향대부가 나라 안의 현명한 자에게 술을 대접하는 것이다. 셋째 주장州長이 활쏘기를 익히게 하는 것이다. 넷째 당정黨正이 납향제(蜡祭)에서 행하는 것이다. 그러나 향인鄉人들은 일반적으로 모이는 일들이 있으면 응당 이 예를 행하니 이 네 가지 일에서만 행하는 것이 아니다. 『논어』에서 '마을 사람들(鄉人)과 함께 술을 마실 때는 어른이 나가시면 그제야 나가셨다'[6]고 한 것도 또한 향인을 가리켜서 말한 것이다."

呂氏曰: "'鄕飮酒'者, 鄕人以時會聚飮酒之禮也. 因飮酒而射, 則謂之鄕射. 鄭氏
謂, '三年大比, 興賢者‧能者, 鄕老及鄕大夫率其吏與其衆以禮賓之', 則是禮也.
三年乃一行, 諸侯之鄕大夫貢士於其君, 蓋亦如此. 黨正每歲國索鬼神而祭祀, 則
以禮屬民而飮酒于序. 但此禮略而不載, 則黨正因蜡飮酒, 亦此禮也. 先儒謂鄕飮
有四, 一則三年賓賢能. 二則鄕大夫飮國中賢者. 三則州長習射. 四則黨正蜡祭. 然
鄕人凡有會聚, 當行此禮, 恐不特四事也. 『論語』'鄕人飮酒, 杖者出斯出矣', 亦指鄕
人而言之."

## [향음주의 1][7]

향음주례鄕飮酒禮의 뜻이다. 주인이 상庠의 문 밖에서 배례하여 빈
객을 맞이하고, 문 안에 들어갈 때 세 차례 서로 읍揖을 한 뒤에
당의 계단에 이르고, 세 차례 서로 사양한 뒤에 당에 오르는 것은
존중하고 사양하는 마음을 바치는 것이다. 주인이 손을 씻고서 술
잔(觶)을 씻어 빈객에게 술잔을 올리는 것은 정결함을 바치는 것이
다. 주인은 빈객이 와준 것에 배례하고, 빈객은 주인이 술잔을 씻
어 준 것에 배례하고, 주인이 올린 술잔을 받으면서 배례하고, 빈
객에게 술잔을 올린 뒤 주인이 배례하고, 빈객은 다 마신 뒤에 배
례하는 것 등은 공경하는 마음을 바치는 것이다. 존중하고 사양하
며, 정결히 하고, 공경하는 것은 군자가 서로 교제하는 방법이다.
군자는 존중하고 사양하므로 다투지 않고, 정결히 하고 공경하므
로 거만하지 않다. 거만하지 않고 다투지 않으면 싸우고 따지는

일에서 멀어진다. 싸우고 따지지 않으면 광포한 변란의 화禍가 발생하지 않는다. 이것이 군자가 다른 사람으로 인한 화란禍亂을 당하지 않는 까닭이다.

鄕飮酒之義. 主人拜迎賓于庠門之外, 入三揖而后至階, 三讓而后升, 所以致尊讓也. 盥洗揚觶, 所以致絜也. 拜至, 拜洗, 拜受, 拜送, 拜旣, 所以致敬也. 尊讓·絜·敬也者, 君子之所以相接也. 君子尊讓則不爭, 絜·敬則不慢. 不慢不爭, 則遠於鬪·辨矣. 不鬪·辨, 則無暴亂之禍矣. 斯君子所以免於人禍也.

**集說** 정씨鄭氏(정현鄭玄)는 말한다. "'상庠'은 향학鄕學(지방의 학교)이다. 주州와 당黨에서는 '서序'라고 부른다. '양揚'은 술잔을 올리는 것이다." ○ 소疏에서 말한다. "이것은 향대부의 경우를 말한 것이다. 그러므로 빈객을 상庠의 문 밖에서 맞이한다. 만약 주장州長이나 당정黨正의 경우라면 서序의 문 밖에서 맞이한다. '손을 씻고서 술잔을 씻어 빈객에게 올린다'(盥洗揚觶)는 것은 주인이 빈객에게 술을 올리려 할 때 물로 손을 씻고서 잔을 씻은 뒤에 술잔을 올리는 것이다. '주인이 빈객이 와준 것에 대해 배례한다'(拜至)는 것은 빈객과 주인이 당에 올라가 주인이 동쪽 계단 위에서 북쪽을 향하고 두 번 배례하는 것이다. '주인이 술잔을 씻어 준 것에 빈객이 배례한다'(拜洗)는 것은 빈객이 와준 것에 주인이 두 번 배례하는 절차가 끝난 뒤, 주인이 잔(爵)을 씻어서 당에 올라가면 빈객이 서쪽 계단 위에서 북쪽을 향하여 두 번 배례하는 것으로, 주인이 잔을 씻어준 것에 대해 감사하다고 배례하는 것이다. '술잔을 받을 때 배례한다'(拜受)는 것은 빈객이 서쪽 계단 위에서 배례하고 술잔을 받는 것이다. '주인은 술잔을 올린 뒤 배례한다'(拜送)는 것은 주인이 동쪽 계단 위에서 빈객에게 잔을 보내고서 (공경의 표시로)

배례하는 것이다. '빈객이 다 마신 뒤에 배례한다'(拜旣)는 것에서 '기旣'는 다 마셨다는 것이다. 빈객이 술을 다 마신 뒤에 배례하는 것이다." 鄭氏曰: "庠, 鄉學也. 州·黨曰序. '揚', 舉也." ○ 疏曰: "此謂鄉大夫. 故迎賓于庠門外. 若州長·黨正, 則於序門外也. '盥洗揚觶'者, 主人將獻賓, 以水[8])盥手而洗爵揚觶也. '拜至'者, 賓主升堂, 主人於阼階上, 北面再拜也. '拜洗'者, 主人拜至訖, 洗爵而升, 賓於西階上北面再拜, 拜主人之洗也. '拜受'者, 賓於西階上拜受爵也. '拜送'者, 主人於阼階上拜送爵也. '拜旣'者, '旣', 盡也. 賓飲酒旣盡而拜也."

## [향음주의 2]

그러므로 성인이 원칙(道)으로 그것들을 제정하였다. 향인鄉人·사士·군자君子는 방과 방문(戶) 사이에 술동이(尊)를 놓고 빈객과 주인이 함께 마신다. 술동이 중에는 현주도 놓는데 그 질박함을 귀하게 여기는 것이다. 음식(羞)은 동쪽 방에서 내오고 주인이 바친다. 세洗(물받이 항아리)는 동쪽 처마와 마주하는 위치의 뜰에 진설하는데 주인이 그 물로 자신을 정결히 하여서 빈객을 모시기 위함이다. 故聖人制之以道. 鄉人·士·君子, 尊於房戶之間, 賓主共之也. 尊有玄酒, 貴其質也. 羞出自東房, 主人共之也. 洗當東榮[9]), 主人之所以自絜而以事賓也.

**集說** 疏에서 말한다. "'향인鄉人'은 향대부鄉大夫를 말한다. '사士'는 주장州長과 당정黨正을 가리킨다. '군자'는 경·대부를 말한다. '방과 방문(戶) 사이에 술동이(尊)를 놓고 빈객과 주인이 함께 마신다'는 것은 동쪽 방(東房)의 서쪽, 방문(室戶)의 동쪽에 술동이를 진설한 것이니 빈객과 주인의 사이에

있는 것이다. 술은 비록 주인이 차렸지만 빈객도 그 술로 주인에게 술잔을 되돌려 따라주므로 '빈객과 주인이 함께 마신다'고 한 것이다. 북쪽을 향하여 술동이를 진설할 때 현주玄酒가 왼쪽에 놓이는 것은 술동이의 서쪽에 놓이는 것이다. 땅의 도(地道)는 오른쪽을 높인다. 현주를 서쪽에 진설한 것은 그 질박한 바탕을 귀하게 여기기 때문이다. '주인이 바친다'(共之)는 것은 빈객에게 바치는 것이다. '처마'(榮)는 처마 끝이다. 세洗(물받이 항아리)10)를 지붕의 처마와 마주하는 위치의 뜰에 진설한다. 반드시 동쪽에 두는 것은 주인이 이 물로 자신을 정결하게 하여 빈객을 모신다는 뜻을 보여주는 것이다. 「관의冠義」이후로, 기록하는 이가 모두 『의례』 경문을 위에 함께 싣고 그 뜻을 아래에 진술하여 풀이하고 있다. 다른 것도 모두 이를 따른다."

疏曰: "'鄕人', 謂鄕大夫也. '士', 謂州長·黨正也. '君子', 謂卿·大夫也. '尊於房戶之間, 賓主共之'者, 設酒尊於東房之西室戶之東, 在賓主之間. 酒雖主人之設, 而賓亦以之酢主人, 故云'賓主共之'也. 北面設尊, 玄酒在左, 是在酒尊之西也. 地道尊右. 設玄酒在西者, 貴其質素故也. '共之'者, 供於賓也. '榮', 屋翼也. 設洗於庭當屋之翼, 必在東者, 示主人以此自絜而事賓也. 從「冠義」以來, 皆記者疊出『儀禮』經文於上, 而陳其義於下以釋之. 他皆倣此."

---

**[향음주의 3]**

빈賓(주빈)과 주인은 하늘과 땅을 형상形象11)하는 것이요, 개介와 준僎은 음과 양을 형상하는 것이요, 중빈衆賓(여러 빈객들)의 세 우두머리는 하늘의 세 별(三光)을 형상하는 것이다.

賓主, 象天地也, 介僎, 象陰陽也, 三賓, 象三光也.

**集說** 찬황호재贊皇浩齋는 말한다. "빈을 세우는 것으로 하늘을 형상形象하는 것은 높이기 위함이다. 주인을 세우는 것으로 땅을 형상形象하는 것은 기르기 위함이다. 개介로써 빈객을 돕고 준僎으로써 주인을 돕게 하는 것은 음양이 천지를 돕는 것을 형상하는 것이다. '세 우두머리'(三賓)란 중빈衆賓(여러 빈객들)의 우두머리다. 그들로써 빈賓을 돕게 하는 것은 세 별(三光)이 하늘을 돕는 것과 같다. '세 별'(三光)은 별 가운데 큰 것으로 셋이 있는데, 그 이름은 알 수 없다. 선유先儒는 '세 개의 큰 별(大辰)이다'라고 하는데12) 심수心宿가 큰 별이고, 벌성伐星이 큰 별이며, 북극성(北辰)이 또한 큰 별이니, 이치상 그럴 수 있겠다." 贊皇浩齋曰: "立賓以象天, 所以尊之也. 立主以象地, 所以養之也. 介以輔賓, 僎以輔主人, 象陰陽之輔天地也. '三賓', 衆賓之長也. 其以輔賓, 猶三光之輔于天也. '三光', 星之大者有三, 其名不可得而考. 先儒謂, '三大辰', 心爲大辰, 伐爲大辰, 北辰亦爲大辰, 理或然也."

---

**[향음주의 4]**

사양하기를 세 차례 하는 것은 달이 사흘이 되면 월백月魄13)이 생기는 것을 형상形象하는 것이다.

讓之三也, 象月之三日而成魄也.

---

**集說** 유씨劉氏는 말한다. "월백月魄(달의 어두운 부분)으로 생각해보면 보름 뒤에 백魄이 생기게 되지만, 사람들이 여지껏 그 백을 본 적이 없는 것은 대개 충분히 밝으면 백魄을 볼 수 없기 때문이다. 월백을 볼 수 있는 때는 오직 그믐 사흘 전의 아침 달이 동쪽에서 나올 때 밝음이 사라지려고 하면서 백魄을 볼 수 있고, 초하루 사흘 뒤의 저녁에 달이 서쪽에서 지려고 할

때 밝음이 처음 생기면서 백魄을 볼 수 있다. 이때를 지나면 밝음이 점차 커져서 백魄을 다시는 볼 수 없다. 대개 밝음이 백魄에게 양보를 하면 백魄이 나타나고 밝음이 백魄에게 양보하지 않으면 백魄은 숨어서 보이지 않는다. 백은 음이니 빈객을 형상하고 밝음은 양이니 주인을 형상한다. 주인이 빈객에게 사양하는 것이 세 번에 이르는 것은 밝음이 백에게 양보하는 것이 전후 사흘에 있음을 형상한 것이다. 그러므로 '사양하기를 세 차례 하는 것은 달이 사흘이 되면 월백月魄이 생기는 것을 형상하는 것이다'라고 하였다. 劉氏曰: "以月魄思之, 望後爲生魄, 然人未嘗見其魄, 蓋以明盛則魄不可見. 月魄之可見, 惟晦前三日之朝, 月自東出, 明將滅而魄可見, 朔後三日之夕, 月自西將墮, 明始生而魄可見. 過此則明漸盛, 而魄不復可見矣. 蓋明讓魄則魄現, 明不讓魄則魄隱. 魄陰象賓, 明陽象主. 主人讓賓至於三, 象明讓魄在前後三日. 故曰'讓之三也, 象月之三日而成魄也'."

**集說** 호재浩齋는 말한다. "빈객과 주인과 개개와 준준의 자리는 봄·여름·가을·겨울을 형상한다. 어떤 이는 말하기를, '개介에는 강직하게 분변한다는 뜻이 있고 준준에는 공손하게 들어간다는 뜻이 있으니 각각 그 부류를 따라 이루어졌다'고 하였는데 이치상 그럴 수도 있겠다." 浩齋曰: "謂賓·主·介·僎之坐, 象春夏秋冬也. 或曰, '介有剛辨之義, 僎有巽入之義, 各從其類, 理或然歟'."

천지간에 엄숙하고 응축된 기氣는 서남쪽에서 시작하여 서북쪽에서 왕성하다. 이 기는 천지의 존엄함을 드러내는 기요, 천지의 의기義氣[14]이다. 천지간에 따뜻하고 두터운 기는 동북쪽에서 시작하여 동남쪽에서 왕성하다. 이 기는 천지의 성대한 덕을 나타내는 기요, 천지의 인기仁氣[15]이다. 주인主人이 된 이는 빈賓을 높이므로 빈을 서북쪽에 앉히고 개介를 서남쪽에 앉혀서 빈을 돕게 한다. 빈賓이란 의義로써 남과 교접하는 자이므로 서북쪽에 앉는다. 주인이란 인仁으로써 두터운 덕으로써 남과 교접하는 자이므로 동남쪽에 앉고, 준僎을 동북쪽에 앉혀서 주인을 돕게 한다. 인仁과 의義가 교접하여 빈과 주인은 적절히 행하는 일이 있고 조俎와 두豆가 도수度數에 합당하면, 그것을 성聖(빈주의 뜻이 통함)이라고 한다. 성聖이 (일정한 제도로) 세워져 공경으로 받들어 행하는 것을 예禮라고 한다. 예로써 장유長幼의 도리를 체인하는 것을 덕이라고 한다. 덕이란 자기 몸에 획득하는 것을 말한다. 그러므로 "옛날 사람이 기예와 도리를 배웠던 것은 이것으로 자기 몸에 획득하려는 것이었다. 그러므로 성인聖人이 여기에 힘썼다"라고 한 것이다.

天地嚴凝之氣, 始於西南而盛於西北. 此天地之尊嚴氣也, 此天地之義氣也. 天地溫厚之氣, 始於東北而盛於東南. 此天地之盛德氣也, 此天地之仁氣也. 主人者尊賓, 故坐賓於西北, 而坐介於西南以輔賓. 賓者, 接人以義者也, 故坐於西北. 主人者, 接人以仁以德厚者也, 故坐於東南, 而坐僎於東北, 以輔主人也. 仁義接,賓主有事, 俎豆有數, 曰聖. 聖立而將之以敬曰禮. 禮以體長幼曰德. 德也者, 得於身也. 故曰: "古之學術道者, 將以得身也. 是故聖人務焉."

**集說** 주인이 그 음식의 예를 두텁게 하는 것은 인의 도리다. 빈賓이 된 자가 그 나아가고 물러나는 절도를 삼가는 것은 의義의 도리다. 천지의 기氣에서 구하여 그 빈과 주인의 자리를 정한다. 조俎와 두豆의 진설에 이르러서도 또한 마땅히 그렇게 해야 하는 수數가 있지 않음이 없다. '성聖'은 통하여 밝은 것이니, 예의禮義가 있는 곳이 막힘없이 통하여서 밝게 드러남을 말한다. 그 천리의 의절儀節을 공경하고 저 인륜의 차서를 체인體認함에 얻은 바가 모두 내 자신의 실리實理다. "공자가 향음주례를 보고 왕도를 행하는 일이 쉽다는 것을 아셨다"[16]고 하였으니 그것으로 충분히 자기 몸을 바르게 하고 나라를 편안하게 할 수 있음을 말한다. '성인이 여기에 힘썼다'고 하였으니 어찌 의도하는 바가 없겠는가! ○ 호재浩齋는 말한다. "천하의 예의禮義가 통하지 않음이 없고 기수器數가 모두 자연自然에 부합함이 있는 것을 성聖(통하여 밝은 것)이라고 한다. 통하지 않는 바가 없고 공경하지 않는 바가 없음은 예禮가 제정되는 근거이다. 예를 실행하는 것은 다른 곳에 있지 않고 장유의 도리를 행하는 나의 분수에 있을 따름이니, 본성의 덕이다. 예가 내 몸에 획득된 것을 덕이라고 말한다. 배움을 통한 뒤에 내 몸에 획득하면, 인심이 모두 그러한 것을 자신의 몸에 먼저 얻은 성인聖人[17]과도 또한 다름이 없다. 그러므로 '옛날 사람이 기예와 도리를 배웠던 것은 이것으로 자기 몸에 획득하려는 것이었다'라고 한 것이다." 主人者厚其飮食之禮, 仁之道也. 爲賓者謹其進退之節, 義之道也. 求諸天地之氣, 以定其主賓之位. 至於俎豆, 亦莫不有當然之數焉. '聖', 通明也, 謂禮義所在通貫而顯明也. 敬其天理之節,

體夫人倫之序, 所得者皆吾身之實理也. "孔子觀於鄕而知王道之易易", 謂其足以正身而安
國也. '聖人務焉', 豈無意哉! ○ 浩齋曰: "天下之禮義無所不通, 而器數皆有合於自然者,
聖之謂也. 無所不通, 無所不敬, 禮之所由制也. 禮之行不在乎他, 在吾長幼之分而已, 性
之德也. 禮得於身之謂德. 由學而後得於身, 則與先得於人心之同然者亦無異矣. 故曰'古
之學術道者, 將以得身也'."

## [향음주의 7]

빈이 음식을 먹기 전에 (포脯 · 해醢로) 고수레하고, 술로 고수레하
는 것은 주인의 예에 대하여 공경하는 것이다. 조俎에 담긴 폐肺를
맛보는 것은 주인의 예에 대하여 맛보는 것이다. 술을 맛보는 것은
주인의 예를 이루어주는 것으로 자리의 (서쪽) 끝에서 한다. 이것
은 자리의 바른 곳인 가운데가 오로지 음식을 먹기 위한 것만은
아니요, 예를 행하기 위한 곳임을 나타낸다. 이것은 예를 귀하게
여기고 재물을 천하게 여기는 것이다. 빈이 술잔을 비우는 예는
서쪽 계단 위에서 담긴 술을 다 마시는 것이니, 자리 위(가운데)가
오로지 음식을 먹기 위한 것만이 아님을 말하는 것이다. 이것은
예를 먼저 하고 재물을 나중에 하는 의리다. 예를 먼저 하고 재물
을 나중에 하면 백성들이 공경하고 사양하는 기풍을 일으켜 다투
지 않는다.

祭薦, 祭酒, 敬禮也. 嚌肺, 嘗禮也. 啐酒, 成禮也, 於席末. 言是
席之正, 非專爲飮食也, 爲行禮也. 此所以貴禮而賤財也. 卒觶,

致實於西階上, 言是席之上, 非專爲飮食也. 此先禮而後財之義也. 先禮而後財, 則民作敬讓而不爭矣.

**集說**　소疏에서 말한다. "음식을 먹기 전에 (포脯와 해醢로) 고수레한다'(祭薦)는 것은 주인主人이 빈賓에게 술을 따라 올리면 빈은 자리에 나아가 차려진 포脯(말린 고기)와 해醢(젓갈)로 고수레하는 것이다. '술로 고수레한다'(祭酒)는 것은 빈이 포와 해로 고수레한 뒤 또 술로 고수레하는 것이다. 이것은 빈이 주인의 예禮에 대하여 공경하고 존중하는 것이다. 빈이 이미 술로 고수레한 뒤에, 일어나서 조俎 위의 폐를 취해서 이로 맛을 보는 것은 주인의 예禮에 대하여 감상하기 위함이다. '술을 맛본다'(啐)는 것은 주인이 준 술을 마시어 목으로 넘기는 것을 말하니 주인의 예를 이루어주기 위함이다. '자리의 끝'(席末)은 자리의 서쪽 끝이다. 『의례』를 살펴보면 빈이 음식을 먹기 전에 포脯, 해醢로 고수레하고, 술로 고수레하며, 조俎에 담긴 폐肺를 맛보는 것 등은 모두 자리 가운데에서 하고, 술을 맛보는 것만 자리의 끝부분에서 한다. 또 폐를 맛보는 절차가 앞에 있고 술로 고수레하는 것이 뒤에 오는데, 여기서는 먼저 '술로 고수레한다'라고 말하였다. 그것은 '제嚌'는 맛만 본다는 뜻의 말이고 '술로 고수레한다'는 것은 마시기 전의 일을 일컫는 것이므로 술로 고수레하는 것과 음식을 맛보는 것을 서로 연이어 기술하여 주인의 예에 대하여 존중하고 공경하는 일임을 나타낸 것이다. 주인이 차린 음식을 공경하므로 빈이 음식을 먹기 전에 포脯, 해醢로 고수레하고, 술로 고수레하며, 조俎에 담긴 폐肺를 맛보는 것 등은 모두 자리 가운데에서 한다. 술을 맛보는 것은 자기에게 속하므로 자리의 끝에서 한다. 자리의 윗부분에서 하는 것은 예를 귀하게 여기기 때문이요, 자리의 끝에서 술을 맛보는 것은 재물을 천하게 여기기 때문이다. '술을 맛보는

겻('啐')은 겨우 처음 목으로 넘기는 것이어서 그래도 자리 끝에서 하지만, '술잔을 비우는 것'(卒觶)은 잔의 술을 다 마시는 것이므로 멀리 서쪽 계단 위에서 한다. '술잔을 비우는 것'(卒觶)이라고 말한 것은 장차 술잔을 비우려고 하는 일에 대해 말하는 것이고 '담긴 술을 다 마신다'(致實)는 것은 술을 다 마시는 내용에 대해 말하는 것이다. 술은 술잔(觶) 속에 담겨 있는 술이다. 이제 이 담긴 술을 다 마시는 것이다." ○ 여씨呂氏는 말한다. "공경함은 예이고, 음식은 재물이다. 사람이 다투는 이유는 예를 무시하고 재물에 뜻을 두기 때문이다. 만일 예를 귀하게 여기고 재물을 천하게 여기며, 예를 먼저하고 재물을 나중에 하는 의리義理를 안다면 공경하고 사양하는 것이 실행될 것이다." 疏曰: "'祭薦'者, 主人獻賓, 賓卽席祭所薦脯醢也. '祭酒'者, 賓旣祭薦又祭酒也. 此是賓敬重主人之禮也. 賓旣祭酒之後, 與[18], 取俎上之肺嚌齒之, 所以嘗主人之禮也. '啐', 謂飮主人酒而入口, 所以成主人之禮也. '席末', 席西頭也. 按『儀禮』, 祭薦·祭酒·嚌肺皆在席之中, 惟啐酒在席末. 又嚌肺在前, 祭酒在後, 此先云'祭酒'者, '嚌'是嘗嚌之名, '祭酒'是未飮之稱, 故祭酒與祭薦相連, 表其敬禮之事. 敬主人之物, 故祭薦·祭酒·嚌肺皆在席中. 啐酒入於己, 故在席末. 於席上者, 是貴禮, 於席末啐酒是賤財也. '啐'纔始入口, 猶在席末, '卒觶'則盡爵, 故遠在西階上. 云'卒觶'者, 論其將欲卒觶之事, '致實', 則論其盡酒之體. 酒爲觶中之實. 今致盡此實也." ○ 呂氏曰: "敬, 禮也, 食, 財也. 人之所以爭者, 無禮而志於財也. 如知貴禮而賤財, 先禮而後財之義, 則敬讓行矣."

## [향음주의 8]

향음주례鄕飮酒禮에서 60세인 사람은 앉고 50세인 사람이 서서 모시면서 행례行禮의 명을 듣는 것은 연장자를 존중하는 뜻을 밝히기 위함이다. 60세인 사람에게는 두豆를 3개 진설하고, 70세인 사람에게는 두를 4개 진설하고, 80세인 사람에게는 두를 6개 진설하고, 90세인 사람에게는 두를 6개 진설하는 것은 노인을 봉양하는(養老) 뜻을 밝히기 위함이다. 백성들이 연장자를 존중하고 노인을 봉양할 줄을 안 뒤에야 집안에 들어가서는 효도하고 공손할 수 있다. 백성들이 집안에 들어가서 효도하고 공손하며, 집밖에 나가서는 연장자를 존중하고 노인을 봉양한 뒤에야 교화가 이루어진다. 교화가 이루어진 뒤라야 나라가 편안할 수 있다. 군자가 말하는 효도는 집집마다 이르러서 날마다 살펴보는 것이 아니다. 향사례에 모이게 하고 향음주례를 가르치면 효도하고 공손하는 것의 실행이 확립된다.

鄕飮酒之禮, 六十者坐, 五十者立侍, 以聽政役, 所以明尊長也. 六十者三豆, 七十者四豆, 八十者五豆, 九十者六豆, 所以明養老也. 民知尊長養老, 而后乃能入孝弟. 民入孝弟, 出尊長養老而后成敎. 成敎而后國可安也. 君子之所謂孝者, 非家至而日見之也. 合諸鄕射, 敎之鄕飮酒之禮, 而孝弟之行立矣.

集說 '앉는다'는 것은 당 위에 앉는 것이요, '선다'는 것은 당 아래에 서 있는 것을 말한다. 두豆의 수는 짝수로 늘리거나 줄여야 한다. 여기에서는 다만 십 년에 두豆 하나를 더하였는데, 바른 예(正禮)가 아니다. 구설舊說에 이것은 당정黨正이 백성들을 모아서 향음주례를 행하여 나이에 따른 지위를 바르게 하는 예라고 하였으니, 현명한 자와 유능한 자를 빈으로 삼아

선발하기 위해 행하는 향음주례鄕飮酒禮가 아니다. '坐'者, 坐于堂上, '立'者, 立
于堂下. 豆當從偶數. 此但十年而加一豆, 非正禮也. 舊說此是黨正屬民飮酒正齒位之禮,
非賓興賢能之飮也.

## [향음주의 9]

공자가 말하기를 "내가 향음주례를 보고 왕도를 행하는 일이 쉽다
는 것을 알았다"고 하였다. 주인이 몸소 빈賓과 개介의 집에 미리
찾아가 초대하지만 중빈衆賓은 스스로 알아서 와 문 밖에 이르고,
주인이 빈賓과 개介에게 배례하지만 중빈衆賓은 스스로 들어오니,
귀하고 천함의 의리가 구별된다. 세 번 읍하여 계단에 이르고 세
번 사양하여 빈과 함께 당에 오르고, 주인이 빈을 향해 와준 것에
감사하다고 배례하고, 헌수獻酬를 하고 사양하는 의절이 성대하나,
개에 이르면 예를 줄이며, 중빈에 이르면 서쪽 계단 위에서 술잔을
받고, 앉아서 술로써 제사지내며, 일어서서 술을 마시고, 주인에게
술잔을 돌리지 않고 당 아래로 내려가니, 높이고 줄이는 의리가 분
변된다.

孔子曰: "吾觀於鄉, 而知王道之易易也." 主人親速賓及介, 而衆
賓自從之, 至于門外, 主人拜賓及介, 而衆賓自入, 貴賤之義別矣.
三揖至于階, 三讓以賓升, 拜至, 獻酬辭讓之節繁, 及介, 省矣, 至
于衆賓, 升受・坐祭・立飮・不酢而降, 隆殺之義辨矣.

集說 소疏에서 말한다. "주인이 그가 와준 것에 대해 배례를 하고 나면

술을 따라서 빈에게 올리고(獻) 빈은 주인에게 술을 올린다(酢). 주인은 또 술을 따라서 스스로 마시고 나서 빈에게 술을 올린다(酬). 개는 주인에게 술을 올리면(酢) 그친다. 주인은 개에게 술을 따라주지 않으니 이것은 개에게 예를 줄이는 것이다. 주인이 서쪽 계단 위에서 중빈에게 술을 올리면, 빈이 술잔을 받고 앉아서 술로 고수레하고, 일어서서 술을 마시고, 주인에게 술을 올리지 않고 내려온다. 빈에 대해서는 예를 더 융성하게 하고 중빈에 대해서는 예를 줄이는데, 이것이 더하고 줄이는 의리가 분별되는 것이다." ○ 방씨方氏(방각方慤)는 말한다. "주인이 빈에게 술을 따라서 올리는 것이 헌獻이요, 빈이 주인에게 답주를 올리고, 주인은 또 빈에게 답하여 술을 올리는 것이 수酬이니 이것이 예이다. 중빈衆賓의 세 우두머리에게는 예를 갖추어서 행하고, 개介에 이르면 주인이 다시 답하여 술을 올리는 것(酬)을 생략하고, 중빈에게 이르러서는 또 중빈이 주인에게 답하여 술을 올리는 것(酢)을 생략한다. '서쪽 계단 위에서 헌주를 받고, 앉아서 술로써 제사 지내며, 일어서서 술을 마신다'는 것은 올라가서 술잔을 받은 사람이 술로 고수레할 때만 앉을 수 있고 술을 마실 때는 서서 하는 것을 말한다. 대개 술을 마시는 것은 늙음을 보양하기 위한 것이므로, 비천한 사람은 감히 앉아서 그 보양을 받는 것을 감당하지 못하기 때문이다. 이것이 중빈衆賓의 세 우두머리에 대해서 예禮를 줄이는 이유이다." 疏曰: "主人旣拜其來至, 又酌酒獻賓, 賓酢主人. 主人又酌而自飮以酬賓. 介酢主人則止. 主人不酢介, 是及介省矣. 主人獻衆賓于西階上, 受爵, 坐祭, 立飮, 不酢主人而降. 於賓禮隆, 衆賓禮殺, 是隆殺之義別矣." ○ 方氏曰: "主酌賓爲獻, 賓答主, 主又答賓爲酬, 是禮也. 三賓則備之, 至於介則省酬焉, 至於衆賓則又省酢矣. '升受, 坐祭, 立飮'者, 其升而受爵者, 惟祭酒得坐, 飮酒則立也. 蓋飮酒所以養老, 以其卑不敢坐而當其養故也. 此所以殺於三賓."

## [향음주의 10]

4명의 악공樂工이 들어가 당에 올라서 세 번 음악을 연주하며 노래하고 나면 주인이 그들에게 술을 올린다. 4명의 생笙을 연주하는 악공이 들어와 세 번 음악을 연주하고 나면 주인이 그에게 술을 올린다. 당 위의 악공과 당 아래의 생을 연주하는 악공이 교대로 세 번 노래하고 연주하고, 합악合樂으로 세 번 연주하며 노래하고 나서, 악정樂正이 빈賓에게 악樂이 모두 완료되었음을 아뢰고 드디어 나간다. 한 사람이 술잔을 들어 빈에게 술을 올리면 이때 주인은 사정司正을 세운다. 여수旅酬의 예禮가 화락하면서도 방종한 데로 흐르지 않음을 알 수 있다.

工入, 升歌三終, 主人獻之. 笙入三終, 主人獻之. 間歌三終, 合樂三終, 工告樂備, 遂出. 一人揚觶, 乃立司正焉. 知其能和樂而不流也.

**集說** (4명의) 악공樂工이 들어가서 당堂에 올라 「녹명鹿鳴」·「사모四牡」·「황황자화皇皇者華」를 연주하며 노래하는데 한 편이 끝날 때마다 1종終(종료)이 된다. 세 편이 종료되면 주인은 술을 따라서 악공에게 술을 올린다. (4명의) 생笙을 연주하는 악공이 당 아래에 들어와 「남해南陔」·「백화白華」·「화서華黍」를 연주하는데 역시 한 편이 끝날 때마다 1종終이 된다. 세 편이 끝나면 주인이 역시 술을 따라서 그에게 술을 올린다. '간間'이란 교대로 이어서 하는 것이다. 생生을 연주하는 것과 노래하는 것이 다 끝나면 당 위와 당 아래에서 번갈아가며 이어서 연주를 한다. 당 위에서 먼저 「어려魚麗」를 연주하며 노래하면 당 아래에서 생笙은 「유경由庚」을 연주하는데

이것이 1종終이 된다. 다음은 당 위에서 「남유가어南有嘉魚」를 연주하며 노래하면, 당 아래에서 생笙이 「숭구崇丘」를 연주하는데 이것이 2종이 된다. 또 다음은 당 위에서 「남산유대南山有臺」를 연주하며 노래하면 당 아래에서 생笙이 「유의由儀」를 연주하는데 이것이 3종이 된다. '합악合樂으로 세 번 연주하며 노래한다'는 것은 당 위에서 시詩를 노래하고 슬瑟을 연주하는 것과 당 아래에서 생笙을 연주하는 것을 동시에 함께 행하는 것이다. 악공이 「관저關雎」를 연주하며 노래하면 당 아래의 생笙은 「작소鵲巢」를 불어서 합주한다. 악공이 「갈담葛覃」을 연주하며 노래하면 생笙이 「채번采蘩」을 불어서 합주한다. 악공이 「권이卷耳」를 연주하며 노래하면 생笙이 「채빈采蘋」을 불어서 합주한다. 이와 같이 합주하는 것이 다 끝나면, 악공樂工이 악정樂正에게 악樂이 다 완료되었음을 아뢰고, 악정樂正이 다시 빈賓에게 아뢰고 나서 드디어 물러나온다. 대개 악정樂正은 이로부터는 다시 당에 오르지 않기 때문에 '드디어 나간다'고 한 것이다. '한 사람'이란 주인의 관리다. 이 사람이 잔을 올린 뒤에 주인은 예를 돕는 사람 1인을 사정司正으로 삼는다. 여수旅酬의 예禮를 할 때에 나태해져서 예절을 잃을까 두려워하여 그로 하여금 살피고 바로잡게 하는 것이다. 이와 같다면 화락하면서도 방종한 데로는 흐르는데 이르지 않는다. 工入而升堂, 歌「鹿鳴」·「四牡」·「皇皇者華」, 每一篇而一終. 三篇終, 則主人酌以獻工焉. 吹笙者入於堂下, 奏「南陔」·「白華」·「華黍」, 亦每一篇而一終. 三篇終, 則主人亦酌以獻之也. '間'者, 代也. 笙與歌皆畢, 則堂上與堂下更代而作. 堂上先歌「魚麗」, 則堂下笙「由庚」, 此爲一終. 次則堂上歌「南有嘉魚」, 則堂下笙「崇丘」, 此爲二終. 又其次堂上歌「南山有臺」, 則堂下笙「由儀」, 爲三終也. '合樂三終'者, 謂堂上下歌瑟及笙並作也. 工歌「關雎」, 則笙吹「鵲巢」合之. 工歌「葛覃」, 則笙吹「采蘩」合之. 工歌「卷耳」, 則笙吹「采蘋」合之. 如此皆竟, 工以樂備告樂正, 樂正告于賓而遂出. 蓋樂正自此不復升堂矣, 故云'遂出'也. '一人'者, 主人之吏也. 此人擧觶之

後, 主人使相禮者一人爲司正. 恐旅酬時有懈惰失節者以董正之也. 如此則雖和樂而不至
於流放矣.

빈賓이 주인에게 술을 올리면(酬), 주인은 개介에게 술을 올리고, 개
介는 중빈衆賓에게 술을 올리며, 젊은이와 연장자가 나이 순서대
로 서로 술을 올리고, 세洗에 물을 대는 사람에게까지 이르고 마친
다. 향음주례鄕飮酒禮가 젊은이와 연장자 누구도 빠뜨리지 않음을 알
수 있다.
賓酬主人, 主人酬介, 介酬衆賓, 少長以齒, 終於沃洗者焉. 知其
能弟長而無遺矣.

集說 호재浩齋는 말한다. "앞에서 개介가 술을 올리는 것(酬)이 없고 중빈
衆賓이 술을 올리는 것(酢)이 없다고 한 것은 아직 노래하기 전이다. 이 경
문에서 빈賓이 주인에게 술을 올리고(酬), 주인이 개介에게 술을 올리며(酬),
개介가 중빈衆賓에게 술을 올린다(酬)고 말한 것은 이미 노래가 끝난 뒤에
여수旅酬의 예禮를 행할 때이다. 세洗에 물을 대는 사람이란 청소하는 사람
이다. 비록 지극히 미천하지만 여수의 예를 할 때에는 나이를 기준으로 행
하므로 존귀한 사람이라는 것을 알 수 있다. 귀한 사람에서부터 천한 사람
에 이르기까지 나이 순서대로 하지 않음이 없으니 이것이 향음주례가 젊은
이와 연장자 누구도 빠뜨리지 않음을 알 수 있는 이유이다." 浩齋曰: "前言介
之無酬, 衆賓之無酢者, 蓋未歌之時也. 此言賓酬主人, 主人酬介, 介酬衆賓者, 旣歌之後,
行旅酬之時也. 沃洗者, 滌濯之人也. 雖至賤, 旅酬之際, 猶以齒焉, 則貴者可知矣. 自貴

及賤無不予齒, 此所以知其能弟長而無遺矣."

**[향음주의 12]**

빈賓과 주인이 당에서 내려와서 신을 벗고 다시 당에 올라가 앉으면, 잔의 횟수를 세지 않고 서로 술을 든다. 술을 마시는 절도는 아침에 정사의 처리를 폐하지 않고 저녁에 사적인 사안의 처리를 폐하지 않을 정도여야 한다. 빈賓이 물러나가면 주인은 배례를 하며 전송하여, 예의 절도節度와 문채文采가 끝까지 펼쳐진다. 향음주례가 즐거움에 편안해하면서도 광란에 이르지 않음을 알 수 있다.

降, 說屨升坐, 脩爵無數. 飲酒之節, 朝不廢朝, 莫不廢夕. 賓出, 主人拜送, 節文終遂焉. 知其能安燕而不亂也.

集 說 호재浩齋는 말한다. "이 경문 이전 단계에서는 다 서서 예를 행하고 아직 조俎를 거두지 않았으므로 신을 벗지 않았다. 여기서 조를 거둔 후에는 신을 벗고 올라가 앉으니 앉아서 연회를 한다. '수脩'는 든다는 뜻이다. '잔을 들어 마시는데 정해진 수가 없다'는 것은 '잔의 횟수를 세지 않는다'[19]는 말이 그것이다. 무릇 일을 다스리는 것은 아침에 정사를 처리하고 향음주례는 정사의 처리가 끝나고 비로소 시행한다. 이것이 '아침에 정사의 처리를 폐하지 않는다'는 것이다. 저녁에 정령을 처리하는데, 향음주례가 끝났으므로 오히려 사적인 일들을 처리할 수 있다. 이것이 '저녁에 사적인 사안의 처리를 폐하지 않는다'는 것이다. 만약 당정黨正이 향음주례를 하여 온 나라가 광란하게 한다면 취하지 않는 자가 없을 것이다. '예의 절도節度와 문채文采가 끝까지 펼쳐진다'(節文終遂)는 말에서 '종終'은 끝까지라

는 뜻이고, '수遂'는 펼친다는 뜻이다. 비록 향음주례가 끝나도 주인은 여전히 배례를 하여 빈을 전송함을 말한다. 절도 있고 문채 있는 예가 끝까지 펼쳐져 완수되고 이지러짐이 없으니, 기쁘고 즐거움에 편안해하면서도 광란에 이르지 않음을 알 수 있다." 浩齋曰: "前此皆立而行禮, 未徹俎, 故未說屨. 至此徹俎之後, 乃說屨升坐而坐燕也. '脩', 擧也. '脩爵無數', '無算爵'是也. 凡治事者, 朝以聽政, 而鄕飮聽政罷方行. 是朝不廢朝也. 夕以脩令, 而鄕飮禮畢, 猶可以治私事. 是莫不廢夕也. 若薰正飮酒, 一國若狂則無不醉矣. '節文終遂'者. '終', 竟也, '遂', 猶申也. 言雖禮畢, 主人猶拜以送賓. 節文之禮, 終申遂而無所缺, 則知其安於燕樂而不至於亂矣."

## [향음주의 13]

귀하고 천함의 구별이 분명하고, 더하고 줄이는 법도가 분별되고, 화락하면서도 예를 잃지 않고, 젊은이와 연장자 누구도 빠뜨리지 않고, 즐거움에 편안해하면서도 광란에 이르지 않으니, 이 다섯 가지 행실이면 자신을 바르게 하고 나라를 편안히 할 수 있다. 저 나라가 편안하면 천하가 편안하다. 그러므로 "내가 향음주례를 보고 왕도를 행하는 일이 쉽다는 것을 알았다"고 한 것이다.

貴賤明, 隆殺辨, 和樂而不流, 弟長而無遺, 安燕而不亂, 此五行者, 足以正身安國矣. 彼國安而天下安. 故曰: "吾觀於鄕而知王道之易易也."

 위 글의 다섯 가지 일의 절목을 총결하였다. 總結上文五事之目.

## [향음주의 14]

향음주례鄕飮酒禮의 뜻에 빈賓(주빈)을 세워서 하늘을 본뜨고, 주인을
세워서 땅을 본뜨고, 개介와 준僎을 세워서 해와 달을 본뜨고, 중빈
衆賓의 세 우두머리를 세워서 세 큰 별(三光)을 본뜬다. 고대에 예를
제정할 때, 하늘과 땅으로 경經(기준)으로 삼고, 해와 달로 기紀(기준)
로 삼고, 세 큰 별로 참용參用하였으니, 정교政敎의 근본이 된다.
鄕飮酒之義, 立賓以象天, 立主以象地, 設介僎以象日月, 立三賓
以象三光. 古之制禮也, 經之以天地, 紀之以日月, 參之以三光,
政敎之本也.

**集說** 호재浩齋(여대림呂大臨)[20]는 말한다. "향음주례鄕飮酒禮에서는 빈賓과
주인보다 우선하는 것이 없다. 빈을 세워서 하늘을 본뜨고 주인을 세워서
땅을 본뜨는 것은 예의 경經(기준)이다. 그 다음에 개介와 준僎을 세워서 돕
게 하는 것은 예의 기紀(기준)이다. 그 다음에 중빈衆賓의 세 우두머리를 세
워서 따르게 하는 것은 예를 참용參用하는 것이다. 정교를 세움에 반드시
경經이 있고 기紀가 있고 참용함(參)이 있은 뒤에라야 실행할 수 있다. 그러
므로 향음주례에는 반드시 빈賓과 주인, 개介와 준僎, 중빈衆賓의 세 우두머
리를 둔 뒤에야 거행할 수 있다. 그러므로 '정교의 근본이 된다'라고 한 것
이다. 앞에서는 개介와 준僎을 음양이라고 하고 여기서는 해와 달을 본뜬
다고 말한 것은 앞 장에서는 기氣를 말했으므로 음양으로 본뜨고, 이 장에
서는 체體를 말하므로 해와 달로 본뜬 것이다. 준僎이 동북쪽에 있는 것은
해가 뜨는 것을 본뜬 것이다. 개介가 서남쪽에 있는 것은 달이 뜨는 것을
본뜬 것이다. 삼광三光을 세 큰 별이라고 하는 (정현의) 설명에 대하여 『예
기정의禮記正義』 공영달의 소에서 다음과 같이 말하였다. '소공昭公 17년에

큰 별에 혜성이 있었다'는 구절에 대하여 『춘추공양전』에서는 '큰 별이란 대화大火성이다. 벌伐성이 큰 별이 되고 북극성(北辰)이 또한 큰 별이 된다'라고 하였다. 『이아爾雅』에서는 '(큰 별은) 방房성·심心성·미尾성이다'라고 하였다. 대화大火성을 '큰 별'(大辰)이라고 부르고, 북극성을 '북신北辰'이라고 부른다. (하휴何休는 이르기를), '대화성과 벌성은 하늘이 백성들에게 시절의 이르고 늦음을 나타내는 것으로, 천하가 올바름을 취하는 바이다'라고 하였다. 이것이 또한 정교가 나오는 바이다." 浩齋曰: "飮酒之禮, 莫先於賓主. 立賓象天, 立主象地, 禮之經也. 其次立介僎以輔之者, 紀也. 其次立三賓以陪之者, 參也. 政敎之立, 必有經有紀有參, 然後可行. 故飮酒之禮, 必有賓主·介僎·三賓, 然後可行. 故曰'政敎之本也'. 前言介僎숋陽, 此言象日月者, 前章言氣, 故以陰陽象之, 此章言體, 故以日月象之也. 僎在東北, 象日出也. 介在西南, 象月出也. 以三光爲三大辰, 『正義』'按昭公十七年有星孛于大辰', 『公羊』曰, '大辰者, 大火也. 伐爲大辰, 北辰亦爲大辰.' 『爾雅』'房·心·尾.' 大火謂之'大辰', 北極謂之'北辰'. '大火與伐, 天所以示民時早晩, 天下之所取正.' 是亦政敎所出也."

[향음주의 15]

동쪽에서 개고기를 익히는 것은 양기가 동쪽에서 발생하는 것을 본받는 것이다. 조계阼階 아래에 세洗를 설치하고 그것에 사용할 물을 세의 동쪽에 두는 것은 천지의 왼쪽에 바다가 있는 것을 본받는 것이다.

烹狗於東方, 祖陽氣之發於東方也. 洗之在阼, 其水在洗東, 祖天地之左海也.

集說 방씨方氏는 말한다. "바다는 네 방향에 있는데 바로 동쪽을 말한 것은 (강)물이 회귀하는 곳이기 때문이다. 물의 방위는 감坎(북쪽)에 있으나 흘러서 동쪽으로 돌아가는 것은 그것이 천일天—에서 생겨서 땅 속으로 다니기 때문이다. 하늘은 서북쪽으로 기울어져서 충족하지 않으므로 물의 발원이 이곳으로부터 생긴다. 땅은 동남쪽이 이지러져 차 있지 않으므로 물의 흐름은 이 지세를 따라 움직인다. 하늘이 기울어진 것과 땅이 이지러진 것은 그 형세가 내려가는 모양인데, 아래로 내려가는 것을 좋아하는 것은 물의 성질이므로 그 이치가 이와 같다. 그러므로 물의 방위가 북쪽에 있는 것은 하늘의 방위요, 흘러서 동쪽으로 돌아가는 것은 땅의 형세를 따르는 것이다. 남과 북이 합해져 있는데, 물의 방위가 북쪽에 있고 흘러서 남쪽으로 돌아가지 않는 것은, 대개 동방의 덕이 목木인데 나무는 물이 낳는 것이고 남쪽의 덕은 불인데 불은 물이 이기는 것이다. 생겨나게 하는 것은 이로움이 되고 이기는 것은 해로움이 되는데, 이롭게 하는 것을 좋아함은 물의 덕이기 때문에 그 물이 낳는 곳으로 나아가는 것이다." ○ 호재浩齋(여대림呂大臨)는 말한다. "개를 삶아서 빈을 봉양하고, 양기로써 만물을 봉양한다. 따라서 그것을 이어서 본받아 동쪽에서 삶는다. 바다는 물이 모이는 곳이다. 천지 사이에 바다는 동쪽에 있다. 동쪽은 왼쪽이다. 그러므로 세洗를 조계阼階 쪽에 진설할 때, 그 물은 세洗의 동쪽에 두니, 왼쪽에 바다가 있는 의리를 취한 것이다." ○ 천지의 자리는 남쪽이 앞이고 북쪽이 뒤이다. 그러므로 동쪽을 왼쪽으로 삼는다. 方氏曰: "海有四, 正言東者, 取夫水之所歸也. 水位居坎, 而其流歸東者, 由其生於天一, 行於地中故也. 天傾西北而不足, 故水之源自此而生. 地缺東南而不滿, 故水之流順此而行. 天之所傾, 地之所缺, 則其形下矣, 而善下者, 水之性也, 故其理如此. 然則水位居北者, 本天位也, 其流歸東者, 因地勢也. 南與北合, 水位居北而流不歸南者, 蓋東方之德木, 木則水之所生, 南方之德火, 火則水之所

勝. 生之爲利, 勝之爲害, 而善利者水之德也, 故趨其所生焉." ○ 浩齋曰: "烹狗以養賓,
陽氣以養萬物. 故祖而法之, 烹于東方焉. 海, 水之委也. 天地之間, 海居于東. 東則左也.
故洗之在阼, 其水在洗東, 有左海之義焉." ○ 天地之位, 南前而北後. 故以東爲左.

## [향음주의 16]

술동이(尊)에 현주를 담은 것이 있는 것은 근본을 잊지 않는 것을
백성들에게 가르치는 것이다.

尊有玄酒, 敎民不忘本也.

**集說** 태고적 세상에는 술이 없었고 물로 예를 행했다. 그러므로 후세에
이로 인하여 물을 현주玄酒라고 부른다. '근본을 잊지 않는다'는 것은 예가
유래한 바를 생각하는 것이다. 玄古之世無酒, 以水行禮. 故後世因謂水爲玄酒. '不
忘本'者, 思禮之所由起也.

## [향음주의 17]

빈은 반드시 남쪽을 향한다. 동방은 봄의 방위다. 봄은 소생하여
움직인다(蠢)는 뜻으로, 만물을 낳는 것이 성聖(성스러움)이다. 남방
은 여름의 방위다. 여름은 크다(假)는 뜻으로, 기르고, 자라게 하고,
크게 해주는 것이 인이다. 서방은 가을의 방위다. 가을은 수렴한다
는 뜻으로 시절의 밝게 살핌으로 거두어들이는 것이 의義를 지키는

것이다. 북방은 겨울의 방위다. 겨울은 속(中)이란 뜻으로 속(中)은 저장하는 것(藏)이다. 이러한 까닭에 천자가 서 있을 때, 성聖(성스러움)을 왼쪽에 두고 인을 향하며, 의義를 오른쪽에 두고 저장하는 것을 뒤에 둔다.

賓必南鄕. 東方者春. 春之爲言蠢也, 産萬物者聖也. 南方者夏. 夏之爲言假也, 養之·長之·假之, 仁也. 西方者, 秋. 秋之爲言愁也, 愁之以時察, 守義者也. 北方者, 冬. 冬之爲言中也, 中者藏也. 是以天子之立也, 左聖鄕仁, 右義偝21)藏也.

**集說** '준蠢'은 만물이 소생하여 움직이는 모양이다. 천지의 큰 덕을 생生(낳음)이라고 한다. 성인은 천지와 덕이 합치된다. 그러므로 '만물을 낳는 것이 성聖(성스러움)이다'라고 한 것이다. '가假'는 크다는 뜻이다. '추摯'는 거두어들이는 모습이다. '찰察'은 찰찰察察(명확히 살핌)과 같은 뜻으로 엄숙하다는 뜻이다. '시절의 분명하게 살피는 것으로 거두어들인다'는 것은 가을의 엄숙한 기氣로 수렴하는 것을 말한다. 사물을 저장하는 것은 반드시 밖으로부터 안으로 넣는다. 그러므로 '속(中)이란 간직하는 것이다'라고 한 것이다. 천자가 남쪽을 향하여 서면, 왼쪽이 동쪽, 오른쪽이 서쪽, 남쪽이 앞, 북쪽이 뒤가 된다. '蠢者, 物生動之貌. 天地大德曰生. 聖人德合天地. 故曰産萬物者聖也'. '假, 大也. '摯', 斂縮之貌. '察', 猶察察, 嚴肅之意. '摯之以時察', 言摯斂之以秋時嚴肅之氣也. 物之藏必自外而入內. 故曰'中者藏也'. 天子南面而立, 則左東右西, 南前北後也.

# [향음주의 18]

개介는 반드시 동쪽을 향하는데 개는 빈과 주인의 중간에 있는다.
주인은 반드시 동쪽에 있다. 동쪽이란 봄의 방향이고, 봄이란 소생
하여 움직인다(蠢)는 뜻으로 만물을 낳는 것이다. 주인이 음식을 만
드니 만물을 낳는 것이다. 달은 삼 일이면 백을 이루고 석 달이면
한 계절을 이룬다. 이렇기 때문에 예에는 세 번 양보하는 의절儀節
이 있고, 나라를 세우면 반드시 세 명의 경卿을 세운다. 중빈衆賓의
세 우두머리는 정교의 근본이니 예가 중요하게 참용參用한 것이다.
介必東鄉, 介賓·主也. 主人必居東方. 東方者春, 春之爲言蠢也,
産萬物者也. 主人者造之, 産萬物者也. 月者三日則成魄, 三月
則成時. 是以禮有三讓, 建國必立三卿. 三賓者, 政敎之本, 禮之
大參也.

**集說** 장자張子(장재張載)[22]는 말한다. "자리에 네 자리가 있는 것은 예가
주인을 공경하는 것을 위주로 하지 않고 현능한 사람을 존중하고자 해서이
다. 만약 빈과 주인이 서로 상대하는 경우라면, 예는 주인을 공경하는 것을
위주로 한다. 그러므로 그 자리 배치에서 빈과 주인이 서로 상대하게 하지
않고 개와 손을 그 사이에 배치하여 현능한 사람을 빈賓으로 삼는 의리를
보인 것이다. 이로 인해서 네 계절의 자리가 모두 가리키는 뜻이 있음을
말하였으니 사실은 현능한 사람을 존중하는 것을 밝히고자 한 것이다."
○ 여씨呂氏(여대림呂大臨)는 말한다. "천자가 남쪽을 향하여 서는데, 빈賓도
남쪽을 향해 있도록 한 것은 빈을 존중함이 지극한 것이다. '개介'는 사이
(閒)라는 뜻이다. 빈과 주인의 사이에 있도록 배치함은 사이에 있도록 하는
것이다." ○ 방씨方氏(방각方慤)는 말한다. "음식 봉양은 주인이 만든 것이다.

만물을 생산하는 형상이 있으므로 동쪽에 머무는 것이다." 張子曰: "坐有四位者, 禮不主於敬主, 欲以尊賢. 若賓主相對, 則是禮主於敬主矣. 故其位賓主不相對, 坐介僎於其間, 以見賓賢之義. 因而說四時之坐皆有義, 其實欲明其尊賢." ○ 呂氏曰: "天子南面而立, 而坐賓亦南鄕者, 尊賓之至也. '介', 間也. 坐賓主之間, 所以間之也." ○ 方氏曰: "飮食之養, 則主人之所造也. 而有産萬物之象, 所以居東."

**1** 향로 : 『주례』 「地官」에 속한 관직이다. 2개의 鄕마다 하나의 鄕老를 둔다. 鄕老는 전임 직이 아니며 三公이 겸임한다. 곧 6향의 체제에서 삼공이 鄕老가 된다. 관할 향의 현명 한 자와 유능한 자의 추천, 관리의 업무에 대한 평가 등을 담당한다.

**2** 향대부 : 『주례』 「地官」에 속한 관직이다. 司徒에 소속된 관직으로 군주직할지(國)에 있는 한 鄕의 정무(政教禁令)를 관장하는데, 병역과 노역의 징발, 현명한 자와 유능한 자의 추천, 한 해 말에 시행하는 향의 서리에 대한 업적 평가 등을 담당한다. 나라에 중대사가 발생하여 정부에서 자문해오면, 鄕人들을 인솔하여 外朝에 이르고, 급박한 사태에 직면하면 백성들에게 閭를 지키면서 정부의 명령을 기다리게 한다. 鄕은 12,500 家를 기준으로 편제된 행정 단위다.

**3** 당정은 ~ 제사지내는데 : 『주례』 「地官」, "國索鬼神而祭祀"의 가공언 소에서는 이것을 매년 12월에 黨正이 齒位를 바르게 하는 禮로 보고, 납향제(蜡祭)와는 다른 것으로 본다. 단지 蜡祭와 같은 12월 달에 거행하기 때문에 이러한 표현을 한 것일 뿐이라고 한다.

**4** 납향제 : 연말에 온갖 신을 모아놓고 合祭하는 제사를 말한다. 「郊特牲」(4-20, 4-21)에 관련 내용이 나온다. "납향제에서는 신농씨를 주신으로 삼으면서 후직에게 제사지낸 다. 백곡의 신에게 제사를 지내 농사에 공로가 있는 것에 대하여 보답한다"(蜡之祭也, 主先嗇而祭司嗇也. 祭百種, 以報嗇也)라고 하였다.

**5** 선유는 ~ 하였는데 : 先儒는 가공언을 가리킨다. 가공언의 말은 『의례』 「鄕飮酒禮」 疏에 나온다.

**6** 마을 사람들과 ~ 나가셨다 : 이 말은 『논어』 「鄕黨」에 나온다.

**7** 【분장】 : 본 편은 권근의 按說도 없고 경문을 재배치하지도 않아 분장을 하지 않았다.

**8** 水 : 『예기천견록』에는 '手'로 되어 있으나 『예기집설대전』에 따라 바꾼다.

**9** 東榮 : 방의 동쪽 처마이다. 『의례』 「土冠禮」, "凤與設洗, 直於東榮"의 정현 주, "榮, 屋翼也."

**10** 세 : 손이나 술잔을 씻고 난 후 버리는 물을 받는 기구를 말한다. 시종하는 사람이 구기(枓)를 이용하여 미리 물을 담아둔 물 항아리(洗罍)에서 물을 따라 부어주면, 손이 나 술잔을 씻는 사람은 그 물로 손이나 술잔을 씻은 후 그 물을 버리는데, 이 버리는 물을 받는 기물을 洗라고 한다.

『欽定儀禮義疏』(淸)

**11** 형상 : 경문의 원문은 '象'으로 본다, 본뜨다, 본받다, 상징하다, 의미를 나타내다는 뜻이다. 가령 '象天'은 하늘이 지니는 의미를 본뜨고 본받아서 나타낸다는 뜻이다. 이러한 의미를 함축하는 뜻으로 여기서는 '形象'이라는 단어를 사용한다. 곧 본 역주에서 사용하는 形象은 '본뜨고 본받아서 그 의미를 어떤 형태로 표현한다' 또는 표현한 것을 뜻한다.

**12** 선유는 ~ 하는데 : 先儒는 정현을 가리킨다. 인용문은 『禮記義疏』 「鄕飮酒義」, '三光'의 주에 나온다.

**13** 월백 : 月魄은 달이 처음 떠서 생기는 밝지 않은 둥근 부분이나 또는 처음 이지러질 때 생기는 밝지 않은 둥근 부분을 가리킨다.

**14** 의기 : 仁·義·禮·智·信 등 五常을 자연의 氣와 연관시켜 표현한 개념이다. 음양오행 사상에서 義는 金(五行)·백색(색깔)·서쪽(방위)·가을(시기)에 해당한다. 따라서 恭敬·尊尊·別異·斷制 등의 人倫을 표상하는 義는 자연의 氣와 연계되어 서쪽과 가을의 특성인 肅殺·收穫 등의 의미를 함께 내포한다.

**15** 인기 : 仁·義·禮·智·信 등 五常을 자연의 氣와 연관시켜 표현한 개념이다. 음양오행 사상에서 仁은 木(五行)·청색(색깔)·동쪽(방위)·봄(시기)에 해당한다. 따라서 親愛·親親·同和 등의 人倫을 표상하는 仁은 자연의 氣와 연계되어 동쪽과 봄의 특성인 資生·興作 등의 의미를 함께 내포한다.

**16** 공자가 ~ 아셨다 : 이 말은 「鄕飮酒義」(9) 이외에 『荀子』 「樂論」에도 나온다.

**17** 인심이 모두 ~ 성인 : 『맹자』 「告子上」에 "마음이 함께 그러한 것은 무엇인가? 理며 義다. 聖人은 내 마음이 함께 그러한 것을 먼저 얻었을 뿐이다. 그러므로 理와 義가 내 마음을 기쁘게 하는 것이 맛있는 음식이 내 입을 즐겁게 하는 것과 같다"(心之所同 然者何也? 謂理也義也. 聖人先得我心之所同然耳. 故理義之悅我心, 猶芻豢之悅我口)라고 하였다.

**18** 興 : 『예기천견록』에는 '興'로 되어 있으나 『예기집설대전』에 따라 바꾼다.

**19** 잔의 ~ 않는다 : 이 말은 『의례』 「有司徹」에 나온다.

**20** 호재 : 북송의 학자 呂大臨(1040~1092)의 別號이다. 張載와 二程에게 수학하였으며, 『주역』과 三禮書에 밝았다. 저서로 『禮記解』·『禮記傳』·『大學解』·『呂氏家禮』·『考古圖』·『易章句』 등이 있다.

**21** 偝 : 대전본에는 '偝'로 되어 있으나 『예기정의』에 따라 바로잡는다.

**22** 장자 : 北宋의 유학자 張載를 가리킨다. 인용문은 『張載語錄』에서 취한 것이다.

# 사의
## 射義
양촌에 사는 후학 권근 지음

소疏에서 말한다. "『역易』「계사繫辭」에서는 '반원형의 나무로 활을 만들고, 날카로운 나무로 화살을 만든다'고 하였다. 또 『세본世本』[1])에서는 '휘揮가 활을 만들었고 이모夷牟가 화살을 만들었다'고 하였고, 그 주註에서 '두 사람은 황제의 신하이다'라고 하였다. 『서書』「익직益稷」에서는 '과녁을 맞히는 것으로 참설讒說의 진위를 밝힌다'고 하였으니, 하夏와 은殷에서는 기록이 없었으나 주周에서 갖추어졌다."

疏曰: "「繫辭」云, '弦木爲弧, 剡木爲矢.' 又『世本』云, '揮作弓, 夷牟作矢', 註云, '二人, 黃帝臣.' 『書』云, '侯以明之', 夏殷無文, 周則具矣."

## [사의 1][2])

옛날에 제후의 활쏘기에서는 반드시 먼저 연례燕禮를 거행하였고, 경·대부·사의 활쏘기에서는 반드시 향음주례鄉飲酒禮를 먼저 거행하였다. 그러므로 연례란 임금과 신하 사이의 의리를 밝히는 것이요, 향음주례란 어른과 아이의 차례를 밝히는 것이다.

> 古者諸侯之射也, 必先行燕禮, 卿·大夫·士之射也, 必先行鄉飮
> 酒之禮. 故燕禮者, 所以明君臣之義也, 鄉飮酒之禮者, 所以明長
> 幼之序也.

**集說** 여씨呂氏(여대림呂大臨)는 말한다. "제후의 활쏘기는 대사大射이다.
경·대부·사의 활쏘기는 향사鄉射이다. 활쏘기는 남자의 일이다. 반드시
예악으로 활쏘기에 문식을 가하는 것은 그것으로 사람의 덕을 길러 행동거
지가 두루 예에 맞도록 하려는 것이다. 연례燕禮와 향음주례鄉飮酒禮에서는
잔치로 빈객을 즐겁게 하는데 예가 없어서는 안 되므로 대사와 향사의 예
를 행하고, 예에 의義가 없어서는 안 되므로 임금과 신하 사이의 의리와
어른과 아이의 차례를 밝힌다." 呂氏曰: "諸侯之射, 大射也. 卿·大夫·士之
射, 鄉射也. 射者男子之事. 必飾之以禮樂者, 所以養人之德, 使之周旋中禮也. 蓋燕與
鄉飮, 因燕以娛賓, 不可以無禮, 故有大射·鄉射之禮, 禮不可以無義, 故明君臣之義與
長幼之序焉."


## [사의 2]

> 그러므로 활 쏘는 사람은 나아가고 물러가며 두루 움직이는 행동
> 거지가 반드시 예禮에 맞게 해야 한다. 안으로 뜻이 바르고 밖으로
> 몸가짐이 곧은 뒤에야 활을 잡는 것이 정확하고 견고하다. 활을
> 잡는 것이 정확하고 견고한 뒤에야 '적중한다'고 말할 수 있다. 이
> 때문에 활쏘기를 통해 덕행을 볼 수 있는 것이다.
> 故射者, 進退周還必中禮. 內志正, 外體直, 然後持弓矢審固. 持

弓矢審固, 然後可以言中. 此可以觀德行矣.

**集說** 여씨呂氏는 말한다. "예에서 활 쏘는 사람은 반드시 먼저 두 사람씩 짝(耦)을 짓는다. 그러므로 하나의 짝에는 모두 상우上耦와 하우下耦가 있으며, 모두 활을 잡고 화살을 시위에 건다. 나아갈 때 계단을 마주하거나 계단에 이르렀을 때, 물物(사대射臺)을 마주하거나 물에 이르렀을 때, 모두 읍揖을 한다. 물러날 때도 이와 같이 한다. 그 움직임에 왼쪽으로 또는 오른쪽으로 하는 구분이 있고, 올라가고 내려감에 먼저하고 나중에 하는 순서가 있다. 활을 쏠 때는 모두 서로 번갈아 쏘는데, 화살통(楅)에서 활을 취할 때 처음 나아가면서 읍하고, 화살통과 마주하여 읍하고, 화살을 취하고 읍하고, 화살을 오른쪽 허리춤에 꽂고 화살을 시위에 걸고 읍하고, 물러나오면서 나아가려는 자에게 읍한다. 화살을 취할 때는 (왼손으로) 활을 남쪽으로 눕혀 들고, 오른손을 아래로 내리고, 화살을 활의 손잡이에 대고, 화살의 깃털을 고르고, 교대로 화살을 취하는 등의 의절이 있다. 활쏘기를 끝내고 술을 마시는데 이긴 쪽은 왼쪽 팔의 소매를 걷고, 엄지손가락에 깍지를 끼고, 왼쪽 어깨에 가죽으로 만든 어깨보호대를 차고, 시위를 건 활을 든다. 이기지 못한 쪽은 팔소매를 내려 옷을 바로 입고, 깍지와 어깨보호대를 벗고, 시위를 푼 활을 오른손에 올려놓고, 당에 올라가 술을 마시는데, 서로 읍하는 것을 처음과 같이 한다. 그러므로 '나아가고 물러가며 두루 움직이는 것이 반드시 예에 맞음'을 볼 수 있다. 선왕이 예를 제정하는 것이 어찌 번다한 수식과 말단의 의절에 거리껴서 사람들로 하여금 실행하기 어렵게 하려는 것이겠는가! 또한 그로써 사람을 잘 기르는 것일 따름이다. 군자는 천하의 일에 있어서 반드시 절도에 들어맞지 않음이 없게 된 뒤에야 덕을 이루며, 반드시 힘써 실행한 뒤에야 공이 있다. 사지는 안일하고자

하니 진실로 공경하는 마음이 이겨내지 못하면, 게으르고 오만한 기운이 생겨 두루 행하는 행동거지가 절도에 맞을 수 없어 몸은 비록 안일하나 마음은 편안하지 않게 된다. 그 편안하지 않은 바를 편안하게 여기면 손과 발을 어디에 두어야 할 지 모른다. 그러므로 방일하고 치우치고 사치하여, 본분을 넘어서 윗사람을 어기게 됨이 하지 못하는 바가 없게 되니, 천하의 어지러움이 여기서 시작된다. 성인이 그것을 근심하였으므로 번다한 수식과 말단의 의절에 대해서도 항상 삼가 주의하여, 그것으로 일삼는 바가 없는 때에 사람을 길러서, 그것을 익히고 번거로움을 꺼려하지 않게 하였다. 그러므로 불손한 행실이 또한 말미암아 일어남이 없으니, 오래 익혀 편안하게 여기게 됨에 이르러서는 예가 아닌 것은 행하지 않고 어디를 가든 의義에 맞지 않음이 없게 된다. 군자는 공경함으로써 내면을 곧게 하고 의로써 밖을 방정하게 한다. 내면에 보존하는 것이 공경하면 밖으로 드러나는 것이 장중하다. 안과 밖이 서로 닦이면 일에서 행하는 것이 절도에 들어맞게 된다. 활쏘기는 하나의 기예技藝이다. 용모는 예禮에 비견되고 절도는 악樂에 비견된다. 쏘아서 정곡을 놓치지 않음은 반드시 의리에서 즐거워하고, 공경함을 오래도록 하고, 뜻을 냄에 흐트러지지 않는 마음이 있은 뒤에야 가능한 것이다. 따라서 행동거지가 예악에 맞아 활을 쏨에 적중하는 이는 그 덕이 어떠한 지를 알 수 있는 것이다." 呂氏曰: "禮, 射者必先比耦. 故一耦皆有上耦下耦, 皆執弓而挾矢. 其進也, 當階及階, 當物及物, 皆揖. 其退也, 亦如之. 其行有左右, 其升降有先後. 其射皆拾發, 其取矢于福也, 始進揖, 當福揖, 取矢揖, 旣搢挾揖, 退與將進者揖. 其取矢也, 有橫弓·卻手·兼附·順羽·拾取之節焉. 卒射而飮, 勝者袒決遂執張弓. 不勝者襲, 說決拾, 加弛弓, 升飮, 相揖, 如初. 則進退周旋必中禮可見矣. 夫先王制禮, 豈苟爲繁文末節, 使人難行哉! 亦曰以善養人而已. 蓋君子之於天下, 必無所不中節然後成德, 必力行而後有功. 其四肢欲安佚也, 苟恭敬之心不勝, 則怠惰傲慢之氣生, 動容周旋不能中乎節, 體雖佚而心亦爲之不安. 安其所不安, 則手足不

知其所措. 故放辟邪侈, 踰分犯上, 將無所不至, 天下之亂自此始矣. 聖人憂之, 故常謹於
繁文末節, 以養人於無所事之時, 使其習之而不憚煩. 則不遜之行, 亦無自而作, 至於久
而安之, 則非禮不行, 無所往而非義矣. 君子敬以直內, 義以方外. 所存乎內者敬, 則所以
形乎外者莊矣. 內外交備, 則發乎事者中矣. 射, 一藝也. 容比於禮, 節比於樂. 發而不失
正鵠, 是必有樂於義理, 久於敬恭, 用志不分之心, 然後可以得之. 則其所以得之者, 其爲
德可知矣."

## [사의 3]

사례射禮에서 음악의 절주(節)3)를 세울 때, 천자의 경우 「추우騶虞」
를 절주로 삼고, 제후는 「이수貍首」를 절주로 삼고, 경과 대부는
「채빈采蘋」을 절주節奏로 삼고, 사는 「채번采蘩」을 절주로 삼는다.
「추우」는 관직이 잘 갖추어진 것을 즐거워하는 것이다. 「이수」는
조회하는 때를 즐거워하는 것이다. 「채빈」은 법도를 준수하는 것
을 즐거워하는 것이다. 「채번」은 직분을 잃지 않는 것을 즐거워하
는 것이다. 이러한 까닭에 천자는 관직을 잘 갖추었음을 나타내는
음악으로 절을 맞추고, 제후는 천자에게 때맞추어 조회함을 나타
내는 음악으로 절을 맞추고, 경·대부는 법도를 따름을 나타내는
음악으로 절을 맞추고, 사는 직분을 잃지 않음을 나타내는 음악
으로 절을 맞춘다. 그러므로 그 절의 뜻을 밝혀서 각자의 맡은 일
을 잃지 않으면 공업功業이 이루어지고 덕행이 세워진다. 덕행이
세워지면 거칠고 어지러운 화가 없고, 공업이 이루어지면 나라가

평안하다. 그러므로 "사례란 성대한 덕을 볼 수 있는 방법이다"라
고 한다.

其節, 天子以「騶虞」爲節, 諸侯以「貍首」爲節, 卿大夫以「采蘋」
爲節, 士以「采蘩」爲節. 「騶虞」者, 樂官備也. 「貍首」者, 樂會時
也. 「采蘋」者, 樂循法也. 「采蘩」者, 樂不失職也. 是故天子以備
官爲節, 諸侯以時會天子爲節, 卿大夫以循法爲節, 士以不失職
爲節. 故明乎其節之志, 以不失其事, 則功成而德行立. 德行立,
則無暴亂之禍矣, 功成則國安. 故曰: "射者, 所以觀盛德也."

**集說** '절節'이란 시를 노래하여 화살을 쏘는 절도節度로 삼는 것을 말한
다. 한번 끝나는 것이 한 절이 된다. 『주례』「사인射人」에서 "「추우騶虞」는
9절, 「이수貍首」는 7절, 「채빈采蘋」과 「채번采蘩」은 모두 5절이다"라고 하였
다. 존귀하고 비천한 신분에 따른 절이 비록 많고 적음에서 같지 않지만,
4절로써 4발의 화살을 다 쏘는 것은 같다. 「추우」의 9절인 경우, 먼저 5절
을 노래하는 것을 듣고 나머지 4절로 4발을 쏜다. 7절인 경우, 3절을 먼저
듣는다. 5절인 경우, 1절을 먼저 듣는다. 네 가지 시에서 「이수」만이 일실
되었다. '추騶'는 마구간을 관장하는 관리다. '우虞'는 산택山澤을 관장하는
관리다. 이 두 관직 모두 관리가 모자라지 않으면, 관원이 갖추어졌음을
알 수 있다. ○ 여씨呂氏(여대림呂大臨)는 말한다. "'저기 쑥쑥 뻗은 것은 갈대
요'란 초목이 생장을 이룬 것이다. '한 번 쏘아 암퇘지 다섯 마리를 잡았다
네'란 새와 짐승이 많이 번식한 것이다. '아, 추우로다'는 두 관리에게 공을
돌리는 것이다. 천자의 활쏘기에서 이것으로 절주를 삼는 것은 천자는 하
늘을 계승하였으므로 생生을 좋아하는 천지의 덕을 미루어서 만물을 길러
야 한다는 것을 말하는 것이다. 이것이 '관직이 잘 갖추어진 것을 즐거워하

는' 것이다. 「이수」의 시는 망실되었는데, 『예기』에 있는 원양原壤이 노래한 것4)과 이 편에서 인용한 '왕의 증손인 제후가'라는 구절이 아마도 모두 「이수貍首」의 시 구절인 듯하다. 너구리 머리(貍首)는 사냥에서 잡은 것으로 사물 가운데 지극히 천한 것이다. 군자가 서로 만날 때 (예물이) 미천하고 박하다는 이유로 예禮를 폐하지 않는다. 제후는 연례燕禮와 사례燕射로 그의 사와 대부를 모이게 하는데, 예물은 천하나 정성은 지극하여, 임금과 신하가 서로 더불어 예를 익히고 우호를 다진다. 천자를 받들어 조정 일을 정비하므로 제후가 활을 쏠 때에는 이 「이수貍首」로 절주를 삼으니 '조회하는 때를 즐거워하는' 것이다. 「채빈采蘋」의 시는 대부의 처가 (시집가기 전) 집에서 어머니가 가르친 법도를 따라 (시집 와서) 조상을 받들고 제사에 이바지할 수 있음이 경과 대부가 이미 작명을 받고 나서 그가 벼슬하기 전에 배운 선왕의 법을 따라서 국정에 참여할 수 있는 것과 같음을 뜻한다. 그러므로 경과 대부가 활을 쏠 때에는 이것으로 절주를 삼으니 '법을 준수하는 것을 즐거워하는' 것이다. 「채번采蘩」의 시는 부인이 직분을 잃지 않음을 말했으니 부인은 바깥일이 없고 제사가 그 직분이다. 공경으로써 종사하면 이것이 직분을 잃지 않는 것이다. 사가 임금을 섬기는 것이 이것과 무엇이 다르겠는가? 그러므로 사士가 활을 쏠 때 이로써 절주를 삼는 것은 '직분을 잃지 않는 것을 즐거워하는' 것이다." '節者, 歌詩以爲發矢之節度也. 一終爲一節. 『周禮』「射人」云: "「騶虞」九節, 「貍首」七節, 「采蘋」・「采蘩」皆五節." 尊卑之節雖多少不同, 而四節以盡乘矢則同. 如「騶虞」九節, 則先歌五節以聽, 餘四節則發四矢也. 七節者, 三節先以聽. 五節者, 一節先以聽也. 四詩惟「貍首」亡. '騶', 廐官. '虞', 山澤之官. 此二職皆不乏人, 則官備可知. ○ 呂氏曰: "「彼茁者葭5)', 則草木遂其生矣. '一發五豝', 則鳥獸蕃殖矣. '吁嗟乎騶虞'者, 所以歸功於二官也. 天子之射以是爲節者, 言天子繼天, 當推天地好生之德以育萬物. 此所以'樂官備'也. 「貍首」詩亡, 『記』有原

壞所歌, 及此篇所引'曾孫侯氏', 疑皆「貍首」詩也. 貍首, 田之所獲, 物之至薄者也. 君子
相會, 不以微薄廢禮. 諸侯以燕·射會其士·大夫, 物薄誠至, 君臣相與習禮而結歡. 奉
天子而脩朝事, 故諸侯之射以是爲節, 所以'樂會時'也. 「采蘋」之詩, 言大夫之妻, 能循在
家母敎之法度, 乃可承先祖共祭祀, 猶卿大夫已命, 能循其未仕所學先王之法, 乃可以與國
政矣. 故卿大夫之射以是爲節, 所以'樂循法'也. 「采蘩」之詩, 言夫人不失職, 蓋夫人無外
事, 祭祀乃其職也. 惟敬以從事, 是爲不失職. 士之事君, 何以異此? 故士之射以此爲節者,
所以'樂不失職'也."

---

## [사의 4]

이러한 까닭에 옛날에 천자는 사례射禮로써 제후·경·대부·사를
가려 뽑았다. 활쏘기는 남자의 일로, 활쏘기를 따라 예악으로 문식
하였다. 그러므로 일 가운데 예악禮樂을 다 갖추면서도 자주 거행
하여 덕행을 세울 수 있는 것으로 활쏘기만한 것이 없다. 따라서
성왕聖王이 이 일에 힘썼다.

是故古者天子以射選諸侯·卿·大夫·士. 射者, 男子之事也, 因
而飾之以禮樂也. 故事之盡禮樂, 而可數爲以立德行者, 莫若射.
故聖王務焉.

集說 小疏에서 말한다. "제후는 비록 선대를 계승함으로써 제후가 되고,
경과 대부는 공로가 있으면 승진하니, 오로지 활쏘기만으로 선발하는 것이
아니다. 그러나 이미 제후·경·대부가 되었으면, 또 그 덕행을 살피고, 다
시 활쏘기로써 그 재주와 기예의 높고 낮음을 판단한다. 곧바로 활쏘기로
만 선발하여 처음 등용함을 말하는 것이 아니다. '활쏘기는 남자의 일이다'

라는 것은, 남자가 태어나면 문에 활을 걸어두는 의리가6) 있음을 말한다."

疏曰: "諸侯雖繼世而立, 卿·大夫有功乃升, 非專以射而選也. 但旣爲諸侯·卿·大夫,
又考其德行, 更以射辨其材藝之高下. 非謂直以射選補始用之也. '射者, 男子之事', 謂生
有懸弧之義也."


## [사의 5]

그러므로 옛날 천자의 제도에, 제후는 천자에게 해마다 나라 일에
관한 문서와 공물을 바치고 (삼 년에 한 번) 사士를 천거하는데,
천자는 사궁射宮7)에서 사士를 시험하였다. 그 몸가짐이 예에 부합
하고 그 동작의 절도가 악에 부합하면서 활쏘기에서 적중함이 많
은 사람은 제사에 참여할 수 있었다. 그 몸가짐이 예에 부합하지
않고 그 동작의 절도가 악에 부합하지 않아 활쏘기에서 적중함이
적은 사람은 제사에 참여할 수 없었다. 제사에 자주 참여하면 군주
에게 포상이 주어지고, 제사에 자주 참여하지 못하면 군주에게 견
책이 주어졌다. 자주 포상을 받으면, 봉지를 더 증대시켜주었고,
자주 견책을 받으면 봉지를 깎았다. 그러므로 "활쏘기란 활을 쏘아
제후가 되는 것이다"라고 말한 것이다. 이 때문에 제후국의 군주와
신하는 모두 활쏘기에 마음을 다하고 그것을 통해 예악을 익힌다.
군주와 신하가 모두 예악을 익히고도 내쳐지고 망한 경우는 이제
껏 없었다.

是故古者天子之制, 諸侯歲獻, 貢士於天子, 天子試之於射宮. 其

容體比於禮, 其節比於樂, 而中多者, 得與於祭. 其容體不比於禮, 其節不比於樂, 而中少者, 不得與於祭. 數與於祭而君有慶, 數不與於祭而君有讓. 數有慶而益地, 數有讓則削地. 故曰: "射者, 射爲諸侯也." 是以諸侯君臣盡志於射, 以習禮樂. 夫君臣習禮樂而以流亡者, 未之有也.

정씨鄭氏(정현鄭玄)는 말한다. "삼 년마다 사士를 천거하는데 구설舊說에서 '대국은 3인, 차국은 2인, 소국은 1인'이라고 하였다." ○ 소疏에서 말한다. "『서전書傳』에 '옛날에 제후가 천자에게 삼 년에 1번 사士를 바친다. 제후가 천자에게 한 번 가면 덕을 좋아한다고 하고, 두 번 가면 현능한 자를 현능하게 여긴다고 하고, 세 번 가면 공이 있다고 한다. 한번 가지 않으면 허물을 지었다고 하고, 두 번 가지 않으면 오만하다고 하고, 세 번 가지 않으면 업신여긴다고 한다'라고 하였다." 鄭氏曰: "三世而貢士, 舊說'大國三人, 次國二人, 小國一人.'" ○ 疏曰: "『書傳』云, '古者諸侯之於天子也, 三年一貢士. 一適謂之好德, 再適謂之賢賢, 三適謂之有功. 一不適謂之過, 再不適謂之傲, 三不適謂之誅.'"

## [사의 6]

그러므로 『시詩』에서 "왕의 증손인 제후가 네 차례의 헌주를 모두 올렸네. 대부大夫인 군자로부터 여러 사士에 이르기까지 크고 작은 관리들 관소에 한가히 머물지 않고 임금 계신 곳에서 모시고 있네. 연례燕禮를 베풀고 사례射禮를 행하니 안락하고 영예롭네"라고 하였다. 이는 임금과 신하가 서로 더불어 활쏘기에 마음을 다하면서 예악을 익히므로 안락하고 영예롭다는 것을 말한다. 이러한 까닭에 천자는 사례射禮를 제정하고 제후들은 이에 힘쓴다. 이것이 천자가 제후를 기름에 병기를 사용하지 않아도 제후들이 스스로 바르게 되는 방법인 것이다.

故『詩』曰: "曾孫侯氏, 四正具擧. 大夫君子, 凡以庶士, 小大莫處, 御于君所. 以燕以射, 則燕則譽." 言君臣相與盡志於射, 以習禮樂, 則安則譽也. 是以天子制之, 而諸侯務焉. 此天子之所以養諸侯而兵不用, 諸侯自爲正之具也.

集說 '왕의 증손인 제후'란 제후가 처음 봉해진 군주로 거슬러 올라가 뿌리를 두므로 '증손'이라고 말한 것이다. 『춘추좌씨전』의 "증손曾孫 괴외蒯瞶"와 같은 유형의 표현이 그것이다. '사정四正'은 정작正爵[8]을 들어서 빈에게 올리고, 군에게 올리고, 경에게 올리고, 대부에게 올리는 것으로 모두 네 차례이다. '구具'는 모두라는 말이다. 이 네 차례의 헌작이 모두 끝난 뒤에 활쏘기를 한다. 이때에 대부大夫인 군자에서 아래로 여러 사士에 이르기까지 관직의 크고 작음을 막론하고 자기의 관소에 머무르면서 오지 않는 자가 없으며, 모두 임금의 처소에서 모시고 있다. '연례燕禮를 베풀고 사례射禮를 행한다'는 것은 먼저 연례를 행한 뒤에 활쏘기를 하는 것이다. '안락하고 영예롭네'에서 연燕은 편안한 것이니, 임금과 신하의 상하가 활쏘기로써 예악을 익히면 안락하고 명예가 있음을 말한다. 천자가 제후를 예악으로써 기르면 정벌과 토벌을 일삼을 것이 없으니, 이 재예는 또한 제후들이 스스로 자신을 바르게 하고 나라를 편안하게 하는 도구인 것이다. 옛 설에는 '왕의 증손인 제후' 이하의 여덟 구절이 「이수貍首」의 문장이라고 하였다. '曾孫侯氏'者, 諸侯推本始封之君, 故以'曾孫'言. 如『左傳』"曾孫蒯瞶"之類是也. '四

正', 謂擧正爵以獻賓, 獻君, 獻卿, 獻大夫, 凡四也. '其', 皆也. 此四獻皆畢, 然後射. 此時大夫君子下及衆士, 無問大小之官, 無有處其職司而不來者, 皆御侍于君所也. '以燕以射', 言先行燕禮而後射也. '則燕則譽'者, '燕', 安也, 言君臣上下以射而習禮樂, 則安樂而有名譽也. 天子養諸侯以禮樂, 則無所事征討矣, 而此藝者, 又諸侯所以自爲正身安國之具也. 舊說'曾孫侯氏'以下八句,「貍首」篇文.

[사의 7]

공자가 확상矍相에 있는 밭에서 사례를 익히는데 구경하는 사람이 담처럼 에워쌌다. 사례射禮의 진행이 사마司馬를 세울 때에 이르러, 자로子路를 시켜 활과 화살을 들고 문을 나가 활쏘기에 참여하고 싶은 사람들을 활 쏘는 데로 나아가게 하면서 말하기를 "패한 군대의 장수, 나라를 망하게 한 대부, 남의 후사가 되는 데 참여하는 사람은 들어오지 못한다. 그 외에는 다 들어오라"라고 하였다. 대체로 떠난 사람이 절반이고 들어온 사람이 절반이었다.

孔子射於矍相之圃, 蓋觀者如堵牆. 射至于司馬, 使子路執弓矢出延射曰: "賁軍之將, 亡國之大夫, 與爲人後者, 不入, 其餘皆入." 蓋去者半, 入者半.

**集說** '확상矍相'은 지명이다. '담처럼 에워쌌다'는 것은 빙 둘러싸서 구경하는 사람이 많은 것을 말한다. 향음주례에서 여수旅酬의 례를 진행하려고 할 때 상자相者(일을 돕는 유사) 1인을 시켜 사정司正이 되게 하고, 활쏘기를 할 때에 이르러 사정을 바꾸어 사마司馬로 삼는다. 그러므로 '사례射禮의 진행이 사마司馬를 세울 때에 이르러'라고 하였다. '연延'은 활 쏘는 데로 나아

가게 하는 것이다. 대중에게 현능한 사람을 뽑을 것을 맹세하고 구경하거나 활쏘기에 참여하고 싶은 사람을 활 쏘는 데로 나아가게 하는 것이다. '분賁'은 분僨과 같으니 패배한다는 뜻이다. '나라를 망하게 한다'는 것은 자기 임금의 나라를 망하게 한 것이다. '남의 후사가 되는 데 참여한다'는 것은 어떤 사람이 자식이 없이 죽어서 종족이 그를 위하여 후사後嗣를 세웠는데, 이 사람이 또 다시 그의 후사가 되기를 요구하는 것이다. 패한 군대의 장수는 용기가 없고, 나라를 망하게 한 신하는 충성스럽지 않고, 남의 후사가 되기를 요구하는 자는 부모를 잊고 이익을 탐낸다. 이 세 경우의 사람들은 모두 내버려야 할 자들이므로 들어오지 못하게 한 것이다. 그 나머지는 모두 활 쏘는 데로 나아가도록 허용할 수 있다. '矍相', 地名. '如堵牆', 言圍繞而觀者衆也. 鄕飮之禮, 將旅酬, 使相者一人爲司正, 至將射, 則轉司正爲司馬. 故云'射至于司馬'也. '延', 進也. 誓衆選賢, 而進其來觀欲射之人也. '賁', 與僨同, 覆敗也. '亡國', 亡其君之國也. '與爲人後', 言人有死而無子者, 則宗族旣爲之立後矣, 此人復求爲之後也. 賁軍之將無勇, 亡國之臣不忠, 求爲人後者忘親而貪利. 此三等人皆在所當棄, 故不使之入. 其餘則皆可與之進也.

**[사의 8]**

또 (여수례를 행할 때에) 공망구公罔裘와 서점序點을 시켜 술잔(觶)을 들어 올리며 말하게 하였다. 공망구가 술잔을 들어 올리며 말하였다. "젊어서는 효도하고 공경하였고 늙어서도 예禮를 좋아하여 잘못된 풍속을 따르지 않고 죽을 때까지 자신을 수양하는 사람, 있지 않는가? 그런 사람은 이 빈賓의 자리에 있어야 한다." 대체로 떠난 사람이 절반이고 자리에 머물러 있는 사람이 절반이었다.

又使公罔之裘·序點揚觶而語. 公罔之裘揚觶而語曰: "幼壯孝弟,
耆耋好禮, 不從流俗, 脩身以俟死者, 不? 在此位也." 蓋去者半,
處者半.

> **集說** '공망公罔'은 성이다. '구裘'는 이름이다. '지之'는 어조사이다. '서序'는
> 성이다. '점點'은 이름이다. '양揚'은 들어 올리는 것이다. 활쏘기가 끝나면
> 주인의 찬자贊者(일을 돕는 유사) 2인을 시켜 빈賓과 대부大夫에게 술잔觶을
> 올리게 한다. 『의례』「향사례鄕射禮」에서 "옛날에 여수旅酬의 예禮를 행할
> 때 좋은 말을 하였다"고 하였다. 그러므로 구裘가 술잔을 들며 말하기를
> '젊어서는 효도와 공경의 도리를 다하고, 늙어서도 예를 좋아하는 마음을
> 지켜서, 잘못된 풍속을 따라 그 퇴폐하기를 함께한 적 없이 죽을 때까지
> 선한 도리를 지키는 이 없는가?'라고 하였다. 그 뜻은 이제 이 여러 사람들
> 가운데 이와 같은 사람이 있지 않은지, 있다면 마땅히 이 빈賓의 자리에
> 있어야 한다고 말한 것이다. 그러자 앞서 들어왔던 사람들 가운데에서 또
> 절반이 떠난 것이다. '公罔', 姓. '裘', 名. '之', 語助也. '序', 姓. '點', 名也. '揚',
> 擧也. 射畢, 則使主人之贊者二人, 擧觶于賓與大夫. 『儀禮』云: "古者於旅也語." 故裘擧
> 觶曰幼壯而盡孝弟之道, 老耋而守好禮之心, 不與流俗同其頹靡, 而守死善道者, 不? 言
> 今此衆人之中, 有如此樣人否, 當在此賓位也. 於是先時之入者又半去矣.

## [사의 9]

서점序點이 또 술잔觶을 들어 올리며 말하기를 "배우기를 좋아하

여 게을리하지 않고 예를 좋아하여 바꾸지 않아서, 백 세가 되도록 도를 말함에 잘못됨이 없는 사람, 있지 않는가? 그런 사람은 이 빈賓의 자리에 있어야 한다"라고 하였다. 대개 남아 있는 사람이 (떠난 사람 수보다) 적었다.

序點又揚觶而語曰: "好學不倦, 好禮不變, 旄期稱道不亂者, 不? 在此位也." 蓋勵有存者.

**集說** 팔십·구십을 '모旄'라고 한다. 백세를 '기期'라고 한다. 나이가 비록 많아도 도를 말함에 어긋나고 잘못됨이 없기 때문에 '도를 말함에 잘못됨이 없다'고 하였다. '남아 있는 사람이 적었다'는 것은 대개 떠난 사람이 많고 머물러 있는 사람이 적은 것이다. 자로가 활쏘기에 나아가게 할 때는 잘못된 것을 곧바로 지적하여 배제하였기 때문에 그런 잘못이 없는 사람이 스스로 들어왔다. 공망구公罔裘와 서점序點이 술잔을 들어 올릴 때는 훌륭한 점을 들어서 머무르게 하였기 때문에 그에 해당되는 사람이 아니면 스스로 물러났다. 공망구의 말은 대략 배제하는 것이었지만, 서점의 말은 보다 엄밀하게 하는 것이었다. 八十·九十曰'旄'. 百年曰'期'. 年雖高而言道無所違誤, 故云'稱道不亂'也. '勵有存'者, 蓋去者多而留者寡矣. 子路之延射, 直指惡者而斥之, 則無此惡者自入. 裘·點之揚觶, 但擧善者而留之, 則非其人者自退. 裘之言尚疏, 點之言則愈密矣.

## [사의 10]

활을 쏜다(射)는 말은 늘어놓는다(繹)는 뜻이다. 어떤 이는 머문다는 뜻이라고도 한다. 늘어놓는다(繹)는 것은 각자 자신의 뜻을 늘어놓는다는 것이다. 그러므로 마음이 화평하고 몸이 단정하면 활을 잡는 것이 정확하고 견고하다. 활을 잡는 것이 정확하고 견고하면 쏘는 것이 적중한다. 그러므로 "아버지가 된 사람은 아버지의 정곡으로 삼고, 남의 자식이 된 사람은 자식의 정곡으로 삼고, 임금이 된 사람은 임금의 정곡으로 삼고, 신하가 된 사람은 신하의 정곡으로 삼는다"라고 한다. 그러므로 활쏘기란 각자 자신의 정곡을 쏘는 것이다. 천자의 대사례는 사후射侯라고 한다. 사후란 활을 쏘아 제후가 되는 것이다. 쏘아서 적중하면 제후가 될 수 있지만, 쏘아서 적중하지 못하면 제후가 되지 못하는 것이다.9)

射之爲言者繹也. 或曰舍也. 繹者, 各繹己之志也. 故心平體正, 持弓矢審固. 持弓矢審固則射中矣. 故曰: "爲人父者以爲父鵠, 爲人子者以爲子鵠, 爲人君者以爲君鵠, 爲人臣者以爲臣鵠." 故射者, 各射己之鵠. 故天子之大射, 謂之射侯. 射侯者, 射爲諸侯也. 射中則得爲諸侯, 射不中則不得爲諸侯.

**集說** '자기의 뜻을 늘어놓는다'는 것은 각자 자신이 수행해야 할 도리의 소재를 찾는 것이다. '자기의 과녁을 쏜다'는 것은 각자 자신의 도리로서 마땅히 그렇게 해야 하는 바에 맞게 하는 것을 말한다. '사舍'는 머문다는 것이다. 도리에 따라 머무는 것은 가령 임금은 인仁에 머물고 아버지는 자애로움에 머무는 것과 같은 종류이다. ○ 정씨鄭氏(정현鄭玄)는 말한다. "'제후가 될 수 있다'는 것은 포상이 있음을 말한다. '제후가 되지 못한다'는 것은 견책이 있음을 말한다." 또 『주례』「사구司裘」의 주注에서 정현은 "후侯란 그 활을 쏘는 곳이다. 호랑이·곰·표범·큰사슴의 가죽으로 그 가장

자리를 꾸민다. 또 네모지게 규격을 나누어[10] 표적을 삼고 그것을 곡鵠이라고 하는데, 과녁의 중앙에 나타난다"고 하였고, 또 "곡鵠이라고 하는 것은 간곡鳱鵠[11]에서 이름을 취한 것이다. 간곡은 작은 새여서 맞추기가 어렵다. 그러므로 그것을 맞추는 것을 뛰어난 것으로 여겼다"고 하였다. ○ 여씨呂氏(여대림呂大臨)는 말한다. "가죽 과녁을 펼쳐서 곡을 정해놓는데, 네모지게 규격을 나누고 과녁의 중앙에 놓아서 표적으로 삼는 것이다." '繹己之志'者, 各尋其理之所在也. '射己之鵠'者, 各中其道之當然也. '舍', 止也. 道之所止, 如君止於仁, 父止於慈之類. ○ 鄭氏曰: "得爲諸侯', 謂有慶也. '不得爲諸侯', 謂有讓也." 又「司裘」註云: "侯者, 其所射也. 以虎・熊・豹・麋之皮飾其側. 又方制之以爲準, 謂之鵠, 著于侯中", "謂之鵠者, 取名於鳱鵠. 鳱鵠小鳥難中. 是以中之爲雋." ○ 呂氏曰: "張皮侯而棲鵠, 方制之, 置侯之中以爲的者也."

---

## [사의 11]

천자가 제사를 거행하려 할 때 반드시 먼저 택궁澤宮에서 사례를 익히게 한다. 택澤이란 사士를 선발하려는 것이다. 택궁에서 사례를 익힌 뒤에 사궁射宮에서 사례를 거행한다. 활을 쏘아서 맞춘 사람은 제사에 참여할 수 있고, 맞추지 못한 사람은 제사에 참여하지 못한다. 제사에 참여하지 못하는 사람에게는 견책으로 땅을 삭감한다. 제사에 참여할 수 있는 사람에게는 포상으로 땅을 더 준다. (포상할 땐 먼저) 작위를 승진시키고, (견책할 땐 먼저) 땅을 삭감하는 것이 이것이다.

天子將祭, 必先習射於澤. 澤者, 所以擇士也. 已射於澤, 而后射

於射宮. 射中者得與於祭, 不中者不得與於祭. 不得與於祭者, 有
讓削以地. 得與於祭者, 有慶益以地. 進爵·絀地是也.

集說 '택澤'은 궁궐의 이름이다. 그 소재는 자세히 알 수 없다. 소疏에서
말한다. "넓고 한적한 곳으로 수택水澤 가까이에 만든다"고 하였다. '사궁射
宮'은 학궁學宮이다. '작위를 승진시키고' '땅을 삭감한다'는 것에 대하여 소
疏에서 "승진의 경우 작위가 땅보다 가벼운 것이므로 먼저 작위를 승진시
키고 나중에 땅을 더 준다. 견책하는 것에서는 땅이 작위보다 가벼운 것이
므로 먼저 땅을 삭감하고 나중에 작위를 낮춘다"고 하였다. '澤', 宮名. 其所
在未詳. 疏云: "於寬閑之處, 近水澤而爲之." '射宮', 卽學宮也. '進爵'·'絀地'者, 疏云:
"進則爵輕於地, 故先進爵而後益以地也. 退則地輕於爵, 故先削地而後絀爵也."

## [사의 12]

그러므로 남자 아이가 태어나면 뽕나무 활에 쑥대 화살 6대를 천
지와 사방에 쏜다. 천지와 사방은 남자가 일을 하는 영역이다. 그
러므로 반드시 일을 하는 곳에 먼저 뜻을 두도록 하고, 그런 뒤에
야 감히 곡식을 사용하는데, 밥을 먹이는 것을 뜻한다.
故男子生, 桑弧蓬矢六, 以射天地四方. 天地四方者, 男子之所有
事也. 故必先有志於其所有事, 然後敢用穀也, 飯食之謂也.

集說 우주 안의 일을 모두 내 직분의 일로 삼는 것, 이것이 남자의 뜻이
다. 신하가 되는 것은 먼저 직분의 일을 다 한 뒤에 감히 임금의 녹을 먹는
자가 되는 것이다. 남자 아이가 처음 태어났을 때 먼저 천지와 사방에 활

을 쏜 뒤 어머니에게 그를 먹이도록 하기 때문에 '밥을 먹이는 것을 뜻한다'라고 한 것이다. '밥을 먹인다'는 것은 태어난 아이에게 먹이는 것을 뜻한다. 宇宙內事, 皆己分內事, 此男子之志也. 人臣, 所以先盡職事, 而後致食君之祿者. 正以始生之時, 先射天地四方, 而後使其母食之也, 故曰'飯食之謂也'. '飯食', 食子也.

---

## [사의 13]

활을 쏘는 것은 인仁의 도이다. 활을 쏘는 것은 자신에게서 바름을 찾는 것이다. 자신이 바르게 된 뒤에 쏘며, 쏘아서 맞지 않으면 자기를 이긴 사람을 원망하지 않고 돌이켜 자신에게서 찾을 뿐이다. 射者, 仁之道也. 射12)求正諸己. 己正而后發, 發而不中則不怨勝己者, 反求諸己而已矣.

集說 인仁을 행하는 것은 자신으로부터 나오는 것이요, 활을 쏘아 적중하고 못하고의 여부도 역시 자신에게서 말미암는 것으로 다른 사람이 간여할 수 있는 것이 아니다. 그러므로 자기를 이긴 사람을 원망하지 않고 오직 돌이켜서 자기 자신에게서 찾을 뿐이다. 爲仁由己, 射之中否, 亦由己, 非他人所能與也. 故不怨勝己者, 而惟反求諸其身.

---

## [사의 14]

공자가 말하였다. "군자는 경쟁하는 일이 없지만, 있다면 반드시 활쏘기일 것이다! 읍揖하여 사양하고서 당에 올라가고 내려오며,

술을 마시니, 그 경쟁함이 군자답다."

孔子曰: "君子無所爭, 必也射乎! 揖讓而升下, 而飮, 其爭也君子."

集說 주자朱子는 말한다. "'읍揖하여 사양하고서 당 위에 오르는 것'은, 대사례大射禮에서 짝지어 나아가 세 번 읍한 뒤에 당에 오르는 것이다. '내려와서 술을 마시는 것'은, 활쏘기를 마치면 읍하고 내려와서 여러 짝들이 다 내려오기를 기다렸다가, 이긴 사람은 읍하고 이기지 못한 사람은 올라가서 술잔(觶)을 들고 서서 술을 마시는 것이다. 군자는 삼가고 양보하여 남과 경쟁하지 않는다. 오직 활쏘기를 할 때 이르러 경쟁함이 있다. 그러나 그 다툼도 온화하고 여유로워 읍하며 양보함이 이와 같으니 그 경쟁함도 군자다워서 소인들이 경쟁하는 것과는 같지 않다." ○ 이제 살펴보건대, '읍하여 양보하고서 당에 오르는 것'은 아직 활쏘기를 하기 전일 때이다. '내려왔다가 다시 올라가서 술을 마시는 것'은 활쏘기가 끝난 뒤이다. "읍양이승하揖讓而升下" 이 다섯 글자는 정현鄭玄의 주注에 따라서 구절을 삼아야 할 것이다. 朱子曰: "揖讓而升'者, 大射之禮, 耦進三揖而後升堂也. '下而飮', 謂射畢揖降, 以俟衆耦皆降, 勝者乃揖, 不勝者升, 取觶立飮也. 言君子恭遜不與人爭. 惟於射而後有爭. 然其爭也, 雍容揖遜乃如此, 則其爭也君子, 而非若小人之爭矣." ○ 今按, '揖讓而升', 未射時也. '下而復升以飮', 則射畢矣. "揖讓而升下"五字, 當依鄭註爲句.


[사의 15]

공자가 말하였다. "활 쏘는 사람은 어떻게 활을 쏘는 것일까? 어떻게 악절을 듣는 것일까? 악절에 따라서 활을 쏘고 쏘아서 정곡을 놓치지 않는 사람은 오직 현명한 사람뿐이다! 부족한 사람 같은 경우 그가 어떻게 맞힐 수 있겠는가?"『시詩』에서 말하기를 "저 과녁을 쏘아서 그대가 벌주를 마시기를 바라네"라고 하였다. 기祈는 바라는 것이다. 정곡을 맞혀서 술잔을 사양할 수 있기를 바라는 것이다. 술이란 늙은이를 보양해주고 병든 사람을 보양해주는 것이다. 정곡을 맞혀서 술잔을 사양할 수 있기를 바란다는 것은 보양받기를 사양하는 것이다.

孔子曰: "射者何以射? 何以聽? 循聲而發, 發而不失正鵠者, 其唯賢者乎! 若夫不肖之人, 則彼將安能以中?"『詩』云: "發彼有的, 以祈爾爵." 祈, 求也. 求中以辭爵也. 酒者, 所以養老也, 所以養病也. 求中以辭爵者, 辭養也.

**集說** 「교특생郊特牲」(3-15)을 보면, "공자께서 말씀하였다. '활을 쏠 때 음악을 수반하는데, 어떻게 음악을 듣는 것인가? 어떻게 활을 쏘는 것인가?'"라고 하였는데, 이는 활 쏘는 사람이 어떻게 활 쏘는 자세의 의절을 잃지 않으면서도 악의 음절을 들을 수 있는 것인지, 어떻게 악의 음절을 들으면서도 활 쏘는 자세와 악의 음절이 상응하도록 할 수 있는지를 말하는 것이니, 그 어려움을 말하면서 찬미하는 것이다. '소리를 따라서 쏜다'는 것은 활 쏘는 사람이 악의 소리에 맞추어 화살을 쏘는 것을 말한다. 베에 그린 것을 '정正'이라고 하고 가죽에 자리한 것을 '곡鵠'이라고 한다. 현명한 사람은 활을 잡는 것이 정확하고 견고하므로 과녁을 맞힐 수 있다. 부족한 사람은 하지 못한다. '『시詩』'는 「소아小雅·빈지초연賓之初筵」 편이다. '발發'은 쏘는 것과 같다. '작爵'은 벌주의 술잔이다. 맞히면 벌 받는 것을 면하므로 '맞혀서 술잔을 사양하기를 구한다'고 하였다. 술은 늙은이와 병든 사람

을 보양하는 것이다. 이제 술잔을 받는 벌에서 벗어나고자 하는 것은 자기가 늙은 사람이나 병든 사람이 아니어서 그 보양받는 예를 감히 받지 않겠다는 것 때문이니, 이는 사양하는 도리다. 「郊特牲」 "孔子曰: '射之以樂也, 何以聽? 何以射?'", 謂射者何以能不失射之容節, 而又能聽樂之音節乎, 何以能聽樂之音節, 而使射之容與樂之節相應乎, 言其難而美之也. '循聲而發', 謂射者依循樂聲而發矢也. 畫布曰'正', 棲皮曰'鵠'. 賢者持弓矢審固, 故能中的. 不肖者不能也. 『詩』', 「小雅·賓之初筵」. '發', 猶射也. '爵', 謂罰酒之爵. 中則免於罰, 故云'求中以辭爵也'. 酒所以養老病. 今求免於爵者, 以己非老者病者, 不敢當其養禮耳, 此讓道也.

**1** 『세본』: 戰國시대 趙나라 역사서이다. 당대에는 唐太宗 李世民의 이름을 휘하여 『系本』·『代本』 등으로 명칭을 바꾸었다. 皇帝 이래의 역사를 기록하고 있는데, 司馬遷이 『史記』를 지을 때 참고하였다고 한다. 원래는 15편으로 「帝系篇」·「王侯世」·「卿大夫世」·「氏姓篇」·「作篇」·「居篇」 등만 현재 전한다. 1957년 商務印書館에서 『世本八種』을 영인하여 간행하였다. 인용문은 「作篇」에 나온다. 宋衷의 註에 揮와 夷牟는 黃帝의 신하라고 하였다.

**2** 【분장】: 본 편은 권근의 按說도 없고 경문을 재배치하지도 않아 분장을 하지 않았다.

**3** 절주: 활을 쏠 때 『詩』를 노래하고 북을 쳐서 활쏘는 것과 박자를 맞추는 것을 말한다. 시 한 구절을 노래하고 북을 한 번 치면 활을 한 번 쏘는 형식으로 네 차례 한다. 곧 4개의 화살을 쏘는 것으로 활쏘기가 완료된다.

**4** 원양이 노래한 것: 原壤은 孔子의 친구이다. 「檀弓下」(3-84)에 원양의 어머니가 죽자 공자는 그를 도와서 관을 만들어주었는데, 원양이 만들어진 관목에 올라가 관목의 무늬를 보고 '너구리 머리처럼 알록달록하구나'(如貍首之斑)라고 노래를 불렀다는 내용이 기록되어 있다.

**5** 葭: 대전본에는 '猳'로 되어 있으나 오기이므로 바로잡는다.

**6** 남자가 ~ 의리가: 자식이 태어났을 때 아들이라면 문 왼쪽에 활을 걸어두고, 딸이라면 문 오른쪽에 수건을 걸어두어 남자와 여자를 표시한다. 「內則」(7-5) 참조.

**7** 사궁: 射禮를 행하는 곳이다.

**8** 정작: 古代 投壺의 예에서 壺에 화살을 던져 이긴 자가 진 상대에게 술을 따라 주는 잔을 '正爵'이라고 한다. 공영달은 禮에서 이긴 사람이 진 사람에게 술을 따라 주는 것은 정식의 禮이기 때문에 그 잔을 正爵이라고 한다고 설명하였다. 「投壺」(5)의 "正爵旣行, 請爲勝者立馬"에 대한 공영달 소 참조.

**9** 후:

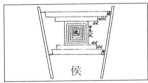

『欽定儀禮義疏』(淸)

**10** 네모지게 규격을 나누어: 『주례』 「天官·司裘」의 가공언 소에 "네모지게 규격을 만들어 그 과녁을 세 부분으로 나누는데 鵠은 그 하나를 차지한다"(方制之, 三分其侯, 鵠居其一)라고 하였다.

**11** 간곡: 『주례』 「天官·司裘」의 가공언 소에 "풍속에서는 鳱鵠이라고 하며, 작은 새로서 빠르고 영리하다"(俗云鳱鵠, 是小鳥捷點者也)라고 하였다.

**12** 射: 『예기집설대전』에는 '射'가 없으나 『예기정의』에 따라 보충한다.

# 연의
## 燕義

양촌에 사는 후학 권근 지음

이것은 임금과 신하가 연회를 열어 술을 마시는(燕飮) 의리를 밝혔다.

此明君臣燕飮之義.

**[연의 2]**[1]

제후가 연례燕禮를 거행할 때 절차들의 의미다. 임금이 조계阼階(동쪽 계단)의 동남쪽에 서서, 남쪽을 보고 경에게 읍揖하고 가까이 오게 하면, 대부는 모두 조금 앞으로 나오는데, 자리를 정하기 위해서이다. 임금이 조계 위에 자리를 잡는 것은 주인의 자리에 있음을 의미한다. 임금이 혼자서 당에 올라가 자리 위에 서서 서쪽을 보고 홀로 서는 것은 감히 필적하는 자가 없다는 의미다.

諸侯燕禮之義. 君立阼階之東南, 南鄕爾卿, 大夫皆少進, 定位也. 君席阼階之上, 居主位也. 君獨升立席上, 西面特立, 莫敢適之義也.

**集說** '이爾'는 가깝다(邇)와 같다. '남쪽을 보고 경에게 읍揖하여 가까이 오게 하고'(南鄉爾卿)에서 구절을 끊고, '대부는 조금 앞으로 나온다'(大夫皆少進)에서 구절을 끊는다. '조금 앞으로 나온다'(少進)는 것은 앞쪽으로 조금 나오는 것이다. '자리를 정한다'(定位)는 것은 여러 신하의 자리를 정하는 것이다. '적適'은 적敵으로 읽는다. 이 장부터 아래로는 다 기록한 자가 『의례』의 정문正文을 들어서 그 뜻을 해석하였다. '爾與邇同. '南鄉爾卿'句絶, '大夫皆少進'句絶. '少進', 稍前也. '定位'者, 定諸臣之位也. '適', 讀爲敵. 自此以下皆記者擧『儀禮』正文, 而釋其義也.

---

### [연의 3]

빈객과 주인을 세우는 것은 술을 마시는 예이다. 재부宰夫로 하여금 술을 올리는 주인이 되게 하는 것은 신하가 감히 임금과 더불어 대등하게 예를 행할 수 없기 때문이다. 공公과 경卿을 빈객으로 삼지 않고 대부를 빈객으로 삼는 것은, (존비가 분변되지 못하는) 의심이 생기기 때문으로, 혐의嫌疑를 명확히 분별하려는 의미다. 빈객이 뜰 가운데에 들어서면 임금이 한 계단 내려와서 읍을 하는 것은 그를 빈객으로 예우하는 것이다.

設賓主, 飲酒之禮也. 使宰夫爲獻主, 臣莫敢與君亢禮也. 不以公卿爲賓, 而以大夫爲賓, 爲疑也, 明嫌之義也. 賓入中庭, 君降一等而揖之, 禮之也.

---

**集說** 술을 올리는 주인은 주인을 대신해서 잔을 들어 빈객에게 술을 올린다. 임금은 존귀하므로 신하는 감히 빈객과 주인의 예로 대등하게 대하

지 못한다. '재부宰夫'는 음식을 올리는 것을 주관하는 관리다. 신분이 낮으므로 대등한 예를 행하여도 혐의가 없다. 『의례』「연례燕禮」의 「기記」에서 "경경卿과 연음燕飮을 할 때는 대부가 빈객이 된다"고 한 것은 본국의 신하와 연음을 할 때에 그렇다는 것이다. 만약 이웃 나라의 신하인 경우에는 상개上介를 빈객으로 삼는다. '공公'은 고孤이다. 상공上公의 나라에는 고孤를 한 사람 둘 수 있다. 공公과 경경卿의 존귀함은 임금 다음인데, 다시 그를 빈객으로 삼는다면, 존귀함과 비천함이 분변되지 못하는 의심이 생기고 또 임금을 핍박하는 혐의가 생긴다. 대부는 지위가 낮으므로 비록 잠시 그를 높여서 빈객을 삼더라도 혐의하는 바가 없다. ○ 방씨方氏는 말한다. "이미 '의심이 생기기 때문이다'라고 하고서 또 '혐의를 명확히 분별하려는 의미이다'라고 말한 것은 대체로 의심이 아직 혐의하는 데에 이르지는 않아서 다만 혐의를 밝힌다는 의미다." 獻主代主人擧爵獻賓也. 君尊, 臣不敢抗行賓主之禮. '宰夫', 主膳食之官也. 卑故抗禮無嫌. 「記」曰: "與卿燕則大夫爲賓", 謂與本國之臣燕則然. 若隣國之臣則以上介爲賓也. '公', 孤也. 上公之國, 得置孤一人. 公卿之尊, 次於君, 復以之爲賓, 則疑於尊卑無辨, 且嫌於偪上也. 大夫位卑, 雖暫尊之爲賓, 無所嫌疑也. ○ 方氏曰: "旣曰'爲疑', 而又曰'明嫌'者, 蓋疑未至於嫌, 特明嫌之義而已."

## [연의 4]

임금이 술잔을 들어서 빈객에게 서열 순서에 따라 술을 권하고, 신하가 임금이 신하에게 하사한 술잔을 받으면, 모두 당에서 내려와 머리가 지면에 닿도록 하여 두 번 배례한 뒤에 당에 올라가서 (다시 머리가 지면에 닿도록 하여 두 번 배례를 함으로써) 배례를 마친다. 그렇게 하는 것은 신하의 예를 밝히는 것이다. 임금이 이에 대해 답배를 하는 것은 예에 답례가 없을 수 없는 것으로서 임금의 예를 밝히는 것이다. 신하가 힘껏 능력을 다하여 나라에 공을 세우면 임금은 반드시 작위와 봉록으로 그에 보답한다. 그러므로 신하들은 모두 힘껏 능력을 다하여 공을 세우고 이로 인해 나라는 안정되고 임금은 평안하다. 예에 답례하지 않음이 없는 것은 임금이 신하에게 이유 없이 공로를 취하지 않음을 말한다. 임금은 반드시 정당한 도로써 백성들을 인도하고 백성들이 인도에 따라 성과를 이룬 뒤, 그 십분의 일을 취하기 때문에 임금은 재용이 충족되고 백성들은 궁핍하지 않다. 이로써 위아래가 화평하고 친목하여 서로 원망하지 않는다. 화목하고 평안한 것은 예를 사용하는 이유이다. 이것이 임금과 신하, 위와 아래가 지켜야 할 큰 의리다. 그러므로 "연례燕禮란 임금과 신하의 의리를 밝히기 위한 것이다"라고 하였다.

君擧旅於賓, 及君所賜爵, 皆降, 再拜稽首, 升成拜. 明臣禮也. 君答拜之, 禮無不答, 明君上之禮也. 臣下竭力盡能以立功於國, 君必報之以爵祿. 故臣下皆務竭力盡能以立功, 是以國安而君寧. 禮無不答, 言上之不虛取於下也. 上必明正道以道民, 民道之而有功, 然後取其什一, 故上用足而下不匱也. 是以上下和親而不相怨也. 和寧, 禮之用也. 此君臣上下之大義也. 故曰: "燕禮者, 所以明君臣之義也."

集說 먼저 재부가 주인을 대신해서 술잔에 술을 따라서 빈객에게 권한

뒤에, 임금은 하대부 2인에게 술잔에 술을 따라 올리도록 명한다. 임금은 이 올리는 술잔(滕爵)을 받아서 빈객에게 권한다. 빈객은 서쪽 계단의 위에서 서열 순서대로 술을 권한다. '여旅'는 서열 순서이다. 서열 순서대로 경卿과 대부大夫에게 술을 마실 것을 권하는 것이다. 이것을 '임금이 술잔을 들어서 빈객에게 서열 순서에 따라 술을 권하는 것'이라고 한다. '임금이 하사한 술잔'(君所賜爵)은 특별히 신하에게만 하사한 잔이다. 이 두 가지의 경우, 빈객은 다 서쪽 계단 아래로 내려와 머리가 지면에 닿도록 하여 두 번 배례하고 임금이 소신으로 하여금 대신 사양하는 말을 하도록 명하면, 빈객이 당에 올라와 배례를 마치는데, 다시 머리가 지면에 닿도록 하여 두 번 배례하는 것을 말한다. 앞서서는 임금이 사양하는 말을 하기 때문에 예가 아직 완성되지 않았던 것이므로 '배례를 마친다'(成拜)고 하였다. ○ 양씨楊氏는 말한다. "살피건대 '임금이 올리는 술잔을 받아서 빈객에게 권하는 것'(公取滕爵以酬賓) 이것은 별도의 예禮로서 일반적으로 빈객에게 술을 권하는 예와는 다르다. 이것은 이른바 '임금이 빈객을 위하여 술잔을 들어서 서열 순서대로 술을 권한다'는 것이다. 연례燕禮에서 '재부宰夫로 하여금 술을 올리는 주인이 되게 하는 것은 신하가 감히 임금과 더불어 대등하게 예를 행할 수 없기 때문이다.' 그런데 이제 임금이 서쪽 계단 위에서 술잔(觶)을 들어서 빈객에게 술을 권하니, 옳은 것인가? 임금과 신하의 사이는 그 구분이 매우 엄격하면서 그 정리는 매우 친하다. 재부로 하여금 술을 올리는 주인이 되게 하는 것은 임금과 신하의 구분을 엄격히 하기 위해서이다. 이제 술잔을 들어서 빈객에게 술을 권하면 빈객은 서쪽 계단 아래에서 배례를 하고, 소신이 임금을 대신하여 사양하는 말을 하면 빈객은 당에 올라가 배례를 마친다. 임금이 술잔을 내려놓고 두 번 배례하여 답한 뒤에 술잔(觶)의 술을 다 마신다. 빈객이 당에서 내려와 배례를 하면 임금이 두 번 배례하여 답한다. 권세의 구분을 잠시 떠나 그 겸양하고 낮춤을 지극하게 하니, 이것이 임금과 신하의 정을 통하게 하는 방법이다. 주註에서 '경문에서 임금이 서쪽 계단 위에서 빈객에게 술을 권하는 것과 임금이 제자리로 돌아오는 것에 대해서 언급하지 않은 것은 임금을 존중하여 그 문장을 생략한 것이다'2)라고 하였다. 이것 또한 임금과 신하의 구분을 엄격히 하는 것이다." 先是宰夫代主人行酬賓之後, 君命下大夫二人媵爵. 公取此媵爵以酬賓. 賓以旅酬於西階上. '旅', 序也. 以次序勸卿大夫飮酒也. 此之謂'君擧旅於賓'也. '君所賜爵', 則特賜臣下之爵也. 此二者, 賓皆降西階下, 再拜稽首, 公命小臣辭, 則賓升而成拜, 謂復再拜稽首也. 先時以君辭之, 於禮未成, 故云'成拜'也. ○ 楊氏曰: "按公取媵爵以酬賓, 此別是一禮, 與尋常酬賓不同. 此所謂公爲賓擧旅也. 燕禮, 君使宰夫爲獻主, 以臣莫敢與君抗禮也. 今君擧觶於西階之上以酬賓, 可乎? 蓋君臣之際, 其分甚嚴, 其情甚親. 使宰夫爲獻主, 所以嚴君臣之分. 今擧觶以酬賓, 賓西階下拜, 小臣辭, 升成拜. 公奠觶, 答再拜, 公卒觶, 賓下拜, 公答再拜. 略去勢分, 極其謙卑, 所以通君臣之情也. 註云: 不言君酬賓於西階上, 及君反位, 尊君, 空其文也. 此又所以嚴君臣之分也."

## [연의 5]

자리를 설치할 때, 소경小卿의 자리를 상경上卿의 자리 다음에 설치하고, 대부의 자리는 소경의 자리 다음에 설치한다. 사士와 서자庶子는 조계阼階 아래에 서열 순서에 따라 자리로 나아간다. 주인이 임금에게 술을 올리면 임금이 술잔을 들어 서열 순서대로 술을 권한다. 그런 뒤에 주인이 경에게 술을 올리면 경이 술잔을 들어 서열 순서대로 술을 권한다. 그런 뒤에 주인이 대부에게 술을 올리면 대부가 술잔을 들어 서열 순서대로 술을 권한다. 그런 뒤에 주인이 사에게 술을 올리면 사가 술잔을 들어 서열 순서대로 술을 권한다. 그런 뒤에 주인이 서자에게 술을 올린다. 진설한 조組와 두豆, 희생 고기, 말린 고기와 젓갈과 여러 반찬들에 모두 차등을 두는 것은 존귀한 자와 비천한 자의 등급을 밝히기 위한 것이다.

席, 小卿次上卿, 大夫次小卿. 士·庶子以次就位於下. 獻君, 君 擧旅行酬. 而后獻卿, 卿擧旅行酬. 而后獻大夫, 大夫擧旅行酬. 而后獻士, 士擧旅行酬. 而后獻庶子. 俎豆·牲體·薦羞, 皆有等 差, 所以明貴賤也.

**集說** 자리를 설치하는 위치는, 상경上卿은 빈객의 자리 동쪽에 있고 소경 小卿은 빈객의 자리 서쪽에 있다. 모두 남쪽을 향하고 동쪽을 윗자리로 삼 아, 멀리 떨어져서 서로 차례를 이룬다. 이것이 '소경小卿의 자리를 상경上 卿의 자리 다음에 설치한다'는 것이다. 대부는 소경의 서쪽에 있다. 이것이 '대부의 자리는 소경의 자리 다음에 설치한다'는 것이다. 사士는 서쪽 계단 위에서 올린 술을 받고 조계阼階 아래로 물러나와 서는데, 서쪽을 향하고 북쪽을 윗자리로 삼는다. 서자庶子는 올린 술을 조계 위에서 받고 역시 조 계 아래로 물러나와 서는데, 서자의 자리는 사의 다음이다. 이것이 '사士와 서자庶子는 조계 아래에 순서에 따라 자리로 나아간다'는 것이다. '임금에 게 술을 올린다'(獻君)는 것은 주인이 술을 따라서 올리는 것이다. 임금이 올린 술잔을 받아서 빈객에게 권하면 빈객은 서쪽 계단 위에서 순서대로 술잔을 권한다. 이것이 '주인이 임금에게 술을 올리면 임금이 술잔을 들어 순서대로 술을 권한다'는 것이다. 그 후에 '경에게 술을 올린다'(獻卿)는 것 도 주인이 올리는 것이다. 임금이 또 술잔에 술을 따르는데 이 잔 역시 술

잔을 올리는 자(媵者)가 갖다 놓은 술잔이다. 경卿과 빈객은 임금이 술잔을 권하는 것에 따르며, 경도 서쪽 계단의 위에서 서열 순서대로 술을 권하는데 예가 또한 처음 (대부에게) 할 때와 같다.3) 이 또한 임금이 술잔을 들어서 서열 순서대로 술을 권하는 것인데, '경이 술잔을 든다'고 말한 것은 대개 임금이 경을 위하여 술잔을 들기 때문이다. 아래에서 '대부가 술잔을 들어서 서열 순서대로 술을 권한다', '사가 술잔을 들어서 서열 순서대로 술을 권한다'라고 말한 것도 그 의미가 같다. '이후에 대부에게 술을 올린다'(而後獻大夫)는 것도 주인이 올리는 것이다. 임금이 또 놓여 있는 술잔(觶)을 들어서 하사하는데 이것이 대부를 위하여 술잔을 들어 순서대로 술을 권하는 것이다. 주인이 사에게 술을 올리면 임금이 다시 하사하는데 이것이 사를 위하여 술잔을 들어 순서대로 술을 권하는 것이다. 임금이 여수旅酬의 예를 행하는 것은 사士까지이고, 서자庶子에게는 미치지 않는다. 이후에 '서자에게 술을 올린다'(而后獻庶子)는 것은 주인이 동쪽 계단의 위에서 올리는 것이다. 희생으로는 개를 쓴다. ○ 소疏에서 말한다. "임금과 경·대부·사 등에게 올리는 희생 고기, 말린 고기와 젓갈과 여러 반찬들에 모두 차등이 있는 것에 대해 「연례燕禮」는 기록하지 않았다." 設席之位, 上卿在賓席之東, 小卿在賓席之西. 皆是南面東上, 而遞相次. 此所謂小卿次上卿也. 大夫在小卿之西. 是'大夫次小卿'也. 士受獻於西階之上, 退立于阼階下, 西面北上. 庶子受獻于阼階上, 亦退立于阼階下, 庶子次於士. 是'士·庶子以次就位于下'也. '獻君'者, 主人酌以獻也. 公取媵爵以酬賓, 賓以旅酬於西階上. 此所謂獻君, 君舉旅行酬也. 而后'獻卿'者, 亦主人獻之也. 公又行一爵, 亦媵者之爵也. 若卿若賓, 惟公所酬, 卿亦以旅于西階之上, 禮亦如初. 此亦是君舉旅, 而言'卿舉'者, 蓋君爲卿舉耳. 下言'大夫舉旅', '士舉旅', 其義同. '而後獻大夫', 亦主人之獻也. 公又舉奠觶以賜, 是爲大夫舉旅也. 主人獻士, 公復賜之, 是爲士舉旅也. 公舉旅之禮止於士, 不及庶子矣. '而后獻庶子'者, 主人獻之于阼階之上也. 牲,

狗也. ○ 疏曰: "公及卿大夫士等, 牲體薦羞之等差, 「燕禮」不載."

## [연의 1]

옛날 주나라 천자의 관직에는 서자庶子라는 관직이 있다. 서자의 관직은 제후·경·대부·사의 여러 적자適子로서 아버지를 보좌하는 부관(卒)들을 관장하는데, 그 계령戒令의 일과 덕행德行을 닦고 도예道藝를 배우는 일을 관장하고 그들의 등급을 분별하고 그들의 지위를 바로잡는다. 나라에 큰일(大事)[4]이 있으면 서자는 국자國子들을 통솔하여 태자大子에게 바치는데, 오직 태자가 전적으로 부리는 바가 된다. 전쟁이 일어나면 서자는 그들에게 전차와 무기를 주어서 졸卒과 오伍[5]를 통솔시키고 유사有司를 두어 군법軍法으로 다스리게 한다. 사마司馬는 군사의 일이 있어도 그들을 징발하지 못한다. 나라의 일반적인 정사政事에서는 국자들을 유졸游卒로 남겨두어 덕행을 닦고 도예를 배우게 하며, 봄에는 태학大學에 가을에는 사궁射宮에 집합시켜 그들의 도예를 시험해서 진급시키거나 물러나게 한다.

古者, 周天子之官有庶子官. 庶子官職諸侯·卿·大夫·士之庶子之卒, 掌其戒令與其敎治, 別其等, 正其位. 國有大事, 則率國子而致於大子, 唯所用之. 若有甲兵之事, 則授之以車甲, 合其卒伍, 置其有司, 以軍法治之. 司馬弗正. 凡國之政事, 國子存游卒, 使之脩德學道, 春合諸學, 秋合諸射, 以考其藝而進退之.

**集說** '서자庶子'는 『주례』 「하관夏官·제자직諸子職」의 제자諸子로 하대부下大夫 2인人이 맡는다. '그 계령戒令을 관장하고'(掌其戒令) 이하 부분은 모두 『주례』의 문장이다. '졸卒'은 '쉬倅'로 읽는다. 보좌하는 부관(副貳)이다. 이(서자의) 관직은 제후 이하의 여러 자제들로서 아버지의 일을 보좌하는 부관들을 전담한다. '계령戒令'은 정역征役[6]의 일을 맡게 하는 것을 말한다. '교치敎治'는 덕행을 닦고 도예를 배우는 것이다. '그 등급을 분별한다'(別其等)는 것은 귀하고 천한 등급을 분별하는 것이다. 여기 속하는 자들은 모두 아직 작명(命)을 받지 않았으므로 아버지의 작위를 가지고 신분의 상하를 따진다. '그들의 지위를 바로잡는다'(正其位)는 것은 조정에서의 지위는 작위를 높이고 학교에서의 지위는 나이를 높이는 것이다. '대사大事'는 대규모의 제사祭祀, 큰 상사喪事, 대규모의 빈객賓客, 대규모의 연향燕享과 같은 것이다. '전적으로 부리는 바'(唯所用之)라는 것은 오직 태자가 부리는 바라는 뜻이다. 100인人이 졸卒이 되고 5인人이 오伍가 된다. '유사有司'는 졸卒과 오伍를 통솔하는 사람이다. '사마司馬는 그들에게 조세와 부역을 징발하지 못한다'(司馬弗征)는 것은 그들을 통솔하는 권한이 태자에게 속해있기 때문에 사마司馬는 그들을 군사의 일로 징발하지 못함을 뜻한다. '나라의 일반적인 정사'(凡國之政事)는 위 글에서 말한 '대사大事'가 아닌 일들이다. '아직 벼슬 없는 자'(游卒)는 보좌하는 자로서 아직 벼슬하지 않은 사람이다. 이것은 소소한 일로서 백성들이 하는 것이므로 아직 벼슬하지 않은 국자들에게 시키지 않는다. 아마도 남겨두어서 덕행을 닦고 도예를 배워 그 재덕才德을 이루도록 하려는 것이다. 그러므로 봄에는 태학大學에서 그들을 모으고 가을에는 사궁射宮에서 그들을 모아, 도예를 시험해서 진급하거나 물러나게 하였다. ○ 소疏에서 말한다. "'서庶'는 여럿이라는 뜻이다. 적자適子가 여럿으로 많으므로 서자庶子로 총칭한 것이지 적자의 여러 동생들(庶弟)이

어서 서자라고 칭한 것이 아니다. 적자임을 명확히 알 수 있는 것은 그 '쉬倅'라는 말이 아버지를 보좌하여 대신한다는 말이기 때문이다." ○ 여씨呂氏는 말한다. "『의례』「연례燕禮」에 '주인이 서쪽 계단으로 올라가서, 조계阼階 위에서 서자에게 술을 올린다'고 하였고, 또 '(서자는) 밤이 되면 조계 위에서 촛불을 들고 있는다'라고 하였다. 그러므로 이 편은 서자관이 관장하는 일을 진술하면서 이어 또 그 관직을 세운 의미를 밝힌 것이다." '庶子', 卽「夏官・諸子職」也. 下大夫二人. '掌其戒令'以下, 皆『周禮』文. '卒', 讀爲倅. 副貳也. 此官專主諸侯以下衆庶之子, 副倅於父之事. '戒令', 謂任之征役也. '敎治', 謂脩德學道也. '別其等'者, 分別其貴賤也. 此屬皆未命, 以父之爵爲上下也. '正其位'者, 朝廷之位尙爵, 學校之位尙齒也. '大事'謂大祭祀・大喪紀・大賓客・大燕享之類也. '唯所用之', 唯太子之所役使也. 百人爲卒, 五人爲伍. '有司', 統領卒・伍者也. '司馬弗征'者, 以其統屬於太子, 故司馬不得而征役之也. '凡國之政事', 非上文所言'大事'也. '游卒', 倅之未仕者也. 此旣小事, 乃民庶所爲, 不使國子之未仕者爲之. 蓋欲存之使脩德學道以成其材也. 故春則合聚之於大學, 秋則合聚之於射宮, 考藝而爲之進退焉. ○ 疏曰: "庶者, 衆也. 適子衆多, 故總謂之庶子, 非適子庶弟而稱庶子也. 必知適子者, 以其倅是副貳於父之言." ○ 呂氏曰: "「燕禮」有主人升自西階, 獻庶子阼階之上', 又'宵則執燭於阼階上.' 故此篇因陳庶子官之所掌, 且明所以建官之義也."

**權近** 살피건대, 이 부분이 구본에는 이 편의 맨 앞에 배치되어 있으나, 이제는 편의 맨 끝부분인 '존귀한 자와 비천한 자의 등급을 밝히기 위한 것이다'(所以明貴賤也)의 뒤에 있어야 한다. 위 문장의 '서자庶子는 조계 아래에 순서에 따라 자리로 나아간다'와 '서자에게 술을 올린다'(獻庶子)라는 말을 이어서 (서자의 관직에 대한 설명을) 덧붙여 설명한 것이다. 이와 같이 한 뒤에야 '제후가 연례燕禮를 거행하는 의미이다'(諸侯燕禮之義)라는 부분이 특히 이 편의 맨 앞부분이 되어 글의 의미가 아주 바르게 된다. 또 이 장에

서 주나라를 말하면서 '옛날'(古者)이라고 일컬었으니, 확실히 한대 유학자들이 기록한 것이다. 近按, 此舊本爲此篇之首, 今當在篇末'所以明貴賤也'之下. 蓋因上文'庶子以此就位'及'獻庶子'之言以附而陳之也. 如此然後'諸侯燕禮之義', 特爲此篇之首而文義甚正矣. 且此章言周而稱'古者', 的是漢儒所記也.

**1** 【분장】 : 본 편은 재배치 1회, 按說 1회이고 분장과 관련된 언급이 없어 분장을 하지 않았다.

**2** 경문에서 ~ 것이다 : 인용문은 『의례』 「燕禮」의 정현 주에 나온다.

**3** 임금이 또 ~ 같다 : 이는 陳澔가 『의례』 「燕禮」의 正文을 끌어다가 해설하는 내용이다.

**4** 큰일 : 일반적으로 大事라고 하면 제사와 전쟁 두 가지를 의미한다. 여기서는 전쟁 등으로 군사를 동원하는 일을 뜻한다.

**5** 졸과 오 : 卒과 伍는 군사 100명과 5명의 단위다. 『주례』 「地官・小司徒」에 "5인이 伍를 이루고, 5伍(25인)가 兩을 이루고, 4兩(100인)이 卒을 이루고, 5졸(500인)이 旅를 이루고 5려(2500인)가 師를 이루고 5師(12500인)가 軍을 이룬다"(五人爲伍, 五伍爲兩, 四兩爲卒, 五卒爲旅, 五旅爲師, 五師爲軍)라고 하였다.

**6** 정역 : 전쟁의 참여 등 군사의 일을 가리킨다.

# 빙의
## 聘義

양촌에 사는 후학 권근 지음

여씨呂氏(여대림呂大臨)는 말한다. "천자가 제후와 함께하고, 제후가 이웃 나라들과 함께하는데 모두 조례朝禮가 있고 빙례聘禮가 있다. 조朝는 서로 만나보는 것이고, 빙聘은 서로 문안하는 것이다. 조朝·종宗·근覲·우遇·회會·동同은 다 조朝이다. 존存·조頫·성省·빙聘·문問은 모두 빙聘이다. 그러므로 빙례에는 천자가 제후를 위무하는 것이 있다. 「대행인大行人」에서, '해마다 두루 존存을 하고, 삼 년마다 두루 조頫를 하며, 오 년마다 두루 성省을 한다'고 말한 것이 그것이다. 제후가 천자를 섬기는 방식이 있으니, 「대행인」에서, '일이 있을 때면 빙聘을 하여서 제후끼리의 우호를 맺고, 후복侯服의 제후들과 나머지 제후들이 보낸 경卿들이 모여서(殷)[1] 조頫를 하여 방국邦國의 악행을 제거한다'라고 말한 것이 그것이다. 이웃 나라끼리 교류하여 그 우호를 다지는 것이 있다. 「대행인」에서, '제후의 나라들이 교류하여 해마다 서로 문問을 하고, 중간에 일이 없을 때(殷)[2] 서로 빙聘을 하는 것'이 이것이다. 『의례』에 실린 것은 이웃 나라끼리 교류하여 빙聘을 하는 예이다. 「빙의聘義」는 빙례의 의리를 해석한 것이다."

呂氏曰: "天子之與諸侯, 諸侯之與隣國, 皆有朝禮有聘禮. 朝則相見, 聘則相問也. 朝·宗·覲·遇·會·同, 皆朝也. 存·頫·省·聘·問, 皆聘也. 故聘禮有天子所以撫諸侯者. 「大行人」'歲徧存, 三歲徧頫, 五歲徧省', 是也. 有諸侯所以事天子者,

## [빙의 1][3]

빙례를 행할 때 상공上公의 나라는 7명의 개介를 보내고, 후侯·백伯의 나라는 5명의 개를 보내고, 자子·남男의 나라는 3명의 개를 보내는데, 이로써 제후국의 귀하고 천한 등급을 밝히는 것이다.

聘禮, 上公七介, 侯伯五介, 子男三介, 所以明貴賤也.

**集說** 이것은 경卿이 빙례를 행하기 위해 출국할 때 동행하는 개介의 인원 수이다. '상공上公의 나라는 7명의 개介를 보낸다'고 한 것은, 상공上公이 직접 빙례를 행할 경우는 개가 9명인데, 제후의 경卿은 그 예가 제후보다 2등급이 낮으므로 개가 7명이 되기 때문이다. 그 아래의 경우들도 이와 같이 계산한다. ○ 여씨呂氏(여대림呂大臨)는 말한다. "옛날에 빈객은 반드시 개介를 두었다. '개介'는 부관이다. 이 일을 거행하는 것을 돕고, 이 예에 대해서 문식文飾을 다하려는 것이다." 此言卿出聘之介數. '上公七介'者, 上公親行, 則介九人, 諸侯之卿, 禮下於君二等, 故七介也. 以下放此. ○ 呂氏曰: "古者, 賓必有介. '介', 副也. 所以輔行斯事, 致文於斯禮者也."

## [빙의 2]

개介가 연이어서 본국 임금의 명命을 전달하는 것은, 군자는 존귀한 이에 대해 직접 상대하지 않기 때문이니, 공경함이 지극한 것이다.

介紹而傳命, 君子於其所尊弗敢質, 敬之至也.

**集說** '연이어'(紹)는 잇는 것이다. 그 자리대로 서로 받들어 잇는 것이다. 앞서서 상빈上賓이 들어와서 주군主君의 명을 받고 나가 승빈承賓에게 전하면 승빈이 말빈末賓에게 전하는데, 이것이 전하여 내려가는 것이다. 빈객의 말개末介가 말빈末賓에게 명을 받아 차개次介에게 전하면 차개가 상개上介에게 전하고 상개가 빈객에게 전하는데, 이것이 전하여 올라가는 것이다. 이것을 '개介는 본국 임금의 명命을 한 명씩 연이어 전달한다'(介紹而傳命)고 한다. '직접 상대한다'(質)는 것은 직접 한다는 뜻이다. 존귀한 자에 대해서는 감히 직접 자신이 상대하지 못하므로 개介를 통해서 명을 전달하니, 공경함이 지극한 것이다. 빈객은 대문 밖의 서쪽에서 북쪽을 향해 서 있고, 개介가 남쪽에서부터 북쪽으로 차례지어 선다. 주군主君(주최국의 군주)은 안에서 맞이하고 빈자擯者(주인 쪽의 전령)가 대문을 나와서 북쪽에서부터 남쪽으로 차례지어 선다. '紹', 繼也. 其位相承繼也. 先時上擯入受主君之命, 出而傳與承擯, 承擯傳與末擯, 此是傳而下也. 賓之末介受命於末擯, 而傳與次介, 次介傳與上介, 上介傳與賓, 是傳而上也. 此所謂'介紹而傳命'也. '質', 正也. 於所尊者不敢正自相當, 故以介傳命, 敬之至也. 賓在大門外西北面, 介自南向北爲序. 主君在內迎, 擯者出大門自北向南爲序.

[빙의 3]
　사자使者가 세 번 사양한 뒤에 본국 임금의 명命을 전달하고, 세 번

사양한 뒤에 묘문(廟門)에 들어서고, 세 번 읍례揖禮를 한 뒤에 당堂의 계단 앞에 이르고, 세 번 사양한 뒤에야 당에 오르는 것은 존경과 겸양을 다하기 위해서이다.

三讓而后傳命, 三讓而后入廟門, 三揖而后至階, 三讓而后升, 所以致尊讓也.

**集說** 疏疏에서 말한다. "'세 번 사양한 뒤에 본국 임금의 명命을 전달한다'(三讓而后傳命)는 것은 빈객이 대문 밖에 있을 때 주인이 빈자擯者를 갖추어 대객大客의 예로써 자신을 대하는 것을 보고서 스스로 감히 받지 못하고 세 번 사양하며, 주인이 허락하지 않은 뒤에 빙빈聘賓의 명을 전달하는 것을 말한다. '세 번 사양한 뒤에 묘문廟門에 들어선다'(三讓而后入廟門)는 것은 빈객이 이미 본국 임금의 명을 전달한 뒤에, 주군主君이 빈객을 인도하여 들어와 묘廟에 이르러 종묘에서 빙문의 예를 받고자하면 빈객이 그것을 감당하지 못하므로 세 번 사양한 뒤에야 들어감을 말한다. 주군은 동쪽에 있고 빈객은 조금 물러나 서쪽에 있는데 서로를 향하여 세 번 사양한 뒤에 (주인이 먼저) 묘문廟門으로 들어간다. '세 번 읍례揖禮를 한 뒤에 당堂의 계단 앞에 이른다'(三揖而后至階)는 것은 처음 묘문에 들어가면서 읍을 하는데 첫 번째 읍례이고, 계단에 이르러 북쪽을 향하고서 또 읍을 하는데 두 번째 읍례이며, 비碑4)에 이르러서 또 읍을 하는데 세 번째 읍례이다. '세 번 사양한 뒤에야 당에 오르는 것'(三讓而後升)은 주군이 빈객에게 읍을 하고 계단에 이르러 주군이 빈객에게 먼저 당에 오르도록 사양하면, 빈객이 주군에게 사양하는데, 이와 같이 세 번 하고서 주군이 먼저 오르면 빈객이 이어서 오르는 것을 말한다." 疏曰: "'三讓而后傳命'者, 謂賓在大門外, 見主人陳擯, 以大客之禮待己, 己不敢當, 三度辭讓, 主人不許, 乃後傳聘賓之命也. '三讓而后入廟門

者, 謂賓既傳命之後, 主君延賓而入, 至廟, 將欲廟受, 賓不敢當之, 故三讓而後入. 主君
在東, 賓差退在西, 相向三讓, 乃入廟門也. '三揖而後至階'者, 初入廟門, 一揖也, 當階北
面又揖, 二揖也, 當碑又揖, 三揖也. '三讓而後升'者, 謂主君揖賓至階, 主君讓賓升, 賓讓
主君, 如此者三, 主君乃先升, 賓乃升也."

## [빙의 4]

주군主君은 사士를 보내어 국경에서 사신을 맞이하고, 대부를 보내어 교외에서 사신의 노고를 위로하며, 주군이 대문大門 안에서 몸소 맞이하고 묘廟에서 빙문의 예를 받은 뒤에, 북쪽을 향하여 보내준 선물(脫)에 배례함으로써 빙군聘君(빙문을 보낸 군주)이 일부러 명하여 사자로 빙문하러 온 것에 대하여 답배하는데, 공경함을 다하기 위한 것이다. 공경하고 사양하는 것은 군자가 서로 접대하는 도리다. 그러므로 제후가 공경하고 사양함으로써 서로 접대하면, 서로 침범하고 능멸하지 않는다.

君使士迎于竟, 大夫郊勞, 君親拜迎于大門之內而廟受, 北面拜
脫, 拜君命之辱, 所以致敬也. 敬讓也者, 君子之所以相接也. 故
諸侯相接以敬讓, 則不相侵陵.

**集説** '교외에서 사신의 노고를 위로하는 것'(郊勞)은 근교近郊에서 위로하는 것이다. 속백束帛을 사용한다. '북쪽을 향해 보내준 선물에 배례한다'는 것 또한 주군이 하는 것이다. 그 배례拜禮는 조계阼階(동쪽 계단) 위에서 한다. '빙군聘君이 사자에게 명하여 빙문해준 수고에 대하여 배례한다'(拜君命之辱)는 것은 '북쪽을 향하여 보내준 선물에 배례하는' 뜻을 해석한 것이다.

'郊勞', 勞之于近郊也. 用束帛. '北面拜貺', 亦主君之拜也. 其拜於阼階上. '拜君命之辱'
者, 釋'北面拜貺'之義也.

**[빙의 5]**

경卿이 상빈上擯이 되고 대부가 승빈承擯이 되고 사士가 소빈紹擯이
된다. 주군은 몸소 빈객을 예우하고, 빈객은 주국의 경대부를 개인
적으로 만나는 예와 주군을 개인적으로 뵙는 예를 행한다. 주군은
사자使者에게 죽은 희생과 산 희생을 보내주고, 규圭와 장璋을 돌려
주며, 빙군에게 보낼 예물(賄)을 주고 빈객에게 예물(贈)을 보내주
며, 사자에게 향례饗禮와 사례食禮와 연례燕禮를 베풀어준다. 이것은
주인과 빈객, 임금과 신하 사이의 의리를 밝히는 것이다.

卿爲上擯, 大夫爲承擯, 士爲紹擯. 君親禮賓, 賓私面私覿. 致饗
餼, 還圭璋, 賄贈, 饗·食·燕. 所以明賓客君臣之義也.

**集說** '경卿'은 주국主國의 경이다. '승빈承擯'은 상빈上擯을 받들어 보좌한
다. '소빈紹擯'은 승빈을 뒤이어 보좌한다. 빈객이 빙문하는 일을 거행하기
를 마치면 주국의 임금이 몸소 예주醴酒를 들고 빈객을 예우하는데, 이것이
'주군이 몸소 빈객을 예우한다'(君親禮賓)는 것이다. '주국의 경대부를 개인적
으로 만나는 예'(私面)는 개인적으로 자기의 예물을 가지고 주국의 경·대부
를 만나는 것이다. '주군을 개인적으로 찾아뵙는 예'(私覿)는 개인적으로 자
기의 예물을 가지고 주국의 임금을 뵙는 것이다. 희생에 대하여 죽은 것을
'옹饔'이라고 하고 살아 있는 것을 '희餼'라고 한다. '죽은 희생과 산 희생을
보내주는 것'은 빙문의 예와 주국의 임금을 뵙는 예를 다 마치고 빈객과

개개가 관사館舍로 가면 주군이 경으로 하여금 잡은 희생과 산 희생을 빈객에게 보내주는 것이다. '규圭와 장璋을 돌려주는 것'(還圭璋)은 빈객이 올 때 이것을 가지고 신표로 삼았던 것을 주군이 받았다가 이제 빈객이 떠나려할 때 주군이 경을 시켜서 빈객의 관사로 보내 돌려주는 것이다. 옥을 돌려주는 것이 끝나면, 빙군聘君에게 보낼 예물(賄)을 주고 빈객에게 예물(贈)을 보내주는 예를 더한다. 『의례』「빙례聘禮」에서는 "빙군에게 보내는 예물에는 한 속束의 실타래를 사용한다"고 했는데, '실타래'(紡)는 지금의 명주실(絹)이다. 향례饗禮와 사례食禮는 모두 조정에서 하고 연례燕禮는 침침寢에서 한다. 한 번의 사례와 두 번의 향례를 하며 연례는 정해진 회수가 없다. ○ 여씨呂氏(여대림呂大臨)는 말한다. "빈자擯者는 주국의 임금이 빈객을 접대하도록 한 사람이다. 주인에게 빈擯이 있는 것은 빈객에게 개개가 있는 것과 같다. 빈擯에 세 명이 있는 것은 많은 것을 문文5)으로 삼기 때문이다. 대종백大宗伯은 조조朝·근근觀·회회會·동동同의 예에서 상상上相이 되는데, 상상이 바로 빈擯이다. 조례詔禮에 들었을 때는 상상이라고 하고, 나와서 빈객을 응접할 때는 빈擯이라고 한다. 종백宗伯은 경卿이다. 그러므로 '경이 상빈上擯이 된다'고 한다. 『주례』「추관·소행인小行人」에서 '(소행인은) 제후가 왕에게 조회하러 올 때 승빈承擯이 된다'라고 하였는데, 행인行人은 대부이다. 그러므로 '대부가 승빈承擯이 된다'고 한 것이다. 사는 직분이 비천하므로 관직이 모자라는 것에 충당하여 빈擯의 일을 이어 보좌한다. 그러므로 '사는 소빈紹擯이 된다'고 한 것이다. 사신使臣의 의리는 빙문을 하는 주군主君에게 그 임금과 신하 관계에서의 공경함을 다하는 것이고, 주군의 의리는 빙문 온 사신에게 그 빈객과 주인 관계에서의 공경함을 다하는 것이다." '卿, 主國之卿也. '承擯'者, 承副上擯也. '紹擯'者, 繼續承擯也. 賓行聘事畢, 主國君親執禮以禮賓, 是'君親禮賓'也. '私面', 謂私以己禮物面見主國之卿大夫也. '私覿', 私以己禮物覿見主國之君也. 牲殺者曰'饔', 生者曰'餼'. '致饔餼'者, 聘覿皆畢, 賓介就館, 主君使卿致饔

餼之禮於賓也. '還圭璋'者, 賓來時執以爲信, 主君旣受之矣, 今將去, 君使卿送至賓館以還之也. 還玉畢, 加以賄贈之禮. 『經』云: "賄用束紡", '紡', 今之絹也. 饗禮·食禮皆在朝, 燕禮在寢. 一食再饗, 燕無常數. ○ 呂氏曰: "擯者, 主國之君所使接賓者也. 主之有擯, 猶賓之有介也. 擯有三者, 以多爲文也. 大宗伯, 朝覲會同則爲上相, 相, 卽擯也. 入詔禮曰相, 出接賓曰擯. 宗伯, 卿也. 故曰'卿爲上擯'. 「小行人」'諸侯入王, 則爲承而擯', 行人, 大夫也. 故曰'大夫爲承擯'. 士職卑, 承官之乏以繼擯之事. 故曰'士爲紹擯也'. 使臣之義, 則致其君臣之敬於所聘之君, 主君之義, 則致其賓主之敬於來聘之臣也."

## [빙의 6]

그러므로 천자가 제후에 대한 제도를 정하는데, 해마다 서로 소빙小聘을 하고 삼 년마다 서로 대빙大聘을 하여 제후들이 서로 예로써 권면하도록 하였다. 사신使臣으로 온 자가 빙례를 행하다가 잘못을 하면 주군은 향례와 사례를 몸소 베풀어주지 않는다. 이것은 그가 부끄러움을 느끼고 바로잡게 하려는 것이다. 제후들이 서로 예로써 권면하면 나라 밖으로는 서로를 침략하지 않고 나라 안에서는 서로를 능멸하지 않는다. 이것이 천자가 제후를 기르는 방법이다. 무력을 사용하지 않고도 제후가 스스로 바르게 되도록 하는 도구인 것이다.

故天子制諸侯, 比年小聘, 三年大聘, 相厲以禮. 使者聘而誤, 主君弗親饗食也. 所以愧厲之也. 諸侯相厲以禮, 則外不相侵, 內不相陵. 此天子之所以養諸侯. 兵不用, 而諸侯自爲正之具也.

集說 '천자가 제후에 대한 제도를 정한다'는 것은 천자가 이 빙례를 제정하여 제후로 하여금 실행하게 하는 것이다. '비년比年'은 매년을 말한다. '소빙'은 대부를 정사正使로 보내는 경우이고, '대빙'은 경卿을 정사正使로 보내는 경우이다. '잘못을 한다'(謬)는 것은 예의 절차에 잘못이 있는 것이다.

○ 여씨呂氏(여대림呂大臨)는 말한다. "윗사람과 아랫사람이 교류하지 않으면 천하에 나라가 유지될 수 없고 사람의 도리에 있어서 무리를 이룰 수 없다. 그러므로 선왕이 제후를 통솔함에 서로 교류함으로써 우호를 다지게 하는데 반드시 서로 공경함으로써 그 교류를 온전하게 유지하도록 하였다. 서로 교류하는 것은 반드시 적게 하고 빈번하게 하는 것 사이의 적절한 중도를 추구한다. 그러므로 해마다 소빙小聘을 하고 삼 년마다 대빙大聘을 한다. 서로 공경하는 방법은 반드시 예禮로써 서로 권면한다. 그러므로 사신으로 간 자가 잘못을 하면 주군은 향례饗禮와 사례食禮를 몸소 베풀어주지 않음으로써 그가 부끄러움을 느끼고 바로잡게 한다. 그런 뒤에야 인仁이 이루어지고 예가 실행되어, 밖으로는 사방의 이웃이 서로 친하여 서로를 침략하지 않고, 안으로는 임금과 신하 관계의 의리가 있어서 서로를 능멸하지 않는다. 선왕은 예를 제정하여 아무 일이 없을 때에 사람을 잘 기르도록 하였는데, 올라가고 내려가는 의절과 술잔을 주고 돌려받는 절차가 번다하여 빈객과 주인, 유사有司가 예를 모두 다 실행해내지 못할 것을 우려함이 있다. 그래도 선왕이 미처 바꾸지 않은 것은 이로써 그 덕행에 대한 의지를 길러 이 예를 편하게 여겨서 꺼리지 않게 하려는 것이다. 그러므로 구차하고 게으름을 편안하게 여기지 않고 예를 실행하는 것을 편안히 여기며, 서로에게 자신을 낮추는 것을 수치스러워하지 않고 예가 없음을 수치스러워하게 한다. 천자는 이것으로 제후를 기르고 제후는 이것으로 그의 사대부를 기르므로 윗사람과 아랫사람이 교류하여 서로를 기른다. 이것

이 무력이 사용되지 않는 이유이고 천하가 평안해지는 근거이다. 절차와 의식이 번다한 것은 빙례와 사례射禮이니 사람을 기르는 것이 지극한 것이다. 제후가 사례射禮와 빙례聘禮를 통해 스스로 바르게 되니, 두 의례의 의리에는 천자가 제후를 기르는 취지가 깊은 것이다. 그러므로 그 의미를 설명하면서 모두 '무력을 사용하지 않아도 스스로 바르게 되도록 하는 도구이다'라고 하였다." '天子制諸侯'者, 天子制此禮而使諸侯行之也. '比年', 每歲也. '小聘', 使大夫, '大聘', 使卿. '誤', 謂禮節錯誤也. ○ 呂氏曰: "上下不交, 則天下無邦, 人道所以不能群也. 故先王之御諸侯, 使之相交以脩其好, 必使之相敬以全其交. 其相交也, 必求乎疏數之中. 故比年小聘, 三年大聘也. 其相敬也, 必相厲以禮. 故使者之誤, 主君不親饗食, 以愧厲之. 然後仁達而禮行, 外則四隣相親而不相侵, 內則君臣有義而不相陵也. 先王制禮, 以善養人於無事之際, 多爲升降之文 · 酬酢之節, 賓主有司有不可勝行之憂. 先王未之有改者, 蓋以養其德意, 使之安於是而不憚也. 故不安於偸惰, 而安於行禮, 不恥於相下, 而恥於無禮也. 天子以是養諸侯, 諸侯以是養其士大夫, 上下交相養. 此兵所以不用, 天下所以平也. 節文之多惟聘射, 養人之至者也. 諸侯自爲正於射禮 · 聘禮二禮之義, 天子養諸侯之意爲深. 故其義皆曰'兵不用, 自爲正之具也'."

**[빙의 7]**

규圭와 장璋을 가지고 빙례를 행하는 것은 예를 중시하는 것이다. 빙례를 하고 나면 규와 장은 돌려준다. 이것은 재물을 가볍게 여기고 예를 중시하는 뜻이다. 제후들이 재물을 가볍게 여기고 예를 중시하는 것으로써 서로 권면하면, 백성들에게 겸양하는 기풍이 일어난다.

以圭璋聘, 重禮也. 已聘而還圭璋. 此輕財而重禮之義也. 諸侯相
厲以輕財重禮, 則民作讓矣.

**集說** 빙문 온 사신이 주군에게 예를 행할 때는 규圭를 사용하고, 부인에
게 예를 행할 때는 장璋을 사용한다. 그가 주군에게 향례享禮를 행할 때는
속백束帛에 벽璧을 더하고, 부인에게는 종琮을 사용한다. '향享'은 올리는 것
이다. 예가 끝나고 나서 그 규와 장을 돌려주는 것은 규와 장이 예를 행하
는 기물이기 때문에 그것을 존중하여서 감히 받지 못하기 때문이다. 벽과
종과 폐백은 다 재물이다. 재물을 가볍게 여기는 것이기 때문에 받고 돌려
주지 않는다. 그러므로 '이것은 재물을 가볍게 여기고 예를 중시하는 뜻이
다'라고 하였다. ○ 여씨呂氏(여대림呂大臨)는 말한다. "제후들이 재물을 가볍
게 여기고 예를 중시하는 것으로써 서로 권면하면 이익을 멀리하고 염치를
가지기 때문에 백성들에게 겸양하는 기풍이 일어나는 것이다." 聘使之行禮,
於君則用圭, 於夫人則用璋. 其行享禮, 於君則束帛加璧, 於夫人則琮. '享', 猶獻也. 及禮
畢則還其圭璋者, 以圭璋是行禮之器, 故重之而不敢受也. 璧·琮與幣, 皆財也. 財在所
輕, 故受而不還. 故曰此輕財而重禮之義也'. ○ 呂氏曰: "諸侯相厲以輕財而重禮, 則遠
利而有恥, 所以民作讓."

## [빙의 8]

주국主國이 빈객을 접대하는데 있어, 출국할 때와 입국할 때에 세
차례 꼴과 땔나무와 곡식을 공급해주며, 빈객에게 죽은 희생과 산
희생을 관사로 보내준다. 5뢰五牢를 갖추어 관사의 문안에 진설하

고, 쌀 30수레, 벼 30수레, 벼 양의 두 배가 되는 꼴과 땔나무를 모두 관사의 문밖에 진설한다. 날짐승(乘禽)을 날마다 5쌍씩 공급한다. 여러 개介들에게도 모두 죽은 희생과 산 희생을 보내주며, 한 번의 사례와 두 번의 향례를 베풀어주고 연례와 새로 나온 시물時物을 보내는 것은 제한된 횟수 없이 한다. 이것은 풍성한 예우로써 예를 중시하는 것이다. 옛날에 재물을 사용하는 것이 모두 이와 같이 할 수는 없었다. 그러나 빙례에서 이처럼 풍성하게 재물을 사용하는 것은 예에 맞게 극진히 실행하는 것을 뜻한다. 예에 맞게 극진히 실행하면, 나라 안에서는 임금과 신하가 서로를 능멸하지 않고 나라 밖으로는 서로를 침략하지 않는다. 그러므로 천자가 빙례를 제정하였으니, 제후들은 이것의 실천에 힘쓸 따름이다.

主國待客, 出入三積, 餼客於舍. 五牢之具陳於內, 米三十車, 禾三十車, 芻薪倍禾, 皆陳於外. 乘禽日五雙. 群介皆有餼牢, 壹食, 再饗, 燕與時賜無數. 所以厚重禮也. 古之用財者, 不能均如此. 然而用財如此其厚者, 言盡之於禮也. 盡之於禮, 則內君臣不相陵, 而外不相侵. 故天子制之, 而諸侯務焉爾.

**集說** '출국할 때'(出)는 이미 출발한 것이다. '입국할 때'(入)는 처음 도착한 것이다. '적積'은 뢰례牢禮의 규모로 쌀과 벼와 꼴과 땔나무 등을 공급해주는 것이다. 그 올 때와 갈 때에 다 세 차례 공급해준다. 그러므로 '출국할 때와 입국할 때에 세 차례 쌀과 벼와 땔나무를 공급해준다'(出入三積也)고 하였다. '빈객에게 잡은 희생과 산 희생을 관사로 보내준다'(餼客於舍)는 것은 죽은 희생과 산 희생(饗餼)을 빈객의 관사에 보내주는 것이다. 세 가지 희생

을 갖춘 것이 1뢰牢가 된다. '5뢰五牢를 갖추어 관사의 문안에 진설한다'(五牢之具陳於內)는 것은 익힌 고기(餁) 1뢰는 빈객 관사의 서쪽 계단에 두고, 익히지 않은 고기(腥) 2뢰는 빈객 관사의 동쪽 계단에 두며, 산 희생(餼) 2뢰는 빈객 관사의 문 안 서쪽에 두는 것이다. '벼'는 볏짚과 이삭을 함께 베어낸 것이다. 쌀을 실은 수레는 문 동쪽에 두고, 벼를 실은 수레는 문 서쪽에 둔다. '벼의 두 배'(倍禾)는 그 수를 벼보다 두 배로 하는 것이다. 『주례』「추관秋官·장객掌客」의 주注에 "땔나무의 규모는 쌀의 양에 맞추고 꼴의 규모는 벼의 양에 맞춘다"라고 하였다. 소疏에서 말한다. "땔나무로 밥을 짓는다. 그러므로 쌀의 양에 따른 것이다. 꼴로는 말을 먹인다. 그러므로 벼의 양에 따른 것이다. 이 네 가지 것은 다 문 밖에 둔다. '날짐승'은 쌍을 이루어서 무리지어 다니는 날짐승으로 기러기나 오리 등이다. 『주례』「추관秋官·장객掌客」에서, '빈객을 대하는 예는 나라가 새로 건립되면 예를 줄이고, 재앙이나 흉년이 있으면 예를 줄이며, 돌림병으로 상사喪事가 있으면 예를 줄이고, 병란이나 재해가 있으면 예를 줄이며, 야지野地나 기외畿外에서는 예를 줄여서 행한다'고 하였다. 그러므로 '옛날에 재물을 사용하는 것이 모두 이와 같이 할 수는 없었다'고 한 것이니, 다 이처럼 풍성하게 할 수는 없음을 말한다. 그런데도 빙례에서 재물을 사용하는 것이 이처럼 풍성한 것은, 예를 극진히 행하고자 한 것이다. 재물을 사용하는 것을 풍성하게 한다 해도 예를 극진히 하는 것에 그치며, 감히 더 아름답게 하여 예를 함몰시키지 않는다. 그러므로 나라 안에서 서로 능멸하지 않고 나라 밖으로 서로 침략하지 않는 것은 다 예를 제정하여 절제시켰기 때문이다." '出', 旣行也. '入', 始至也. '積', 謂餼之牢禮米禾·芻薪之屬. 其來與去, 皆三餼之積. 故云 '出入三積'也. '餼客於舍', 謂致饔6)餼於賓之館舍也. 三牲備爲一牢. '五牢之具陳於內', 謂餁一牢在賓館西階, 腥二牢在賓館東階, 餼二牢在賓館門內之西也. '禾', 稾實幷刈者也.

米車設於門東, 禾車設於門西. '倍禾', 倍其數也. 『禮』註云: "薪從米, 芻從禾." 疏云: "薪以炊爨. 故從米. 芻以食馬. 故從禾. 此四物皆在門外. '乘禽', 乘行群匹之禽, 鴈鶩之屬也. 「掌客」云, '凡禮賓客, 國新殺禮, 凶荒殺禮, 禮喪殺禮, 禍灾殺禮, 在野在外殺禮.' 故曰 '古之用財者, 不能均如此', 言不能皆如此豐厚也. 然而於聘禮, 則用財如此之厚者, 是欲極盡之於禮也. 用財雖厚, 盡禮而止, 不敢加美以沒禮. 故內不相陵, 外不相侵, 皆爲有禮以制之故也.

## [빙의 9]

빙례聘禮와 사례射禮는 가장 성대한 예이다. 날 밝을 무렵에 행사를 시작하여 정오가 거의 다 된 후에야 예가 완성된다. 강건하여 힘이 있는 자가 아니면 실행해낼 수가 없다. 그러므로 강건하여 힘이 있는 자라야 빙례와 사례를 실행할 수 있다. 비록 술은 맑고 사람은 목이 마르다 해도 감히 마시지 못하며, 고기가 잘 말라있고 사람은 허기가 진대도 감히 먹지 못한다. 날이 저물어 사람들이 피곤해도 여전히 장중하고 반듯하여 감히 나태하지 못한다. 이로써 예의 절차를 완성하고, 이로써 임금과 신하의 관계를 바르게 하고, 이로써 아버지와 아들이 서로 친애하게 하고, 이로써 어른과 아이가 서로 화목하게 한다. 이것은 일반 사람들이 행하기 어려운 것으로 군자라야 실행한다. 그러므로 그것을 실행함이 있다고 하는 것이다. 실행함이 있다는 것은 의義가 있다는 것이다. 의가 있다는 것은 용감하다는 것이다. 그러므로 용감한 자를 귀하게 여기는 것은 그가 의를 세울 수 있음을 귀하게 여기는 것이다. 의를 세우는 자를 귀하게 여기는 것은 그가 실행함이 있음을 귀하게 여기는 것이다. 실행함이 있는 자를 귀하게 여기는 것은 그가 예를 실행함을 귀하게 여기는 것이다. 그러므로 용감한 자를 귀하게 여기는 것은 그가 예로써 의롭게 됨(禮義)을 실행하는 데 용감함을 귀하게 여기는 것이다. 그러므로 용감하고 강건하게 힘이 있는 이는 천하가 태평할 때에는 예로써 의롭게 되는 일(禮義)에 힘쓰고 천하에 어지러운 일이 있으면 전쟁에서 이기는 것에 힘쓴다. 전쟁에서 이기는 것에 힘을 쓰면 대적할 적이 없게 되고 예의에 힘을 쓰면 순조롭게 다스려진다. 밖으로 대적할 적이 없고 안으로 순조롭게 다스려지는 이것을 성대한 덕이라고 한다. 그러므로 성왕이 용감하고 강건하게 힘이 있는 자를 귀하게 여기는 것이 이와 같았다. 용감하고 강건하게 힘이 있으면서 예로서 의롭게 되는 일과 전쟁에서 이기는 것에 힘을 쓰지 않고 싸우고 다투는 것에 힘을 쓰면 그를 난리를 일으키는 사람이라고 한다. 형벌이 나라에 시행될 때, 처벌할 대상은 난리를 일으키는 사람이다. 그와 같이 형벌을 시행하면 백성들은 순조롭게 다스려지고 나라는 평안해진다.

聘·射之禮, 至大禮也. 質明而始行事, 日幾中而后禮成. 非强有力者, 弗能行也. 故强有力者將以行禮也. 酒清人渴而不敢飮也, 肉乾人飢而不敢食也. 日莫人倦, 齊莊正齊, 而不敢解惰. 以成禮節, 以正君臣, 以親父子, 以和長幼. 此衆人之所難, 而君子行之. 故謂之有行. 有行之謂有義. 有義之謂勇敢. 故所貴於勇敢者, 貴

其能以立義也. 所貴於立義者, 貴其有行也. 所貴於有行者, 貴其
行禮也. 故所貴於勇敢者, 貴其敢行禮義也. 故勇敢‧强有力者,
天下無事則用之於禮義, 天下有事則用之於戰勝. 用之於戰勝則
無敵, 用之於禮義則順治. 外無敵, 內順治, 此之謂盛德. 故聖王
之貴勇敢‧强有力如此也. 勇敢‧强有力而不用之於禮義‧戰勝,
而用之於爭鬪, 則謂之亂人. 刑罰行於國, 所誅者亂人也. 如此,
則民順治而國安也.

**集說** 여씨呂氏(여대림呂大臨)는 말한다. "절차와 문식이 많은 것은 빙례와
사례가 그러하다. 그러므로 '빙례와 사례는 가장 성대한 예이다'라고 하였
다. 임금과 신하, 아버지와 아들, 어른과 아이 사이의 의리는 다 절차와
문식 안에서 모습이 드러난다. 남들은 어려워하는 것이지만 나는 편안해하
고, 남들은 나태하게 하는 것이지만 나는 공경하니, 이를 실행해낼 수 있는
자는 군자이다. 군자는 스스로 그 강건하게 힘쓰고 용감하게 행하는 기상
을 길러, 그 기상을 예로써 의롭게 되는 일(禮義)과 전쟁에서 이기는 일(戰勝)
에만 오로지 힘쓰면 교화가 실행된다. 이것이 나라가 평안해지는 이유이
다. 사례射禮에서 제후의 사례인 경우는 연례燕禮를 먼저 거행하고, 경‧대
부‧사의 사례인 경우는 향음주鄕飮酒의 예를 먼저 거행하는데, 술잔을 돌
리며 올리는 절차가 극히 번쇄하다. 그러므로 비록 술이 맑고 고기가 잘
말라있어도 감히 마시고 감히 먹지 못하는 것이 있다. 빙례 같으면, 빙문과
향례享禮를 받고 주군을 뵙기를 청한 뒤에 예주醴酒를 따라서 빈객을 예우
하므로, 술이 맑고 고기가 말라있을 일은 없고, 다만 절차와 문식이 번다한
것이 사례射禮와 같을 뿐이다. 모두 날이 정오가 거의 다 된 후에야 예의가
완성되기 때문에, 사례射禮와 겸해서 말한 것이다." 呂氏曰: "節文之多, 惟聘射
之禮爲然. 故曰'至大禮也'. 君臣‧父子‧長幼之義, 皆形見于節文之中. 人之所難, 我之

所安, 人之所懈, 我之所敬, 故能行之者, 君子也. 君子自養其强力勇敢之氣, 一用之於義
禮戰勝, 而敎化行矣. 此國之所以安也. 射禮, 諸侯之射必先行燕禮, 卿大夫士之射必先行
鄕飮酒之禮, 酬獻之節, 極爲繁縟. 故有酒淸肉乾而不敢飮食者. 若聘禮則受聘受享請覲,
然後酌醴禮賓, 無酒淸肉乾之事, 特以節文之繁, 與射禮等. 皆至日幾中而后禮成, 故與射
禮兼言之也."

## [빙의 10]

자공子貢이 공자孔子에게 물었다. "감히 묻습니다. 군자가 옥을 귀
하게 여기고 옥돌을 천하게 여기는 것은 무엇 때문입니까? 옥은
적고 옥돌은 많기 때문입니까?" 공자가 대답하였다. "옥돌이 많기
때문에 천하게 여기고 옥이 적기 때문에 귀하게 여기는 것이 아니
다. 옛날에 군자는 덕을 옥에 비유하였다. 따듯하고 윤택한 것은
인仁과 같고 치밀하여 견고한 것은 지知와 같고 반듯하게 각이 졌
지만 베어서 다치게 하지 않는 것은 의義와 같고 아래로 떨어질
듯이 드리워지는 것은 예禮와 같다. 두드리면 그 소리가 맑게 퍼져
서 길게 이어지지만 끊듯이 마치는 것은 악樂과 같다. 티가 고운
부분을 가리지 않고 고운 부분이 티를 가리지 않는 것은 충忠과
같다. 미덥고 진실한 것은 신信과 같다. 기운이 흰 무지개와 같은
것은 천天과 같다. 정기精氣가 산천에 드러나는 것은 지地와 같다.
폐백 없이 규圭와 장璋만으로 전달되는 것은 덕德과 같다. 천하 사
람들이 귀하게 여기지 않는 이가 없는 것은 도道와 같다. 『시詩』에

서는 '나는 군자를 그리워하니, 그 온화하기가 옥과 같네[7]'라고 하였다. 그러므로 군자가 옥을 귀하게 여기는 것이다."

子貢問於孔子曰: "敢問, 君子貴玉而賤珉者何也? 爲玉之寡而珉之多與?" 孔子曰: "非爲珉之多故賤之也, 玉之寡故貴之也. 夫昔者, 君子比德於玉焉. 溫潤而澤, 仁也, 縝密以栗, 知也, 廉而不劌, 義也, 垂之如隊, 禮也. 叩之, 其聲淸越以長, 其終詘然, 樂也. 瑕不揜瑜, 瑜不揜瑕, 忠也. 孚尹旁達, 信也. 氣如白虹, 天也. 精神見于山川, 地也. 圭璋特達, 德也. 天下莫不貴者, 道也. 詩云, '言念君子, 溫其如玉.' 故君子貴之也."

集說　정씨鄭氏(정현鄭玄)는 말한다. "'옥돌'(珉)은 옥과 비슷한 돌이다. '촘촘함'(縝)은 치밀함이다. '율율'(栗)은 단단한 모양이다. '베다'(劌)는 상하는 것이다. 의로운 사람은 일부러 남을 해치지 않는다. '월越'은 펴지는 것과 같다. '굴詘' 끊어서 그친 모양이다. 「악기樂記」에서 '그쳐서 말라죽은 나무와 같다'고 하였다. '티'(瑕)는 옥의 흠진 부분이다. '고운 부분'(瑜)은 그 중간에 아름다운 것이다." ○ 육씨陸氏(육전陸佃)는 말한다. "'윤尹'은 바른 것이다. '부윤孚尹'은 미덥고 바르다고 말하는 것과 같다." ○ 응씨應氏는 말한다. "'윤尹'은 윤允이 되어야 한다. 부孚와 윤允은 모두 미더운 것이다." ○ 소疏에서 말한다. "'폐백 없이 규圭와 장璋만으로 전달된다'는 것은 빙례를 거행할 때에 규와 장만을 잡고도 단독으로 통하여 전달될 수 있어서 나머지 폐백을 더하지 않는 것을 말한다." ○ 마씨馬氏는 말한다. "부드러울 수 있고 강할 수 있으며, 억제할 수 있고 펴져나갈 수 있으며, 수렴할 수 있고 드러낼 수 있어서, 정미하고도 거친 아름다움을 갖춤으로써 하늘과 사람의 도道를 온전히 할 수 있는 것이 옥이라는 물건이다. 부드러울 수 있어 따뜻하고 윤택하므로 인仁이 된다. 강할 수 있어 반듯하게 각이 졌지만 베어서 다치

게 하지 않으므로 의義가 된다. 억제할 수 있어 아래로 떨어질 듯이 드리워지므로 예禮가 된다. 퍼져나갈 수 있어 그 소리가 맑게 퍼져서 길게 이어지지만 끊듯이 마치므로 악樂이 된다. 수렴할 수 있어 치밀하여서 견고하므로 지智가 된다. 드러낼 수 있어 티가 고운 부분을 가리지 않고 고운 부분이 티를 가리지 않으므로 충忠이 된다. 속에서 미덥고 바르며 밖으로 널리 통하므로 신信이 된다. 인仁으로 시작해서 신信으로 완성하니, 이것은 모두 거칠어서 사람의 도道가 된다. 기氣에 있어서는 흰 무지개와 같으므로 천天이 된다. 정신精神이 산천에 나타나므로 지地가 된다. 규圭와 장璋만으로 통하므로 덕德이 된다. 천하 사람들이 귀하게 여기지 않는 이가 없으므로 도道가 된다. 이것은 모두 정미하여서 하늘의 도가 된다. 일곱 가지를 합해서 말하면 다 덕德이라고 한다. 군자가 귀하게 여기는 것은 이 덕 때문이다. 따뜻한 것은 덕의 시작이다. 시작을 말함으로써 마침을 나타낸다.『논어論語』에서는 공자의 다섯 가지 덕을 말하였는데 따뜻함에서 시작한다. 기夔가 네 가지 덕으로써 귀족의 장자(冑子)들을 가르칠 때도 역시 따뜻함에서 시작하였다.『시詩』에서도 '따뜻하고 공경스러운 사람이여, 덕의 기틀이다'[8]라고 하였다. 옛 사람들이 옥을 사용한 것은 다 그 아름다움을 상징한 것이다. 제후들을 복종시킬 경우에는 규로써 제후를 소집하고, 재앙이나 흉년을 구휼하는 것은 그 인仁을 사용하는 것이다. 재계할 때에 옥을 갈아서 먹는 것(食玉)[9]은 그 지智를 사용한 것이다. 아장牙璋으로 군사를 일으키는 것은 그 의義를 사용하는 것이다. 국군이 서옥瑞玉으로써 서로 만나고 벽璧으로 서로 진헌하는 것은 그 예禮를 사용하는 것이다. 악樂에 명구鳴球[10]가 있고 복색에 패옥佩玉이 있는 것은 그 악樂을 사용하는 것이다. 방국邦國에 옥절玉節이 있는 것은 그 신信을 사용하는 것이다. 완琬으로 우호를 맺고 염琰으로 사특함을 제거하는 것은 그 충忠을 사용하는 것이다. 양규兩圭로 땅에 제사지내고 황종黃琮으로 땅에 예를 올리는 것은 그 땅에 통할 수 있음을 사용하는 것이다. 사규四圭로 하늘에 제사지내고 창벽蒼璧으로 하늘에 예를 올리는 것은 그 하늘에 통할 수 있음을 사용하는 것이다. 규圭와 장璋만으로 전달하는 것은 그 덕에 통할 수 있음을 사용하는 것이다. 빙례를 마치고 나서 규와 장을 돌려주고 조회를 마치고 나서 서瑞를 나누어 돌려준다. 이것은 모두 옛날에 기물을 만들면서 옥의 아름다움을 사용한 것이다. 옛날에는 군자를 옥에 잘 비유하였다. ‘군자를 생각하니 온화함이 옥과 같네’11)라고 하였고, ‘그 문장을 조각함이여, 금과 옥이 바탕이네’12)라고 하였고, ‘규와 같고 벽과 같다’고 하였으며, ‘여기에 아름다운 옥이 있는데, 함에 싸서 감춰 두어야 하는가!’13)라고 하였고, ‘옥으로 거두어서 조리條理를 마친다’14)고 하였으며, ‘아름다운 옥에도 티가 있다’15)고 하였고, ‘옥과 같고 옥돌과 같으며 이에 단청으로 변하였다’16)고 하였다. 이것들은 옛 사람들이 군자를 옥에 비유한 것이다.” ○ 석량왕씨石梁王氏가 말한다. “빙례에서 옥을 사용했기 때문에 옥의 덕을 논하는 것으로 이 편을 끝맺었다.” 鄭氏曰: “碈石似玉. ‘縝’, 緻也. ‘栗’, 堅貌. ‘劌’, 傷也. 義者, 不苟傷人. ‘越’, 猶揚也. ‘詘’, 絶止貌. 「樂記」曰, ‘止如藁木.’ ‘瑕’, 玉之病也. ‘瑜’, 其中間美者.” ○ 陸氏曰: “‘尹’, 正也. ‘孚尹’猶言信正.” ○ 應氏曰: “‘尹’, 當作允. 孚允, 皆信也.” ○ 疏曰: “‘圭璋特達’, 謂行聘之時, 惟執圭璋特得通達, 不加餘幣也.” ○ 馬氏曰: “能柔·能剛·能抑·能揚·能斂·能彰, 而能備精粗之美以全天人之道者, 玉之爲物也. 能柔則溫潤而澤, 所以爲仁. 能剛則廉而不劌, 所以爲義. 能抑則垂之如隊, 所以爲禮. 能揚則其聲淸越以長, 其終詘然, 所以爲樂. 能斂則縝密以栗, 所以爲智. 能彰則瑕不掩瑜, 瑜不掩瑕, 所以爲忠. 孚尹於中, 旁達於外, 所以爲信. 始之以仁, 而成之以信, 凡此皆粗而爲人道也. 至17)於氣如白虹, 所以爲天. 精神見于山川, 所以爲地. 圭璋特達, 所以爲德. 天下莫不貴之, 所以爲道. 凡此皆精而爲天道也. 七者合而言之, 皆謂之德. 君子所貴以此德也. 溫者, 德之始. 言始所以見終. 『論語』言孔子之五德, 則始於溫. 夔敎冑子以四德, 亦始於溫. 『詩』亦曰, ‘溫溫恭人, 惟德之基.’ 古人用玉, 皆象其美. 若鎭, 圭以召諸

侯, 以恤凶荒, 用其仁也. 齊有食玉, 用其智也. 牙璋以起軍旅, 用其義也. 國君相見以瑞, 相享以璧, 用其禮也. 樂有鳴球, 服有佩玉, 用其樂也. 邦國玉節, 用其信也. 琬以結好, 琰以除慝, 用其忠也. 兩圭祀地, 黃琮禮地, 用其能達於地也. 四圭祀天, 蒼璧禮天, 用其能達於天也. 圭璋特達, 用其能達於德也. 已聘而還圭璋, 已朝而還[18]瑞. 此皆古之爲器而用玉之美者也. 古之善比君子於玉者. 曰, '言念君子, 溫其如玉', 曰'追琢其章, 金玉其相', 曰'如圭如璧', 曰'有美玉於斯, 韞匵而藏諸!', 曰'玉振終條[19]', 曰'瑾瑜匿瑕', 曰'如玉如瑩, 爰變丹靑.' 此古人比君子於玉者也." ○ 石梁王氏曰: "因聘禮用玉, 故論玉之德以結此篇."

**1** 경들이 모여서 : 『주례』「春官 · 大宗伯」 '殷覜'에 대한 정현 주에서는 '殷'을 '衆'으로
해석한다.

**2** 중간에 일이 없을 때 : 『주례』「秋官 · 大行人」 '殷聘'에 대한 정현 주에서는 '殷'을 '中'으
로 해석한다.

**3** 【분장】 : 본 편은 권근의 按說도 없고 경문을 재배치하지도 않아 분장을 하지 않았다.

**4** 비 : 종묘 대문 안뜰에 犠牲을 매어놓기 위해 박아둔 돌을 말한다. 『三禮辭典』 '碑' 항목
참조.

**5** 문 : 文采라고도 하며, 아름답게 꾸미는 文飾을 말한다. 길례에서 상대를 공경하는 것을
아름답게 꾸미는 것을 통해서 나타낸다. 그것은 행하는 예의 규모를 통해서 표현된다.
곧 규모가 클수록 문식을 많이 가하는 것이고, 상대를 그만큼 더 공경하는 것이 된다.

**6** 甕 : 대전본에는 '饗'으로 되어 있으나 오기이므로 바로잡는다.

**7** 나는 ~ 같네 : 이 말은 『詩』「秦風 · 小戎」에서 인용한 것이다.

**8** 따듯하고 ~ 기틀이다 : 이 말은 『詩』「大雅 · 抑」에 보인다.

**9** 옥을 갈아서 먹는 것 : 이 말은 『주례』「天官 · 玉府」에 보인다. "王制, 則共食玉"의 정현
주, '옥으로 장식된 식기'로 해석하기도 한다.

**10** 명구 : 石磬을 가리킨다. 玉磬이라고도 한다.

**11** 군자를 ~ 같네: 이 말은 『詩』「小戎」에 보인다.

**12** 그 문장을 ~ 바탕이네 : 이 말은 『詩』「大雅 · 棫樸」에 보인다.

**13** 여기에 ~ 하는가! : 이 말은 『論語』「子罕」에 보인다.

**14** 옥으로 ~ 마친다 : 이 말은 『맹자』「萬章下」에 보인다.

**15** 아름다운 ~ 있다 : 이 말은 『春秋左氏傳』, 宣公 16년 조에 보인다.

**16** 옥과 ~ 변하였다 : 이 말은 揚雄의 『法言』「吾子」에 보인다.

**17** 至 : 『예기집설대전』에는 '至'가 빠져 있다.

**18** 還 : 『예기집설대전』에는 '班'으로 되어 있다.

**19** 終條 : 『예기집설대전』에는 '終條理'로 되어 있다.

# 상복사제
## 喪服四制

양촌에 사는 후학 권근 지음

소疏에서 말한다. "(편명을 「상복사제」라고 한 것은) 상복의 제도를 기술함에 인仁·의義·예禮·지智에서 취하였기 때문이다."[1]

疏曰: "以其記喪服之制取於仁·義·禮·智也."

## [상복사제 1][2]

모든 예의 대체大體는 천지를 본받고, 사시를 법도로 삼고, 음양을 법칙으로 삼고, 인정에 따르는 것이다. 그러므로 '예禮'라고 한다. 이를 헐뜯는 자는 예가 나오는 바를 알지 못하기 때문이다. 무릇 예에서 길례와 흉례가 그 도리를 달리하여 서로 관여하지 못하는 것은 음과 양에서 취한 것이다. 상喪에 네 가지 제도를 두어, 변화를 주는 것을 상황에 맞게 하는 원리에 따라서 함은 사시의 변화에서 취한 것이다. 은恩(은혜)이 있고 리理(의리)가 있으며 절節(절도)이 있고 권權(권도)이 있는 것은 인정人情에서 취한 것이다. 은恩은 인仁

에 속하고, 리理는 의의義에 속하고, 절節은 예禮에 속하고, 권權은 지
知에 속한다. 인·의·예·지에서 인간의 도리가 갖추어진다.

凡禮之大體, 體天地, 法四時, 則陰陽, 順人情. 故謂之'禮'. 呰之
者, 是不知禮之所由生也. 夫禮, 吉凶異道, 不得相干, 取之陰陽
也. 喪有四制, 變而從宜, 取之四時也. 有恩有理, 有節有權, 取
之人情也. 恩者仁也, 理者義也, 節者禮也, 權者知也. 仁·義·
禮·知, 人道具矣.

集說 천지를 본받아 높고 낮음을 정하고, 사시를 본받아 오고 감을 삼고,
음양을 본받아 길함과 흉함을 구별하고, 인정에 순응하여 높이고 줄이는
것을 행한다. 선왕이 예를 제정할 때에는 모두 여기에 근본을 두었으니,
상례喪禮에서만 그렇게 한 것이 아니다. 그러므로 '모든 예의 대체大體'라고
한 것이다. '길례와 흉례는 도리를 달리한다'라고 말한 것 이하에서 비로소
오로지 상례만을 가지고 말하였다. '상례에 네 가지 제도가 있다'(喪有四制)
는 것은 '은혜에 따라 제정하는 것', '의리에 따라 제정하는 것', '절도에 따
라 제정하는 것', '권도權道로 제정하는 것'을 말한다. 體天地以定尊卑, 法四時
以爲往來, 則陰陽以殊吉凶, 順人情以爲隆殺. 先王制禮, 皆本於此, 不獨喪禮爲然也. 故
曰'凡禮之大體'. '吉凶異道'以下, 始專以喪禮言之. '喪有四制', 謂以恩制·'以義制·
'以節制'·'以權制'也.

[상복사제 2]
그 은恩이 두터운 이에 대해서는 그 상복이 무겁다. 그러므로 아버

지를 위해 참최斬衰 3년의 복을 하니 은恩에 따라 제정한 것이다.
其恩厚者其服重. 故爲父斬衰三年, 以恩制者也.

集說 소疏에서 말한다. "아버지는 은恩이 제일 깊다. 그러므로 특별히 아버지를 사례로 들어 말한 것이다. 사실은 집안의 여러 친족들에 대하여 상복을 하는 것 모두 은恩에 따라 제정한 것이다." 疏曰: "父最恩深. 故特擧父而言之. 其實門內諸親爲之著服, 皆是恩制也."


## [상복사제 3]

집안(門內)의 상사喪事를 처리할 때는 은恩으로 의義를 가리고, 집밖(門外)의 상사를 처리할 때는 의義로 은恩을 끊는다.3) 아버지를 섬기는 도리로 군주를 섬기는데, 공경하는 마음은 똑같다.4) 귀한 이를 귀하게 여기고 높은 이를 높이는 것은 의義의 커다란 것이다.5) 그러므로 군주를 위해서 (아버지의 경우와 마찬가지로) 또한 참최 3년의 복을 하니, 의義에 따라 제정한 것이다.
門內之治恩揜義, 門外之治義斷恩. 資於事父以事君, 而敬同. 貴貴尊尊, 義之大者也. 故爲君亦斬衰三年, 以義制者也.

集說 집안(門內)에서는 은恩을 위주로 하기 때문에 항상 공의公義를 가리고 덮는다. 집 밖(門外)에서는 의義를 위주로 하기 때문에 항상 사적인 은恩을 단절한다. 부모의 상을 당하였을 때 3년 동안 정사에 종사하지 않는 것은 은으로 의를 가리는 것이다. 군주의 상이 났을 때 자신에게 복이 있으

면 감히 사적인 상복을 하지 못하는 것은 의로 은을 단절하는 것이다. '자資'는 취한다(取)·쓴다(用)는 뜻과 같다. 아버지를 섬기는 도리를 취하여 군주를 섬긴다. 그러므로 그 공경함이 똑같은 것이다. 신하가 군주를 위해 무거운 상복을 하는 것은 바로 귀한 이를 귀하게 여기고 높은 이를 높이는 커다란 의리다. 그러므로 '의리에 따라 제정한 것이다'(以義制者)라고 한 것이다. 그러나 오복五服에 모두 의복義服이 있으니, 또한 의리에 따라 제정한 것이다. 이 경문은 무거운 복의 경우를 들어 말한 것이다. 門內主恩, 故常揜蔽公義. 門外主義, 故常斷絶私恩. 父母之喪, 三年不從政, 恩揜義也. 有君喪服於身, 不敢私服, 義斷恩也. '資'猶取也用也. 用事父之道, 以事君. 故其敬同也. 人臣爲君重服, 乃貴貴尊尊之大義. 故曰'以義制者'也. 然五服皆有義服, 亦是以義制. 此擧重者言之耳.

## [상복사제 4]

3일 만에 음식을 먹고, 3개월 만에 목욕을 하고, 1년 만에 연제練祭를 지내는데, 몸을 훼손시키는 경우는 있지만 목숨을 잃지 않게 한다. 죽은 이로 인해서 살아 있는 사람을 해쳐서는 안 되는 것이다. 상례는 3년을 넘기지 않으며, 삼베로 만든 상복은 다 헤져도 깁지 않으며, 분묘는 흙을 두 번 올리지 않는다. 상제祥祭(대상제)를 지내는 날에 장식이 없는 거문고(素琴)를 타는 것은 백성에게 상례가 끝났음을 알리는 것이다. 이는 절도에 따라 제정한 것이다.

三日而食, 三月而沐, 期而練, 毀不滅性. 不以死傷生也. 喪不過三年, 苴衰不補, 墳墓不培. 祥之日鼓素琴, 告民有終也. 以節制者也.

**集說** '3일 만에 음식을 먹는다'(三日而食)는 것은 처음으로 죽을 먹기 시작한다는 뜻이다. 매장을 하고 우제虞祭를 지낼 때 처음으로 목욕을 한다. '상복을 깁지는 않는다'는 것은 비록 다 헤어져도 수선하지 않는다는 뜻이다. '북돋지 않는다'(不培)는 것은 한 번 무덤을 만든 뒤에는 다시 그 위에 흙을 더하지 않는다는 뜻이다. '상일祥日'은 대상大祥의 날을 가리킨다. '소금素琴'은 옻칠의 장식이 없음을 말한다. 소궤素几⁶⁾·소조素俎⁷⁾라고 할 때의 '소素'와 같은 의미다. '三日而食', 始食粥也. 葬而虞祭始沐. '不補', 雖破不補完也. '不培', 一成丘壟之後, 不再加益其土也. '祥日', 大祥之日也. '素琴', 無漆飾也. 與素几·素俎之'素'同.

### [상복사제 5]

아버지를 섬기는 도리로 어머니를 섬기는데, 사랑하는 마음은 똑같다.⁸⁾ 하늘에는 두 개의 태양이 없고, 땅에는 두 왕이 없으며, 나라에는 두 군주가 없고, 집안에는 두 명의 존귀한 이가 없다. 한 사람이 다스리는 것이다. 그러므로 아버지가 살아 계실 때 어머니를 위해 자최 기년의 복을 하는 것은 두 명의 존귀한 이가 없음을 보여주는 것이다.

資於事父以事母, 而愛同. 天無二日, 土無二王, 國無二君, 家無二尊. 以一治之也. 故父在爲母齊衰期者, 見無二尊也.

**集說** 자최복은 기년이 되면 상복을 벗고, 심상心喪으로 3년을 마치는 것이다. 齊衰之服, 期而除之, 以心喪終三年.

지팡이를 하는 것은 무엇 때문인가? 작위 때문이다. (상을 당한 지) 3일 만에 아들에게 지팡이를 주고, 5일 만에 대부에게 지팡이를 주고, 7일 만에 사에게 지팡이를 준다. (작위가 없으면서 지팡이를 하는 것에 대해) 어떤 사람은 첨주擔主(상주)이기 때문이라고 하고, 어떤 사람은 병든 몸을 부지하기 위한 것이라고 한다. 미성년의 부인과 미성년의 사내는 지팡이를 하지 않는다. 병이 들지 않을 것이기 때문이다. 백관이 갖추어져 있고 백물이 구비되어서 명령을 하지 않아도 상사喪事가 행해질 수 있는 천자와 제후의 경우는 남의 부축을 받으면서 일어난다. 명령을 내려야 상사가 행해지는 대부와 사의 경우는 지팡이를 짚고서 일어난다. 자신이 직접 일을 집행해야 이루어지는 서인의 경우는 얼굴에 때가 끼게 할 뿐이다. 대머리인 부인은 좌髽(부인이 상중에 묶는 머리 양식)를 하지 않고, 곱사등이는 단袒을 하지 않으며, 절뚝발이는 용踊을 하지 않고, 노인과 병자는 술과 고기를 금지시키지 않는다. 이 여덟 가지는 임시적으로 제정된 것이다.

杖者, 何也? 爵也. 三日授子杖, 五日授大夫杖, 七日授士杖. 或曰擔9)主, 或曰輔病. 婦人·童子不杖. 不能病也. 百官備, 百物具, 不言而事行者, 扶而起. 言而后事行者, 杖而起. 身自執事而后行者, 面垢而已. 禿者不髽, 傴10)者不袒, 跛者不踊, 老病不止酒肉. 凡此八者, 以權制者也.

**集說** 疏에서 말한다. "지팡이를 마련하는 것은 본래 병든 몸을 부지하

기 위한 것인데, 작위가 있는 사람은 덕이 있어서 그 은혜가 반드시 깊고 그 병이 반드시 중하다. 그러므로 지팡이는 작위가 있는 사람을 위해서 마련하는 것이다. 그러므로 '작위 때문이다'(爵也)라고 하고, 이어서 작위를 가진 사람을 일일이 서술하였다. 그러므로 '(상을 당한 지) 3일 만에 아들에게 지팡이를 주고, 5일 만에 대부에게 지팡이를 주고, 7일 만에 사에게 지팡이를 준다'고 한 것이다. 『의례』 「상복전喪服傳」에서 '작위가 없는데도 지팡이를 하는 것은 무엇 때문인가? 첨주擔主(상주)이기 때문이다'라고 하였는데, '첨擔'은 빌린다는 뜻이다. 그가 첨주(상주)임을 높여서 그에게 지팡이를 빌려주는 것이다. '어떤 사람은 병든 몸을 부지하기 위한 것(輔病)이라고 말한다'는 것은 『의례』 「상복전」에 '첨주가 아니면서 지팡이를 하는 것은 무엇 때문인가? 병든 몸을 부지하기 위해서이다'라고 하였는데, 서인 이하의 사람이 (적자가 아니라도) 모두 지팡이를 하는 것은 병든 몸을 부지하기 위한 것임을 가리킨다. '부인婦人'은 아직 성년이 되지 못한 부인을 가리키고, '동자童子'는 미성년의 사내를 가리킨다. '백관이 갖추어졌다'(百官備)는 것은 왕후王侯를 가리킨다. 백관에게 일을 맡겨놓았으므로 스스로 말을 하지 않아도 일이 행해질 수 있다. 그러므로 아들이 병이 깊게 드는 것이 허용되어, 비록 병든 몸을 부축하는 지팡이가 있어도 일어나지 못한다. 그러므로 반드시 다른 사람의 부축을 받아야 일어난다. 대부와 사에게는 백관百官과 백물百物이 없는데다, 반드시 자신이 말을 한 후에 상사喪事가 행해진다. 그러므로 아프기를 극심하게 하는 것은 허락되지 않으며, 지팡이를 짚고 일어나고 다른 사람의 부축을 받지 않는 것이다. 서인은 신분이 낮아서 시킬 수 있는 사람이 없고, 단지 자신이 직접 일을 집행하기 때문에 병이 드는 것이 허용되지 않는다. 그러므로 지팡이가 있어도 사용하지 못하며, 단지 얼굴에 때가 낀 모습을 하게 할 뿐이다. 아들은 부모에 대해서 귀하든 천하든 심정이 똑같지만, 아픈 것은 똑같을 수 없다. 그러므로 임시

적인 제도를 만드는 것이다. 대머리(禿)는 머리카락이 없다. 여자는 대머리
가 되면 좌髻를 하지 않는다. 그러므로 남자 역시 대머리가 되면 문免을
착용하지 않는다. '단袒'은 옷을 벗는 것이다. 곱사등이(傴者)는 보기가 흉하
므로 단을 하지 않는다. '용踊'은 뛰는 것이다. 절뚝발이(跛人)는 다리가 저
리기 때문에 뛰지 못한다. 노인과 병자는 몸이 약하고 수척하며, 또 예禮를
다 갖추게 한다면 반드시 목숨을 잃는 데까지 이르게 될 것이다. 그러므로
술과 고기로 그들을 보양시켜 준다. '이 여덟 가지'(此八者)라는 것은 지팡이
를 해야 하는데 지팡이를 하지 않고, 지팡이를 해서는 안 되는데 지팡이를
하는 것이 첫째이고, '부축을 받으면서 일어나는 것'이 둘째이고, '지팡이를
짚고서 일어나는 것'이 셋째이고, '얼굴에 때가 끼는 것'이 넷째이고, '대머
리'가 다섯째이고, '곱사등이'가 여섯째이고, '절뚝발이'가 일곱째이고, '노인
과 병자'가 여덟째이다. 「상대기喪大記」(23)에서 대부와 사의 상에 모두 '(상
을 당한 지) 3일 만에 아들에게 지팡이를 준다'고 한 것은 부모를 위해 상
복을 하는 경우를 말한 것이고, 이 경문에서 '5일 만에'·'7일 만에'라고 한
것은 군주를 위해 상복을 하는 경우를 말한 것이다." 疏曰: "杖之所設, 本爲扶
病, 而以爵者有德, 其恩必深, 其病必重. 故杖爲爵者而設. 故云'爵也', 遂歷敍有爵之人.
故云'三日授子杖, 五日授大夫杖, 七日授士杖'. 「喪服傳」云'無爵而杖者, 何? 擔主也',
'擔', 假也. 尊其爲主, 假之以杖. '或曰輔病'者, 「喪服傳」云'非主而杖者, 何? 輔病也',
謂庶子以下皆杖, 爲輔病故也. '婦人', 未成人之婦人, '童子', 幼少之男子. '百官備', 謂
王侯也. 委任百官, 不假自言而事得行. 故許子病深, 雖有扶病之杖, 亦不能起. 故又須人
扶, 乃起也. 大夫·士, 旣無百官·百物, 須己言而后喪事乃行. 故不許極病, 所以杖而
起, 不用扶也. 庶人, 卑无人可使, 但身自執事, 不可許病. 故有杖不用, 但使面有塵垢之
容而己. 子於父母, 貴賤情同, 而病不得一. 故爲權制. 禿者, 無髮. 女禿不髻. 故男子禿
亦不免[11]也. '袒'者露膊. 傴者可憎, 故不袒[12]也. '踊'是跳躍. 跛人脚蹇, 故不跳躍也.
老及病者, 身己羸瘠, 又使備禮, 必至[13]滅性[14]. 故酒肉養之. 此八者, 謂應杖不杖不應

杖而杖, 一也, '扶而起', 二也, '杖而起', 三也, 面垢, 四也, 禿者, 五也, 傴者, 六也, 跛者, 七也, 老病者, 八也. 「喪大記」大夫與士之喪, 皆云'三日授子杖', 謂爲親也, 此云'五日・七日', 爲君也."

## [상복사제 7]

처음 죽었을 때, 3일 동안 곡하는 소리가 끊이지 않고(不怠), 3개월 동안 옷을 벗지 않고(不解), 1년 동안 슬퍼하고(悲哀), 3년 동안 근심하는(憂) 것은 은혜에 따른 감정(恩)이 줄어들기 때문이다. 성인은 줄어드는 감정에 의거하여 절도를 제정하였다. 이것이 상례를 3년 동안하는 까닭이다. 어진 이도 이를 넘지 못하고, 못난 이도 이에 미치지 않을 수 없는 것이다. 이것이 상례의 중용이며, 왕자가 항상 행하는 바이다. 『서書』「열명상說命上」에서 "고종高宗(은나라 武丁)은 양암諒闇을 하면서 3년 동안 말을 하지 않았다"고 한 것은 훌륭하게 여긴 것이다.

始死, 三日不怠, 三月不解, 期悲哀, 三年憂, 恩之殺也. 聖人因殺以制節. 此喪之所以三年. 賢者不得過, 不肖者不得不及. 此喪之中庸也, 王者之所常行也. 『書』曰: "高宗諒闇, 三年不言", 善之也.

**集說** '3일 동안 곡하는 소리가 끊이지 않는 것'에서 '3년 동안 근심하는 것'에 이르는 사이 그 슬픔이 점차 줄어들고 가벼워진다. 그러므로 '은혜에 따른 감정(恩)이 줄어든다'고 한 것이다. ○ 정씨鄭氏(정현鄭玄)는 말한다. "'양諒'은 옛날에는 '양梁'으로 썼다. 문미(楣)를 양梁이라고 한다. '암闇'은 '순암

鶉鷃'이라고 할 때의 '암鷃'의 발음으로 읽는다. '암闇'은 의려(廬)의 뜻이다. 들보를 쓴 것이 이른바 주미柱楣(기둥과 처마)이다." 自'三日不怠', 以至於'三年 憂', 其哀漸殺而輕. 故曰'恩之殺也'. ○ 鄭氏曰: "諒, 古作梁. 楣謂之梁. '闇', 讀如'鶉 鷃'之'鷃'. '闇謂廬也. 廬用梁者, 所謂<sup>15)</sup>柱楣也."

---

**[상복사제 8]**

왕이 된 자가 이 예를 행하지 않는 이가 없는데 어찌하여 유독 홀
륭하다고 여기는가? 고종高宗은 무정武丁이다. 무정은 은나라의 현
명한 왕이다. 대를 이어 왕위에 올라 상喪에 효성스럽고 어질었다.
이때 은나라가 쇠하였지만 다시 흥기하였고, 예가 폐해졌지만 다
시 일어났기 때문에 홀륭하게 여긴 것이다. 홀륭하게 여겼기 때문
에『서書』에 기록하고 높게 여겼다. 그러므로 시호를 '고종高宗'이라
고 한 것이다. 3년 동안의 상에 군주는 말을 하지 않는다.『서書』에
"고종은 양암諒闇을 하면서 3년 동안 말을 하지 않았다"고 한 것은
이를 두고 한 말이다. 그런데 "말을 문식하지 않았다"고 한 것은
신하를 두고 한 말이다.

王者莫不行此禮, 何以獨善之也? 曰高宗者, 武丁. 武丁者, 殷之
賢王也. 繼世卽位, 而慈良於喪. 當此之時, 殷衰而復興, 禮廢而
復起, 故善之. 善之, 故載之『書』中而高之. 故謂之'高宗'. 三年之
喪, 君不言.『書』云: "高宗諒闇, 三年不言", 此之謂也. 然而曰:
"言不文"者, 謂臣下也.

'군주는 말을 하지 않는다'(君不言)는 것은 백관과 백물이 갖추어져 있어서 말을 하지 않아도 상사喪事가 행해짐을 가리킨다. 신하는 이와 같이 할 수 없고 반드시 말을 한 후에 상사가 행해진다. 다만 그 말을 문식하지 않을 뿐이다. 그러므로 '말을 문식하지 않았다'고 한 것은 신하를 가리킨다'고 말한 것이다. '君不言', 謂百官·百物, 不言而事行者也. 臣下不能如此, 必言而後事行. 但不文其言辭耳. 故曰'言不文者, 謂臣下也'.

[상복사제 9]

예에서 참최斬衰의 상喪에는 응하기만 하고 말로 대답하지 않으며, 자최齊衰의 상喪에는 말로 대답하고 먼저 다른 사람에게 말을 걸지 않으며, 대공大功의 상에는 다른 사람에게 먼저 말을 걸더라도 다른 일을 두루 논하지는 않는다. 시마緦麻와 소공小功의 상에는 다른 일을 논하더라도 즐거워하는 데에는 이르지 않는다.

禮, 斬衰之喪, 唯而不對, 齊衰之喪, 對而不言, 大功之喪, 言而不議. 緦·小功之喪, 議而不及樂.

설명은 「간전間傳」(3)에 보인다. 說見「間傳」.

[상복사제 10]

부모의 상에 상주는 상복을 하고 숫마로 만든 끈을 단 관(冠繩纓)

을 쓰고,16) 엄짚신(菅屨)을 신는다. 3일 만에 죽을 먹고, 3개월 만에 목욕을 하고, 13개월 되는 때에 연관練冠17)으로 갈아 쓰고, 3년 만에 상제祥祭를 지낸다. 이 세 가지 절목을 마침에 이르면, 어진 자(仁者)의 경우 그 사랑함을 볼 수 있고, 지혜로운 자(知者)의 경우 그 이치를 볼 수 있고, 굳센 자(彊者)의 경우 그 의지를 볼 수 있다. 예로써 다스리고, 의로써 바로잡으니, 효성스러운 아들(孝子)과 공손한 동생(弟弟)과 절개가 곧은 부인(貞婦)을 이러한 것들을 통해서 살필 수 있다.

父母之喪, 衰, 冠繩纓, 菅屨. 三日而食粥, 三月而沐, 期十三月而練冠, 三年而祥. 比終玆三節者, 仁者可以觀其愛焉, 知者可以觀其理焉, 彊者可以觀其志焉. 禮以治之, 義以正之, 孝子·弟弟·貞婦皆可得而察焉.

**集說** '비比'는 이른다(及)는 뜻이다. 3개월이 한 절목이고, 연제練祭가 한 절목이고, 대상제大祥祭가 한 절목이다. 어진 자(仁者)가 아니면 부모를 사랑하는 도리를 다하는 것이 충분하지 않다. 그러므로 어진 자에게서 그 사랑함을 볼 수 있다. 지혜로운 자(知者)가 아니면 거상의 이치(理)를 충분히 궁구할 수 없다. 그러므로 지혜로운 자에게서 그 이치를 볼 수 있다. 굳센 자(强者)가 아니면 예를 실천하는 의지를 충분히 지킬 수 없다. 그러므로 굳센 자에게서 그 의지를 볼 수 있다. 일설에 '리理'는 다스린다(治)는 뜻이라고 한다. 염斂·빈殯·장葬·제祭의 일을 다스린다는 뜻이다. 오직 지혜로운 자만이 일을 후회스럽지 않게 할 수 있다. 그러므로 '그 다스림을 살펴본다'(觀其理)고 한 것이다. 편 머리에서 인·의·예·지가 네 가지 원리

의 근본이라고 하였는데, 이곳에서 단지 '예로써 다스리고, 의로써 바로잡는다'고 한 것은 은恩(=仁)은 또한 의義를 겸하며, 권權(=知)은 예禮에 어긋나는 것이 아니기 때문이다. 효성스러운 아들(孝子)과 공손한 동생(弟弟)과 절개가 곧은 부인(貞婦)은 오로지 집안의 다스림을 가지고 말한 것이다. 군주와 신하에 대해 언급하지 않은 것은 이 편 첫머리에서 오로지 부모의 상을 말하여 은恩에 의거하여 제정하는 것을 네 가지 제정 원리의 처음으로 삼았기 때문이다. '比, 及也. 三月, 一節也, 練, 一節也, 祥, 一節也. 非仁者, 不足以盡愛親之道. 故於仁者觀其愛. 非知者, 不足以究居喪之理. 故於知者觀其理. 非强者, 不足以守行禮之志. 故於强者觀其志. 一說, '理', 治也. 謂治斂殯葬祭之事. 惟知者, 能無悔事也. 故曰'觀其理'. 篇首言仁義禮知爲四制之本, 此獨曰'禮以治之, 義以正之'者, 蓋恩亦兼義, 權非悖禮也. 孝子・弟弟・貞婦, 專言門內之治. 而不及君臣者, 以[18]章首專言父母之喪, 而恩制爲四制之首故也.

**권근** 살펴건대, 첫 장에서 네 가지 제정 원리의 뜻을 말할 때는 '리理란 의義이고, 권權이란 지知이다'라고 하였다. 마지막 장에서 끝맺을 때에는 '지자知者는 그 리理를 살필 수 있다'고 하여 리理를 가지고 지知를 말하였고 또 권權을 언급하지 않았다. 첫 장에서는 예를 제정하는 것을 가지고 말하였다. 그러므로 마땅함을 제정하여 다스리는 것이 의義이고, 변화를 알아서 권도에 맞게 하는 것이 지知이다. 마지막 장에서는 예를 실천하는 것을 가지고 말하였다. 그러므로 그 절목을 알아서 스스로 다스릴 수 있는 것이 또한 지知이다. 예를 실천하는 자는 단지 그 경經을 삼가 지킬 뿐이다. 그러므로 또 권權을 언급하지 않은 것이다. 近按, 首章言四制之意, 則曰'理者義也, 權者知也'. 末章結之, 則曰'知者可以觀其理也', 以理言知, 而又不及權者. 首章以制禮者言之. 故能制宜而理之者, 義也, 能知變而權之者, 知也. 末章以行禮者言之. 故能知其節而自理者, 亦知也. 行禮者, 但當謹守其經而已. 故又不及言權也.

이상 『예기』의 여러 편들은 문장이 어긋나고 어지러운 것이 많다. 고정考亭 주부자朱夫子(주희朱熹)께서 "마땅히 바로잡아야 하는데, 미처 손을 데지 못했다"라고 하였다. 이는 진실로 우리 유가 천년 동안의 탄식할 만한 일이다. 초려오씨草廬吳氏[19]가 일찍이 그 편의 글들을 항목별로 나누어 차례를 정하였지만, 나는 해외에서 태어나 그 책을 볼 수 없었다. 이 또한 탄식할 만한 것이다. 그러나 나는 일찍이 오씨의 『대역찬언大易纂言』을 살펴보았는데, 그 설이 오히려 순수하지 못한 바가 있었다. 나는 본디 이미 그의 『역』에 대한 해설을 의론하였다. 그렇다면 비록 이 책(『禮記纂言』)을 얻어서 보게 되더라도 아마도 『대역찬언』의 부류일 것이다. 이제 나는 참람함을 헤아리지 못하고 감히 천박한 식견으로 그 문장을 항목별로 차례를 정하였으니, 종종 억견이 선대의 유자와 다른 것이 있을 것이다. 그 해석에 있어서 미진한 것이 있으면 각각 뒤에 소疏를 붙여 다만 스스로 보기에 편리하도록 하였다. 또 후에 나타날 동지들이 더욱 정정해서 그 잘못을 바로잡아주기를 기다리면서 우선 이를 지어서 단서를 열고자 할 뿐이다. 右『禮記』諸篇, 文多錯亂. 考亭朱夫子謂'當釐正而未及下手', 是誠斯文千載之可歎. 草廬吳氏已嘗類次其篇文矣, 而愚生於海外, 不得見其書, 是亦可歎也. 然愚嘗觀吳氏『大易纂言』, 其說猶有所未純者. 愚固已議於『易』說矣. 然則是書雖得而見之, 恐亦『大易』之類也. 今愚不揆僭踰, 敢以淺見類例其文, 往往臆見, 有異於先儒者. 及其訓釋, 有未盡者, 各疏其後, 但欲便於自觀, 又以竢後來同志者, 更加考訂, 以正其失, 姑爲此以發端云爾.

權近

**1** (편명은 ~ 때문이다 : 정현의 『目錄』에는 "편명을 「喪服四制」라고 한 것은 상복 제도의 기술을 인·의·예·지 네 가지에서 취했기 때문이다. 이 편은 劉向의 『別錄』의 舊說에 서는 「喪服」에 속한다"고 하였다. 정현이 舊說이라고 한 것은 생각건대, 『별록』에는 「喪服四制」의 문장이 없고, 다만 舊說에서 이 喪服의 편이 「喪服」에 속한다고 말했던 것이다. 그러나 앞의 여러 편에서는 편명에 '義' 자가 붙었는데, 이 편에서 「喪義」라고 하지 않고, 「喪服四制」라고 한 것은, 앞의 편들은 모두 『의례』의 해당 편들의 의리를 기록하고 있어 편명에 '義'를 붙였지만, 이 편은 기록자가 별도로 喪服의 四制를 기록한 것으로 『의례』 「喪服」의 편을 기록한 것이 아니기 때문이다. 그러므로 '「喪服之義」'라고 하지 않은 것이다. 『예기정의』, 1951쪽 참조.

**3** 【분장】 : 본 편은 경문을 재배치하지도 않았고 按說도 1회에 불과하여 분장을 하지 않았다.

**2** 집안의 ~ 끊는다 : '門內'와 '門外'의 '門'은 사당의 대문을 가리킨다. 곧 선조가 같은 친족의 상사와 선조가 달라 친족 관계가 없지만 신분상의 존비관계가 있는 경우를 구분하는 표현이다. 『공양전』의 "3년의 부모상이 있으면 군주도 그의 집에서 나오도록 부르지 못한다"는 말은 私恩을 위해 公義를 행하지 않을 수 있는 것을 나타낸다면, 「曾子問」(2-7)의 "삼년상에 卒哭을 하였다면, 전쟁의 일에 참여하는 것을 피하지 않는다"는 말은 반대로 公義를 위해 私恩을 억제하는 것을 나타낸다. 恩과 義를 함께 고려해야 하는 상황은 喪事뿐이 아니어서 이 경문의 원칙은 일반적인 원칙으로도 종종 사용된다.

**3** 아버지를 ~ 똑같다 : 아버지를 섬기를 도리를 가지고 군주를 섬기면 군주를 공경하는 예가 아버지와 같은 것이다. 『예기정의』, 1953쪽, 공영달의 소 참조.

**4** 귀한 ~ 것이다 : '귀귀'는 대부의 신하가 대부를 섬겨서 군주로 삼는 것을 말한다. 대부부터 '尊'의 대상에 들어간다. 그래서 '귀한 이'(貴)가 된다. 신하들이 이 군주에게 공경을 다하기 때문에 '귀한 이를 귀하게 여긴다'(貴貴)고 한 것이다. '존존'은 천자·제후의 신하가 천자·제후를 섬겨서 군주로 삼는 것이다. 천자·제후는 똑같이 남면을 하니, 이것이 '尊'이다. 신하는 이들 군주를 지극히 공경하기 때문에 '높은 이를 높인다'(尊尊)고 한 것이다. 의로 은을 끊으면 안과 밖이 한결같아서 비록 대부와 왕후의 차이는 있지만 그 신하의 공경은 다르지 않다. 그래서 '의의 커다란 것'이라고 한 것이다. 『예기정의』, 1953쪽, 공영달의 소 참조.

**5** 소궤 : 흰색의 안석으로서, 상례에 사용된다. 『주례』 「春官·司几筵」에서 "무릇 喪事에 갈대로 만든 돗자리를 설치하고, 오른 쪽에 소궤를 놓는다"(凡喪事, 設葦席, 右素几)고 하였다. 흰색 흙을 안석에 칠한 것이다. 『三禮辭典』, 670쪽 참조.

**6** 소조 : 제사 때에 희생을 올려놓는 흰색 나무로 만든 禮器다.

**7** 아버지를 ~ 똑같다 : 아버지를 섬기는 도리로 어머니를 섬기는데 恩愛의 마음은 똑같다. 은애의 마음은 같은데 상복을 입는 데에 차이가 있는 것은 감히 두 사람을 동시에 높일 수 없기 때문이다.

**8** 擔 : 음은 '瞻'이다.

**9** 偶 : 음은 '其'와 '纋'의 반절이다.

**10** 免 : 『예기정의』, 1955쪽 공영달의 소에는 '免'이 '鬘'로 되어 있고, 『예기집설』에는 '免'으로 되어 있다.

**11** 袒 : 『예기정의』, 1955쪽 공영달의 소에는 '袒'이 '露'로 되어 있고, 『예기집설』에는 '袒'으로 되어 있다.

**12** 至 : 『예기정의』, 1955쪽 공영달의 소에는 '至'가 '致'로 되어 있고, 『예기집설대전』에는 '至'으로 되어 있다.

**13** 性 : 『예기천견록』에는 '情'으로 되어 있으나 『예기집설대전』에 따라 바꾼다.

**14** 謂 : 『예기집설대전』에는 '以'로 되어 있으나 오기이므로 바로잡는다.

**15** 숫마로 만든 ~ 쓰고 : 가공언은 경문의 '冠繩纓'에 대해서 "6升의 베로 관을 만들고, 또 한 가닥의 줄을 구부려서 관의 테두리(武)를 만들고, 아래로 늘어뜨려 끈을 만든다"(以六升布爲冠, 又屈一條繩爲武, 垂下爲纓)고 하였고, 또 "齊衰의 관끈은 베를 이용하므로, 이곳의 줄로 만든 관끈은 苴麻(암마)를 이용하지 않고, 枲麻(숫마)를 이용함을 알 수 있다"(齊衰冠纓用布, 則知此繩纓不用苴麻, 用枲麻)고 하였다. 『儀禮注疏』, 625~626쪽 참조.

**16** 연관 : 喪禮에서 小祥祭를 지낼 때 쓰는 관으로, 누인 베로 만들기 때문에 '練冠'이라고 한다. 「檀弓上」(2-21)에 "小祥에는 누인 명주로 만든 中衣를 입는데, 황색으로 안감을 대고 옅은 분홍색 비단(綟)으로 깃과 가선을 장식한다"(練, 練衣, 黃裏, 綟緣)고 한 것에 대해 정현은 "소상에는 누인 명주로 지은 관과 중의를 입는데, 황색으로 안을 대고 옅은 진홍색 가선으로 꾸민다"(小祥練冠·練中衣, 以黃爲内, 綟爲飾)고 하였다.

**17** 以 : 『예기집설대전』에는 '亦'으로 되어 있다.

**18** 초려오씨 : 吳澄(1249~1331)을 말한다. 宋 撫州 崇仁 출신으로, 자는 幼淸이다. 泰定 연간(1324~1328)에 講官이 되었고, 英宗實錄의 찬수를 총괄하였다. 宋 文宗 至順 2년(1331) 83세의 나이로 죽었다. 名儒로 이름을 날렸으며, 많은 저서를 남겼다. 『易纂言』·『書纂言』·『禮記纂言』·『儀禮逸經傳』·『三禮考注』·『道德眞經注』·『琴言十則』·『指法譜』·『草廬吳文正公全集』·『吳草廬詩集』·『草廬詞』 등이 있다. 程鉅夫가 그의 草堂에 草廬라는 제호를 붙였기 때문에 草廬先生이라 불린다.

# 《예기천견록禮記淺見錄》의 「발跋」

『예경천견록禮經淺見錄』은 양촌陽村선생 신臣 권근權近의 저술로 인륜을 일상에서 쓰고 익히는 공부에 절실하게 필요하다. 주자소鑄字所에서 간행한 책이 겨우 몇 질에 지나지 않아 예禮에 뜻을 둔 사대부들이 함께 보고 싶어 하지만 미처 구하지 못하였다. 정유년(1418) 가을 신 하담河澹은 탐라판관耽羅判官에 부임하라는 명령을 받고 대궐에 나아가 임금님의 은혜에 사례하고 부임하는 도중에 사예司藝[1] 신臣 권도權蹈가 선친 권근선생께서 손수 교정한 판본을 얻어 가지고 와서 간행하기를 바랐다. 그리하여 도안문사都按撫使 신臣 이간李暕에게 문서를 갖추어 보고하였더니, 안무사도 우리 임금께서 위와 아래를 구분하고 백성의 뜻을 정립하는 것에 대하여 마음을 쏟고 있음을 깊이 유념하여 즉시 일꾼들에게 판각할 것을 명하였다. 이 해 정월 보름에 시작하여 3월 그믐에 완료하였다. 그러나 일꾼들이 새로 시작하는 사람들 이어서 그 자체가 법식대로 되지 못하였던 것이 유감이다. 영락永樂 16년 무술戊戌년 3월 30일 통덕랑通德郞·제주목판관濟州牧判官·겸권농병마절제판관兼勸農兵馬節制判官·유학교수관儒學敎授官 신 하담河澹은 머리를 거듭 조아리고 발문을 쓴다. 『禮經淺見錄』陽村先生臣權近所著, 而切於彝倫日用之學也. 鑄字所印纔若干帙, 故士大夫之志於禮者, 俱欲覽而未獲焉. 越丁酉秋, 臣澹受耽羅判官之命, 詣闕謝恩, 途遇司藝臣蹈, 得其先君子所手校之本, 佩來欲刊. 具告都按撫使臣李暕, 按撫公亦深念我殿下辨上下定民志之軫慮, 卽命工鋟梓. 始於是年五月望, 告訖于三月晦. 然工皆新手, 恨其字體之不如法耳. 永樂十六年戊戌三月三十日, 通德郞·濟州牧判官·兼勸農

兵馬節制判官·儒學敎授官 臣河澹頓首頓首謹跋.

　　진秦나라 분서焚書 이후로 본래 온전한 경經이 없었다. 그러다 대성戴聖의
『예기禮記』가 잔존한 것들을 수집하여 나왔는데, 어긋나고 뒤섞인 것이 더
욱 많아 학자들이 병통으로 여겼다. 주자께서 일찍이『예기』를 산정刪正하
는 일에 뜻을 두었지만 미처 실행할 겨를이 없었다. 우리나라 초창기에 양
촌陽村 권상국權相國2)께서 처음으로『예기천견록禮記淺見錄』을 지어 그 잘못
되고 탈루된 것을 바로잡고, 편차를 조정하였는데,『대학장구大學章句』의 체
제를 본떠서 경經과 전傳을 정립하고 자신의 논변을 부가하였다. 새로 밝히
는 바가 많아 동시대 사람들이 그 정확함을 칭송하였고, 일찍이 동활자로
간행하여 경연에서 강론하기도 하였다. 뒤에 동활자판이 없어지고 오직 제
주도에만 당시 판각한 것이 있었는데, 사실 양촌선생께서 직접 교정한 본이
었다. 또 다시 300년이 지나 내가 제주목사로 부임하였는데, 판은 불타 없
어진 지 오래되었고, 단지 인쇄된 책만 향교에 남아 있었지만, 두 편이 빠져
읽을 수가 없었다. 하루는 낡은 상자 속의 옛 종이뭉치 속에서 부서진 책과
흩어진 낱장들을 얻었는데 짝을 맞추어보니 전에 빠졌던 편이었다. 그래서
손수 교정을 하여 완전한 책으로 이루어 놓았지만, 이 책이 잔멸되는 것이
애석하여 오래 전해지기를 도모하면서 통판通判3) 김석민金錫民과 함께 봉급
을 쪼개 일꾼들을 모으고 다시 판각하여 4개월 만에 일을 마쳤다. 이 책이
끊어졌다가 다시 이어지고, 어두워졌다가 다시 드러났게 되었으니 어찌 다
행스럽지 않은가? 다만 섬 안에 글씨를 잘 쓰는 사람이 없어서 옛 판본을
사용하여 뒤집어 판각하였다. 옛 판각이 정밀하지 못하여 글자체가 법식에
어긋났던 것에 대하여 본시 이전에도 한탄하였던 바이지만, 이제 다시 그
소루함을 답습하지 않을 수 없다. 또한 제2권 끝 장 아래의 주註에 빠진 문
장이 있지만 별도의 판본이 없어 교정하여 보충하지 못하였다. 이 점이 유

감이다. 독자가 이 책을 이어서 다시 찾아내어 빠진 문장을 보충하고 판간을 새롭게 하여 유포를 더욱 확대하는 것은 또한 보잘것없는 내가 뜻을 같이하는 이들에게 바라는 바이다. 秦火之後, 固無全經. 而『戴記』出於攗拾, 舛錯尤多, 學者病之. 子朱子嘗有志於刪正, 而未暇及焉. 國初陽村權相國始著『淺見錄』, 釐其譌脫, 次其簡篇, 倣『大學章句』之例, 定爲經傳, 付以論辯. 多所發明, 一時稱其精確, 嘗以銅字印出, 進講於經席矣. 後銅本亡而惟耽羅有當時板刻, 實陽村手校本也. 又垂三百年, 而余牧耽羅, 板燬久矣, 只有印本在鄕校, 而缺其兩篇, 不可讀. 一日於廢簏故紙中, 得敗冊散葉, 類聚而觀之, 卽向之缺篇也. 於是手自校讎, 始成完書, 而惜其殘滅, 圖壽其傳, 與通判金公錫民, 割廩募工, 重鋟於梓, 凡四閱月而訖功. 使是書絶而復續, 晦而復顯, 豈非幸歟? 第島中無善書者, 用舊本反刻之. 舊刻之未精, 字體之失法, 固昔所歎, 而今不免於因陋. 又第二卷末章下之註有闕文, 而無別本, 不得校補. 此爲可恨耳. 觀者因此而重加搜訪, 有以補其闕, 而新其刻, 益廣其流布, 又區區所望於同志者也.

우리 임금(숙종)께서 즉위한 지 31년(1705) 을유乙酉년 맹추孟秋 제주목사濟州牧使 여량礪良 송정규宋廷奎 삼가 쓴다. 上之三十一年, 歲在乙酉秋孟, 濟州牧使礪良宋廷奎謹識.

살피건대, 이 판본은 양촌선생께서 손수 교정하신 것이라고 하지만, 이제 『예기집설대전禮記集說大全』을 가지고 거듭 대조해보니 오자가 많다. 아마 당초 판각할 때 옮겨 쓰고 교정하는 과정에서 정밀하지 못하여 잘못한 것일 것이다. 이제 주석의 문장을 보면 '樂'이 '乐'으로 '國'이 '国'으로 판각되는 등의 부류를 보면 알 수 있다. 그러나 일일이 교정하지 못한 것은 옛 판을 뒤집어 판각하는 과정에서 다 고치기가 어려운 점이 있는 데다 글자 모양은 달라도 뜻이 같은 경우는 구설에 의한 판본도 더러 차이가 있을 것이기 때문이다. 제2권 끝의 빠진 문장은 이제 다행히 사우師友 사이에서 얻어서 뒤에 판간하여 보충하였다. 按, 此本本陽村手校云, 而今以『集說大全』重校, 則多有誤字. 豈當初入梓時, 傳寫讎校之疎謬歟. 今見註文'樂'作'乐''國'作'国'之類, 可知也. 然而不能一一釐正者, 不但反刻之有難盡改也, 其字異義通者, 亦恐舊說本或有異同也. 其第二卷末闕文, 則今幸得之師友間, 追刻以補焉.

병술丙戌년(1706) 여름 송정규宋廷奎 유문幼文 다시 쓴다. 丙戌夏, 宋廷奎幼文再記.

**1** 사예 : 성균관 유생들에게 음악을 지도하는 관직이다.

**2** 권상국 : 相國은 영의정, 좌의정, 우의정 등 삼정승을 총칭하는 말이다.

**3** 통판 : 고려시대 지방관부인 大都護府와 牧에 있던 判官을 고친 이름이다.